高等学校交通运输与工程类专业规划教材
高等学校应用型本科规划教材

道路工程 CAD

（第二版）

主编　杨宏志　贾兴利

人民交通出版社股份有限公司
北京

内 容 提 要

本教材是高等学校交通运输与工程类专业应用型本科规划教材。本教材注重理论与实践相结合,侧重于学生应用能力的培养。全书共分12章,包括:绪论,道路工程CAD基础,AutoCAD图形平台的使用,数据采集技术与数据处理方法,路线平面、纵断面、横断面计算机辅助设计,道路三维建模及透视图绘制,路线设计图表绘制,路基、路面计算机辅助设计,道路交叉计算机辅助设计,国内外优秀道路CAD软件介绍。教材的许多内容取自作者多年来从事道路CAD技术研究和教学的成果、经验,部分章节配有源程序清单。

本教材可作为高等学校交通类应用型本科生教材,也可作为土木工程专业学生的CAD教学参考书,同时也可供工程技术人员及相关专业硕士研究生参考。

图书在版编目(CIP)数据

道路工程CAD / 杨宏志,贾兴利主编. —2版. —北京:人民交通出版社股份有限公司,2017.6

ISBN 978-7-114-13836-2

Ⅰ.①道… Ⅱ.①杨… ②贾… Ⅲ.①道路工程—工程制图—AutoCAD软件—高等学校—教材 Ⅳ.①U412.5

中国版本图书馆CIP数据核字(2017)第112794号

高等学校交通运输与工程类专业规划教材

高等学校应用型本科规划教材

书　　名:**道路工程CAD**(第二版)

著 作 者:杨宏志　贾兴利

责任编辑:李　瑞　卢　珊

出版发行:人民交通出版社股份有限公司

地　　址:(100011)北京市朝阳区安定门外外馆斜街3号

网　　址:http://www.ccpcl.com.cn

销售电话:(010)59757973

总 经 销:人民交通出版社股份有限公司发行部

经　　销:各地新华书店

印　　刷:北京武英文博科技有限公司

开　　本:787×1092　1/16

印　　张:17.5

字　　数:424千

版　　次:2009年2月　第1版

2017年6月　第2版

印　　次:2022年5月　第2版　第4次印刷　总第12次印刷

书　　号:ISBN 978-7-114-13836-2

定　　价:35.00元

高等学校应用型本科规划教材

编 委 会

第二版前言

本书是高等学校交通运输与工程类专业应用型本科系列教材，是在2009年杨宏志教授主编、人民交通出版社出版的《道路工程CAD》教材的基础上，为交通类及土木类应用型本科生学习道路工程CAD技术而编写的教材，同时也兼顾了从事道路设计工作不久的工程技术人员的实际需要。

道路工程CAD技术经过几十年的发展，目前已成为道路工程设计的基础技术，道路工程CAD软件也成为道路设计的基本工具。道路工程CAD技术在工程领域的应用，提高了道路工程设计效率和质量，减轻了设计人员的劳动强度，提升了设计方案研究的精度和深度。近几年来，测绘技术、工程设计理论的进一步发展，促使道路工程CAD技术在理论和实践层面都有了进步。因此，本次修订一方面体现了道路工程CAD技术的发展情况，分析了道路工程CAD技术的发展现状及趋势；介绍了数据采集技术中数字摄影测量、激光摄影测量技术，国内外常用的EICAD、Civil 3D、CARD/1软件。另一方面，考虑到应用型本科的教学特点，加强了对道路CAD技术应用环节设置，以纬地道路辅助设计软件（HintCAD）为平台，介绍了道路平面、纵断面、横断面设计及立体交叉设计的软件使用方法。

本书第一、五、六、七章由杨宏志编写，第二、三、四、八、九章由贾兴利编写，第十章由戴青苗编写，第十一章由薛晓姣编写，第十二章由肖伯南编写。全书由杨宏志、贾兴利统稿、主编。由于编者水平有限，读者若发现本书有错误和不完善之处，请予以批评指正。

编　者

2017年3月

第一版前言

本书是21世纪交通版高等学校应用型本科教材,专门为道路、桥梁与渡河工程专业应用型本科学生学习道路工程CAD技术而编写的,同时也兼顾了从事道路设计工作不久的工程技术人员的实际需要。

计算机辅助设计(CAD)作为20世纪世界公认的重大技术成就之一,在工程设计领域占据越来越重要的地位,使工程设计的技术手段发生了根本性的变化。道路工程CAD技术的应用,对于加快工程测设进度、提高工程设计质量、减轻劳动强度、实现公路设计多目标协调统一,具有重大的实际意义。本教材根据应用型本科教学特点,理论与实践相结合,侧重于对道路CAD技术的应用,从道路CAD基础理论出发,概略介绍道路CAD技术应用所需具备的基础理论和专业知识,便于学生进入道路CAD技术应用领域;然后系统介绍AutoCAD图形平台,数据采集及数据处理技术,道路平面、纵断面、横断面计算机辅助设计开发与应用,路基、路面及交叉口等CAD系统的开发与应用,国内外常用CAD软件的介绍,以培养学生对道路CAD系统的使用、维护及设计能力。

本书具体分工如下:第一、五章由许金良编写,第二、八、十二章由于娇编写,其余各章由杨宏志编写。其中刘家庆、宋柳、李庆贺参与了第三章的编写工作,王鹏、贾兴利参与了第四章的编写工作,赵立苹、王安勐、亢小雪参与了第十二章的编写工作。全书由杨宏志、于娇、许金良统稿,并由华南理工大学符锌砂担任主审。由于编者水平有限,读者若发现本书有错误和不完善之处,请予以批评指正。

编　者

2008年8月

目录
CONTENTS

第一章
绪论

第一节 CAD 技术概述

一、CAD 技术的概念与内涵

CAD(Computer Aided Design)技术自20世纪50年代后期问世以来,经过几十年的发展,现已成为计算机应用领域的重要组成部分,是工程领域的关键技术之一。CAD技术将计算机迅速、准确地处理信息的特点与人类的创造思维能力及推理能力巧妙地结合起来,为现代设计提供理想的手段。这种技术在对设计过程进行认真分析后,按照人与计算机的特点去分配各自最适合的工作部分。

CAD技术可定义为以工程技术人员为主导,借助计算机系统来辅助一项设计的建立、修改、分析、优化等过程的一种现代设计方法和手段。实际应用中,由于计算机辅助设计中"辅助"是一个不十分明确的概念,在CAD系统中,技术人员主观参与程度和计算机系统辅助程度,从不同层面理解,会形成对CAD的不同认识。

对于道路工程设计,其设计过程一般可以分为工程可行性研究阶段(概念设计)、初步设计阶段(方案设计)、施工图设计阶段(详细设计)。设计过程中,由概念设计到方案设计、详细设计,是一个由宏观到微观、由整体到局部、由粗到细的过程。由计算机辅助道路设计工作,是有着不同程度的。这些不同的程度具体反映为究竟需要在设计过程的哪个阶段"辅助"设计工作。按照辅助程度和阶段,可以分为三种不同程度的 CAD 方法。

第一种 CAD 方法是以人工设计为基础,在设计者进行了概念设计、方案设计和部分详细设计工作后,CAD 系统依据人工初步设计的成果,根据相应标准、设计条件等完成一些常用工程设计,如道路线形计算、横断面设计计算、路面结构计算等。计算机主要完成计算和绘图工作。这种程度上的 CAD 方法,并不需要在计算机内生成设计对象的三维模型或系统信息模型,数据管理采用数据文件的管理方式,是一种较为初级的 CAD 方法。这种 CAD 方法需要将大量人工设计数据输入到系统中,设计人员工作量较大,计算机辅助程度不高。

第二种 CAD 方法是从方案设计开始,在人工进行总体构思后,CAD 系统根据基本设计参数完成局部方案推荐,如道路平面线形组合及其参数的推荐。然后,通过交互设计的形式反馈给设计人员,设计人员进行比选和修改后,再进行详细设计。这一过程中,CAD 系统通过为设计人员提供备选方案和决策参考指标的方式,辅助设计人员完成设计工作。目前的道路 CAD 系统基本上达到了这种 CAD 水平,其主要研发重点集中在如何在设计过程中为设计人员提供更多的设计及决策信息支持,进一步完善交互设计手段并提高交互的深度。

第三种 CAD 方法是更完善的 CAD 方法。它要求从设计工作一开始就由计算机参与,用智能 CAD 来辅助设计者进行设计的分析和思考,决定整个设计的总体设想和布局,依次再辅助进行方案设计和详细设计工作。

二、CAD 技术基础

CAD 技术是现代设计方法的综合和应用,是设计方法学,同时也是计算机图形技术、环境数据采集及输入技术、数据管理技术、工程分析技术、软件设计技术等多学科的综合应用技术。

(1)计算机图形技术。包括曲线、曲面等二维图形及三维图形的几何造型技术,在 CAD 硬件系统的基础上完成图形的生成及对图形的几何处理,自动产生用户所需的各种图形设计。

(2)环境数据采集及输入技术。道路、铁路、机场等土木工程构筑物建设在大面积的土地上,在设计过程中,地形、地质、植被等环境数据形成了设计的背景和约束条件。因此,应将 CAD 技术与数字摄影测量、GPS、RS 以及激光摄影测量(LiDAR)等先进测绘技术融合,辅助完成工程设计。

(3)数据管理技术。描述工程实体的解析模型需要大量的数字、符号和各种其他信息,统称为数据。进行过程规划和管理,也需要有大量的信息和数据。这些数据需要按一定的规则组织起来,形成有效的组合体,即所谓的数据库。建立工程数据库,实现数据的存储、检索、增减和修改,避免数据的重复配置,对于提高 CAD 的辅助程度,是至关重要的。

(4)工程分析技术。在工程设计过程中,涉及设计方案优化、分析、比选和评价等设计活动,多目标优化技术、多属性评价技术、有限元分析技术、计算机仿真技术等可以使 CAD 系统在设计过程中为设计人员提供更多设计信息和决策依据。

(5)软件设计技术。CAD 系统的软件工程设计、人机界面设计、软件工具的二次开发等是 CAD 系统的基础。随着技术的发展和设计理念的更新,考虑道路工程全寿命周期的软件集成化技术也成为 CAD 技术的主要发展趋势。

因此,作为一个道路工程设计人员,应当努力掌握如下与计算机辅助设计有关的计算机应用技术。

(1)具备计算机的基本知识及基本操作技能,主要包括:

①了解计算机的组成、结构和工作原理。

②熟练使用 Windows 操作系统。

③掌握常用办公软件主要是 Office 软件(Word、Excel、PowerPoint)、掌握通用文档 pdf 格式文档的创建、阅读和编辑。

④熟练掌握矢量格式绘图软件平台 AutoCAD 或者 MicroStation 的基本功能和使用方法,掌握图像处理软件 Photoshop 的使用。

⑤掌握网络工具的使用,能够利用网络查找资料、协同工作。

(2)具备使用和维护工程应用软件的能力。随着工程技术的进步和发展以及设计理念的更新,道路计算机辅助设计软件也在不断完善和升级。作为道路设计人员应能及时掌握不断发展的工程应用软件,从而不断地提高设计的品质和水准。例如,近年来建筑信息模型(BIM)成为道路交通行业的热点技术之一,应及时掌握与 BIM 相关的软件平台及工具软件,如 Autodesk 公司的 Civil 3D 和 Revit、Bentley 公司的 PowerCivil、地理信息系统通用平台 ArcGIS 等。另外,有些应用软件还提供了二次开发的工具,道路设计人员应能掌握这些开发工具,根据工程实际情况进行开发和定制,以适应实践工作的需要。

(3)具备一定的软件开发能力。软件技术的进步使得道路计算机辅助设计软件功能越来越多,软件规模也越来越大。由道路专业技术人员开发和研制道路 CAD 软件也变得困难重重且不现实。然而,如果把软件研制工作完全交给计算机软件专业人员去开发,由于他们很难掌握和了解道路工程的专门知识,开发成果很难符合实际工程的需要。因此,道路设计人员具备一定的软件开发知识和能力,可以在计算机软件专业人员的辅助下完成道路 CAD 软件的开发和研制。

另外,即使不考虑软件开发的需求,由于 Office 系列软件、AutoCAD、ArcGIS 等软件平台均支持 VBA 定制,具备一定的软件开发能力,可以根据工作需要,开发一些实用的辅助工具,以提高工作效率。

第二节　道路 CAD 技术发展概况

一、国外道路 CAD 技术的发展状况

计算机在道路工程领域的应用可以追溯到 20 世纪 60 年代初,至今已有 50 余年的历史。

20 世纪 60 年代,计算机运用到道路设计主要是完成繁重的计算任务,如多层路面结构力学计算、路基稳定性分析与计算、桥梁结构计算、路基土石方计算及平面和纵断面线形计算等。为了获得更大的经济效益,欧美发达国家,如英国、美国、法国、德国和丹麦等先后展开了道路路线纵断面优化技术研究,开发了较为成熟的路线纵断面优化程序,有代表性的为英国 HOPS 纵断面选线最优化程序系统、法国的 APPOLON 系统、德国的 EPOS 程序等。纵断面优化程序系统的应用,在一定程度上提高了道路设计的质量并相应降低了工程费用。联合国经济合作与开发组织于 1973 年在意大利西西里岛的一条道路上对上述各国的优化程序进行了联合试验,结果表明:使用纵断面优化程序可以节省土石方工程量 8% ~17%,平均 10%,这使得整个

道路的建造费用大大节省。

20 世纪 80 年代,在西西里岛联合试验之后的 10 多年时间内,道路优化技术从单一的纵断面优化扩展到一定宽度范围内的平面线形优化和平纵面线形综合优化,数字地面模型开始应用,计算机绘图技术发展至实用阶段。平面优化技术有代表性的成果包括英国的 NOAN 程序、美国的 GCARS 程序、德国的 EPOS-1 程序。路线优化设计在理论和应用上已基本形成了一门独立的学科,但由于路线的优化设计涉及大量的非技术性因素,给研究工作带来了很大困难,因此,就整体而言,路线优化技术仍处在研究探索阶段。数字地面模型主要用于等高线地形图绘制、土地填挖面积计算、路线优化设计等。70 年代末期计算机图形功能逐步完善,这期间开发的辅助设计系统均可完成大量的设计图纸绘制工作,系统的功能进一步增强,逐步走向实用阶段。

二十一世纪八九十年代,道路 CAD 系统的发展更加完善,并逐步向系统化、集成化方向发展。很多国家建立了由航测设备、计算机和专用软件包组成的成套系统,可以完成从数据采集、建立数字地面模型、优化设计到设计文件编制的全部工作,系统都有成功的图形环境支撑,商品化程度很高。如英国的 MOSS 系统、美国的 INROADS、德国的 CARD/1 等。MOSS 系统是英国 MOSS 系统有限公司经过 20 多年的不懈努力,开发出的大型三维道路路线设计计算机辅助设计分析软件,已在欧美一些发达国家的道路、铁路设计中广泛使用,使这些国家的道路、铁路设计完全摆脱了图板,实现了无纸化设计。CARD/1 是德国 IB&T 有限公司推出的,包括测量、道路、铁道、排水四个子系统的复杂系统,特别适用于道路的勘测与设计,对于铁道、排水以及建筑景观规划、水利工程、矿山工程等各种土木工程也能有效地使用。这期间道路 CAD 系统的另一个特点是系统的开发环境由小型机或工作站向计算机过渡,并以计算机为主。

近年来,国外道路 CAD 软件以面向基础设施全寿命周期为目标,向着标准化、集成化、三维模型一体化、云存储及计算等方面迅速发展,其中以 Autodesk 公司基于 AutoCAD 图形平台的 Civil 3D 软件和 Bentley 公司基于 MicroStation 图形平台的 OpenRoads、GEOPAK、InRoads、MXROAD 等系列软件为典型代表,并占据了国外道路设计软件的绝大部分市场份额。这些软件的总体特点表现在:

(1)在主流通用图形平台(AutoCAD、MicroStation)支撑下,以三维建模技术为基础,集成数字高程模型、道路特征模型、地理要素模型等,将道路设计的全过程转化为系统模型的建立、修改、分析与评价,从而充分保证了设计信息的一致性和可重用性,提高了设计的效率和精度。

(2)充分集成了数据采集技术、GIS 技术、计算机仿真技术、云服务技术等先进技术。数据采集技术的集成使 CAD 系统能够接受各种来源的地形数据,如 GPS 数据、点云数据等,并迅速建立数字高程模型(DEM)。GIS 技术的集成,可以在设计过程中,快速对设计背景信息进行查询和分析,如 Civil 3D 软件本身就包含 Autodesk 公司的 GIS 产品 Map 3D。计算机仿真技术的集成,可以对设计结果进行仿真分析,如 Civil 3D 可以集成 Vehicle Tracking,对车辆行驶轨迹进行分析,以改进设计。

(3)面向基础设施全寿命周期,将道路工程设计的各个功能模块充分集成,形成 BIM (Building Information Model)软件体系。以 Autodesk 公司为例,在概念设计阶段,将 InfraWorks 360 与 Civil 3D 整合,完成工程可行性研究道路路线走廊带方案的设计与研究。结构设计方面,将 Revit Structure 与 Civil 3D 整合,完成道路路线设计与结构设计之间的协作。另外,Civil 3D 还集成了河流及洪水分析、雨水管理(Stormwater management)、项目审阅(Navisworks)等功能软件,从而形成了面向全寿命周期的 CAD 系统。

二、国内道路 CAD 技术的发展状况

我国道路部门应用计算机起步较晚。对道路 CAD 技术的研究开始于 20 世纪 70 年代末,经历了 70 年代末与 80 年代初期的探索、80 年代中后期的发展和 90 年代的提高普及,到目前为止,已在数据采集、内业辅助设计和图形处理各方面取得了较大成就。回顾历史,可以看出道路 CAD 技术发展的大致历程。

20 世纪 70 年代末期至 80 年代初期,国内有关高等院校和设计单位在收集和翻译国外路线优化技术和 CAD 技术资料的基础上,首先开展了道路路线优化技术方面的研究,编制相关优化程序。在辅助设计方面,编制了一些生产实际中急需的路线计算程序,如中桩坐标计算、土石方计算等,开发了针对某种绘图机的绘图程序。这一阶段,路线优化设计是当时计算机在道路设计应用的主流,由于受当时计算机软硬件环境的限制,所编制的程序都是针对某一单项工作,以替代手工计算为目的,功能单一,缺乏系统性,因此应用面较窄。

20 世纪 80 年代中后期,随着我国道路建设的快速发展,对道路 CAD 技术的需求也不断增大,促进了道路 CAD 技术的发展。1986 年,交通部在多次技术论证的基础上,把"道路和桥梁 CAD"列入国家"七五"重点科技攻关项目,进行研究开发。道路 CAD 的研究内容包括数字地面模型、路线平纵面线形综合优化、路线设计、立交设计、中小桥涵设计、支挡构造物设计等许多方面;桥梁 CAD 的研究内容包括桥梁结构布置、桥梁结构有限元分析、桥梁施工详图设计、桥梁工程造价分析等。该项目以工作站为硬件平台,应用对象为一些较大的设计单位。在这一阶段,大量高档次计算机和外围设备不断出现,为计算机专门配备的图形软件也更趋成熟,给道路计算机 CAD 软件的开发提供了良好的条件,有关科研院所和设计单位,根据各自单位的实际需要,也纷纷开展了道路 CAD 软件的开发工作,推出了一些各具特色的计算机道路 CAD 系统。这一阶段 CAD 软件的特点是计算分析和成图一体化,以提高软件的自动化程度为目标,大多缺乏交互性能或交互性能不高,软件的子系统之间接口繁多,没有统一的数据管理。

20 世纪 90 年代至今是道路基础设施建设大发展时期,道路建设的速度明显加快,建设规模空前,对 CAD 软件的要求越来越高。这一时期也是 CAD 软件的商品化发展阶段,软件开发商为满足市场需求和适应计算机硬、软件技术的迅速发展,在大力推销其软件产品的同时,对软件的功能、性能,特别是用户界面和图形处理能力,进行了大幅度扩充;对软件的内部结构和部分软件模块,特别是数据管理部分,进行了重大改造。新增的软件部分大都采用了面向对象的软件设计方法和面向对象语言。以计算机为平台的道路 CAD 系统很快占据了优势,并逐渐取代了以工作站为平台的 CAD 软件。这期间道路 CAD 软件发展的特点表现为:①软件支撑平台由 DOS 系统向 Windows 系统过渡,软件界面及交互性能有所改善;②部分软件自主开发了专业的图形支撑平台,系统具有较强的针对性和实用性;③道路 CAD 软件的应用深度和广度都有较大提高,应用范围基本覆盖了道路初步设计和施工图设计的各个方面(不包括方案设计、方案评价选优等),到 1996 年年底,道路 CAD 技术已普及地市级设计单位,设计文件全部由计算机完成,而且在立交和独立大桥等复杂工程中应用了三维技术进行渲染和动画,同时,开始实施院内计算机网络管理;④跟踪国际计算机应用技术的最新发展,开始了领域内不同新技术的集成研究,如 1996 年原国家计委下达的国家"九五"重点科技攻关项目"国道主干

线设计集成系统开发研究”,1998 年交通部重点资助项目“集成化道路 CAD 系统”研究等,研究的起点比以前有较大提高。

目前,国内常见的道路辅助设计软件主要有纬地道路辅助设计系统(HintCAD)和集成交互式道路与立交设计系统(EICAD)等。国内的道路 CAD 软件一般基于 AutoCAD 平台完成绘图功能,基于 Microsoft Office 软件完成表格输出功能,独立性不强。相比国外软件,国内 CAD 软件更符合我国的设计习惯和图表输出要求。在技术层面,一方面引入建筑信息模型(BIM)的理念,向服务于道路工程全寿命周期与应用的集成解决方案发展,另一方面充分集成地形数据采集与处理技术、可视化技术、挡墙设计、平交口设计等功能模块,以满足设计人员对软件功能的需求。

三、现有道路 CAD 系统存在的问题

道路设计工作是一个从无到有的反复修正过程。设计人员根据所掌握的知识、经验、规范,通过分析、计算、判断,多次修改,最后形成一项满足预定功能要求的设计。实践证明,计算机辅助设计(CAD)在提高设计质量、加快设计进度、节省人力物力上起到不可估量的作用。然而,纵观传统的道路 CAD 软件,计算机辅助设计的重要作用之一主要表现在建模上,即通过图形的输入建立计算模型和获取相应的数据。这一阶段一般不进行或很少进行物理或功能上的分析计算,基本上仅涉及问题的几何方面,即将设计人员的思想用几何图形表示出来。分析计算通常在后续阶段单独进行。在确定每一图形元素时以几何坐标来定位,相互之间不发生直接联系,只有通过其几何坐标的一致来建立相互关系,形成整体结构。因此,原则上讲这仅是一个计算机绘图的过程,某一操作所产生的物理作用及对其他部分的影响很难考虑。这一做法的另一个缺点是机时利用率很低,因为当某一操作命令发布后,计算机在刹那间就已执行完成并显示图形。在操作人员从这一操作转向下一操作的动作过程中,计算机处于等待状态。因此,现有的道路 CAD 系统是以计算机辅助绘图和计算为主要特征的计算机辅助设计技术,虽然在数值计算和图形绘制方面扩展了人的能力,在设计中获得广泛应用,并已成为提高设计质量和效率的一种现代化工具。但是,仍存在一些问题。

(1)现有道路 CAD 系统把需要经验或知识决策的设计问题留给用户,因而设计质量的好坏在一定程度上依赖于用户经验的多少和知识水平的高低,也就是说,CAD 的支持层次较低,这是国内外道路 CAD 系统普遍存在的问题。由于道路设计是设计人员的创造力与环境条件交互作用的物化过程,是一种智能行为,所以,在道路设计方案的拟定、设计模型的建立、主要参数的确定、线形设计等环节中,有相当多的工作需要设计人员发挥自己的创造性,应用多学科的知识和实践经验,进行分析推理,运筹决策才能取得合理的结果,从这一方面考虑,现有的道路 CAD 系统只是将设计过程的最后阶段——绘图搬到了计算机上,而设计过程仍然在设计者的头脑中完成,这样 CAD 技术在应用高度方面还有待提高。

(2)现有的道路 CAD 系统在数据管理上基本沿用文件系统,程序功能模块之间数据的流动是通过数据文件方式来实现的,每个应用系统都是孤立地、封闭地存储和管理自己的数据,缺乏数据库的支持,数据转换效率低下,数据冗余,而共享差,软件内部接口繁多,两个不同的 CAD 系统之间无法直接进行数据交换。

(3)道路 CAD 系统的开发缺乏组织,低层次上重复开发严重。现有道路 CAD 系统的各单项功能或单方面功能均是开发单位针对不同的目的、各自的设计要求、不同的软硬件环境开发

的,在系统的总体性、软件的通用性、系统接口技术等方面缺乏良好的总体设计,虽然各单项(单方面)功能较强,有较大的实用价值,但整个系统功能单一,缺乏标准化、规范化、系统化,集成化程度低。因此,现有的道路 CAD 系统很难有效地支持设计的全过程。

(4)道路 CAD 软件与支撑软件之间连接功能差,致使 CAD 环境不完善。目前道路 CAD 软件的支撑软件大多采用市场上成熟的软件,如 WPS、Word、Excel、AutoCAD 等,专业软件与这些系统软件的连接通常采用高级语言的外部调用或通过操作系统来实现,道路 CAD 系统没有提供一个集成的平台,设计者在应用上述软件时,需要在不同的软件之间频繁切换,给使用带来诸多不便。

(5)现有道路 CAD 系统常把设计思想、原则与实现设计的具体方法和技巧,处理算法与表示处理对象的环境混在一起,这样系统就难以随着环境的改变或处理技术的更换而方便地修改和扩充。

(6)现有道路 CAD 系统在道路勘测设计中的应用,还只局限在整个道路设计过程中的某些方面,没有开发出一套功能完整的道路设计 CAD 软件。从纵向看,道路设计要经过可行性研究、初步设计、技术设计和施工图设计等几个阶段;从横向看,道路设计包括路线、路基路面、桥涵、支挡构造物等各工程实体设计,每个设计阶段或设计实体又包括深度不同的地形测量、计算和绘图等多方面的工作,因此道路设计是一项非常复杂而又要求十分细致的工作。无论从纵向,还是从横向衡量,现有的 CAD 系统距实际要求都存在较大差距。

上述存在的问题,不仅是今后道路 CAD 软件开发所面临的困难,同时也是提高道路 CAD 系统应用层次和应用深度迫切需要解决的关键问题。

第三节　道路 CAD 系统的总体结构

以计算机技术和公路设计理论为基础的公路 CAD 技术经过五十多年的发展,由最初的单纯完成设计计算发展到今天的计算绘图一体化,在缩短公路设计周期,提高公路设计效率方面发挥了重要作用。随着人们认识的提高和设计理念的转变,公路设计由单纯注重经济性、追求高指标向协调安全、环保、经济、功能、舒适、美观等多目标转变。以几何模型、数值计算模型为基础的传统道路 CAD 软件并不能满足多目标设计和决策的要求。近年来,工程设计理论、地理数据采集与管理技术、多目标优化与决策理论方法、工程数据库、CAD 基础平台等技术的发展,客观上要求提高道路 CAD 系统对道路设计的支持层次和深度,具体表现在:

(1)系统应具有强大的数据管理功能。道路 CAD 系统应建立在工程数据库的基础上,对道路设计的原始数据和设计过程数据进行有效的管理。道路设计的原始数据包含通过数字摄影测量、LiDAR 激光摄影测量、传统测量手段获得的地形数据,RS 遥感解译获得的地质、生态等数据,交通和社会调查等设计背景数据,工程技术标准和规范数据,设计案例与专家经验等。设计过程数据则包括设计模型数据、设计图形数据、设计成果数据等。

(2)系统应能在设计过程中提供多目标优化与决策支持。在专家系统的支持下,系统应能对道路平面设计方案、纵断面设计方案、平纵组合设计方案进行多目标(安全、经济、环保、美观等)优化。路线初始方案确定后,系统能进行规范符合性检查,并对方案进行交通安全、交通质量、工程经济、景观与环保等方面的多属性评价。

(3)系统应具有完善的数字地形模型。面对海量的地形数据,数字地形模型能够高效地完成建模工作及数模简化、数据内插、模型重构等工作,为纵横断面地面线内插、道路三维模型建立、路域地形分析等提供支持。

(4)系统应集成道路设计中的基本模块,包括路线设计模块、交叉设计模块(平面交叉、立体交叉)、挡土墙设计模块、排水设计模块(包括小桥涵模块)、路基路面模块、图表输出模块。各功能模块应能实现设计过程中的基本分析、计算和绘图工作。

(5)系统应能在通用图形平台(AutoCAD、MicroStation)的支持下,提供设计过程中强大的人机交互与修改功能,包括显示与动画、平纵横面设计与修改、约束条件(如切线长、曲线长、半径、回旋线参数、外距、变坡点位置等)的增删与修改等内容,同计算机自动计算结合,使每次设计或修改后,计算机能及时跟踪计算。例如,当移动某变坡点时,计算机能立即自动计算并显示有关纵坡、竖曲线长、直坡段长度及是否违反约束条件等信息。

根据以上要求,道路 CAD 系统的基本结构如图 1-1 所示。需要指出的是,这里的基本结构反映了道路 CAD 系统的发展趋势,是目前道路 CAD 系统需要深入研究的方向。

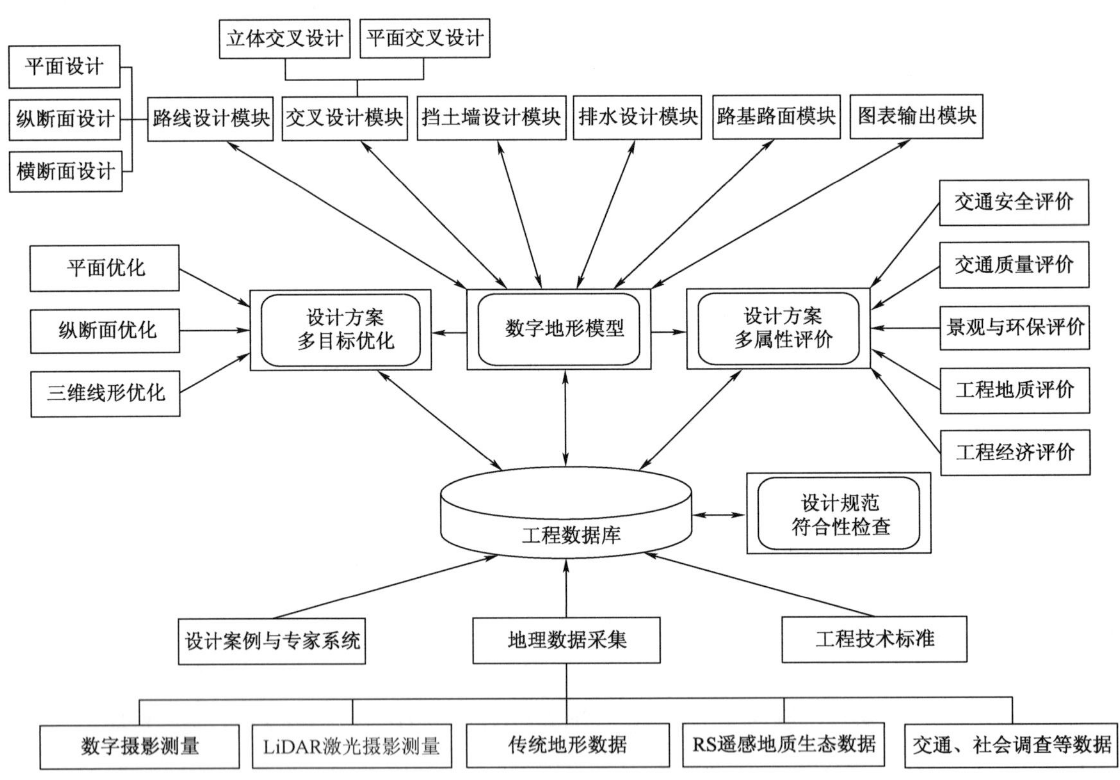

图 1-1　道路 CAD 系统总体结构图

第二章

道路工程 CAD 基础

道路工程 CAD 系统是由硬件系统和软件系统两大部分组成。所谓硬件系统，主要是指计算机主机、计算机外围设备及数据采集设备；而软件系统泛指命令计算机执行任务的程序，主要包括操作系统、图形软件、数据管理软件、计算分析软件等。CAD 的功能是在一定硬件和软件支撑下实现的，硬件和软件系统的配置水平在一定程度上决定了 CAD 系统的开发水平并影响以后的推广应用。

第一节　硬件支撑环境

各类计算机是 CAD 系统硬件的核心。在计算机领域中，CAD 系统所用的设备主要有普及型的个人计算机（Personal Computer，缩写 PC）和专用的 CAD 工作站。随着近些年来计算机的快速发展，其性能和可携带性飞速提高，能够作为辅助设计的个人计算机和专用工作站的种类繁多，可以按照自身的工作要求合理选择。计算机的外围设备包括：输入设备、输出设备及网络设施。一个完整的 CAD 系统还应包括数据采集设备，如航空摄影和成图设施、地面测设设施等。

一、个人计算机

个人计算机的发展经历了由简单到复杂、从低级到高级的演化。它主要可以分为两类:一类是以台式机、一体机和笔记本电脑为主的常规个人计算机;另一类是近些年逐渐普及的平板电脑、智能手机等便携式移动设备。

(一)常规个人计算机

常规个人计算机的硬件系统主要是由计算机本身及其外围设备组成。一般来说,计算机的硬件系统包括主机、外存储器、输入输出设备等,见图2-1。

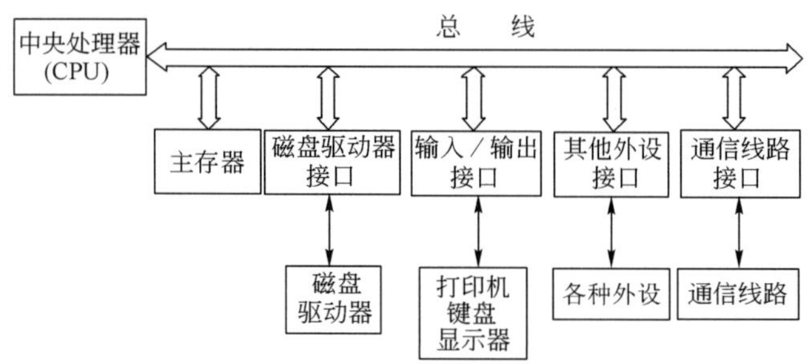

图2-1　微型计算机硬件系统

1. 主机

主机是控制及指挥整个系统并执行实际运算、逻辑分析的装置,是整个硬件系统的核心。它包括两部分。

(1)中央处理器:即CPU(Central Processing Unit),它主要由运算器和控制器组成,是计算机的指挥、控制、计算中心。计算机的性能主要取决于CPU的性能,而CPU的性能主要决定于它在每个时刻周期处理数据的能力,即主频。近几年,四核、八核等多核CPU的出现增强了计算机处理多任务的能力,大大提高了计算机的性能。

(2)内存储器:即内存,它是CPU可以直接访问的存储器,装置在主板插槽上,主要由集成电路芯片构成。现在计算机的内存基本上都在4GB以上。

2. 外存储器

外存储器用来存储需要长期保存的各种程序和数据,不能被CPU直接访问。计算机的外存储器一般采用磁盘和光盘。

(1)磁盘:用户使用计算机的信息数据大多数存储在磁盘上。组装在计算机内的磁盘称为硬盘。为了适应使用上的需要,目前硬盘的容量越来越大,主轴转速越来越快,计算机主流产品硬盘容量已达到1T,转速达到7 200r/min以上。

(2)光盘:光盘是用激光技术实现的一种海量存储器。现在市面上的光盘根据光盘结构可分为CD、DVD、蓝光光盘等几种类型。其中CD的容量只有650MB,DVD的容量可以达到4.7GB,而蓝光光盘更可以达到25GB。目前,可读写光盘(CD-R、DVD-R等)已普遍使用,但需在计算机中装置光盘刻录器。

3. 输入设备

CAD系统中,图形输入设备是人与计算机通信的工具。用户通过它将各种图形送入计算机并发出指令,由计算机完成某些功能处理。与计算机组装在一起的输入设备有鼠标、键盘、光笔以及触摸屏等。另外配置的输入设备有扫描仪、数字化仪等,也被称为 CAD 系统的外围设备。

4. 输出设备

输出设备负责把计算机处理数据完成的结果转换成用户需要的形式输送给人们,或传送给某种存储设备。计算机最常用的输出设备是自装在一起的显示器。现在主流的普及型显示器为 19in.、21in. 和 23in. 的液晶显示器(LCD,或采用 LED 背光的 LCD)。除此之外,随着制造材料和屏幕技术的快速发展,LED 显示器、等离子显示器以及 3D 显示器也逐渐涌现。

与显示器连接在一起的装置,如在机箱中插槽内的图形显示卡和相应的驱动程序,也是必不可少的重要部件。显示卡主要解决(I/O)总线速度远远慢于 CPU 内部处理速度的问题。显示卡一般都有显示缓存,如果配置的 CAD 硬件系统需要绘制高标准的彩色和渲染图的话,就宜选用有较大缓存量的显示卡。现在市场上的主流显示卡产品的显存在 2GB 以上。

(二)便携式移动设备

移动设备也被称为行动装置、流动装置、手持装置等,是一种体量较小的计算设备,通常有一个小的显示屏,采用触控或虚拟键盘输入,如平板电脑、智能手机等。

近些年涌现的平板电脑是一种无须翻盖、没有键盘、大小不等、形状各异,却功能完整的电脑,见图 2-2。其构成组件与笔记本电脑基本相同,但它是利用触屏技术进行输入的,同时支持语音输入,并且打破了笔记本电脑键盘与屏幕垂直的 J 形设计模式,使得 CAD 系统的移动性和便携性大大提高。

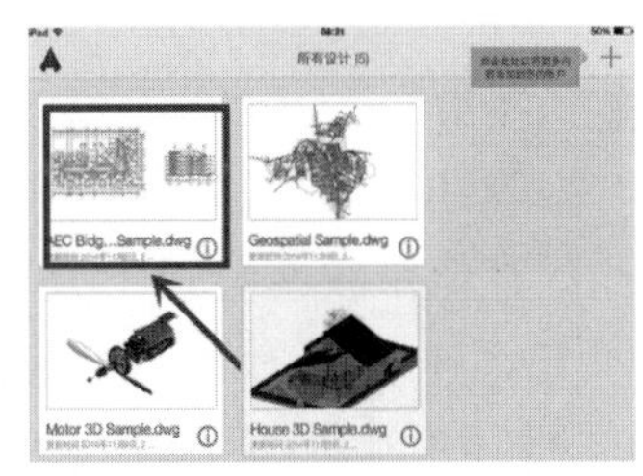

图 2-2 平板电脑硬件系统

智能手机就是在平板电脑的基础上加上手机功能,它除了具备通话功能外,还具备了计算机的部分功能,特别是个人信息管理以及基于无线数据通信的浏览器和电子邮件功能。智能手机为用户提供了足够的屏幕尺寸和带宽,既方便随身携带,又为软件运行和内容服务提供了广阔的舞台。

为了跟随移动设备的快速发展,AutoDesk 公司也建立了移动设备 CAD 平台,如 Android 系统上的 CAD WS 和 IOS 系统上的 CAD MAC,都可以对原始格式的 CAD 图进行浏览、编辑等,使得 CAD 的应用不再局限于桌面电脑终端,彻底打破了 CAD 的应用局限。并且伴随着移动互联网和云计算技术的推动,人们对 CAD 的使用实现了实时处理、协同设计。不过,目前的 CAD 移动设备还存在一定的局限性(包括操作的效率、绘图的精确性等),主要的设计过程仍然需要在台式机或笔记本上完成,移动应用还不能完全替代传统设计,而更适合于查看和审批。未来通过进一步提升移动设备端的海量数据管理、图层数据输出等技术水平,可以真正实现CAD系统交互手段的丰富发展。

二、工作站

工作站是20世纪80年代以来出现的机种。它是主要用于计算机辅助工程设计、具有高质量图形特性和良好人机交互作用的高性能台式计算机。1982年Apollo公司推出世界上第一台工作站DN-100,1983年SUN公司推出SUN-1工作站。经过二十几年的发展,工作站已经作为独立机种与大、中、小、微型计算机并驾齐驱。这些年计算机工作站已经不局限于工程设计领域,商业与办公自动化所用工作站已经占整个工作站市场的30%,SGI图形工作站见图2-3。

图2-3 SGI图形工作站

目前,一些高性能的个人计算机的硬件配置已经可以媲美较低端的工作站,但这并不意味着工作站无用武之地,或将被取代。相比高性能的个人计算机,工作站主要有以下特点。

1. 制造工艺

工作站虽然也是由CPU、显卡、主板、内存等部件组成,但是工作站选用配件的标准要比普通个人计算机严格得多,其主板、显卡、内存、硬盘和机箱电源等都是工作站专用的配件,由这些优质配件构建的工作站平台要比普通的个人计算机稳定得多,能满足严格的专业应用需求。此外,图形工作站系统为了更好地适用CAD等专业应用,还与专业软件厂商合作进行应用系统的认证。完备的认证和优化虽然增加了工作站研发、制造的成本,但却使工作站的整体性能和系统稳定性大大优于普通个人计算机。

2. 存储系统

一般来说,工作站的存储系统与普通个人计算机有很大不同,区分如下。

(1)工作站一般使用高速SCSI硬盘,而个人计算机则使用普通的IDE或S-ATA硬盘。在高端应用中,SCSI硬盘和IDE硬盘的差别很大,SCSI硬盘的转速是10 000转,而IDE硬盘仅为5 400~7 200转,SCSI硬盘的传输速率在320Mb/s,而IDE硬盘仅为100Mb/s(S-ATA硬盘为133Mb/s),SCSI硬盘的CPU占用率远远小于IDE硬盘。因此在实际应用中,SCSI硬盘对系统整体性能的提高非常明显。

(2)工作站采用ECC校验(Error Checking and Correcting)内存。内存是一种电子器件,在其工作过程中难免会出现错误,而对于稳定性要求高的用户来说,内存错误可能会引起致命性的问题。ECC校验内存与普通内存相比,能在存储数据位上额外存储一个用数据加密过的代码,用于在读取内存数据时进行校验比对。ECC内存能有效避免随机出现的内存软错误。

3. 显示系统

作为主要承担图形处理任务的CAD工作站,显示系统至关重要,其焦点在于是否采用了专业显卡。图形工作站采用的专业显卡和个人计算机采用的普通显卡有很大区别。首先,专业显卡与普通显卡的侧重点不同。不同的功能侧重使得专业显卡和普通显卡的硬件设计完全不同。其次,普通显卡的驱动程序与专业显卡相比,也存在很大的差别。这种差别使得许多高档普通显卡在运行专业软件时性能并不高。第三,专业显卡基本都要经过专业软件厂商的认证测试,在硬件和驱动程序开发阶段就开始和专业软件厂商开展合作,因此专业显卡可以稳定、流畅地运行专业应用程序,而普通显卡在这方面的差距比较大。

4. 软件系统和服务

工作站系统中一般安装了专用的系统监测和管理软件,有利于快速安装、布置和维护系统,提高了软件和硬件系统的可管理性。

随着工作站价格的进一步降低,其应用范围将迅速扩大。所以,以个人计算机为硬件支撑环境建立小型 CAD 系统,而由各种工作站联网建立大型 CAD 系统,不失为一种合理的选择。

三、CAD 系统外围设备

一个 CAD 系统的硬件设备除了计算机本身外,还应配置一些相应的外围设备,它包括数字化仪、扫描仪、打印机、绘图机、网络设施等。对于一个设计或管理单位,可以采用多个计算机共同使用一套外围设备的方案。

1. 扫描仪

扫描仪是直接把图形和图像扫描输入到计算机中,以像素信息进行存储的设备,见图 2-4。按其所支持的颜色不同,可分为单色扫描仪和彩色扫描仪;按所采用的固态器件不同,又分为电荷耦合器件(CCD)扫描仪、光电倍增管(PMT)扫描仪、MOS 电路扫描仪等。

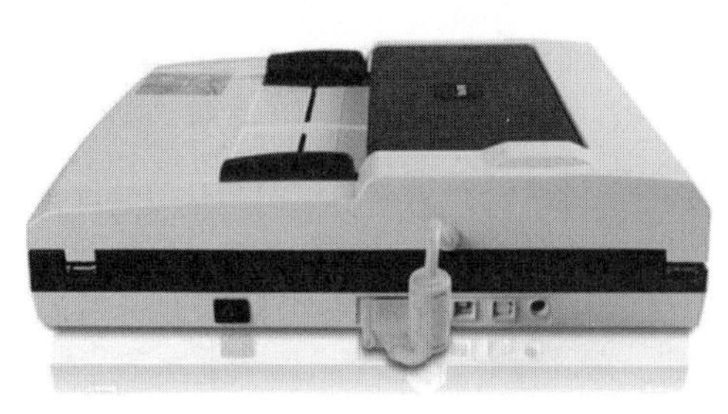

a)

b)

图 2-4 扫描仪

a)大幅面平台式扫描仪;b)三维激光扫描仪

扫描仪在工程设计领域主要用于图纸的扫描输入。在道路路线设计中,用扫描仪输入的的图纸也可以直接用来作为设计的底图。但是,如果要求进一步将图形转换为三维的数字地形模型或与设计图形相拼接,则需要用矢量化软件将扫描图纸矢量化,但所得结果对于较复杂的图形往往容易失真。

为了分析现实世界中物体或环境的形状(几何构造)与外观的三维数据,并进行三维重建计算,三维扫描仪开始在多个行业中出现并使用。三维扫描仪的用途是创建物体几何表面的点云,这些点可用来插补成物体的表面形状,越密集的点云可以创建更精确的模型(这个过程称作三维重建)。若扫描仪能够取得表面颜色,则可进一步在重建的表面上粘贴材质贴图,亦即所谓的材质映射。

2. 打印机

打印机是廉价的生产图纸硬拷贝设备,从机械动作上常分为撞击式和非撞击式两种。撞击式打印机使用成型字符通过色带印在纸上,如行式打印机、点阵打印机等。非撞击式打印机常用的技术有:喷墨技术和激光技术。喷墨打印机和激光打印机由于速度快、噪声小,已经逐渐替代以往的撞击式打印机。激光打印机又分为黑白激光打印机和彩色激光打印机,由于彩色激光打印机及其耗材价格昂贵,应用并不普遍,见图2-5。

a)

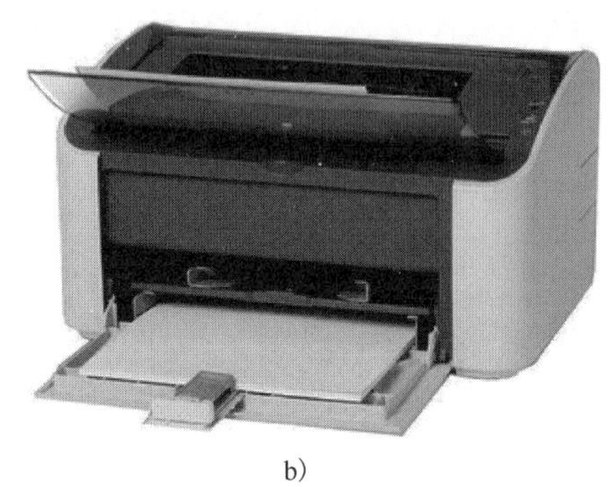

b)

图2-5 激光打印机

a)彩色激光打印机;b)黑白激光打印机

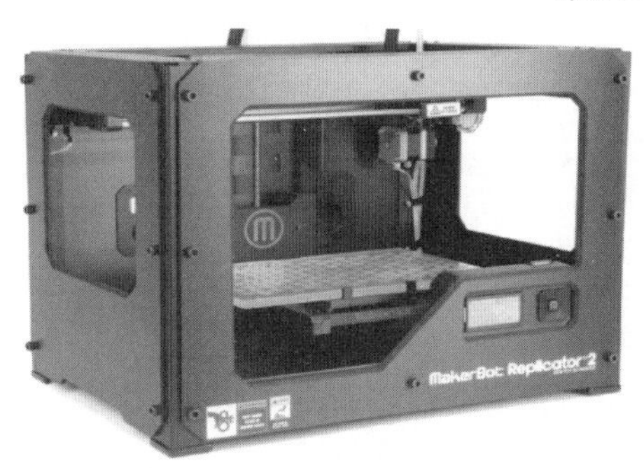

图2-6 3D 打印机

20世纪末,三维立体打印技术兴起并迅速发展起来。3D打印机(3D Printers)是一种累积制造技术(即快速成形技术)的机器,见图2-6。它与传统打印机最大的区别在于它使用的"墨水"是特殊蜡材、粉末状金属或塑料等可黏合材料,依据CAD软件设计的三维模型,将其"切"成设定厚度的一系列片层,通过打印一层层的黏合材料来制造三维的物体,在工业设计等领域被用于制造模型。为了强化3D打印技术研发实力,保证打印效率的提升,作为研发该技术前端软件的三维CAD设计软件得到了迅速的发展。

3. 绘图仪

绘图仪是CAD系统的主要输出设备,它在计算机控制下自动完成各种绘图动作,见图2-7。输出工程图纸时,可选用笔式绘图仪,也可采用喷墨绘图仪或激光绘图仪。

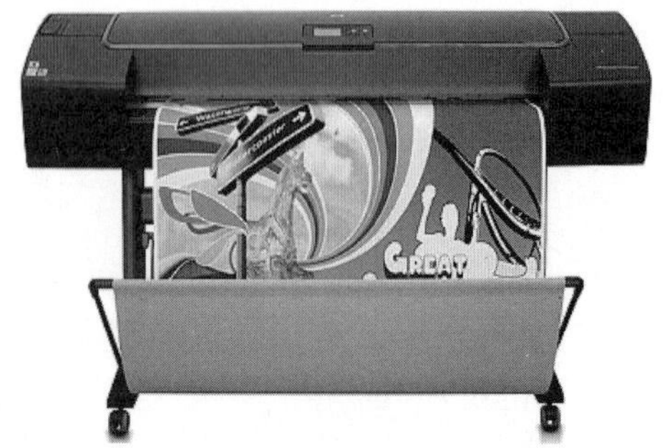

图2-7 绘图仪

(1)笔式绘图仪

常用的笔式绘图仪有平板式和滚筒式两种。平板式绘图仪是在一块平板上画图,绘图笔分别在x、y两个方向进行驱动。平板式绘图仪由于图纸固定在版面上不易松动,所绘的图纸精度较高,但绘图速度较低,绘图时用户可以见到整个绘图过程。图板的大小可以有

A0、A1、A2、A3 四种。绘制道路工程设计图纸，一般可选购 A1 或 A2 绘图仪。滚筒式绘图仪是在一个滚筒上画图，滚筒的转动带动图纸来转动，形成 x 方向的运动，y 方向的运动由笔架的运动来完成。滚筒式绘图仪结构紧凑，占地面积小，价格便宜，图纸幅面对纸长没有限制。由于纸张绕滚筒多次反复转动，绘制的图纸在精度上较平板式略差，但基本可以满足道路工程图纸的要求，一般比较实用。

(2)喷墨绘图仪、激光绘图仪及静电绘图仪

随着大型喷墨式绘图仪质量的提高和价格的降低，设计单位愈来愈趋向采用这种绘图仪，特别是当平面底图采用点阵式的扫描图时，不必通过矢量转化而直接输出。采用激光技术和静电技术的绘图仪，可以得到更好的图纸质量，但价格较贵。

4. 网络设施

计算机网络是由两个或多个计算机通过特定通信模式连接起来的一组计算机，完整的计算机网络系统是由网络硬件系统和网络软件系统组成的。

计算机网络的硬件一般由网络服务器、网络工作站、网络适配器和连接线，还有不常用的光纤组成，见图 2-8。如果要扩展局域网的规模，就需要增加通信连接设备，如调制解调器、集线器、网桥和路由器等。把这些硬件连接起来，再安装上专门用来支持网络运行的软件，包括系统软件和应用软件，一个计算机网络也就建成了。

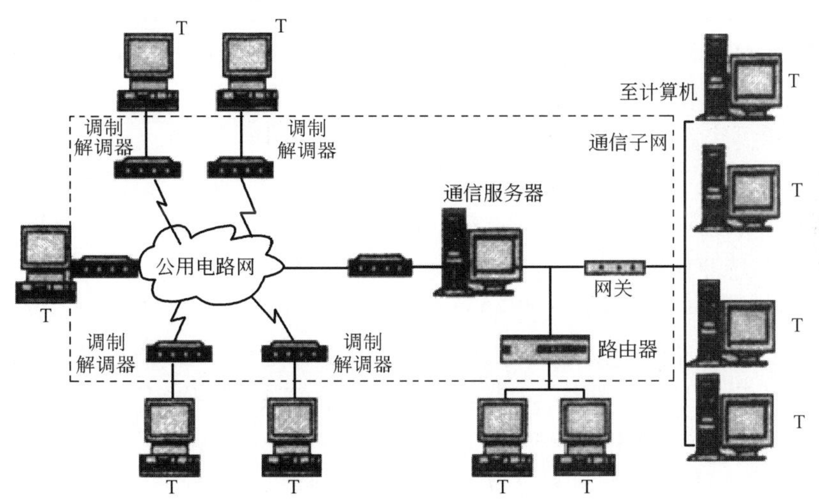

图 2-8 计算机网络硬件组成

(1)网络服务器

网络服务器(Server)是一台高性能计算机，用于网络管理、运行应用程序、处理各网络工作站成员的信息请示等，并连接一些外部设备，如打印机、CD-ROM、调制解调器等。根据其作用的不同分为文件服务器、应用程序服务器和数据库服务器等。

(2)网络工作站

网络工作站(Workstation)也称客户机，由服务器进行管理和提供服务，连入网络的任何计算机都属于工作站，其性能一般低于服务器。个人计算机接入 Internet 后，在获取 Internet 服

务的同时,其本身就成为一台 Internet 网上的工作站。网络工作站需要运行网络操作系统的客户端软件。

(3)网络适配器

网络适配器也称网卡、网络接口卡(Network Interface Card,NIC),在局域网中用于连接用户计算机与网络,大多数局域网采用以太(Ethernet)网卡,如 NE2000 网卡、PCMCIA 卡等。网卡是一块插入微机 I/O 槽中,发出和接收不同的信息帧、计算帧检验序列、执行编码译码转换等以实现计算机通信的集成电路卡。它主要完成的功能:①读入由其他网络设备传输过来的数据包,经过拆包,将其变成客户机或服务器可以识别的数据,通过主板上的总线将数据传输到所需个人计算机设备中(CPU、内存或硬盘);②将个人计算机设备发送的数据,打包后输送至其他网络设备中。

(4)调制解调器

调制解调器也叫作 Modem,俗称“猫”。它是一个通过电话拨号接入 Internet 的必备的硬件设备。通常计算机内部使用的是“数字信号”,而通过电话线路传输的信号是“模拟信号”。调制解调器的作用就是当计算机发送信息时,将计算机内部使用的数字信号转换成可以用电话线传输的模拟信号,通过电话线发送出去;接收信息时,把电话线上传来的模拟信号转换成数字信号传送给计算机,供其接收和处理。

按调制解调器与计算机的连接方式,可分为内置式与外置式。内置式调制解调器体积小,使用时插入主机板的插槽,不能单独携带;外置式调制解调器体积大,使用时与计算机的通信接口(COM1 或 COM2)相连,有通信工作状态指示,可以单独携带、能方便地与其他计算机连接使用。

(5)中继器和集线器

要扩展局域网的规模,就需要用通信线缆连接更远的计算机设备,但当信号在线缆中传输时会受到干扰,产生衰减。如果信号衰减到一定的程度,信号将不能识别,计算机之间不能通信。必须使信号保持原样继续传播才有意义。

中继器(Repeater)用于连接同类型的两个局域网或延伸一个局域网。当安装一个局域网而物理距离又超过了线路的规定长度时,就可以用它进行延伸;中继器也可以收到一个网络的信号后将其放大发送到另一个网络,从而起到连接两个局域网的作用。

集线器(HUB)是一种集中完成多台设备连接的专用设备,提供了检错能力和网络管理等有关功能。HUB 有三种类型:①对被传送数据不做任何添加的 Passive HUB,被称为被动集线器;②能再生信号,监测数据通信的 Active HUB,被称为主动集线器;③能提供网络管理功能的 Intelligent HUB,被称为智能集线器。

(6)网桥、路由器和网关

网桥(Bridge)也连接网络分支,但网桥多了一个“过滤帧”的功能。一个网络的物理连线距离虽然在规定范围内,但由于负荷很重,可以用网桥把一个网络分割成两个网络。

假如需要连接两种不同类型的局域网,那就得用路由器(Router),它可以连接遵守不同网络协议的网络。路由器能识别数据的目的地地址所在的网络,并能从多条路径中选择最佳的路径发送数据。如果两个网络不仅网络协议不一样,而且硬件和数据结构都大相径庭,那么就得用网关(Gateway)。

第二节 软件支撑环境

计算机系统是由硬件和软件两部分组成的。所谓软件，是指计算机程序、方法、规则等组成的文档以及在计算机上运行它时所必需的数据。要使计算机正确地运行并解决像道路计算机辅助设计任务，必须具备完整的软件系统。一个完整的系统须配置系统软件、工具软件和应用软件。其中系统软件和工具软件又被称为基础软件。

一、操作系统

系统软件是由计算机制造商提供的，与计算机主机是直接关联的，用来实现某一方面系统功能的那一部分软件。它的作用有：扩充计算机的功能，合理调度与运用计算机，控制和协调计算机及其外部设备支持应用软件的开发和运行。系统软件包括各种操作系统、各种外部设备的驱动程序、编译程序和语言处理程序、诊断程序和杀毒软件、网络通信管理程序等。其中最为重要的系统软件就是操作系统。

操作系统（Operating System，简称 OS）是一管理电脑硬件与软件资源的程序，同时也是计算机系统的内核与基石。操作系统是一个庞大的管理控制程序，大致包括进程与处理机管理、作业管理、存储管理、设备管理、文件管理 5 个方面的管理功能。目前计算机上常见的操作系统有 Windows、Unix、Linux、Netware、Mac OS 等。

1. Windows 操作系统

Windows 是美国微软（Microsoft）公司推出的操作系统，它是一个多任务的图形操作环境。Windows 操作系统的发展及其各主要版本及其特征如表 2-1 所示。

Windows 发展简表 表 2-1

版　本	推出时间	主 要 特 性
Windows 1.0	1985.11	微软对图形操作界面的首次尝试
Windows 3.0	1990.05	在界面/人性化/内存管理多方面的巨大改进，终于获得用户的认同
Windows NT 3.1	1993.07	第一款对应服务器市场的产品，稳定性比桌面操作系统更为出色
Windows 95	1995.08	出色的多媒体特性、人性化操作、美观界面令 Windows 95 获得空前成功
Windows 2000	2000.02	包含新的 NTFS 文件系统、EFS 文件加密、增强硬件支持等新特性
Windows XP	2001.10	包括了简化了的 Windows 2000 的用户安全特性，并整合了防火墙，以用来确保长期以来困扰着微软的安全问题
Windows Vista	2005.07	微软在 Vista 的安全性方面进行改良，并增添了上百种新功能
Windows 7	2009.10	支持触控技术，具有超级任务栏，界面更加美观，多任务切换
Windows 8	2012.10	第一款带有 Metro 界面的桌面操作系统，为用户提供高效易行的工作环境
Windows 10	2015.07	高效的多桌面、多任务、多窗口，命令提示符功能全面进化

Windows 具有以下特点和功能：

（1）Windows 具有全新的、漂亮的图形操作界面，使用户易于学习和掌握。

（2）它通过对窗口、对话框、菜单、图标等图形画面和符号的操作来使用计算机。在操作方式上既可以使用键盘、鼠标,还具有声控、触控操作。特别是多点触屏技术的使用,使操作更为简便、快捷。

(3)在 Windows 中可以同时运行多个程序,执行多项任务,各个程序之间既可以方便地进行切换,又可以实现多个程序之间的数据共享。

(4)Windows 95 以后的版本都支持"即插即用(Plug and Play)"技术,这使得新硬件的安装更加简单。

(5)Windows 2000 以后的版本中内置了 TCP/IP 协议和拨号上网软件,用户只需进行一些简单的设置就能上网浏览、收发电子邮件等。同时它对局域网的支持也很出色,用户可以很方便得在 Windows 中实现资源共享。

Windows 的上述特点和功能使得操作计算机的方法和软件开发过程发生了根本性的变化,使其普遍应用于各行各业,基本上统治了整个操作系统软件市场。

2. Unix 操作系统

Unix 操作系统于 1969 年在 AT&T 贝尔实验室问世。它的发展对国际计算机界,特别是对软件界产生了巨大而深刻的影响。Unix 操作系统是唯一能在微型机、小型机、工作站、巨型机上通用的操作系统。

与其他操作系统一样,Unix 系统是计算机控制程序。它既是一组组织很严谨的实用程序集,又是一套完整的工具,用户可以连接并使用这些实用程序去建立自己的系统和应用程序。Unix 的源码向社会公开,允许工程技术人员自由更改操作系统的内部设计。这种开放性导致了多种类的 Unix 系统,但同时也带来了兼容性差的问题。Unix 系统广泛用于工作站。目前,道路 CAD 系统较少采用这种操作系统。

此外,还有一些基于 Unix 深度开发的操作系统,如 Mac OS 操作系统。Mac OS 操作系统是苹果公司为 Mac 系列产品开发的专属操作系统,它是一种基于 Unix 内核的"面向对象"图形化操作系统。最新版本的 Mac OS 操作系统带来了全屏模式、任务控制、快速启动面板等功能。目前,已经开发出了一些专门针对 Mac OS 操作系统的 CAD 软件产品。

二、工具软件

在 CAD 系统中,可以考虑选用一些合适的工具软件。如各种图形软件、数据管理软件、计算分析软件、汉字处理软件、各种办公和文件处理软件等。

1. 图形软件

图形软件是道路工程 CAD 中最重要的工具软件。因为工程师设计的最终结果都要以图纸的形式表现出来,所以图形处理是 CAD 系统中的重要组成部分。在 CAD 系统中,图形处理不仅用来表达最终结果,更重要的是借助于它,设计人员就可以用交互方式完成图形的生成、编辑、修改、标注等各种工作,这在工程设计中是极为重要的。交互式图形软件的任务就是要能高质量、快速地完成这些图形处理工作,并最终获得完善的图纸。图形软件应具有如下一些主要功能:

(1)基本实体的输入输出处理功能。所谓基本实体,是指可用来组成复杂图形的一些最简单的几何图形单元,如点、直线、文字、圆、弧等。它们带有几何属性,如颜色、线形、线宽、层次、字形尺寸及方位等,可由用户调用。

(2)具有强大的交互编辑功能。交互编辑功能是对已经存在的图形进行处理的手段。一般包括删除、恢复、移动、拷贝、镜像、旋转、比例缩放和实体的裁减延伸等。

(3)接口的通用性。便于应用系统和图形设备驱动程序之间的连接。

(4)具有良好的人机界面性能。

目前,在工程 CAD 系统中,主要采用的图形软件是 AutoCAD 和 MicroStation 两种。

(1)AutoCAD

AutoCAD 是美国 Autodesk 公司生产的图形软件,AutoCAD 是目前国内外使用最为普遍的一种高性能作图软件,它具有通用性好、适用性广、功能较强的特点。它不但可以绘制直线、点、圆、圆弧、椭圆、矩形等基本图形,还能进行放大、缩小、移动、插入、复制等操作,而且可以将图形作为一个标准图块随意插入到所需的图形中。它还可作二维、三维图形,对图形进行着色、文字注释、尺寸标注等。AutoCAD 支持高级语言编程,进行二次开发。目前通用的是 AutoCAD2015 之后的新版本。关于 AutoCAD 的使用将在第三章作详细的讲解。

(2)MicroStation

MicroStation 是美国 Bentley 公司开发的目前世界上流行的 CAD 软件。在建筑设计、土木工程、交通运输、地理信息、工业设计、工艺制造等领域有广泛的应用。该系统在以下几个方面具有独特的性能:真三维实体建模、NURRS 曲面造型及操作工具、静态渲染和专业级动画系统、光栅图像处理工具等。MicroStation 的工作界面如图 2-9 所示。

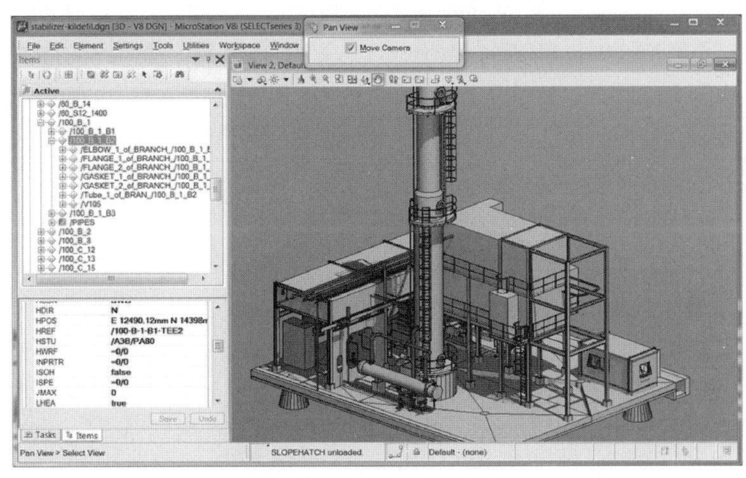

图 2-9 MicroStation 工作界面

2. 数据管理软件及相关标准

计算机系统中的数据管理采用文件管理系统和数据库管理系统两种方式,早期多采用文件管理系统,目前,数据库管理系统已经在各种数据管理领域中得到了广泛的应用。在道路工程 CAD 系统中,特别要注意对图形库的处理,要选用有图形处理功能的数据管理软件。

(1)Access 数据库

Access 是 Microsoft 公司推出的运行于 Windows 环境下的数据库系统,对数据库的设计和使用都很方便,由于采用了嵌入对象 OLE 技术,在数据库中可以加入图形、图片等对象,对需要图形工程项目的用户,是比较适用的应用软件。Access 是一个关系型数据库管理系统,在关系型数据库中,可以将不同的事物和数据组织到不同的表中,然后建立这些表之间的关系并将相关数据组织在一起。Access 软件还提供了与 Visual Basic(简称 VB)的接口,可以通过 VB 语言来处理某些复杂的过程进行二次开发。

(2)Visual FoxPro 数据库

Visual FoxPro 数据库是计算机环境中应用较为广泛的一种,具有比较丰富的功能和优于其他同类产品的运行速度,Visual FoxPro 数据库具有以下主要特征:

①面向对象的程序设计方法。Visual FoxPro 提供了面向对象的、由事件驱动的程序设计方法,允许用户对"对象"(Object)和类(Class)进行定义,并编写相应的代码。

②提供可视化的开发工具。Visual FoxPro 提供了 40 多个 3 类可视化设计和操作工具,包括向导(Wizard)、设计器(Designer)和生成器(Builder)。上述工具普遍采用图形界面,配置有工具栏和弹出式快捷菜单,能够帮助用户以简单的操作完成各种查询和设计任务,并自动生成程序代码,大大减轻了设计人员的工作量。

③增强项目和数据库管理功能。Visual FoxPro 项目管理器全面管理项目中的数据库、应用程序和各类文档资料,使数据库的应用和开发更加方便。

④支持网络应用。Visual FoxPro 9.0 的视图和表单,不仅可以访问本地数据库中的数据,还可以访问网络服务器中的数据。

(3)Oracle 数据库

Oracle 数据库系统是最早将关系数据库理论变成产品走向市场的,是受到普遍重视的优秀数据库管理系统之一。Oracle 是以高级结构化查询语言(SQL)为基础的大型关系数据库,通俗地讲,它是用方便逻辑管理的语言操纵大量有规律数据的集合。它有如下一些特点:

①引入了共享 SQL 和多线索服务器体系结构,从而减少了 Oracle 的资源占用,并增强了 Oracle 的能力,使之在低档软硬件平台上用较少的资源就可以支持更多的用户,而在高档平台上可以支持成百上千个用户。

②提供了基于角色(ROLE)分工的安全保密管理。在数据库管理功能、完整性检查、安全性、一致性方面都有良好的表现。

③支持大量多媒体数据,如二进制图形、声音、动画以及多维数据结构等。

④提供了与第三代高级语言的接口软件系列,能在 C、C + + 等主语言中嵌入 SQL 语句及过程化(PL/SQL)语句,对数据库中的数据进行操作。

⑤提供了新的分布式数据库能力。可通过网络较方便地读写远端数据库里的数据,并有对称复制的技术。

(4)IFC 数据标准

IFC(Industry Foundation Classes)标准是由国际协同工作联盟 IAI(International Alliance for Interoperability)为建筑行业发布的建筑产品数据表达标准。近年来,建筑信息模型(Building Information Modeling,BIM)在建筑交通行业的应用越来越广泛,它是以建筑工程项目的各项相关信息数据作为模型的基础,进行建筑模型的建立。BIM 技术正是通过 IFC 标准进行数据交换进而实现工程项目中不同信息系统之间的信息共享。

IFC 标准本质上是建筑物和建筑工程数据的定义,反映现实世界中的对象。它采用了一种面向对象的、规范化的数据描述语言 EXPRESS 语言,定义所有用到的数据。IFC 模型可以划分为四个功能层次:资源层(Resource Layer)、核心层(Core Layer)、交互层(Interoperability Layer)和领域层(Domain Layer)。每个层次都包含一些信息描述模块,并且模块间遵守"重力原则”,即每个层次只能引用同层次和下层的信息资源,而不能引用上层资源。这样上层资源变动时,下层资源不受影响,保证信息描述的稳定。

3. 办公和文件处理软件

在 Windows 环境下适用的 Microsoft Office 软件是最普遍使用的办公和文件处理软件。Microsoft Office 软件由微软公司开发,系统组件包括 Word、Excel、PowerPoint 等。其中,Word 是文字处理软件,Excel 是电子数据表处理软件,PowerPoint 是幻灯片制作软件。

三、应用软件

为了解决各行各业的实际问题,往往需要另行开发各自适用的应用软件。在道路 CAD 系统中的各种应用软件往往是一些较大的系统,要用软件工程的方法来开发。开发道路 CAD 系统应用软件可以采用其他图形软件或 GIS 软件作为二次开发平台,也可以独立地进行集成化的软件开发,一切取决于应用领域、用户需求、规模和工作量等方面的具体条件。当前 CAD 的二次开发工具主要有:VisualLisp、VBA 和 ObjectARX 等。其中,VisualLisp 与 VBA 较为简单,特别是 VBA,使用方便且开发速度较快,但其功能相比 ObjectARX 有所不足,尤其是不太支持面向对象功能。而 ObjectARX 基于 VC 平台,在 C + + 的支持下,其功能非常强大,可以很好地运用各种面向对象技术,但其缺点是开发速度比较慢,同时对开发人员的能力要求较高。. NET 是微软新推出的开发平台,具有众多优点。基于. NET 平台对 AutoCAD 进行二次开发,可充分利用. NET 的各种优势,在保证功能强大的前提下大大提高开发速度。

1. VBA

Visual Basic for Applications 简称 VBA,是 Visual Basic 的一种宏语言,是微软开发出来在其桌面应用程序中执行通用自动化(OLE)任务的编程语言。在 AutoCAD 软件中采用 VBA 进行二次开发具有以下优点:

(1)规范用户的操作,控制用户的操作行为;

(2)操作界面人性化,方便用户的操作;

(3)实现之前软件一些无法实现的功能;

(4)多个步骤的手工操作通过执行 VBA 代码可以迅速地实现,提高 AutoCAD 的应用效率。

2. ObjectARX

ObjectARX 是 AutoDesk 公司针对 AutoCAD 平台上的二次开发而推出的一个开发软件包,它提供了以 C + + 为基础的面向对象的开发环境及应用程序接口,能真正快速地访问 AutoCAD 图形数据库。与以往的 AutoCAD 二次开发工具不同,ObjectARX 应用程序是一个 DLL(动态链接库),共享 AutoCAD 的地址空间,对 AutoCAD 进行直接函数调用。所以,使用 ARX 编程的函数的执行速度得以大大提高。ARX 类库采用了标准的 C + + 类库的封装形式,这也大大提高了程序员编程的可靠度和效率。

ObjectARX 目前最新的版本是 ObjectARX2015,它是开发 AutoCAD 的核心,是最为高效的 AutoCAD 开发工具。通过支持 XML,为 ObjectARX 开发网络协作应用提供了有力的支持。

四、计算机语言

要使计算机能按人的意图工作,使计算机能接受人向它发出的信息和命令,必须要解决一个"语言"问题。计算机语言种类非常多,总的来说分成机器语言、汇编语言和高级语言三大类。计算机所能识别的语言只有机器语言,即由 0 和 1 构成的代码。汇编语言的实质和机器语言是相同的,都是直接对硬件操作,只不过指令采用了英文缩写的标识符,更容易识别和记忆。而高级语言是目前绝大多数编程者的选择。高级语言所编写的程序不能直接被计算机识别,必须经过转换才能被执行。目前所用的高级语言有:Java、C + +、Python、Visual Basic. NET(VB. NET)等。进行 CAD 软件开发或基于某种软件进行二次开发,用得最多的语言是 VB. NET 和 Visual C + +(即 VC + +)两种。

1. VB. NET

2000 年 Microsoft 将 VB 整合到 Microsoft. NET 框架中,形成 VB. NET 语言。VB. NET 是在 Basic 系列语言中迄今为止功能最强大的一门编程语言,以极具亲和力的英文单词为基础标识,其逻辑表达与自然语言极其相近。在 Windows 操作系统的支持下,VB. NET 为用户提供了一个功能强大、使用方便的开发环境,应用程序的设计、运行、调试及获得帮助,都可以在这个环境中完成,因此称之为集成开发环境。VB. NET 的开发环境窗口如图 2-10 所示。

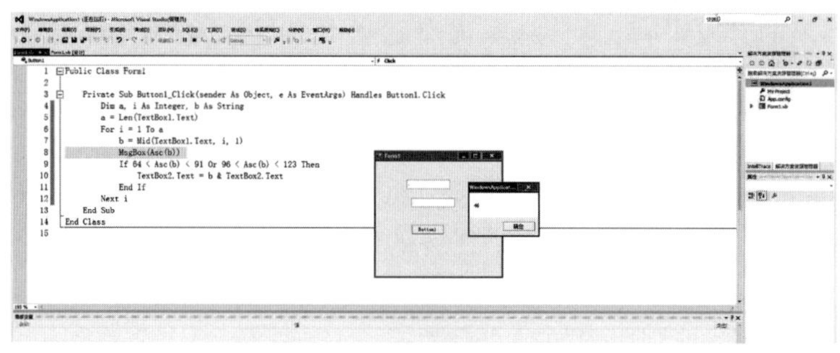

图 2-10　VB. NET 的集成开发环境

(1)VB. NET 的特点

VB. NET 与 VB 都代表了 Basic 系列语言的编码风格,但 VB. NET 是这种编码风格在. NET 平台上的继承,而不是 VB 的沿袭。下面介绍它的几个基本特点:

①全面支持面向对象的编程语言。VB. NET 与 VB 最大的差别是引入了. NET 框架。

②沿用了 VB 语言的多数语法,并做了少量改进,以适应. NET 框架对编程语言的要求,但同样具有简单易用的特点。

③继承了 VB 的可视化设计和事件驱动的编程机制,具有丰富的数据类型和完备的帮助功能,支持强大的数据库访问和网络功能,为快速创建 Windows 应用程序提供了一种有效途径。

(2)VB. NET 中简单应用程序的建立过程

①创建应用程序界面。界面是用户与应用程序进行交互操作的可视部分。窗体和控件是创建界面的基本构造模块,也是创建应用程序所使用的对象。窗体是一种对象,由属性定义其外观,由方法定义其行为,由事件定义其与用户的交互。通过设置窗体属性并编写响应事件的 VB. NET 代码,就能定义出满足应用程序需要的对象。控件是包括在窗体对象内的对象,每种类型的控件都有自己的一套属性、方法和事件。可以把属性看作一个对象的性质,把方法看作

对象的动作，把事件看作对象的响应。VB. NET 常用的控件有：用于显示和输入文本的控件，为用户提供选择的控件，显示图片和图形的控件，附加控件。

②设置对象的属性。在对象建立好后，就要为其设置属性值。属性是对象特征的表示，各类对象中都有默认的属性值。为了满足应用程序的需要，应当对某些对象的属性值重新进行设置。首先设置窗体的属性，其次设置命令按钮的属性，最后设置标签控件的属性。

③编写程序代码。建立了用户界面并为每个对象设置了属性后，接下来要为一些对象编写代码。代码的编写要考虑到选择对象的事件和为该事件编写的代码。编程要在代码编辑窗口中进行，可以通过双击窗体进入代码编辑窗口。

④运行和调试程序。代码编写完之后运行程序，可以与程序交互以测试程序是否可以达到预期目的，以及是否出现错误。常见的程序错误有语法错误、运行时错误和逻辑错误。语法错误是指因程序中语句不符合 VB. NET 语法而产生的错误，如拼错单词、标点符号遗漏、变量未声明、过程或函数未定义、函数缺少必要参数等。运行时错误也称异常，是指在程序运行过程中产生的错误，如执行除数为零的除法运算、打开已损坏的文件、数据类型不匹配或数组的索引超出了数组界限等。逻辑错误是一种比较隐蔽且只能由人工发现的错误，如运算符使用不当、循环语句的初值或终值取值错误等。有逻辑错误的程序虽然有时能正常运行，但却无法得到预期的结果。最后，将调试好的程序保存到指定位置。

2. VC + +

C + +语言作为目前最通用的程序开发语言，具有表达能力强、代码简洁严谨、移植性好的特点，而 VC + +的推出更是把 C + +语言的功能发挥得淋漓尽致，达到全新的高度。

(1)VC + + 2015 主要特点

①基于 Windows 操作系统面向对象的可视化集成编程系统，不但具有程序框架自动生成、灵活方便的类管理、代码编写和界面设计集成交互操作、可开发多种程序等优点，而且通过简单的设置就可使其生成的程序框架支持数据库接口、OLE2、WinSock 网络、3D 控制界面。

②具有集成开发环境，可提供编辑 C 语言、C + +以及 C + +/CLI 等编程语言。开发环境如图 2-11 所示。

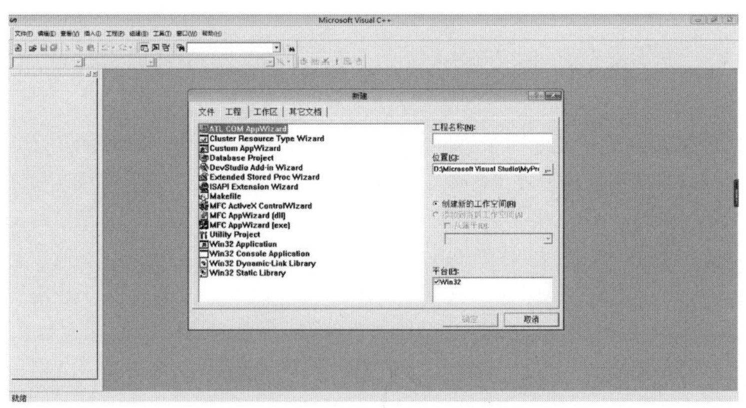

图 2-11　VC + +开发环境界面

③拥有“语法高亮”，IntelliSense(自动完成功能)以及高级除错功能，特别是整合了微软视窗程式设计(Windows API)、三维动画 DirectX API 和 Microsoft. NET 框架。其编译及建置系统

以预编译头文件、最小重建功能及累加链接著称。这些特征明显缩短程式编辑、编译及链接花费的时间,在大型软件开发上尤其明显。

(2)VC + +主要部分

①Developer Studio。这是一个集成开发环境,我们日常工作的99%都是在它上面完成的,虽然 Developer Studio 提供了一个很好的编辑器和很多 Wizard,但实际上它没有任何编译和链接程序的功能,它是 VC + +的一个外壳。

②MFC(Microsoft Foundation Class)。VC + +是为 MFC 打造的,VC + +中的许多特征和语言扩展也是为 MFC 而设计的。VC + +最大的特色就是面向对象的支持,它利用类把大部分与用户设计界面有关的 Windows API 函数封装起来,通过 MFC 类库的方式提供给开发人员使用,大大提高了软件的重用性。

③Platform SDK。虽然很少能直接接触到 Platform SDK,但它却是 VC + +的精华和灵魂。Platform SDK 是以 Microsoft C/C + +编译器为核心,配合 MASM,辅以其他一些工具和文档资料,实现对程序的编译和链接的功能。

第三章

AutoCAD 图形平台的使用

AutoCAD 作为一款通用 CAD 计算机辅助设计软件，具有易于掌握、使用方便和体系结构开放等多种优点。它提供了一个开放的平台和面向对象的绘图环境，可以进行设计、分析、修改和优化等操作，有效提高了设计水平及工作效率，现已成为应用最为广泛的计算机绘图软件之一。本章主要介绍计算机图形学理论基础、AutoCAD 基础知识、基本作图工具以及使用技巧。

第一节　计算机图形学概要

计算机图形学是关于计算机图形技术的学科。它主要研究构造模型并利用计算机及其图形设备生成、处理、存储、输入与输出图形的有关原理、算法和技术，在工程领域有广泛的应用，因此学习和掌握计算机图形技术对于工程技术人员来讲，具有十分重要的现实意义。

计算机图形学是 CAD 领域的理论基础，涉及的内容广泛，这里主要介绍其基本概念及有关的一些算法，它们包括曲线、曲面的设计以及几何造型技术等。

一、坐标变换

坐标变换是图形处理的一种手段。对于不同类型的形体、图形和图纸，在不同的处理阶段需要采用不同的坐标系,以提高图形处理的效率和便于用户的理解。下面介绍一些与坐标变换有关的概念。

1. 坐标系

在图形处理过程中涉及多种不同的坐标系,但概括起来可以把坐标系分成两大类:一类是面向系统的,例如绘图机和图形显示器等图形设备坐标系以及语言环境设置的窗口等,它主要用于实现绘图定位;另一类是面向用户的,如图形坐标系、自然坐标系等,它用于分析图形自身的关系、建立数学模型以及采集数据。

2. 齐次坐标

在数学上,齐次坐标是空间位置矢量的一种表示方法。一个 n 维位置矢量,在普通坐标下表示为$[x_1,x_2,\cdots,x_n]$,在齐次坐标下表示为 $n+1$ 维空间位置矢量$[hx_1,hx_2,hx_3,\cdots,hx_n,h]$,$h$ 为比例因子。当 $h=1$ 时,空间位置矢量为$[x_1,x_2,\cdots,x_n,1]$,并称为齐次坐标的规格化形式。在图形变换中一般采用这种形式,此时在数值上齐次坐标与普通坐标相等。这种 $n+1$ 维向量表示一个 n 维向量的坐标表示方法称为齐次坐标表示法。

二、曲线、曲面的设计

道路设计中处理的图形,按其形状可分为两大类。第一类是规则形状的图形,通常由平面、二次曲面等组成,如桥涵的墩台、基础等结构图。这类图形一般采用常规的三面视图的方法来表示。第二类是自由形状的图形,通常由自由型曲线和曲面构成,例如地面就属于这类图形。自由形状图形包括的信息较为复杂,传统的图学方法在描述自由形状图形方面有一定的困难,一般采用数学方法定义、描述、传递图形信息。

曲线和曲面的设计是计算机图形学中研究的重要内容之一,在实际工作中有广泛的应用。这里主要介绍曲线、曲面的一些基本概念以及其设计的基本方法。

1. 曲线的表示

曲线的表示,有以下三种方法。

(1)显式表示:一般表示为 $y=f(x)$ 的形式,如一条直线可表示为 $y=kx+b$。这种表示形式清晰明确,在计算机中容易实现。然而,这种表示方法难以表示多值曲线,并且在多数情况下,工程设计问题难以得到显函数表达式。

(2)隐式表示:一般表示为 $f(x,y)=0$ 的形式,例如单位圆可以写成 $x^2+y^2=1$。用隐式表示可以克服显式表示的一些缺陷,但是这种表示方式不能直观地表达因变量与自变量的关系,而且得到一个点,需要解方程 $f(x,y)=0$,使计算和作图都非常困难。

(3)参数表示:若用 t 表示参数,则曲线上每一点笛卡尔坐标可表示为 $x=f(t)$,$y=g(t)$,如单位圆可表示为 $x=\cos t$,$y=\sin t$,$0\leqslant t\leqslant 2\pi$。采用参数方程表示曲线具有显著的优点,如参数方程便于处理斜率为无穷大的问题,有更大的自由度控制曲线的形状,便于计算和编程。因此,这种表示曲线的方法在计算机辅助几何设计中得到广泛应用。

2. 曲线的定义

曲线的定义方法有多种,道路设计中常用的有三种:第一种是设计计算问题,即曲线是根据设计者的意图和具体设计要求计算推导而得到的,例如传统设计中,对道路中线的定义就属于这一类问题。第二种是插值问题,即设计中曲线函数是未知的,已知的仅仅是一组有序的型值点,要求通过这些型值点构造光滑曲线,例如,已知地形等高线上的一组有序点,等高线的生成问题,就是插值问题。常用的插值方法有拉格朗日插值、样条插值等。第三种是逼近问题,设计者只能初步给出一些控制点和控制参数,给定的数据点本身含有不确定的成分,这时并不要求构造的曲线一定通过给定的型值点,而是要求曲线在某种定义下最好逼近给定的全部型值点,这就是逼近问题。通常可以采用贝塞尔(Bezier)法和B样条函数等来定义这类曲线。

3. 曲面的表示与定义

曲面在工程设计与制造过程中有着广泛的应用。下面介绍工程设计领域常用的几种曲面表示方法。

(1)双线性曲面

在单位正方形的参数空间内,以其相反边界进行线性插值而得到的面称为双线性曲面。如图3-1所示,由四个点$\vec{P}_1$、$\vec{P}_2$、$\vec{P}_3$和$\vec{P}_4$定义的双线性曲面为:$\vec{Q}(u,v)=\vec{P}_1(1-u)(1-v)+\vec{P}_2(1-u)v+\vec{P}_3(1-v)u+\vec{P}_4uv$。显然,该曲面的四个角点为$\vec{Q}(0,0)=\vec{P}_1$,$\vec{Q}(0,1)=\vec{P}_2$,$\vec{Q}(1,0)=\vec{P}_3$,$\vec{Q}(1,1)=\vec{P}_4$。如果给定的四个顶点共面,则$\vec{Q}(u,v)$为插值于这四点的平面四边形;如给定不共面的四个点,则用这四个点双线性插值得到的面即为一张双曲面,如图3-2所示。

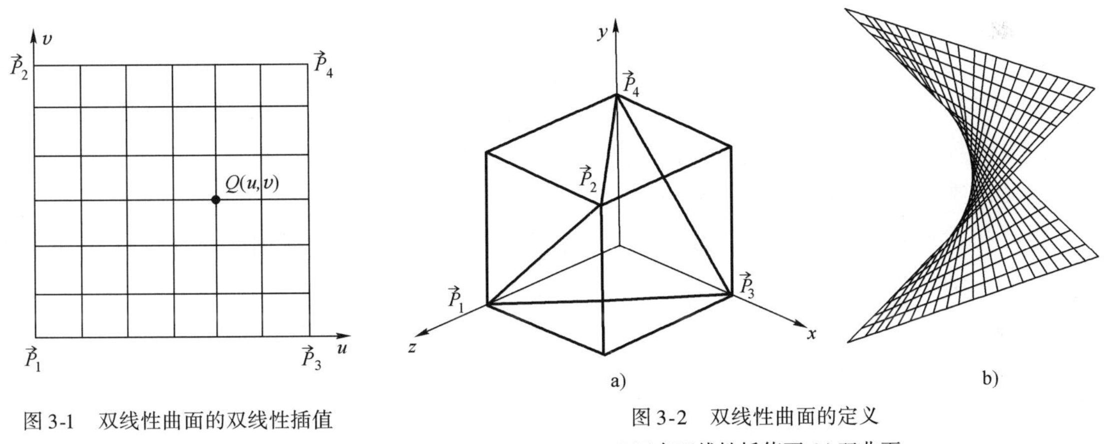

图3-1 双线性曲面的双线性插值

图3-2 双线性曲面的定义

a)四点双线性插值面;b)双曲面

(2)Coons(孔斯)曲面

Coons曲面的主要思想是用多个"曲面片"拼接成一张复杂的曲面,每个曲面片由四条边界曲线和边界连续条件来定义。为了使拼合后的Coons合成曲面整体上保持一定的连续性,Coons给出了适用于各种光滑拼接条件的"曲面片"数学表达式。具体内容可参考有关的书籍,在这就不一一讨论了。

(3)B样条曲面

B样条曲面是B样条曲线的拓广,是目前曲面外形设计的主要方法之一。双三次B样条曲面是最重要的一种B样条曲面,其定义为:

$$\vec{P}(u,v)=\sum_{i=0}^{3}\sum_{j=0}^{3}B_{i,4}(u)B_{j,4}(v)P_{i,j}\quad(u,v\in[0,1])$$

式中: $B_{i,4}(u)$、$B_{j,4}(v)$——三次B样条基函数;

$\vec{P}(u,v)(i,j=0,1,2,3)$——曲面的控制点。

具体构造过程可参考有关的书籍,在这就不一一讨论了。

第二节 AutoCAD 的基础知识

AutoCAD 是美国 AutoDesk 公司推出的计算机辅助绘图与设计软件包。与其他大型的、专门化的 CAD 软件相比,AutoCAD 对计算机系统的需求相对较低,而且功能很强。所以一经推出就受到广大计算机用户的喜爱,很快就成为世界上装机数量最大的 CAD 软件。通过三十几年的不断改进和完善,AutoCAD 的功能日益强大,甚至可以同专业化的 CAD 软件相媲美,而操作却变得越来越简单、直观。

迄今为止,AutoDesk 公司已经对 AutoCAD 进行了数十次的升级,从 AutoCAD 1.0 直到当前推出的 AutoCAD 2017。AutoCAD 产品在不断适应计算机软硬件的同时,自身的功能也日趋完善,性能不断提高。

一、AutoCAD 的功能

AutoCAD 的功能非常丰富、强大,随着版本的增加,其功能也在不断地扩充和更新。以 AutoCAD 2015 为例,主要功能概括起来有以下几个方面。

1. 文件管理功能

AutoCAD 的文件管理功能主要是对 AutoCAD 的图形文件进行新建、打开、保存操作,而且提供它所支持的不同格式图形文件之间的转换。

2. 提供丰富的绘图工具

复杂图形都是由各种简单的图形组成。AutoCAD 提供了一些常用的最基本图元及各自绘图方法。例如:直线(LINE)、多段线(POLYLINE)、圆(CIRCLE)、圆弧(ARC)、矩形(RECTANGLE)、多边形(POLYGON)、椭圆(ELLIPSE)、图案填充(HATCH)、渐变色(GRADIENT)、边界(BOUNDARY)、样条曲线(SPLINE)、构造线(CONSTRUCTION LINE)、射线(RAY)、多点(POINT)、定数等分(DIVIDE)、定距等分(MEASURE)、面域(REGION)、修订云线(REVISE CLOUD LINE)、区域覆盖(WIPEOUT)、三维多段线(3D POLYLINE)、螺旋(HELIX)、圆环(DONUT)等。通过这些基本的图元,就可以完成复杂图形的绘制和三维建模工作。

3. 编辑功能

计算机绘图的优点在很大程度上表现为其方便强大的图形编辑功能。对于高级图形用户而言,利用 AutoCAD 来创建由线、圆、弧及点组成的简单图形是远远满足不了需要的。借助于图形的编辑命令来构造、修改图形的大小、形状以及改变图形的属性可以帮助用户快速、准确地绘制出各种复杂的图形。所以对于一个高级用户来说,熟悉和掌握图形的编辑命令是学会使用 AutoCAD 的一个必要环节。

(1)AutoCAD 的图形编辑功能主要包括三大功能:

①修改已经存在图形对象的形状或大小。它可以准确快速地执行最小的变化、纠正错误和为其他任何原因而做的改动。

②由已经存在的简单图形创建复杂的图形。它可以大大地缩短图形绘制的时间。

③修改图形的属性。使用户很方便地通过修改图形的属性(如颜色、线形、图层、位置坐

标等)来实现对图形的修改。

(2)AutoCAD 编辑命令可以分为三类:

①具有修改功能的编辑命令;

②具有创建功能的编辑命令;

③修改对象属性的编辑命令。

4. 插入对象

利用该功能可以在图形中定义块,插入块或图形、参照、点云、数据、链接,将各种格式的文件输入到当前图形中,设置位置等。

5. 注释功能

图纸生成过程通常分为四个阶段:绘图、注释、查看和打印。在注释阶段,设计者要添加文字、数字和其他符号以传达有关设计元素的尺寸和材料的信息,或者对施工、制造工艺进行注解。标注是一种通用的图形注释,可以表示对象的测量值,如墙的长度、柱的直径或建筑物的面积等。

AutoCAD 提供了多种标注类型和多种设置标注格式的方法,可以指定所有图形对象的测量值,可以测量垂直和水平距离、角度、直径和半径,也可以创建一系列从公共基准线引出的标注,或者采用连续标注。

6. 图形参数化功能

利用该功能可以将多个几何约束应用于选定的对象并标注动态约束,对其进行管理。

7. 设置视图

该功能包括视图的重绘刷新、视图缩放、设置视图和视口等。

8. 管理功能

AutoCAD 提供了动作录制功能和自定义设置功能,用户可对用户界面和工具选项板进行管理。

同时,AutoCAD 提供多种二次开发工具。随着应用的深入,仅仅利用 AutoCAD 提供的交互功能已不能满足设计的要求,特别是在解决专业问题时,需要将设计计算、数据处理和图形绘制等问题进行综合处理,就显得尤为突出。AutoCAD 提供的几种开发工具为解决专业问题提供了有效的手段。目前 AutoCAD 提供了图形交换文件(标准图形交换文件)、命令组文件(SCR 文件)、基于 AutoLisp 语言的开发技术、基于 Visual Basic 语言的 ActiveX 及 VBA 开发技术、基于 Visual C + + 语言的 ObjectARX 开发技术等开发方法和工具。

9. 图形输出功能

AutoCAD 提供了图形打印功能,用户进行图形打印配置和打印样式管理方便,支持批处理打印。支持在模型空间和图纸空间打印,特别是图纸空间的打印更加方便。同时,也可将图形以 DWF 或 PDF 格式输出。

10. 设置绘图环境

开始绘图后可以修改图形的各项设置,包括图形单位和图形界限、捕捉和栅格、图层、线型及字体标准等。用户还可以根据个人习惯或某些特定项目的需要来调整 AutoCAD 环境。

11. 三维建模功能

AutoCAD 支持三种三维建模方式:线框模型、曲面模型和实体模型。其中线框模型、曲面模型主要包括绘制各种三维点、三维线及三维曲面的功能;实体模型则不仅包括常见基本三维实体图元,如球体、长方体、楔形体、圆环、圆锥体等,还包含拉伸三维实体造型、旋转体,并且包含三维布尔运算。运用 AutoCAD 的三维建模工具可以完成复杂三维物体的建模。

12. 绘图辅助工具

为了方便用户绘图,AutoCAD 提供了丰富的辅助绘图工具,这些辅助绘图工具包括定位工具,如栅格、捕捉、正交、追踪、注释等,这些工具为实现绘图时的精确、快速定位和选择提供了方便。

除了上述基本功能外,AutoCAD 还有其他的一些功能,这里就不一一列举了,在使用的过程中,可以参考用户使用手册和帮助文件。

二、AutoCAD 的绘图环境

每次启动 AutoCAD,都会打开 AutoCAD 窗口。这一窗口是用户的设计工作空间,它包括用于设计和接收设计信息的基本组件。图 3-3 显示了 AutoCAD 窗口的一些主要部分。

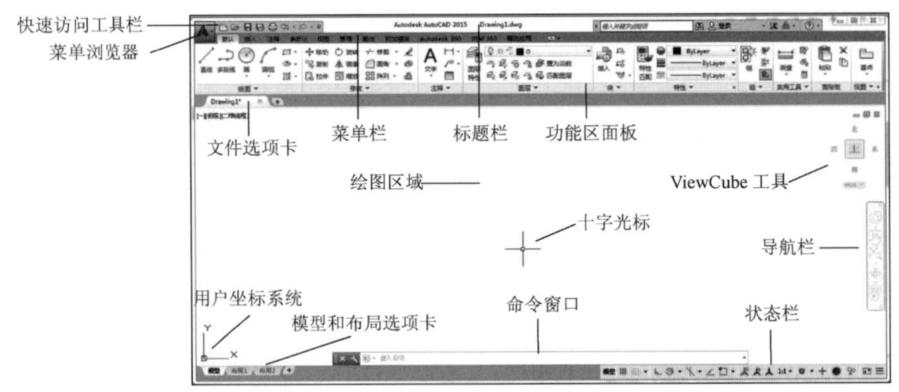

图 3-3　AutoCAD 界面

1. 标题栏

标题栏用于显示 AutoCAD 2015 的程序图标以及当前所操作图形文件的名称和文件扩展名。

2. 快速访问工具栏

使用快速访问工具栏,可以快速地对工具进行使用,如新建文件、打开、保存、打印等。用户也可以根据工作需要自己添加或删除工具。

3. 菜单浏览器

菜单浏览器包括新建、打开、保存、另存为、输出、打印等命令按钮,可通过菜单浏览器执行相应的操作。除了上述常规命令外,还新增加了许多新的项目,如最近使用的文档、打开文档、选项和退出按钮。

4. 菜单栏

与其他 Windows 程序一样，AutoCAD 的菜单栏也是下拉形式的，并在菜单中包含了子菜单。AutoCAD 2015 的菜单栏有 13 个菜单，几乎包含了所有的绘图命令和编辑命令。

5. 功能区面板

在图标上面悬停鼠标，可以了解到功能区命令中的一些相关解释。点击面板展开器，可以将功能区面板展开，使用图钉可以将展开的面板固定住。功能区选项卡右侧的三角形图标，用于控制整个功能区的显示方式。用户可以根据实际使用需求隐藏、显示功能区。

6. 文件选项卡

文件选项卡的位置显示所有已经打开图形的选项卡，便于切换已打开的图形或创建新图形。文件选项卡是以文件打开的顺序来显示的，可以拖动选项卡来变换位置。若没有足够的空间来显示所有的文件选项卡，在其右端会出现一个浮动菜单来访问更多打开的文件。

7. 绘图区域

用户绘制的图形在绘图区域显示。根据窗口大小和显示的其他组件（例如工具栏和对话框）数目，绘图区域的大小将有所不同。

8. 十字光标

用十字光标在绘图区域标识拾取点和绘图点。十字光标由定点设备（一般用鼠标）控制，可以用来定位点、选择和绘制对象。十字光标的形状和长短可以通过系统变量来修改。

9. 视图方位显示（ViewCube）工具

ViewCube 工具是在二维模型空间或三维视觉样式中处理图形时显示的导航工具。在视图发生更改时可提供有关模型当前视点的直观反映；将光标置于其上，它将变为活动状态，可以拖动或单击来切换到可用预设视图之一、滚动当前视图或更改为模型的主视图。

10. 导航栏

导航栏方便使用平移、范围缩放、动态观察等命令。

11. 用户坐标系（UCS）图标

用户坐标系图标显示图形中坐标的方向。AutoCAD 图形是在不可见的栅格或坐标系中绘制的。坐标系以 X、Y 和 Z（对于三维图形）坐标为基础。AutoCAD 有一个固定的世界坐标系（WCS）和一个活动的用户坐标系（UCS）。用户可以自定义坐标系，并可在 UCS 和 WCS 间切换。

12. 模型/布局选项卡

通过模型/布局选项卡，用户可在模型（图形）空间和图纸（布局）空间来回切换。一般情况下，先在模型空间创建设计，然后创建布局以绘制和打印图纸空间中的图形。

13. 命令窗口

AutoCAD 的命令就是一些绘图、编辑修改的指令。用户可以在命令窗口的“命令：”后输入命令，以完成绘图工作。在命令窗口，还显示命令提示和相关的信息。用户在使用 AutoCAD 时，应当注意命令窗口的提示信息，以完成正确的操作。

14. 状态栏

状态栏显示或设置当前的绘图状态。状态栏还包含一些按钮,使用这些按钮可以打开常用的绘图辅助工具,用于进行当前绘图环境的状态设置,包括捕捉、栅格、正交、极轴、对象捕捉、工作空间切换、硬件加快等开关。状态栏的各种状态提供了下拉式菜单选项,方便快速设置相应参数;同样,用户可以单击最右侧的"自定义"按钮,从弹出的菜单中显示或隐藏其他状态栏。

第三节　AutoCAD 基本作图工具及使用技巧

一、常用绘图工具

AutoCAD 的绘图方式主要有两种:利用基本绘图工具生成新图形和利用已有图形经编辑修改得到新图形。方法一是指用户根据自己的需要利用系统工具实现每一个细节,所有的工作由用户自己完成。方法二是指利用图形模板或在 MDE 窗口中,利用剪贴板在已有图形的基础上,结合自己的需要进行图形加工。第二种方法操作方便,工作量小,但容易受到思维局限。无论哪种方法,都会用到以下几种图形绘制工具:

(1)利用 AutoCAD 绘图命令绘图。

(2)利用下拉菜单绘图,在 AutoCAD 的系统菜单栏中提供绘图下拉菜单。

(3)利用 AutoCAD 的绘图工具栏绘图。

(一)AutoCAD 命令

AutoCAD 的命令是指 AutoCAD 的一系列绘图、编辑、图形设置以及 AutoCAD 存储在系统变量中设置操作环境和一些命令的值。用户对 AutoCAD 发出一个指令,AutoCAD 就执行相应的操作,并等待用户输入信息和下一步指令。AutoCAD 的绘图过程就是用户发出指令→AutoCAD 执行→等待提供附加信息或新指令这样一个无限循环过程,直至用户退出 AutoCAD。

AutoCAD 执行一个命令以启动命令开始,在执行命令的过程中,某些命令不需要用户提供附加信息(或者成为进一步指示)或附加操作,就可直接完成该命令,例如,重绘命令 REGEN。而对另一些命令,用户必须提供附加信息或执行某些操作来做出响应才能完成该命令,例如,画直线命令 LINE,发出该命令后,AutoCAD 会等待用户输入相关的信息,如起点坐标、终点坐标或者用户取消该命令的指示等。

注意:使用命令时,如果在绘图区域单击鼠标右键,可能和按 ENTER 键的效果相同,也可能会显示出快捷菜单,这要看用户设置绘图环境时的设置,在"工具"菜单的"选项"对话框的"用户系统配置"选项卡中来自定义右键单击行为。

可以用以下两种方法之一来启动命令:

(1)从菜单、工具栏、状态栏或快捷菜单选择命令。

(2)在命令提示下输入命令名或命令别名,然后按 ENTER 键或 SPACEBAR 键。

在命令行中输入命令时,只能输入英文的命令名称或别名,AutoCAD 没有中文命令名。启动命令后,可以随时按 ESC 键退出该命令。

命令别名是简化的命令名称,便于用户从键盘输入命令,例如,画圆命令(CIRCLE)的别名为"C"。AutoCAD 的命令别名在 acad. pgp 文件中定义。通过编辑 acad. pgp 文件,可以改变或删除这些命令别名,也可以添加命令别名。acad. pgp 文件还定义了 Windows 外部命令的别名。每个命令对应的别名可以用 Windows 记事本打开 acad. pgp 文件来查看。

例如,下面是启动 PAN 命令的方法。

(1)从导航栏中用鼠标单击按钮。

(2)快捷菜单:不选定任何对象,在绘图区域单击右键,然后选择"平移"(某些快捷菜单是否可用,取决于系统变量 SHORTCUTMENU 的当前设置)。

(3)命令行:键盘输入 PAN(或'PAN,用于透明使用)。

(二)绘制直线

使用绘制直线(LINE)命令,可以创建一系列邻接的线段。

1. 命令格式

命令:LINE(或 L)

指定第一点:

指定下一点或[放弃(U)]:

指定下一点或[闭合(C)/放弃(U)]:

2. 命令说明

(1)LINE 命令提示用户依次输入直线段的端点,用户除了可以用二维或三维坐标或其他输入点的方法指定直线的端点之外,还可指定 C 或 U 选项或按 ENTER 键。

(2)在提示输入直线段起点时按 ENTER 键,将把直线段的起点定义为最近绘制的直线段或圆弧的最后一个端点。在提示输入下一点时按 ENTER 键,将结束 LINE 命令。

(3)当绘制了一组(两条以上)直线段后,如果输入 C 选项,将把当前要求输入的直线段端点指定为第一条直线段的起始点,形成一个闭合的线段环,并结束 LINE 命令。

(4)在提示输入下一点时,如果输入 U 选项,将在不退出 LINE 命令的情况下删除直线序列中最后绘制的线段。如果多次输入 U 选项,将按绘制次序的逆序逐个放弃线段,直至放弃输入的起点(此时已没有该 LINE 命令绘制的直线段了)。

(三)绘制构造线

向一个或两个方向无限延展的直线(分别称为射线和构造线)可用作创建其他对象的参照。AutoCAD 可以通过 XLINE 命令绘制构造线来辅助作图。

1. 命令格式

命令:XLINE

指定点或[水平(H)/垂直(V)/角度(A)/二等分(B)/偏移(O)]:

2. 命令说明

(1)如果用户使用缺省输入方式指定了一个点,AutoCAD 将提示用户指定该直线的另一个点,然后根据这两个点定义无限长直线。如果选择"水平"选项,AutoCAD 提示用户输入一个通过点后,将利用该点绘制平行于 X 轴的参照线。类似的,如果选择"垂直"选项,AutoCAD 提示用户输入一个通过点后,将利用该点绘制平行于 Y 轴的参照线。

(2)用户也可以选择“角度”选项,以指定的角度绘制参照线。用户需要指定参照线的角度和一个通过点,然后 AutoCAD 将绘制通过指定点的角度为指定角度的参照线。另外,用户可选择参照对象,并指定所绘制的参照线和该对象的夹角,同时用户也需指定通过点来确定参照线的位置。

(3)如果用户选择“二等分”选项,可绘制一条参照线,经过选定的角的顶点,并平分选定的两条线的夹角。利用“偏移”选项,可绘制一条平行于指定对象的参照线。用户可指定该参照线的通过点,或与指定对象之间的偏移距离和往对象的哪一边偏移。

(四)绘制多义线

多义线是作为单个对象创建的相互连接的序列线段,可以创建直线段、弧线段或两者的组合线段。多义线提供单个直线所不具备的编辑功能。例如,可以调整多义线的宽度和曲率。创建多义线之后,可用 PEDIT 命令编辑它或用 EXPLODE 命令将其分解成单独的直线段和弧线段,可以使用 SPLINE 命令将样条拟合多义线转换为真正的样条曲线等。

1. 命令格式

命令:PLINE

指定起点:

当前线宽为 0.0000

指定下一个点或[圆弧(A)/半宽(H)/长度(L)/放弃(U)/宽度(W)]:

指定下一点或[圆弧(A)/闭合(C)/半宽(H)/长度(L)/放弃(U)/宽度(W)]:

AutoCAD 将根据用户的选择,继续显示相关提示让用户输入进一步的信息。

2. 命令说明

(1)二维多义线的每一段既可以是直线段,又可以是圆弧。调用 PLINE 命令,用户可以绘制各种形状的二维多义线,AutoCAD 给用户提供了多个选项,可自由设置多义线的特性。

(2)如果选择该选项,多义线的下一段将是圆弧。随后 AutoCAD 提供了多种方法让用户输入该圆弧。用户也可选择“直线”选项,退出“圆弧”选项以返回 PLINE 命令的主选项。如果选择“放弃”选项,用户可以删除最近一次添加到多义线上的圆弧。

(3)如果选择“闭合”选项,AutoCAD 将在多义线的最后一个顶点和其起点间绘制一条直线段闭合多义线,并结束 PLINE 命令。如果选择“半宽”选项,AutoCAD 将提示用户指定下一个多义线线段的起点和端点的半宽(宽度的一半),此时用户可以用鼠标拖动橡皮线来指定半宽。用户也可以选择“宽度”选项,指定下一线段的起点和端点宽度。如果用户选择“长度”选项,AutoCAD 将提示用户输入多义线下一线段的长度,它绘制该线段时使用的角度和前一线段的角度相同,如果前一线段为圆弧,则绘制的直线段和该弧线相切。如果选择“放弃”选项,用户可以删除最近一次添加到多义线上的直线段。

(五)绘制圆弧

AutoCAD 提供了多种方法创建圆弧。除三点方式外,其他方法都是从起点到端点逆时针绘制圆弧。

1. 命令格式

命令：ARC

指定圆弧的起点或［圆心(C)］：

指定圆弧的第二个点或［圆心(C)/端点(E)］：

指定圆弧的端点：

ARC 命令将根据用户的输入继续提示用户输入圆弧的圆心、起点、端点、角度、方向、半径、弦长等信息，直至这些信息足够唯一确定一条圆弧。

2. 命令说明

(1) ARC 命令是 AutoCAD 中输入最灵活的绘图命令之一，用户可以根据需要从十余种圆弧输入方法中选择最合适的方法。这些输入方法都出现在下拉式菜单中绘制圆弧的子菜单中，其中包括，以下内容。

①三点(P)：用户依次指定圆弧的起点、圆弧中间任一点和圆弧的端点。

②起点、圆心、端点(S)：用户依次指定圆弧的起点、圆心和端点，这是最常用的一种输入方法，用户还可以用其他顺序指定这三个点(如按起点、端点、圆心的顺序或下面所列出的圆心、起点、端点顺序)。

③起点、圆心、角度(T)：用户依次指定圆弧的起点、圆心和角度。

④起点、圆心、长度(A)：用户依次指定圆弧的起点、圆心和弦长。

⑤起点、端点、角度(N)：用户依次指定圆弧的起点、端点和角度。

⑥起点、端点、方向(D)：用户依次指定圆弧的起点、端点和起始点的切线方向。

⑦起点、端点、半径(R)：用户依次指定圆弧的起点、端点和半径。

⑧圆点、起点、端点(C)：用户依次指定圆弧的圆点、起点、端点。

⑨圆心、起点、角度(E)：用户依次指定圆弧的圆心、起点和角度(和上面的第三种方法类似)。

⑩圆心、起点、长度(L)：用户依次指定圆弧的圆心、起点和弦长(和上面的第四种方法类似)。

⑪继续(O)：可绘制一条圆弧和上一次绘制的线或圆弧相切，用户只需指定圆弧的端点即可。相当于"起点、端点、方向"方法中已知起点和起点的切线方向。

(2)用命令行可同样实现这些输入方法，只需根据需要选择命令选项即可。

(3)角度大于 180°的圆弧称为优弧，小于 180°的称为劣弧。

(4)以下是绘制圆弧时的注意事项：当采用"起点、圆心、角度"(或"圆心、起点、角度")输入法时，如果输入的角度为负，AutoCAD 将按顺时针绘制圆弧(顺弧)。当采用"起点、圆心、弦长"(或"圆心、起点、弦长")输入法时，如果输入弦长为正，AutoCAD 将根据圆心和弦长计算终止角度，并从起点起按逆时针绘制一条劣弧；如果输入弦长为负，AutoCAD 将逆时针绘制一条优弧。这样，该输入法总是从起点开始逆时针绘制圆弧。当采用"起点、端点、角度"输入法时，如果输入角度为负，AutoCAD 将按顺时针绘制圆弧(顺弧)。当采用"起点、端点、半径"输入法时，如果输入半径为负，AutoCAD 将绘制一条优弧，否则绘制劣弧。

(六)绘制圆

AutoCAD 提供了多种圆的绘制方式。默认方法是指定圆心和半径，另外还提供其他三种绘制圆的方法,如图3-4所示。

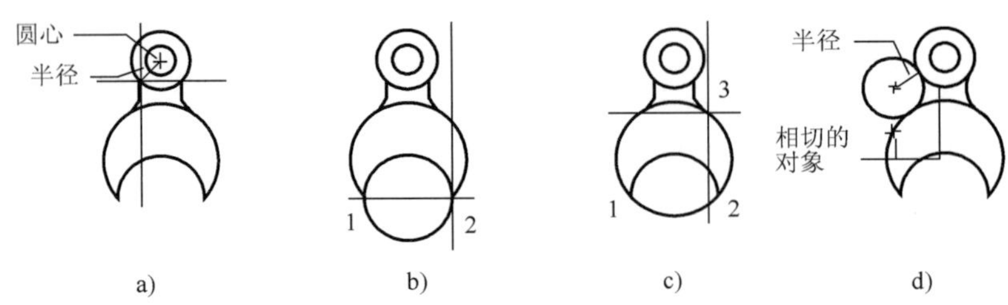

图3-4 圆的绘制方式

a)圆心、半径;b)两点定义直径;c)三点定义圆周;d)相切、相切、半径

1. 命令格式

命令:CIRCLE(或C)

指定圆的圆心或[三点(3P)/两点(2P)/切点、切点、半径(T)]:

指定圆的半径或[直径(D)]:

若第一步选择“3P”选项,AutoCAD将提示输入三个点:

指定圆上的第一个点:(指定点1)

指定圆上的第二个点:(指定点2)

指定圆上的第三个点:(指定点3)

若第一步选择“2P”选项,AutoCAD将提示输入两个点:

指定圆直径的第一个端点:(指定直径端点1)

指定圆直径的第二个端点:(指定直径端点2)

若第一步选择“相切、相切、半径”选项,AutoCAD将给出如下提示:

指定对象与圆的第一个切点:(选择圆、圆弧或直线)

指定对象与圆的第二个切点:(选择圆、圆弧或直线)

指定圆的半径〈数字〉:(输入半径值或按ENTER键)

2. 命令说明

(1)“三点”选项圆的圆周需要通过三个点来绘制圆。用户指定的三个点不能共线,否则AutoCAD将给出错误信息。在输入两个点以后,图形窗口中将出现一个圆,它除了通过输入的两点外,还经过鼠标光标的当前位置。如果移动鼠标,该圆会跟着移动,这是为了让用户在确定第三点之前预览将要绘制圆的大小和位置。

(2)“两点”选项指定的是圆的直径,此时所绘制圆的圆心将处在所输入两点组成的直线段的中点。

(3)最复杂的选项是TTR选项,该选项绘制的圆和两个选定的对象(这两个对象必须是直线段、圆或圆弧)相切,用户还得指定该圆的半径。由于有时有不止一个圆满足命令中所给条件,此时与选取对象时指定点的位置就有很大关系,因为AutoCAD绘制出的圆将是这些满足条件的圆中切点与选定点最近的圆。

(4)在下拉式菜单中还有一个“相切、相切、相切(A)”选项可用于绘制和三个对象都相切的圆,它实际上是“三点”选项和对象捕捉相结合得到的功能。即使是“相切、相切、相切(A)”选项,也要注意指定对象时的选定点,因为有时也可能有多个选择,此时所绘制的圆将仍和指定点的位置有关。

(5)在使用相切关系画圆时,所选的对象只能是直线段、圆或圆弧,椭圆等其他对象是无效的选择。另外,如果没有圆能满足输入的条件,AutoCAD 将给出错误信息。

(七)绘制样条曲线

AutoCAD 使用一种称为非对称有理 B 样条曲线(NURBS)来创建形状不规则的曲线。NURBS 在控制点之间产生一条光滑的曲线,如图 3-5 所示。

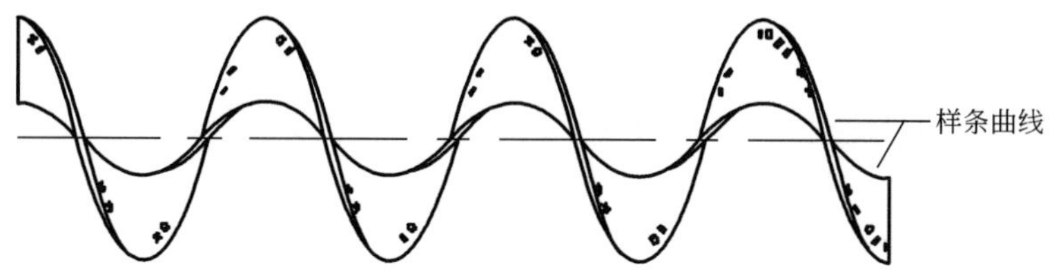

图 3-5 样条曲线示意

1. 命令格式

命令:SPLINE

当前设置:方式 = 拟合节点 = 弦

指定第一个点或[方式(M)/节点(K)/对象(O)]:

输入下一个点或[起点切向(T)/公差(L)]:

输入下一个点或[端点相切(T)/公差(L)/放弃(U)]:

输入下一个点或[端点相切(T)/公差(L)/放弃(U)/闭合(C)]:

AutoCAD 将根据用户的选择,继续显示相关提示让用户输入进一步的信息。

如果用户选择的是 O 选项,AutoCAD 将显示如下提示:

选择样条曲线拟合多段线:

选择对象:(选择二维或三维样条曲线拟合多义线并按 ENTER 键完成选择)

2. 命令说明

(1)SPLINE 命令可把用户输入的一系列点拟合为光滑的曲线,而且用户还可以指定拟合的容许误差范围。在定义和存储曲线时,AutoCAD 采用的是 NURBS 方式。

(2)如果用户指定了样条曲线的第一个点,AutoCAD 将提示用户输入其他点来确定样条曲线。用户可以连续地输入多个点,还可以用 UNDO 删除最后指定的那个点。用户可以使用闭合选项将样条曲线的第一点定义为它的最后一个点,而且还使曲线在连接处相切,从而得到闭合的样条曲线,此时 AutoCAD 还将提示用户指定曲线在该连接点处的切线方向。利用拟合公差选项,用户可以修改当前样条曲线的拟合公差。最后,AutoCAD 还会提示用户指定样条切线的起点切线方向和端点切线方向。

(3)如果用户选择“对象”选项,用户可以将二维或三维的二次或三次样条拟合多义线,转换成等价的样条曲线。

(八)绘制正多边形

正多边形是具有 3 ~ 1 024 条等长边的闭合多义线。创建正多边形是绘制正方形、等边三角形、八边形等的简单方法。

图3-6显示出了三种绘制正多边形的方法,即

(1)如果已知多边形中心与每条边(内接的)端点之间的距离,指定其半径。

(2)如果已知多边形中心与每条边(外切)中点之间的距离,指定其半径。

(3)指定边长和放置位置。

图3-6中点1是正多边形的中心,点1、2之间的距离定义为半径。

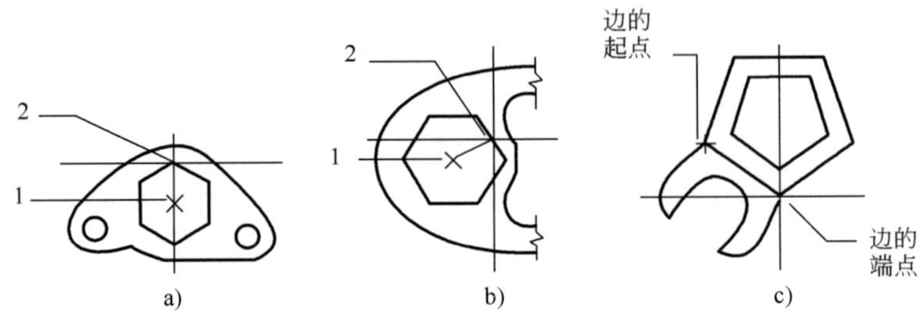

图3-6 绘制正多边形的方法图示

a)内接;b)外切;c)边

1. 命令格式

命令:POLYGON

输入侧面数 <4>:(输入一个3~1 024范围内的整数或按ENTER键)

指定正多边形的中心点或[边(E)]:(指定点1或输入E选项)

输入选项[内接于圆(I)/外切于圆(C)] <I>:(输入I选项或C选项,或按ENTER键接受缺省值)

指定圆的半径:(指定点2或输入一个值)

如果指定E选项,AutoCAD将提示输入边的两个端点:

指定边的第一个端点:(指定点1)

指定边的第二个端点:(指定点2)

2. 命令说明

(1)POLYGON命令绘制的正多边形是多义线图元,而不是由LINE图元组成的,该多义线宽度为0,且不合切线信息,但可用PEDIT命令修改。

(2)如果使用E(边)选项,用户需指定该边的两个端点,AutoCAD将根据边的起点(第一点)和端点(第二点)沿逆时针方向绘制正多边形。

(3)在使用I(外接圆)选项或C(内切圆)选项指定圆的半径时,可以指定点2,用该点和其中心(点1)的距离作为距离,同时用点2作为正多边形的顶点,或它与内切圆的切点来确定正多边形的位置。

二、常用编辑工具

(一)选择对象

选择要编辑的对象时,系统提供了多种功能和选项:逐个地选择对象、选择多个对象、过滤选择集等。

1. 逐个选择对象

在系统提示“选择对象”时可以逐个地选择一个或多个对象，也可以从对象中删除选择。

通过用鼠标单击选择对象。矩形拾取框光标必须接触对象上的某一部分。例如，通过单击圆的圆周而不是圆内部某处选择圆。可以在“选项”对话框的“选择集”选项卡中控制拾取框大小。

选择彼此接近或重叠的对象通常是很困难的。可以按下 CTRL 键并逐个单击这些对象，直到所需对象亮显为止。按 ESC 键关闭对象循环。可以通过按下 SHIFT 键并再次选择对象将其从当前选择集中删除。可以无限制地从选择集中添加和删除对象。

2. 选择多个对象

在系统提示“选择对象”时可以同时选择多个对象。例如，可以指定一个矩形区域选择其对象，或指定选择栏选择其内部和与其相交的所有对象。

(1)指定矩形选择区域

可以通过指定相对角点定义矩形区域来选择对象。指定第一角点之后，可以：从左到右拖动光标创建封闭的窗口选择(W)，仅选择完全包含在矩形窗口中的对象；从右到左拖动光标创建交叉选择(C)，选择包含于或跨越矩形窗口的对象，如图 3-7 所示。

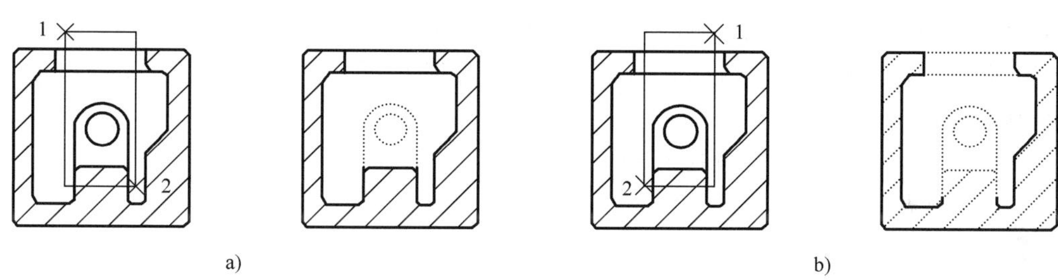

图 3-7　矩形选择方法

a)使用窗口选择方法选定的对象；b)使用交叉选择方法选定的对象

1-起点；2-终点

(2)指定不规则形状的选择区域

可以通过指定若干点定义不规则形状的区域选择对象。使用交叉多边形选择可以选择完全包含于或跨越选择区域的对象，如图 3-8 所示。

操作步骤为：

①在“选择对象”提示下输入“WP(窗口多边形)”则代表选择完全包含于选择区域的对象，而输入“CP(交叉多边形)”则代表选择跨越和包含于选择区域的对象。

②指定几个点定义一个选择对象的区域。

③按 ENTER 键闭合多边形选择区域并完成选择。

(3)指定选择栏

使用选择栏可以很容易地选择复杂图形中的对象。选择栏看起来像多义线，仅选择其经过的对象，它并非通过封闭对象来选择它们，如图 3-9 所示。

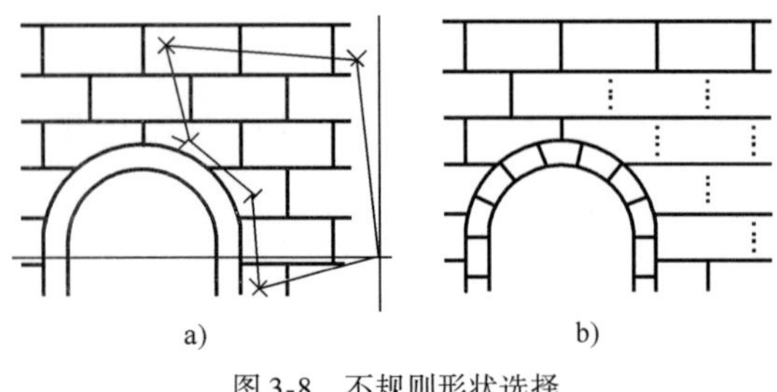

图 3-8　不规则形状选择

a)窗口多边形;b)结果

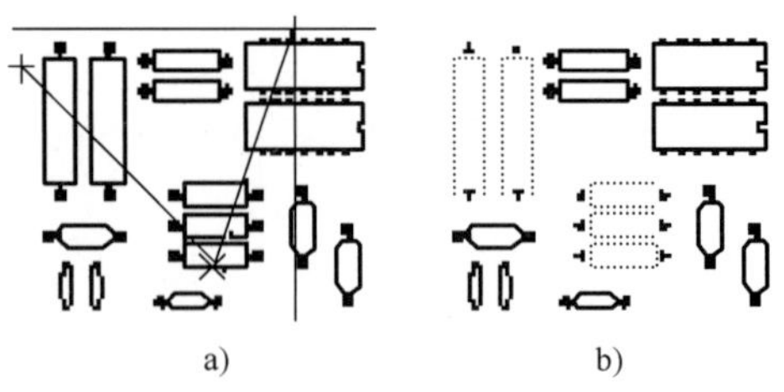

图 3-9　栏选示例

a)栏选;b)亮显选定的对象

用选择栏选择对象的步骤为:

①在“选择对象”提示下,输入“F(栏选)”。

②指定若干点创建经过要选择对象的选择栏。

③按 ENTER 键完成选择。

(4)从“多个对象”中删除“选择”

可以在“选择对象”提示下输入“R(删除)”并使用选择选项(例如“交叉多边形”和“选择栏”)从选择集中删除对象。如果使用“删除”选项并想重新为选择集添加对象,则输入“A(添加)”。

(二)移动对象

AutoCAD 提供了几种移动对象的方法,包括使用两点移动对象、使用位移移动对象、通过拉伸来移动对象等。这里主要讲述利用 MOVE 命令来移动对象。

1. 命令格式

命令: MOVE

选择对象:(选择要移动的物体)

选择对象:(也可继续选择物体)

指定基点或[位移(D)] <位移>:(选取基点或输入移动距离)

指定第二个点或 <使用第一个点作为位移>:(选取另一点或直接回车)

2. 命令说明

(1)当输入两点时,选定的对象移动到由第一点和第二点之间的方向和距离确定的新位置。

(2)如果在“指定位移的第二点”提示下按 ENTER 键,则第一点将被当作相对 x、y、z 的位移。

(三)复制对象

在 AutoCAD 中,可以通过 COPY 命令和剪切板来复制对象,这里主要介绍 COPY 命令的使用。

1. 命令格式

命令: COPY

选择对象:

选择对象：

当前设置：复制模式 = 多个

指定基点或［位移(D)/模式(O)］<位移>：

指定第二个点或［阵列(A)］<使用第一个点作为位移>：

指定第二个点或［阵列(A)/退出(E)/放弃(U)］<退出>：

2. 命令说明

(1)在 AutoCAD 下，可以一次复制一个对象，也可一次复制多个对象。若在“指定第二个点或［阵列(A)］<使用第一个点作为位移>：”提示下，指定位移的第二点，则复制完成，继续指定，则可以多次复制。

(2)在“指定第二个点或［阵列(A)］<使用第一个点作为位移>：”提示下，直接回车，AutoCAD 将以基点的坐标值作为所选复制对象沿 X 轴和 Y 轴方向上的位移。

(四)拉伸对象

拉伸命令与移动命令类似，可以移动指定的一部分图形，但用拉伸命令移动图形时，这部分图形与其他图形的连接元素，如线、圆弧、多义线等，将受到拉伸或压缩，如图 3-10 所示。

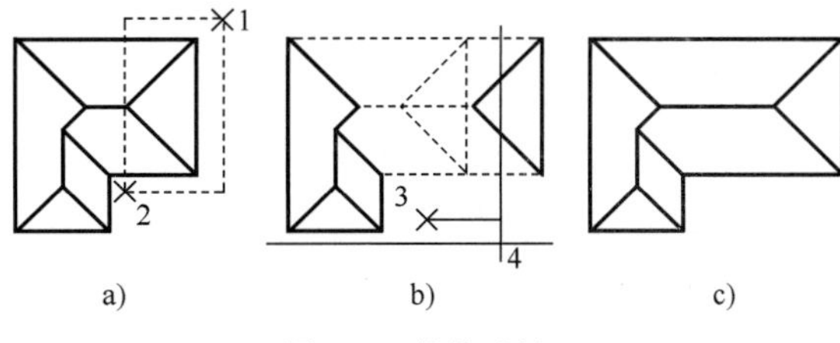

图 3-10 拉伸示例

a)通过交叉选择选定的对象；b)指定的拉伸点；c)结果

1. 命令格式

命令：STRETCH

以交叉窗口或交叉多边形选择要拉伸的对象...

选择对象：

选择对象：(使用交叉矩形或多边形选择方式并在完成选择时按回车键)

指定基点或［位移(D)］<位移>：(确定位移的基点)

指定第二个点或 <使用第一个点作为位移>：(确定位移的第二点)

2. 命令说明

在选取目标时，对于由 LINE、ARC、PLINE 等命令绘制的直线段或圆弧段，若其整个均在选取窗口内，则执行的结果是对其进行移动。若其一端在选取窗口内，另一端在选取窗口外，则有以下拉伸规则。

(1)线(LINE)：窗口外的端点不动、窗口内的端点移动，直线由此改变。

(2)圆弧(ARC)：与直线类似，但在圆弧改变的过程中，圆弧的弦高保持不变，由此来调整圆心的位置和圆弧起始角、终止角的值。

(3)多义线(PLINE)：与直线或圆弧相似，但多义线的两端宽度、切线方向以及曲线拟合信息都不改变。

对于其他实体，如果其定义点位于选取窗口内，则实体移动，否则不动。各类实体的定义点如下。

圆：定义点为圆心。

形和块：定义点为插入点。

文本和文本属性:定义点为字符串的基线左端点。

(五)旋转对象

在 AutoCAD 下,可以指定相对角度或绝对角度来旋转对象。

1. 命令格式

命令:ROTATE
UCS 当前的正角方向:ANGDIR = 逆时针 ANGBASE = 0
选择对象:(选择要旋转的物体)
选择对象:(也可继续选择物体)
指定基点:(指定旋转的基点)
指定旋转角度,或 [复制(C)/参照(R)]:

2. 命令说明

(1)可以在"指定旋转角度,或 [复制(C)/参照(R)]"提示下输入角度,一般情况下,输入正值逆时针旋转,反之顺时针旋转。也可绕基点拖动对象并指定旋转对象的终止位置点。

(2)在"指定旋转角度,或 [复制(C)/参照(R)]"提示下输入"R",则可以按相对角度旋转,如图 3-11 所示,步骤如下:

①输入"INT(交点对象捕捉)",选择交点 2,开始定义参考角。

②输入"END(端点对象捕捉)",选择被旋转的对象的端点 3,完成参考角的定义。

③再次输入"END",选择与之对齐的对象的端点 4,即完成旋转。

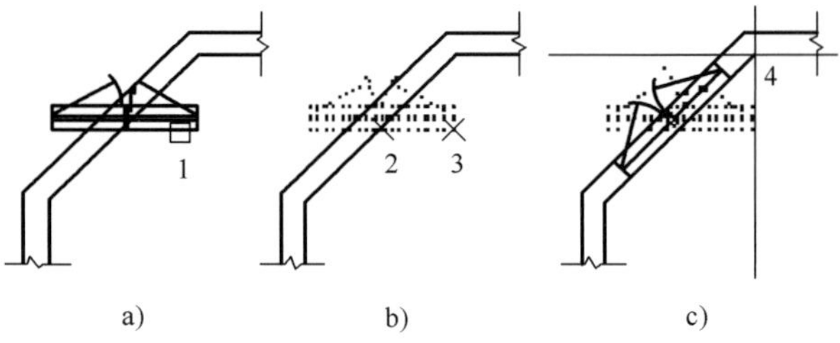

图 3-11 按相对角度旋转

a)选定的对象;b)指定的参照角度;c)指定的新旋转角

(六)镜像对象

镜像可以创建对象的轴对称映像。这对创建对称的对象非常有用,因为这样可以快速地绘制半个对象,然后创建镜像,而不必绘制整个对象。

1. 命令格式

命令:MIRROR
选择对象:(选择要镜像的对象)
选择对象:
指定镜像线的第一点:
指定镜像线的第二点:
要删除源对象吗?[是(Y)/否(N)]:

2. 命令说明

在 AutoCAD 中,当创建文字、属性和属性定义的镜像时,如果仍然按照轴对称规则进行,结果会出现被反转或倒置的图像。要避免如此,可设置系统变量 MIRRTEXT 为 0(关)。这样文字的样式在镜像前后相同,如图 3-12 所示。

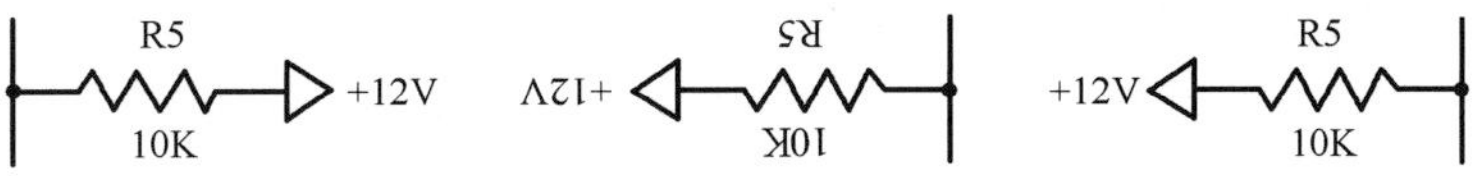

MIRROR 命令前　　MIRROR 命令后（MIRRTEXT=1）　　MIRROR 命令后（MIRRTEXT=0）

图 3-12　文字镜像效果

（七）缩放对象

缩放命令可以使对象变得更大或更小，但不改变它的比例，可以通过指定基点和长度或输入比例因子来缩放对象。

1. 命令格式

命令：SCALE
选择对象：（选择要缩放的对象）
选择对象：
指定基点：（确定基点）
指定比例因子或［复制（C）/参照（R）］：（确定缩放比例或按参照长度缩放）

2. 命令说明

（1）输入缩放比例因子时，大于 1 的比例因子为放大，而小于 1 的比例因子为缩小。

（2）在“指定比例因子或［复制（C）/参照（R）］：”提示下输入“R”，则 AutoCAD 提示：
指定参照长度 <1.0000>：（输入参照长度）
指定新的长度或［点（P）］ <1.0000>：（输入新长度）
系统将根据新长度和参考长度的比值来计算比例因子。

（八）修剪对象

修剪可以在指定剪切边后，连续地选择被剪切边进行修剪。

1. 命令格式

命令：TRIM
当前设置：投影 = UCS，边 = 无
选择剪切边...
选择对象或 < 全部选择 >：（选定剪切边的对象后按回车键以完成选取）
选择对象：
选择要修剪的对象，或按住 SHIFT 键选择要延伸的对象，或
［栏选（F）/窗交（C）/投影（P）/边（E）/删除（R）/放弃（U）］：

2. 命令说明

（1）命令中，Project 选项用来确定执行修建的空间，执行改选项 AutoCAD 提示：“当前设置：投影 = UCS，边 = 无”。

无：表示按三维（不是投影）的方式修建。显然该选项对只有在空间相交的实体有效。

UCS：在当前用户坐标系的 *XOY* 平面上修剪（为缺省项）。

视图:在当前视图平面上修剪。

(2)“边”选项用来确定修剪方式。执行该选项,AutoCAD 提示:“输入隐含边延伸模式[延伸(E)/不延伸(N)] <不延伸>:”。

延伸:按延伸的方式剪切。如果剪切边太短、没有与被剪边相交,那么 AutoCAD 会假定将剪切边延长,然后再进行修剪。

不延伸:按边的实际情况修剪,如果被剪边与剪切边没有相交,则不进行修剪。

(3)UNDO 选项表示取消上一次操作。

(九)延伸对象

延伸命令在指定边界线后,可连续选择要延伸的对象,延伸到与边界线相交。

1. 命令格式

命令:EXTEND

当前设置:投影 = UCS,边 = 延伸

选择边界的边...

选择对象或 <全部选择>:

选择对象:

选择要延伸的对象,或按住 SHIFT 键选择要修剪的对象,或

[栏选(F)/窗交(C)/投影(P)/边(E)/放弃(U)]:

2. 命令说明

(1)命令选项的含义参见剪切命令。

(2)对于多义线,只有不封闭的多义线可以延长。对有宽度的直线段与圆弧,按原倾斜度延长,如果延长后其末端的宽度要出现负值,该端的宽度改为零。

(十)圆角

圆角就是通过一个指定半径的圆弧来光滑地连接两个对象,如图 3-13 所示。

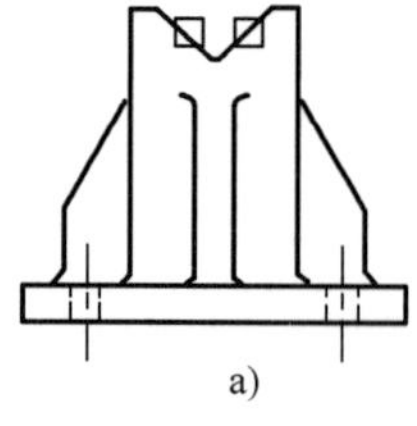

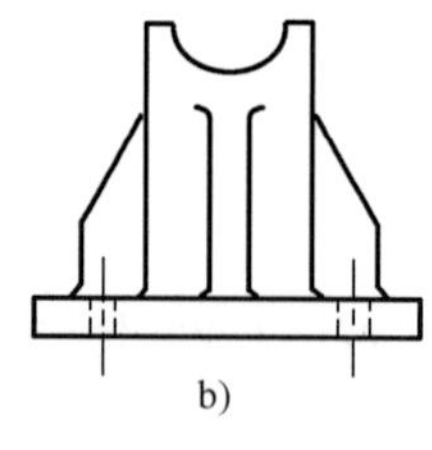

图 3-13 圆角示例

a)选定的直线;b)结果

1. 命令格式

命令:FILLET

当前设置:模式 = 修剪,半径 = 0.0000

选择第一个对象或[放弃(U)/多段线(P)/半径(R)/修剪(T)/多个(M)]:

选择第二个对象,或按住 Shift 键选择对象以应用角点或[半径(R)]:

2. 命令说明

(1)半径(R)

该选项用来确定圆角的圆角半径。执行该选项,AutoCAD 提示:“指定圆角半径 <0.0000>:”,即要求用户输入圆角的圆角半径值。响应后 AutoCAD 结束该命令的执行,返回到“命令:”状态。若进行圆角操作,则需再次执行 FILLET 命令。

(2)多段线(P)

执行该选项,AutoCAD 将对多义线进行倒圆角,此时 AutoCAD 提示:“选择二维多段线或[半径(R)]:”。

选取多义线,AutoCAD 则按指定的圆角半径在该多义线的各内项点处圆角,如图 3-14 所示。

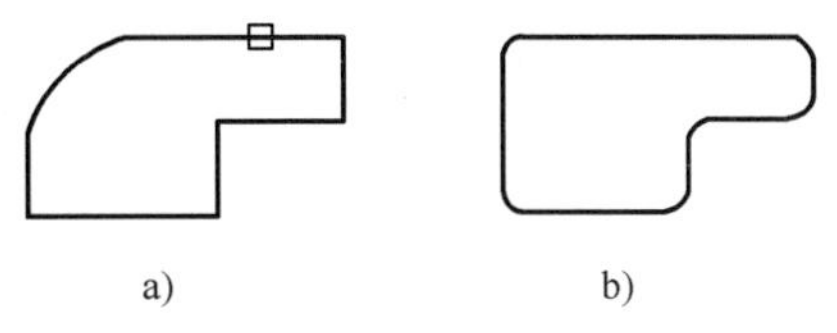

图 3-14 多义线倒角示例
a)前;b)后

(3)修剪(T)

该选项用来确定圆角的方式。若选取该项,AutoCAD 提示:“输入修剪模式选项 [修剪(T)/不修剪(N)] <修剪>:”。

“修剪”表示在圆角的同时对相应的两条线作修剪,“不修剪”则表示不进行修剪。

(4)缺省

若直接点取线,即执行缺省项,AutoCAD 提示:“选择第二个对象:”,在此提示下选取相邻的另一条线,AutoCAD 就会按指定的圆角半径对其倒圆角。

(十一)倒角

倒角就是通过两个指定距离的直线来连接两个对象。

1. 命令格式

命令: CHAMFER

(“修剪”模式) 当前倒角距离 1 =0.0000,距离 2 =0.0000

选择第一条直线或[放弃(U)/多段线(P)/距离(D)/角度(A)/修剪(T)/方式(E)/多个(M)]:

选择第二条直线,或按住 SHIFT 键选择直线以应用角点或[距离(D)/角度(A)/方法(M)]:

2. 命令说明

(1)距离(D)

该选项用来确定倒角的指定距离。执行该选项,AutoCAD 提示:

指定第一个倒角距离 <0.0000>:

指定第二个倒角距离 <1.0000>:

即要求用户输入两个倒角距离值。

(2)角度(A)

该选项用来确定倒角的一条指定距离和该直线倒角角度,此时 AutoCAD 提示:

指定第一条直线的倒角长度 <0.0000>:

指定第二点: 指定第一条直线的倒角角度 <0>:

指定第二点:

(3)修剪(T)

默认为修剪模式,就是将原来的直线超出倒角的部分修剪掉,如果设置为不修剪,则生成倒角的同时原有的线保留不变。

(4)多个(M)

该选项可以用相同设置依次选择多组线来生成倒角。

(5)方式(E)

该选项按距离或角度来设置倒角,保留此选项估计是为了和旧版本兼容,保证一些旧版的程序能正常运行,在新版可直接设置距离或角度参数,没有必要多一步操作了。

(十二)光顺曲线

光顺曲线是指通过一个指定连续性的圆弧来光顺地连接两个对象。

1. 命令格式

命令:BLEND
连续性 = 相切
选择第一个对象或[连续性(CON)]:
选择第二个点:

2. 命令说明

"连续性(CON)"选项用来确定两个对象连接的方式,此时 AutoCAD 提示:"输入连续性[相切(T)/平滑(S)] <切线>:"。

(十三)阵列对象

AutoCAD 提供了矩形、路径和环形三种方式来阵列对象,其中矩形方式如图 3-15 所示,环形方式如图 3-16 所示。

命令:ARRAY
选择对象:
选择对象:
输入阵列类型[矩形(R)/路径(PA)/极轴(PO)]:
输入命令后就会出现一阵列命令选项,详细的设置可以参考有关书籍。

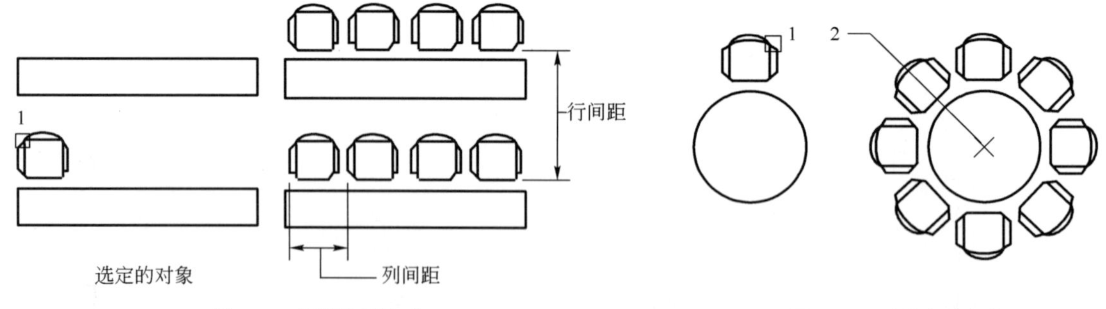

图 3-15 矩形阵列方式

图 3-16 环形阵列方式

(十四)删除对象

AutoCAD 提供了几种方法从图形中删除对象,包括:删除、剪切到剪贴板、按 DELETE 键。

1. 命令格式

命令：ERASE(或 E)
选择对象：(选取要删除的实体)
选择对象：(也可继续选择实体)

2. 命令说明

(1)在“选择对象”提示下,若
①输入“L”删除绘制的上一个对象；
②输入“P”删除前一个选择集；
③输入“ALL”删除所有对象；
④输入“?”获得所有选项的列表。
(2)可以使用 UNDO 命令恢复意外删除的对象。OOPS 命令可以恢复最近使用 ERASE、BLOCK 或 WBLOCK 命令删除的所有对象。

(十五)分解对象

分解对象是将复合对象分解为其部件对象。在希望单独修改复合对象的部件时,可对其进行分解。

1. 命令格式

命令：EXPLODE
选择对象：
选择对象：

2. 命令说明

任何分解对象的颜色、线型和线宽都可能会改变。其他结果将根据分解的复合对象类型的不同而有所不同。可以分解的对象包括块、多段线及面域。

(十六)偏移对象

偏移对象可创建其形状与选定对象形状平行的新对象。偏移圆或圆弧可创建更大或更小的圆或圆弧,大小取决于向哪一侧偏移,如图 3-17 所示。

1. 命令格式

命令：OFFSET
当前设置：删除源 = 否　图层 = 源　OFFSETGAPTYPE = 0
指定偏移距离或［通过(T)/删除(E)/图层(L)］<通过>：
选择要偏移的对象,或［退出(E)/放弃(U)］<退出>：
指定要偏移的那一侧上的点,或［退出(E)/多个(M)/放弃(U)］<退出>：
选择要偏移的对象,或［退出(E)/放弃(U)］<退出>：(可另外选择要偏移的对象或回车结束操作)

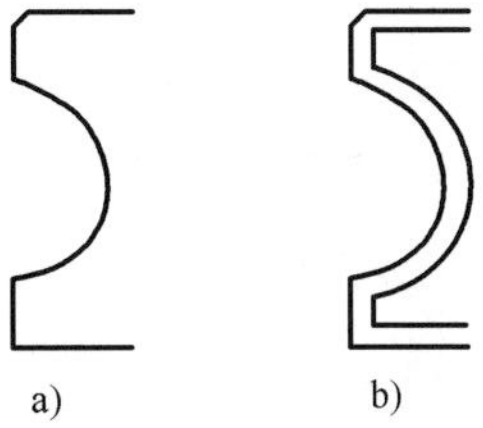

a)　b)

图 3-17　偏移对象
a)初始对象;b)带偏移的对象

2. 命令说明

(1)在“指定偏移距离或[通过(T)/删除(E)/图层(L)] <通过>:”提示下输入“T”,则系统会提示“指定通过点或[退出(E)/多个(M)/放弃(U)] <退出>:”,提示选择偏移通过的点。

(2)偏移圆或圆弧时,向外侧偏移对象增大,内侧偏移对象减小。

(十七)打断对象

使用打断命令是在对象上创建间距,使分开的两个部分之间有空间的方便途径。可以创建打断的对象有圆弧、圆、椭圆和椭圆弧、直线、多义线、射线、样条曲线、构造线。

1. 命令格式

命令:BREAK

选择对象:

指定第二个打断点 或[第一点(F)]:(确定第二点或输入选项)

2. 命令说明

在“指定第二个打断点 或[第一点(F)]:”提示下:

(1)若直接点取实体上的另一点,则将实体上所点取的两个点之间的那部分实体删除。

(2)若输入“@”,则将实体在选取点处一分为二。

(3)如果第二个点不在对象上,则 AutoCAD 选择对象上与之最接近的点,因此,要删除直线、圆弧或多义线的一端,需在要删除的一端以外指定第二个打断点。

(4)若键入“F”,AutoCAD 会提示:

指定第一个打断点:(重新输入第一点)

指定第二个打断点:(在此提示下,用户可以按照前面介绍的三种方法执行)

(十八)等分对象

AutoCAD 提供了 MEASURE、DIVIDE 命令可以定距等分或定数等分直线、圆弧、样条曲线、圆、椭圆和多段线。定距等分使用 MEASURE 命令,定数等分使用 DIVIDE 命令。使用这两种方法,可以通过插入点或插入块来标识其间距。

等分对象时,对象类型不同,等距等分或定数等分的起点也不同。对于直线或多段线,分段开始于距离选择点最近的端点;闭合多段线的分段开始于多段线的起点;圆的分段起点是以圆心为起点,当前捕捉角度为方向的捕捉路径与圆的交点,例如,捕捉角度为 0,则圆等分从 0 度位置处开始并沿顺时针方向继续。

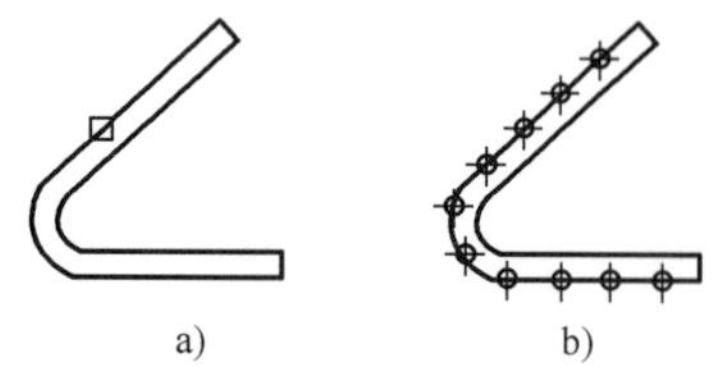

图 3-18　定距等分对象

a)选定的对象;b)在等分间隔上的点

1. 定距等分对象

AutoCAD 提供了 MEASURE 命令以指定的间距标记对象(图 3-18),可以使用点或块标记间距,等分对象的最后一段可能要比指定的间距短。

如果点标记显示为单点(默认设置),可能看不到等分间距,可以使用若干种方法改变点标记的样式。要在对话框中改变点的样式，可以使用 DDPTYPE，或从“Format”菜单中选择“Point Style”。PDMODE 系统变量也控制点标记的外观，例如，通过改变系统变量的值可以将点显示为十字。PDSIZE 控制点对象的大小。

(1)命令格式

命令：MEASURE

选择要定距等分的对象：(使用鼠标直接点取方式选择一个对象)

指定线段长度或［块(B)］：(输入等分距或输入“B”)

如果输入 B(块)选项，AutoCAD 将继续提示：

输入要插入的块名：(输入图形中当前定义的某块的名称)

是否对齐块和对象？［是(Y)/否(N)］ <Y>：(输入“Y”或“N”选项或直接按 ENTER 键)

指定线段长度：(输入等分距)

(2)命令说明

①在选取对象时只能点取一个对象，可等分的对象包括圆弧、圆、椭圆、椭圆弧、多段线和样条曲线。如选取其他类型的对象，AutoCAD 将给出错误信息。

②如果选择 B 选项，DIVIDE 命令将沿选定对象等间距放置指定块对象，用户还可以指定在插入块时是否对齐块和对象。如果输入“Y(是)”，AutoCAD 将旋转每个插入的块参照，使其 X 轴方向与等分对象在等分点相切或对齐；如果选择“N(否)”，AutoCAD 将按正常方向插入每个块参照，如图 3-19 所示。

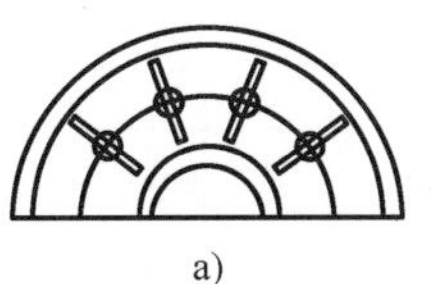
a)

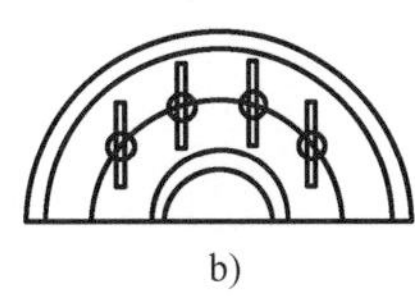
b)

图 3-19 等分时的块对齐
a)对齐的块；b)未对齐的块

2. 定数等分对象

在对象上按指定数目等间距创建点或插入块这个操作并不将对象实际等分为单独对象；它仅仅是标明定数等分的位置，以便可将它们作为几何参考点。AutoCAD 提供了 DIVIDE 命令定数等分对象。

(1)命令格式

命令：DIVIDE

选择要定数等分的对象：(使用鼠标直接点取方式选择一个对象)

输入线段数目或［块(B)］：(输入等分数或输入“B”)

如果输入 B(块)选项，AutoCAD 将继续提示：

输入要插入的块名：(输入图形中当前定义的某块的名称)

是否对齐块和对象？［是(Y)/否(N)］ <Y>：(输入“Y”或“N”选项或直接按 ENTER 键)

输入线段数目：(输入等分数)

(2)命令说明

定数等分时输入的等分数目必须在 2 ~ 32 767 之间(包括 2 和 32 767)，其他参见 MEASURE 命令。

三、文字标注

(一)设置文字样式

AutoCAD 图形中的所有文字都具有与之相关联的文字样式。输入文字时,AutoCAD 使用当前的文字样式,该样式设置了字体、字号、角度、方向和其他文字特征。如果要使用其他文字样式来创建文字,可以将其他文字样式设置为当前值,默认的文字样式如表 3-1 所示。

默认文字样式设置 表 3-1

设　　置	默　　认	说　　明
样式名	Standard	名称最长为 255 个字符
字体名	Arial	与字体相关联的文件(字符样式)
大字体	非	用于非 ASCII 字符集(如汉字)的特殊形定义文件
高度	0	字符高度
宽度因子	1	延展或压缩字符
倾斜角度	0	倾斜字符
颠倒	否	颠倒文字
反向	否	反向文字
垂直	否	垂直或水平文字

除了默认的 Standard 文字样式外,还可以创建所需文字样式。文字样式名称可长达 255 个字符,可包含字母、数字和特别字符,如美元符号($)、下划线(_)和连字符(-)。如果不输入文字样式名,AutoCAD 自动将文字样式命名为"样式 *n*",此处 *n* 是从 1 开始的数字。通过修改设置,可以在"文字样式"对话框中修改现有的文字样式,也可以更新使用该文字样式的现有文字来反映修改的效果。

单击"注释"选项卡"文字"面板右下角的按钮,或在命令行输入"STYLE"后回车,AutoCAD打开"文字样式"对话框,如图 3-20 所示。

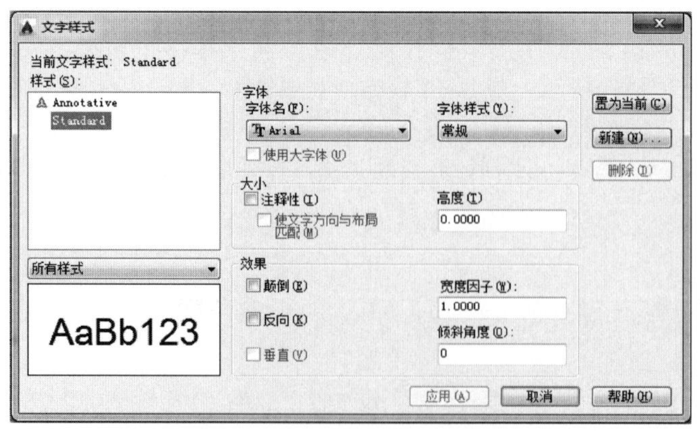

图 3-20 "文字样式"对话框

对话框中各项的含义如下。

1.“样式”选项组

该选项组用于显示文字样式名、添加新样式和删除现有样式。列表中包括已定义的样式名并默认显示当前样式。要改变当前样式,可以从列表中选择另一个样式,或者选择“新建”来创建新样式。

样式名称可长达255个字符,包括字母、数字以及特殊字符,例如,美元符号($)、下划线(_)和连字符(-)。

(1)新建(N)...

显示“新建文字样式”对话框并为当前设置自动提供“样式 n”名称(此处 n 为所提供的样式的编号),可以采用默认值或在该框中输入名称,然后选择“确定”使新样式名使用当前样式设置。

(2)删除(D)

删除文字样式。从列表中选择一个样式名将其置为当前,然后选择“删除”。

2.“字体”选项组

该选项组用于修改样式的字体。

(1)字体名(F)

列出所有注册的 TrueType 字体和 AutoCAD “Fonts”文件夹中 AutoCAD 编译的形(shx)字体的字体族名。从列表中选择名称后,AutoCAD 将读出指定字体的文件。

(2)字体样式(Y)

指定字体格式,比如常规、斜体、粗体或者粗斜体。

(3)使用大字体(U)

指定亚洲语言的大字体文件。只有在“字体名”中指定 shx 文件,才可以使用“大字体”。只有 shx 文件可以创建“大字体”。

3.“大小”选项组

(1)注释性(I)

使用相同的文字和尺寸在不同比例的不同视口中显示相同的信息。此特性会自动完成缩放注释过程,使注释能够以正确的大小在图纸上打印或显示。此时文字高度变为图纸文字高度。

(2)高度(T)

根据输入的值设置文字高度。如果输入0.0,每次用该样式输入文字时,AutoCAD 都将提示输入文字高度。输入大于0.0的高度则设置该样式的文字高度。在相同的高度设置下,TrueType 字体显示的高度要小于 shx 字体。

4.“效果”选项组

该选项组用于修改字体的特性,例如宽度因子、倾斜角度、倒置显示、反向或垂直对齐。

(1)颠倒(E)

倒置显示字符。

(2)反向(K)

反向显示字符。

(3)垂直(V)

显示垂直对齐的字符。只有当选定的字体支持双向显示时,才可以使用“垂直”。

(4)宽度因子(W)

设置字符间距。输入小于 1.0 的值将压缩文字。输入大于 1.0 的值则扩大文字。

(5)倾斜角度(O)

设置文字的倾斜角。输入一个 -85 和 85 之间的值将使文字倾斜。

5.“应用(A)”按钮

该按钮能将对话框中所作的样式修改应用于图形中当前样式的文字。

6.“取消”按钮

该按钮能在“样式”中对任何一个选项作出修改“取消”后都不会生效。

(二)创建单行文字

创建单行文字时,要在命令行指定文字样式和设置对齐方式。文字样式设置文字对象的默认特征。对齐决定字符的哪一部分与插入点对齐,如图 3-21 所示。

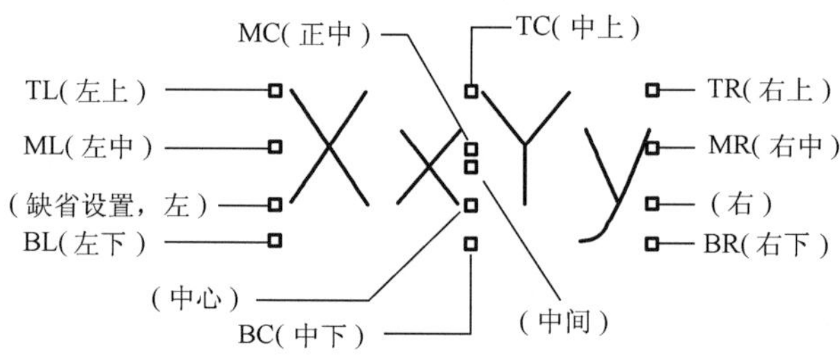

图 3-21 文字对齐方式

1.命令格式

命令:TEXT

当前文字样式: “Standard” 文字高度: 2.5000 注释性: 否

指定文字的起点或[对正(J)/样式(S)]:(指定点或输入选项)

指定高度 <2.5000>:

指定文字的旋转角度 <0>:

各选项的含义如下。

(1)指定点

在上述提示下,输入文字起点,系统提示:

指定高度 <2.5000>:(指定一点、输入值或按 ENTER 键)

指定文字的旋转角度 <0>:(确定旋转角度或按 ENTER 键)

输入文字:(输入文字或按 ENTER 键退出)

(2)对正(J)

如输入“J”,则系统提示:

输入选项

[对齐(A)/布满(F)/居中(C)/中间(M)/右对齐(R)/左上(TL)/中上(TC)/右上(TR)/左中(ML)/正中(MC)/右中(MR)/左下(BL)/中下(BC)/右下(BR)]:(输入文字对齐样式)

(3)样式(S)

如输入"S",则系统提示:

输入样式名或[?] <Standard>:

当前文字样式:"Standard" 文字高度:2.5000 注释性:否

2. 命令说明

(1)在"指定高度 <2.5000>:"提示下,如输入一点 A,则文本高度为文本起点与 A 点之间的距离。

(2)可以用下述符号输入一些特殊字符,也可以用汉字输入法输入。

%%c 画直径符号"ϕ";

%%d 画角度符号"°";

%%o 画或取消上划线符号;

%%p 画加减符号"±";

%%u 画或取消下划线符号;

%%% 画百分号"%"。

(三)创建多行文字

AutoCAD 提供了"文字格式"对话框来创建和编辑多行文字。在命令行下输入"MTEXT"或点击相应的菜单和工具条,在确定了多行文字的范围或高度、对齐方式、行距、旋转角度、样式、宽度后,就会打开"文字格式"对话框。具体的设置请参考其他有关书籍。

四、尺寸标注

(一)标注的基本概念

1. 标注概述

标注是向图形中添加测量注释的过程。AutoCAD 提供许多标注对象及设置标注格式的方法,可以在各个方向上为各类对象创建标注,也可以方便快速地以一定格式创建符合行业或项目标准的标注。

标注显示了对象的测量值、对象之间的距离或角度,或者特征自指定原点的距离。AutoCAD 提供了三种基本的标注类型:线性、半径和角度。标注可以水平、垂直、对齐、旋转、坐标、基线或连续,图 3-22 中列出了几种简单的示例。

AutoCAD 可以标注诸如直线、圆弧和多义线线段之类的对象,或者在点位置之间标注。AutoCAD 将标注置于当前图层。每一个标注都采用当前标注样式,用于控制诸如箭头样式、文字位置和尺寸公差之类的特性。

2. 标注组成

标注具有以下独特的元素:标注文字、尺寸线、箭头和尺寸界线,如图 3-23 所示。

标注文字:是用于指示测量值的文字串。文字还可以包含前缀、后缀和公差。

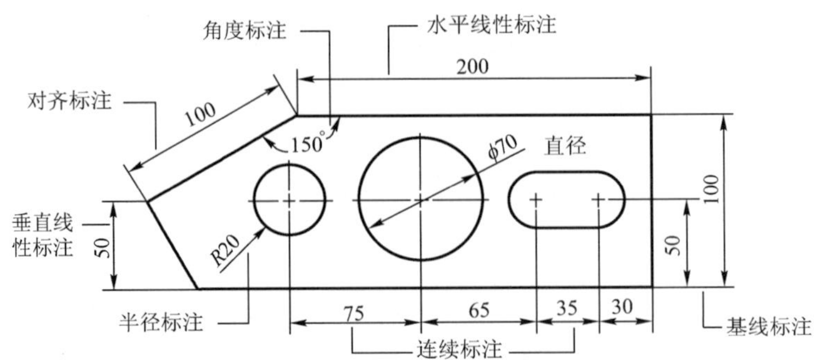

图 3-22　标注示例(尺寸单位:cm)

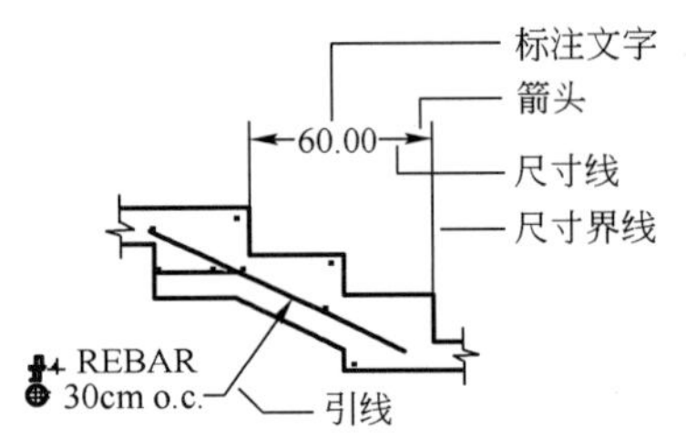

图 3-23　标注组成

尺寸线:用于指示标注的方向和范围。对于角度标注,尺寸线是一段圆弧。

箭头:也称为终止符号,显示在尺寸线的两端。可以为箭头指定不同的尺寸和造型。

尺寸界线:也称为投影线或证示线,从部件延伸到尺寸线。

中心标记:是标记圆或圆弧中心的小十字。

中心线:是标记圆或圆弧中心的虚线。

3. 关联标注

标注关联性定义几何对象和为其提供距离和角度的标注间的关系。AutoCAD 提供了几何对象和标注间的三种类型的关联性。

(1)关联标注。当与其关联的几何对象被修改时,自动调整其位置、方向和测量值。DIMASSOC 系统变量设置为 2。

(2)无关联标注。与其测量的几何图形一起选定和修改。无关联标注在其测量的几何对象被修改时,不发生改变。标注变量 DIMASSOC 设置为 1。

(3)分解的标注。包含单个对象而不是单个标注对象的集合。DIMASSOC 系统变量设置为 0。

可以通过执行以下步骤之一,确定某个标注是关联还是无关联的:

(1)选择该标注并使用“特性”窗口显示标注的特性。

(2)使用 LIST 命令显示标注的特性。

(3)也可以使用“快速选择”对话框来过滤关联或无关联的标注的选择。

(二)设置标注样式

通过设置或修改标注样式,可以更新以前由该样式创建的所有标注以反映新设置。标注样式管理器允许修改以下设置:

(1)尺寸界线、尺寸线、箭头、中心标记或中心线以及偏移;

(2)标注部分的位置相互之间有关联,而且与标注文字的方向也有关系;

(3)标注文字的内容和外观。

在 AutoCAD 中,出现在图形屏幕中的尺寸标注形式以及它们在图形数据库中保存的方式，均取决于尺寸标注变量的设置。尺寸标注命令以这些变量作为参数。控制尺寸标注显示形式的变量可以与尺寸标注样式一起管理。可以用"标注样式管理器"对话框中的一系列对话框，控制尺寸标注样式与尺寸标注变量。也可以通过在命令提示下输入相应的尺寸标注变量名来实现这种控制。

选择菜单栏中"注释"→"标注"面板右下角或输入 DDIM 或 DIMSTYLE 即可调用"标注样式管理器"对话框，如图 3-24 所示。

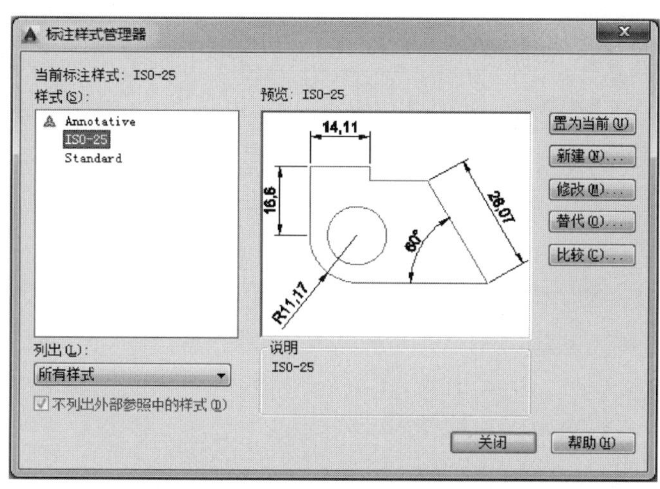

图 3-24 "标注样式管理器"对话框

1. "标注样式管理器"对话框

在"标注样式管理器"对话框中，当前标注样式名显示在"当前标注样式"之后，同时在"样式(S)"列表框中高亮显示。当前标注样式的简单说明(与缺省样式设置不同)，显示在"说明"框中。"标注样式管理器"对话框中还有一个"预览"窗口，它可预览当前标注样式。

通过从已定义的"样式(S)"列表中选择需要设为当前的标注样式名，并点击"置为当前(U)"按钮，可使所选样式成为当前标注样式，或通过在列表中双击需要设为当前的标注样式名，也可以使其变为当前样式。

在"样式(S)"列表框中显示的标注样式的列表，取决于"列出(L)"下拉列表中的选项。如果选择"正在使用的样式"选项，则只有使用中的标注样式显示在"样式(S)"列表框中。如果在"样式(S)"列表框中右击一个样式，会出现一个具有"置为当前"、"重命名"和"删除"标注样式选项的快捷菜单。选择"不列出外部参照中的样式"复选框，在"样式(S)"列表框中则不列出外部参照样式的名称。

点击"修改(M)..."按钮显示"修改标注样式"对话框，可在该对话框中修改现有的样式。点击"替代(O)..."按钮显示"替代当前样式"对话框，可以定义一个现有样式的替代。点击"新建(N)..."按钮显示"创建新标注样式"对话框。点击"比较(C)..."按钮，出现"比较标注样式"对话框，在该对话框中可进行两个现有样式的比较。

2. "修改标注样式"对话框

在"标注样式管理器"对话框点击"修改(M)..."按钮、"替代(O)..."按钮、"新建(N)..."按钮最终都会出现一个"修改标注样式"对话框，如图 3-25 所示，其内容是一样的，区别只在于对话框的标题不一样。该对话框有六个选项卡,分别介绍如下。

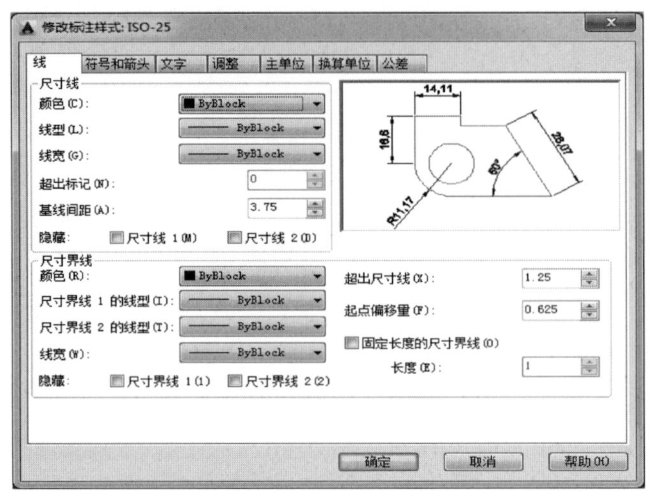

图 3-25 “修改标注样式”对话框

(1)“线”选项卡

利用“线”选项卡可以设置尺寸线和尺寸界线。

①“尺寸线”选项组。

“尺寸线”选项组用以设置尺寸线的特性。

“颜色(C)”下拉列表设置尺寸线的颜色。

“线型(L)”下拉列表设置尺寸线的线型。

“线宽(G)”下拉列表设置尺寸线的线宽。

“超出标记(N)”输入框指定当箭头使用斜尺寸界线、建筑标记、小标记、完整标记和无标记时尺寸线超过尺寸界线的距离,如图 3-26 所示。

“基线间距(A)”输入框设置基线标注的尺寸线之间的间距,如图 3-27 所示。

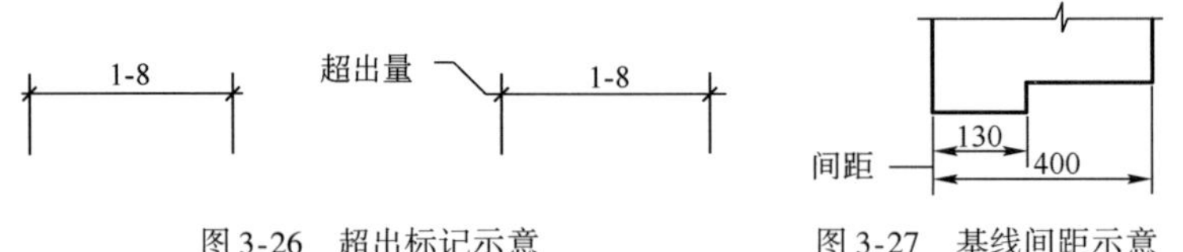

图 3-26 超出标记示意　　图 3-27 基线间距示意

“隐藏”选择框控制尺寸线的显示。

②“尺寸界线”选项组。

该选项组控制尺寸界线的外观。

“颜色(R)”下拉列表设置尺寸界线的颜色。

“尺寸界线 1 的线型(I)”下拉列表设置尺寸界线 1 的线型。

“尺寸界线 2 的线型(T)”下拉列表设置尺寸界线 2 的线型。

“线宽(W)”下拉列表设置尺寸界线的线宽。

“超出尺寸线(X)”输入框指定尺寸界线在尺寸线上方延伸的距离,如图 3-28 所示。

“起点偏移量(F)”输入框设置自图形中定义标注的点到尺寸界线的偏移距离,如图 3-29 所示。

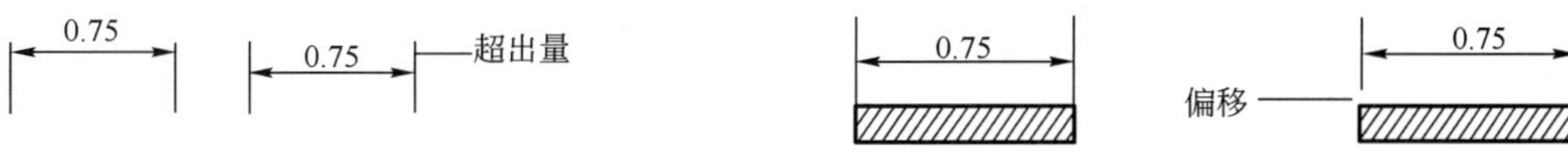

图 3-28 超出尺寸线示意　　图 3-29 偏移示意

“固定长度的尺寸界线(O)”选择框控制尺寸界线的固定长度。

“隐藏(S)”选择框控制尺寸界线的显示。这些值存储在 DIMSE1 和 DIMSE2 系统变量中。

(2)“符号和箭头”选项卡

利用“符号和箭头”选项卡可以设置箭头、圆心标记、折断标注、弧长符号、半径折弯标注和线性折弯标注。

①“箭头”选项组。

该选项组控制标注箭头的外观。

“第一个(T)”选择框设置第一条尺寸线的箭头。当改变第一个箭头的类型时,第二个箭头将自动改变与第一个箭头相匹配。

“第二个(D)”选择框设置第二条尺寸线的箭头。

“引线(L)”选择框设置引线箭头。

“箭头大小(I)”输入框设置箭头的大小。

②“圆心标记”选项组。

该选项组控制直径标注和半径标注的圆心标记和中心线的外观。DIMCENTER、DIMDIAMETER 和 DIMRADIUS 命令使用圆心标记和中心线。对于 DIMDIAMETER 和 DIMRADIUS 命令,只有将尺寸线置于圆或圆弧之外时,AutoCAD 才绘制圆心标记。选择框提供三个圆心标记类型选项标,分别是“无(N)”“标记(M)”和“直线(E)”,当选择后两种类型则可输入设置圆心标记或中心线的大小。

③“折断标注”选项组。

该选项组控制折断标注的大小。

④“弧长符号”选项组。

该选项组控制弧长符号的位置,分别为“标注文字的前缀(P)”“标注文字的上方(A)”和“无(O)”。

⑤“半径折弯标注”选项组。

该选项组控制半径折弯标注的折弯角度。

⑥“线性折弯标注”选项组。

该选项组控制线性折弯标注的折弯高度。

(3)“文字”选项卡

“文字”选项卡可以设置标注文字的格式、放置和对齐方式。

①“文字外观”选项组。

该选项组控制标注文字的格式和大小。

“文字样式(Y)”下拉框显示和设置当前标注文字样式。要创建和修改标注文字样式,可单击列表旁边的[...]按钮。

“文字颜色(C)”下拉框设置标注文字的颜色。

“填充颜色(L)”下拉框设置标注文本框的填充颜色。

“文字高度(T)”输入框设置当前标注文字样式的高度。如果在“文字样式”中将文字高度设置为固定值(即文字样式高度大于0)，则该高度将替代此处设置的文字高度。如果要使用在“文字”选项卡上设置的高度，请确保“文字样式”中的文字高度设置为0。

“分数高度比例(H)”设置相对于标注文字的分数比例。仅当在“主单位”选项卡上选择“分数”作为“单位格式”时，此选项才可用。在此处输入的值乘以文字高度，可确定标注分数相对于标注文字的高度。

“绘制文字边框(F)”选择框决定是否在标注文字的周围绘制一个边框。

②“文字位置”选项组。

该选项组控制标注文字的位置。

“垂直(V)”下拉框控制标注文字相对尺寸线的垂直位置。“垂直”选项如图3-30所示。

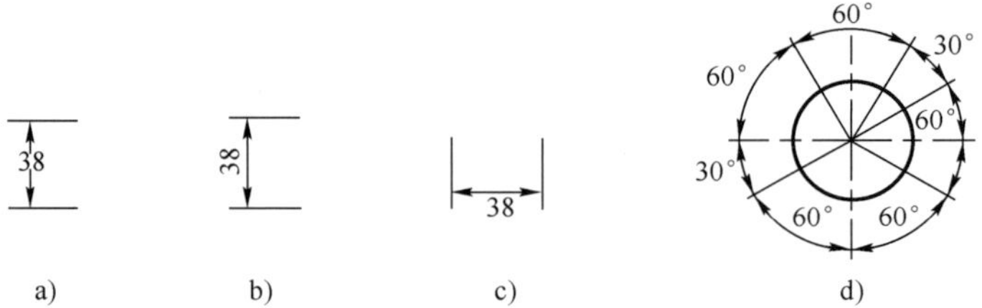

图3-30　垂直位置示意

a)置中；b)上方；c)外部；d)JIS

“水平(Z)”下拉框控制标注文字相对于尺寸线和尺寸界线的水平位置。水平设置存储在DIMJUST系统变量中，“水平”选项如图3-31所示。

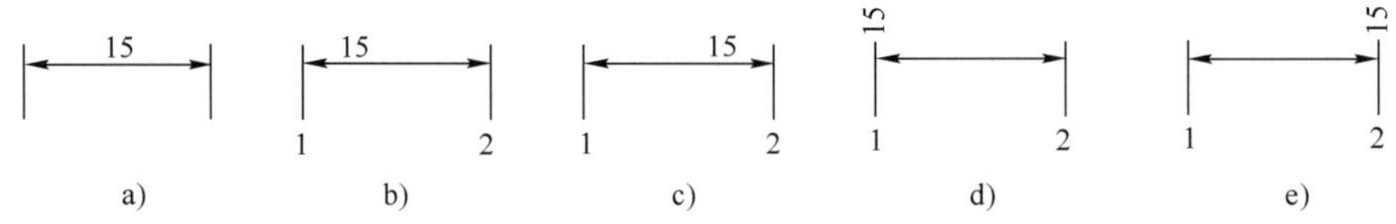

图3-31　水平位置示意

a)置中；b)第一条尺寸界线；c)第二条尺寸界线；d)文字在第一条尺寸界线上方；e)文字在第二条尺寸界线上方

“观察方向(D)”下拉框控制标注文字的观察方向，即从左到右或从右到左。

“从尺寸线偏移(O)”输入框设置当前文字间距，文字间距是指当尺寸线断开以容纳标注文字时标注文字周围的距离，如图3-32所示。AutoCAD也将该值用作尺寸线线段所需的最小长度。仅当生成的线段至少与文字间距同样长时，AutoCAD才会在尺寸界线内侧放置文字。仅当箭头、标注文字以及页边距有足够的空间容纳文字间距时，才将尺寸线上方或下方的文字置于内侧。

③“文字对齐”选项组。

该选项组控制标注文字放在尺寸界线外边或里边时的方向是保持水平还是与尺寸界线平行。

“水平”选择项决定水平放置文字，如图3-33所示。

“与尺寸线对齐”选择项决定文字与尺寸线对齐。

ISO标准决定当文字在尺寸界线内时，文字与尺寸线对齐。当文字在尺寸界线外时，文字水平排列，如图3-33b）所示。

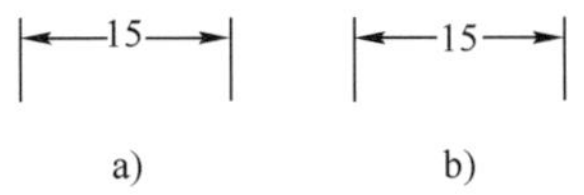

图3-32　从尺寸线偏移示意

a）DIMGAP＝0；b）DIMGAP＝0.1

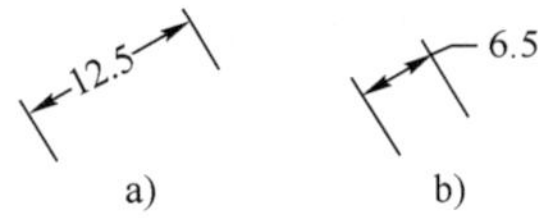

图3-33　文字对齐示意

（4）“调整”选项卡

“调整”选项卡控制标注文字、箭头、引线和尺寸线的放置。

①“调整选项（F）”选项组。

该选项组基于尺寸界线之间可用空间内文字和箭头的位置。

当两条尺寸界线间的距离足够大时，AutoCAD始终把文字和箭头放在尺寸界线之间。否则，将按照“调整选项（F）”确定的选项放置文字和箭头。

“文字或箭头（最佳效果）”选择项按照下列方式放置文字和箭头：当尺寸界线间的距离足够放置文字和箭头时，文字和箭头都放在尺寸界线内。否则，AutoCAD将按最佳布局移动文字或箭头；当尺寸界线间的距离仅够容纳文字时，将文字放在尺寸界线内，而箭头放在尺寸界线外；当尺寸界线间的距离仅够容纳箭头时，将箭头放在尺寸界线内，而文字放在尺寸界线外；当尺寸界线间的距离既不够放文字又不够放箭头时，文字和箭头都放在尺寸界线外。

“箭头”选择项按照下列方式放置文字和箭头：当尺寸界线间的距离足够放置文字和箭头时，文字和箭头都放在尺寸界线内；当尺寸界线间距离仅够放下箭头时，将箭头放在尺寸界线内，而文字放在尺寸界线外；当尺寸界线间距离不足以放下箭头时，文字和箭头都放在尺寸界线外。

“文字”选择项按照下列方式放置文字和箭头：当尺寸界线间的距离足够放置文字和箭头时，文字和箭头都放在尺寸界线内；当尺寸界线间的距离仅能容纳文字时，将文字放在尺寸界线内，而箭头放在尺寸界线外；当尺寸界线间距离不足以放下文字时，文字和箭头都放在尺寸界线外。

“文字和箭头”选择项控制当尺寸界线间距离不足以放下文字和箭头时，文字和箭头都放在尺寸界线外。

“文字始终保持在尺寸界线之间”选项控制文字和尺寸界线之间的位置。

“若箭头不能放在尺寸界线内，则将其取消”选项控制箭头和尺寸界线之间的位置。

②“文字位置”选项组。

该选项组设置标注文字从默认位置（由标注样式定义的位置）移动时标注文字的位置。

③“标注特征比例”选项组。

该选项组设置全局标注比例或图纸空间比例。

“将标注缩放到布局”选择项决定根据当前模型空间视口和图纸空间之间的比例确定比例因子。

“使用全局比例”选择项设置指定大小、距离或包含文字和箭头大小的间距的所有标注样式设置的比例。这个比例不改变标注测量值。

④“优化(T)”选项组。

该选项组设置其他调整选项。

“手动放置文字”选择项忽略所有水平对正设置并把文字放在尺寸线位置提示下指定的位置。

“始终在尺寸界线之间绘制尺寸线”选择项始终在测量点之间绘制尺寸线,即使AutoCAD将箭头放在测量点之外。

(5)“主单位”选项卡

“主单位”选项卡设置主标注单位的格式和精度,并设置标注文字的前缀和后缀。

①“线性标注”选项组。

该选项组设置线性标注的格式和精度。

“单位格式(U)”下拉框设置除角度之外的所有标注类型的当前单位格式。

“精度(P)”下拉框设置标注文字中的小数位数。

“分数格式(M)”下拉框设置分数的格式。

“小数分隔符(C)”下拉框设置十进制格式的分隔符。

“舍入(R)”下拉框为除角度之外的所有标注类型设置标注测量值的舍入规则。如果输入0.25,则所有标注距离都以0.25为单位进行舍入。类似地,如果输入1.0,AutoCAD将所有标注距离舍入为最接近的整数。

“前缀(X)”输入框给标注文字指示一个前缀,可以输入文字或用控制代码显示特殊符号(请参见使用控制代码和特殊字符)。例如,输入控制代码“%%c”显示直径符号。当输入前缀时,将覆盖在直径(ϕ)和半径(R)等标注中使用的任何默认前缀。

“后缀(S)”输入框为标注文字指示后缀,可以输入文字或用控制代码显示特殊符号。输入的后缀将替代所有默认后缀。

“测量单位比例”按如下方式定义测量单位比例选项:

“比例因子(E)”输入框设置线性标注测量值的比例因子。AutoCAD按照此处输入的数值放大标注测量值。“仅应用到布局标注”选择项仅对在布局中创建的标注应用线性比例值。

“消零”控制不输出前导零和后续零以及具有值为零的英尺和英寸,“前导”不输出所有十进制标注中的前导零,“后续”不输出所有十进制标注的后续零。

②“角度标注”选项组。

该选项组设置角度标注的当前角度格式。

“单位格式(A)”下拉框设置角度单位格式。

“精度(O)”设置角度标注的小数位数。

“消零”控制不输出前导零和后续零以及具有值为零的角度,“前导”不输出所有单位格式标注中的前导零,“后续”不输出所有单位格式标注的后续零。

(6)“换算单位”选项卡

“换算单位”选项卡指定标注测量值中换算单位的显示并设置其格式和精度。选项卡中各项的含义与“主单位”选项卡基本一致,不再做详细介绍。

(7)“公差”选项卡

“公差”选项卡控制标注文字中公差的显示与格式。由于公差在道路桥梁绘图中很少使用,不再做详细介绍。

(三)创建线性标注

线性标注可以水平、垂直或对齐放置。使用对齐标注时,尺寸线将平行于两尺寸界线原点之间的直线,如图 3-34 所示。基线和连续标注则是一系列基于线性标注的连续标注。

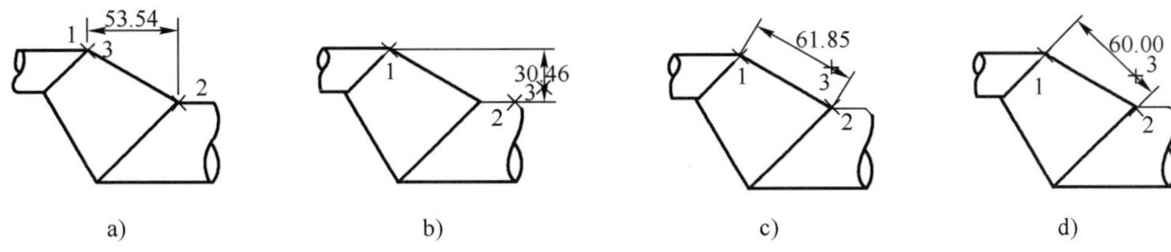

图 3-34 线性标注示意

a)水平;b)垂直;c)对齐;d)旋转 315°

1. 创建水平和垂直标注

AutoCAD 根据所指定的尺寸界线原点或选定对象的位置自动应用水平或垂直标注。然而,可以通过指定标注为水平或垂直创建标注替代这种做法。例如图 3-35,在默认情况下标注为水平,除非指定垂直标注。

水平和垂直标注的创建步骤如下

(1)从“标注”菜单中选择“线性”。

(2)在命令行中,系统提示:

指定第一条尺寸界线原点或 <选择对象>:(在确定了尺寸界线或选择对象后,系统提示)

指定尺寸线位置或

[多行文字(M)/文字(T)/角度(A)/水平(H)/垂直(V)/旋转(R)]:

(3)“多行文字(M)”“文字(T)”选项允许用户输入标注值;“角度(A)”选项可以指定标注文字的角度;“水平(H)”表示水平标注;“垂直(V)”选项表示竖直标注;“旋转(R)”选项创建线性旋转标注。

2. 对齐标注

在对齐标注中,尺寸线平行于尺寸界线原点连成的直线,如图 3-36 所示。

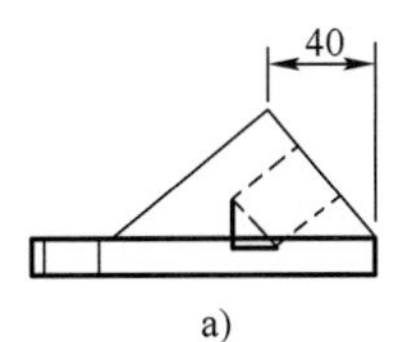

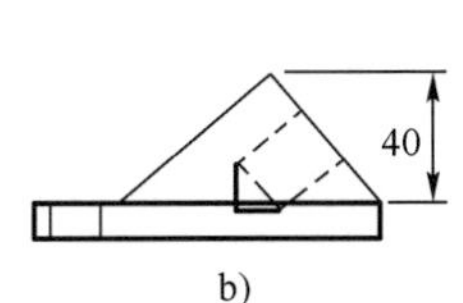

图 3-35 水平标注和垂直标注示意

a)默认情况下创建的水平标注;b)指定的垂直标注

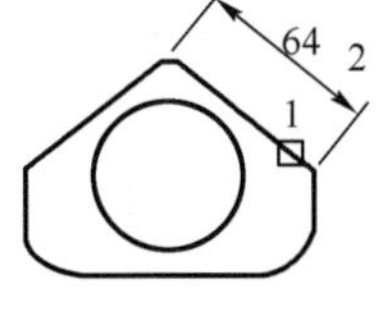

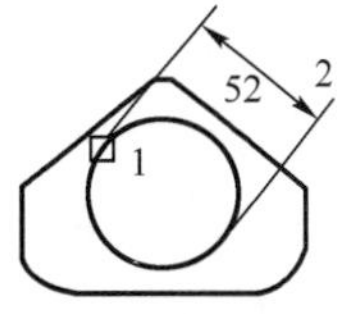

图 3-36 对齐标注示意

对齐标注的创建步骤如下。

(1)从“标注”菜单中选择“对齐”。

(2)在命令行中,系统提示:

指定第一个尺寸界线原点或 <选择对象>:(在确定了尺寸界线或选择对象后,系

统提示)

指定尺寸线位置或

[多行文字(M)/文字(T)/角度(A)]:(确定尺寸线的位置或输入选项,选项的含义水平标注)

3.创建基线标注和连续标注

基线标注是自同一基线处测量的多个标注,连续标注是首尾相连的多个标注,如图3-37所示。在创建基线或连续标注之前,必须创建线性、对齐或角度标注。基线标注和连续标注都是从上一个尺寸界线处测量的,除非指定另一点作为原点。

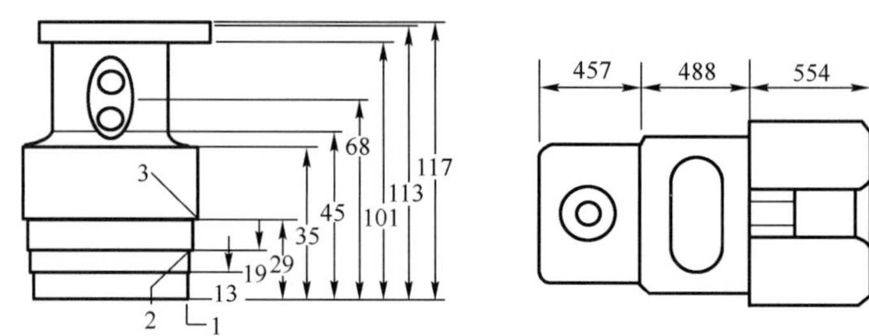

图3-37 基线标注和连续标注示意

基线标注的创建步骤及说明如下。

(1)从"标注"菜单中选择"基线"。

(2)如果在当前任务中未创建标注,AutoCAD将提示用户选择线性标注、坐标标注或角度标注,以用作基线标注的基准。

(3)如果基准标注是线性标注或角度标注,将显示以下提示:

指定第二条尺寸界线原点或[放弃(U)/选择(S)] <选择>:(指定点、输入选项或按ENTER键选择基准标注)

(4)如果基准标注是坐标标注,将显示以下提示:

指定点坐标或[放弃(U)/选择(S)] <选择>:

(5)要结束此命令,按ENTER键两次,或按ESC键。

(6)默认情况下,AutoCAD使用基准标注的第一条尺寸界线作为基线标注的尺寸界线原点。可以通过显式地选择基准标注来替换默认情况,这时作为基准的尺寸界线是离选择拾取点最近的基准标注的尺寸界线。选择第二点后,AutoCAD绘制基线标注并重新显示"指定第二条尺寸界线原点"提示。要结束此命令,按ESC键。要选择其他线性标注、坐标标注或角度标注作为基线标注的基准,按ENTER键。

连续标注的创建步骤及说明如下。

(1)从"标注"菜单中选择"连续"。

(2)如果在当前任务中未创建标注,AutoCAD将提示用户选择线性标注、坐标标注或角度标注,以用作连续标注的基准。

(3)如果基准标注是线性标注或角度标注,将显示以下提示:

指定第二条尺寸界线原点或[放弃(U)/选择(S)] <选择>:(指定点、输入选项或按

ENTER 键选择基准标注)

(4)如果基准标注是坐标标注,将显示以下提示:

指定点坐标或[放弃(U)/选择(S)] <选择>:

(5)要结束此命令,按 ENTER 键两次,或按 ESC 键。

(四)创建半径和直径标注

半径和直径标注使用可选的中心线或中心标记测量圆弧和圆的半径或直径。半径和直径标注如图 3-38 所示。

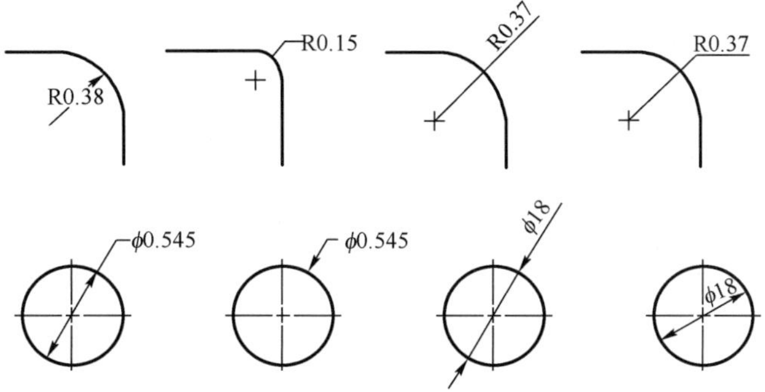

图 3-38 半径和直径标注示意

创建半径或直径标注的步骤如下。

(1)从“标注”菜单中选择“半径”或选择“直径”。

(2)在命令行中,系统提示:

选择圆弧或圆:

指定尺寸线位置或[多行文字(M)/文字(T)/角度(A)]:

(五)创建角度标注

角度标注测量两条直线或三个点之间的角度。要测量圆的两条半径之间的角度,可以选择此圆,然后指定角度端点。对于其他对象,需要选择对象然后指定标注位置。还可以通过指定角度顶点和端点标注角度。创建标注时,可以在指定尺寸线位置之前修改文字内容和对齐方式,如图 3-39 所示。

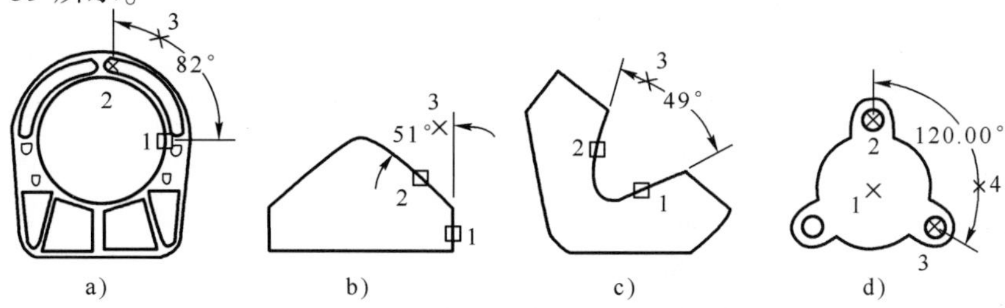

图 3-39 角度标注示意

a)圆;b)直线;c)直线;d)指定顶点

1、2-两个端点;3-标注;4-顶点位置创建角度标注的说明及步骤如下。

(1)从“标注”菜单中选择“角度”。

(2)在命令行中,系统提示:“选择圆弧、圆、直线或 <指定顶点>:(选择圆弧、圆或直线,或按 ENTER 键,通过指定三点创建角度标注)”。

(3)在上述提示下,直接回车,系统提示:

指定角的顶点:

指定角的第一个端点:

指定角的第二个端点:

角度顶点可以同时为一个角度端点。如果需要尺寸界线,那么角度端点可用作尺寸界线的起点。AutoCAD 在尺寸界线之间绘制一条圆弧作为尺寸线。尺寸界线从角度端点绘制到尺寸线交点,如图 3-40 所示。

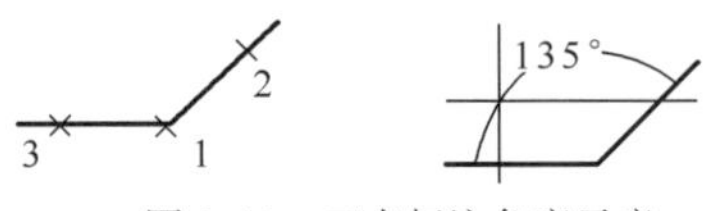

图 3-40　三点标注角度示意

1、2-两个端点;3-标注

(4)如选择圆弧,则使用选定圆弧上的点作为三点角度标注的定义点。圆弧的圆心是角度的顶点。圆弧端点成为尺寸界线的起点。

(5)如选择圆,将选择点作为第一条尺寸界线的原点。圆的圆心是角度的顶点,并提示:“指定角的第二个端点:”,第二个角度顶点是第二条尺寸界线的原点,且无须位于圆上。

(6)如选择直线,系统提示:“选择第二条直线:”。

AutoCAD 通过将每条直线作为角度的矢量(边)并将直线的交点作为角度顶点来确定角度。尺寸线跨越这两条直线之间的角度。如果尺寸线不与被标注的直线相交,那么 AutoCAD 根据需要通过延长一条或两条直线来添加尺寸界线。该尺寸线(弧线)张角始终小于 180°。

(7)定义完要标注的角度之后,系统显示以下提示:“指定标注弧线位置或[多行文字(M)/文字(T)/角度(A)/象限点(Q)]:”。

(六)修改现有标注

1. 将新标注样式应用到现有标注

创建标注时,当前标注样式将与之相关联。标注将保持此标注样式,除非对其应用新标注样式,或设置标注样式替代。通过指定其他标注样式修改现有的标注。修改标注样式之后,可以选择是否更新与此标注样式相关联的标注。

将新标注样式应用到现有标注的步骤如下:

(1)从“标注”菜单中选择“更新”。

(2)选择要更新为当前标注样式的标注。

(3)按 ENTER 键。

2. 修改标注文字

创建标注后,可以旋转、移动现有文字或用新文字替换。可以选择标注后,点击“特性”工具条或菜单,对文字特性进行修改,也可按下述步骤进行修改。

旋转标注文字的步骤如下:

(1)从“标注”菜单中选择“文字角度”。

(2)选择要编辑的标注。

(3)输入文字的新角度。

移动现有文字的步骤如下：

(1)从“标注”菜单中选择“左对正”。

(2)选择标注。

(3)标注文字在尺寸界线界内沿尺寸线左对齐。可以选择“居中对正”或“右对正”选项将文字移动到尺寸线的中心或右侧。

修改文字内容的步骤如下：

(1)双击要编辑的标注文字。

(2)在多行文字编辑器对话框中输入新标注文字。

五、图案填充

(一)图案填充的基本概念

在利用AutoCAD进行绘图的过程中，常常需要把某种图案填入某一指定区域，这一过程叫作图案填充。在当前图形中，选择一个封闭的区域，然后将事先设计的图案重复平铺充填到该区域，这样可以实现各种图形图案的快速绘制。下面先介绍有关图案填充的基本概念。

1. 图案边界

图案边界就是图案图形的区域界线。当进行图案填充时，首先要确定填充图案的边界。定义边界的对象只能是直线、双向射线、单向射线、多段线、样条曲线、圆弧、圆、椭圆、椭圆弧、面域等对象，或用这些对象定义的块，作为边界的对象在当前屏幕上必须全部可见。

2. 填充方式

在进行图案填充时，需要选择并控制填充的范围，也就是填充边界。AutoCAD系统为此设置了三种填充方式，以实现对填充范围的控制。

(1)普通方式

如图3-41a)所示，该方式从边界开始，每条填充线或每个填充符号由两端向中间延伸，遇到内部对象与之相交时，填充线或符号断开，直到遇到下一次相交时再继续延伸。采用这种方式时，要避免剖面线或符号与内部对象的相交次数为奇数。该方式为系统的默认方式。

(2)外部方式

如图3-41b)所示，在该方式下，剖面线或符号从边界向中间延伸，只要和内部对象相交，剖面线或符号由此断开，而不再继续延伸。

(3)忽略方式

如图3-41c)所示，该方式忽略边界内所有对象，所有内部结构都被剖面线或符号覆盖。

对于特殊对象，如实体填充(Solid)、轨迹线(Trace)、文本(Text)、形(Shape)和属性等，当选用普通方式填充图案时，如果在边界内遇到上述对象，填充图案就会自动断开。当填充图案经过块时，AutoCAD不再把它看作是一个对象，而是把组成块的各个成员当作各自独立的对象。但选择填充对象时，仍把

a)

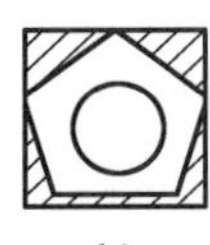
b)

c)

图3-41 填充方式

a)普通；b)外部；c)忽略

块作为一个对象来处理。

(二)图案填充的操作

AutoCAD 中图案填充的操作方式通常分为命令行方式和对话框方式。但命令行方式操作比较复杂而且不直观,所以不太常用。因此,本书仅对对话框方式作简要介绍。在命令行输入“BHATCH”后回车,AutoCAD 打开“图案填充创建”面板,如图 3-42 所示。单击“选项”面板右下角可打开“图形填充和渐变色”对话框,如图 3-43 所示。

Autodesk AutoCAD 2015 Drawing1.dwg
拾取点
SOLID
ANGLE
ANSI31
ANSI32
边界
图案
特性
原点
选项
关闭
图案填充创建

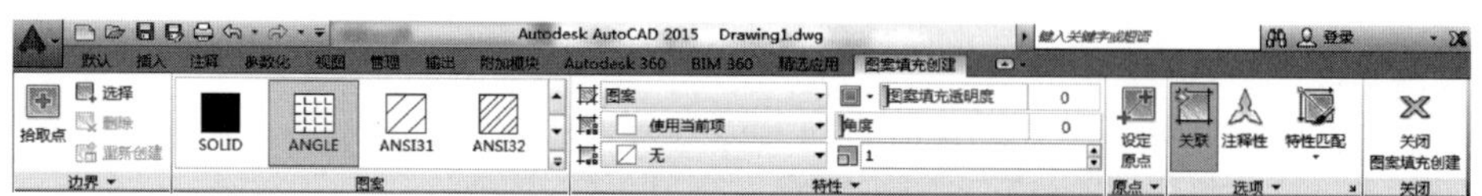

图 3-42 图案填充创建面板

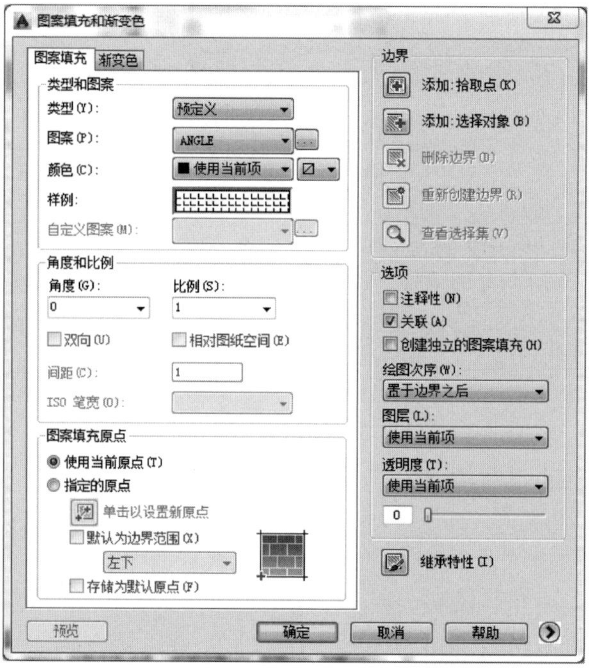

图案填充和渐变色
图案填充
渐变色
类型和图案
类型(Y):
预定义
图案(P):
ANGLE
颜色(C):
使用当前项
样例:
自定义图案(M):
角度和比例
角度(G):
0
比例(S):
1
双向(U)
相对图纸空间(E)
间距(C):
1
ISO 笔宽(O):
图案填充原点
使用当前原点(T)
指定的原点
单击以设置新原点
默认为边界范围(X)
左下
存储为默认原点(F)
边界
添加:拾取点(K)
添加:选择对象(B)
删除边界(D)
重新创建边界(R)
查看选择集(V)
选项
注释性(N)
关联(A)
创建独立的图案填充(H)
绘图次序(W):
置于边界之后
图层(L):
使用当前项
透明度(T):
使用当前项
0
继承特性(I)
预览
确定
取消
帮助

图 3-43 “图形填充和渐变色”对话框

在“图形填充和渐变色”对话框中有“图形填充”和“渐变色”两个选项卡,其中“图形填充”选项卡有“类型和图案”“角度和比例”和“图案填充原点”三个选项组。下面具体介绍该三个选项组。

1.“图案填充”选项卡

在此选项卡中,各选项用来确定图案填充的各个参数,其中这些选项的含义如下。

(1)“类型和图案”选项组

①“类型(Y)”下拉列表框。

此下拉列表框用于确定填充图案的类型。单击下拉列表框右侧的向下箭头,打开一个类型选择下拉列表。在该列表中,“用户定义”选项表示用户要临时定义填充图案;“自定义”选项表示选用 ACAD. PAT 图案文件或其他图案文件(. PAT 文件)中的图案进行填充;“预定义”选项表示用 AutoCAD 标准图案文件(ACAD. PAT 文件)中的图案进行填充。

②“图案(P)”下拉列表框。

此下拉列表框用于选择标准图案文件中的填充图案。在打开的下拉列表中,可选取需要的填充图案。选取完成后,在“样例”显示框中,显示出该图案的填充效果。

如果选择的图案类型是“预定义”或“用户定义”选项,单击该下拉列表框右面的按钮,打开“填充图案选项板”对话框。该对话框中显示出所选类型具有的各种图案,从中可选择所需要的图案。

③“颜色(C)”下拉列表框。

此下拉列表框用于使用填充图案和实体填充的指定颜色代替当前颜色。

④“样例”文本框。

此文本框用来显示当前用户选用的填充图案。双击该图案打开“填充图案选项板”对话框,从中可迅速查看或选取填充图案。

⑤“自定义图案”下拉列表框。

此下拉列表框用于根据用户定义确定填充图案。只有在 Type 下拉列表框中选中 Custom 选项后,该选项才以正常亮度显示。

(2)“角度和比例”选项组

①“角度(G)”下拉列表框。

此下拉列表框用于确定填充图案时的旋转角度。

②“比例(S)”下拉列表框。

此下拉列表框用于确定填充图案的比例值。

③“双向(U)”复选框。

此复选框用于确定用户临时定义的填充线是一组平行线,还是相互垂直的两组平行线。

④“相对图纸空间(E)”复选框。

此复选框用于确定是否相对于图纸空间单位确定填充图案的比例值。

⑤“间距(C)”文本框。

此文本框用于指定线之间的间距,在文本框内输入值即可。只有当在“类型(Y)”下拉列表框中选择“用户定义”,即用户临时定义填充图案时,该选项才以正常亮度显示,即才可确定相应的值。

⑥“ISO 笔宽(O)”下拉列表框。

此下拉列表框用来根据所选笔宽确定与 ISO 有关的图案比例。只有选择了已定义的 ISO 填充图案后,才可确定该项内容。

(3)“图案填充原点”选项组

该选项组用于指定原点。

2.“边界”选项组

(1)“拾取点(K)”按钮

此按钮用于告诉用户以拾取点的形式自动确定填充区域的边界。

(2)“选择对象(B)”按钮

此按钮用选择对象的方式确定填充区域的边界。

(3)“删除边界(D)”按钮

此按钮用于删除边界。

(4)“重新创建边界(R)”按钮

此按钮用于重新创建边界。

(5)“查看选择集(V)”按钮

此按钮用于用户观看填充区域的边界。

3.“选项”选项组

(1)“注释性(N)”复选框

此复选框用于指定图案填充为注释性。若选中此单选框,则自动完成缩放注释过程,使注释能够以正确的大小在图纸上打印或显示。

(2)“关联(A)”复选框

此复选框用于确定填充图案与边界的关系。若选中此单选框,那么填充的图案与填充边界保持着关联关系;否则,填充图案与边界相互独立。

(3)“创建独立的图案填充(H)”复选框

此复选框用于创建当指定了几个单独的闭合边界时图案填充对象的个数。

(4)“绘图次序(W)”下拉框

此下拉框用于指定图案填充或填充的绘图次序。

(5)“图层(L)”下拉框

此下拉框用于为指定的图层指定新图案填充对象,替代当前图层。

(6)“透明度(T)”下拉框

此下拉框用于设定新图案填充或填充的透明度,替代当前对象的透明度。

4.“继承特性(I)”按钮

此按钮的作用是继承特性,即选用图中已有的填充图案作为当前的填充图案。

第四章
数据采集技术与数据处理方法

在道路设计过程中，需要处理大量的数据，其中地形数据是进行设计的基础数据。在数字地面模型与道路 CAD 系统研究不断深入、应用日趋普及的今天，传统的数据采集技术与处理方式已不能满足需要，数据采集往往是影响设计周期、设计质量的重要因素，成为道路设计的一个“瓶颈”。地形数据高速、准确、有效的获取，是道路 CAD 系统中急待解决的首要问题。本章从实际需要出发，粗浅地向读者介绍一些数据采集和处理的基本知识。

第一节　现代化地面速测

在现代化的道路测量和设计工作中，如果在没有航空摄影测量资料及大比例尺地形图的情况下，则宜于采用快速的地面测量手段，才能与计算机辅助设计相配合。以下介绍一些现代化的地面速测设施。替代传统测量中的经纬仪和水准仪，可以采用配有电子手簿或具备微电脑功能的全站仪。新型的电子测绘平板则能现时就地绘制等高线地形图并建立数字地形模型，将其直接传输给计算机作为设计的基础数据。

一、全站仪和电子测绘平板

全站仪（又称自动电子速测仪）装备有光电测距系统和微电脑，与传统的经纬仪和水准仪相比较，全站仪不仅精度高、速度快、能同时测得角度、距离、高程等数据，并可自动计算出各测点的三维坐标，随时将所得数据录入外业手簿中，形成数字地面模型。

新型的全站仪将全站仪与微电脑合为一体，配置相应的软件，使外业测量工作变得更加易于操作，实现了计算机辅助测量。电脑软件以程序卡的方式提供，这些程序卡除了能进行角度、距离、坐标测量及放样等工作外，还可以进行如导线平差计算、面积计算、坐标转换以及协助道路平、纵、横测量等工作。该种仪器还附有液晶显示屏，具有文字、数字和图形的显示功能。在测量期间获得的大量数据，可以通过通信的方式传送到其他计算机进行存储和进一步处理或作为设计的依据。

电子测绘平板能够在现场随时测绘电子地图，提供三维地形的数字地面模型。现场在电子屏幕上绘图，可及时发现和纠正错测、漏测之外，变黑匣子方式为直观显示方式。与全站仪配合，成为电子测图系统，能够大大提高道路野外测量的效率和质量。电子测图系统在获取地形数据后，可自动转换生成用于构建三角网模型的地形数据文件，也就形成了数字化和矢量化的图形文件，并可以用DXF方式输入输出达到相互数据交换的目的。采用电子测图系统，可以进行无纸操作，不必从图纸上用数字化仪或图形扫描仪采集地形数模数据，提高了速度和效率，避免了图纸和数据之间两次转换带来的误差。

二、测设方法

在初测时，当路线经过地区有国家或有关部门所测的1∶2 000～1∶5 000的等高线地形图可供进行纸上定线和初步设计时，可将地形图数字化，建立地形模型供设计使用。

在缺乏足够精度等高线地形图时，即可用全站仪进行导线测量。观测完毕，仪器能自动记录和显示转角、距离与高差三个数据。坐标转换和平差计算都可以在野外直接用计算机完成。

为进一步做设计，必须测绘路线两侧的带状地形图。一般来说，可以用初测导线点作为图根控制点。但初测导线点的数量较少，为满足碎部地形图测量的要求，往往需要采用支导线法加密支导线点。当配备了对讲机计算机或采用了全站仪时，设站点可以减少，观测速度可以大为提高。每测完一点后，在野外立即算出和记录各点的坐标和高程，形成数字地面模型。由于测得的是无规则碎部地形点的坐标和高程值，故建立的是离散型数字地形模型，它可以较好地满足初步设计的需要。

在技术设计中进行定测时，用全站仪按初步设计的纸上定线，使用辅助设计中数据库资料在实地放线打桩，精度高，速度快，已被不少生产部门所采用。为获得定测时沿线两旁更为精确的碎部地形，如能运用全站仪，则可采用上述同样方法快速测绘两侧的带状地形图，建立离散状数字地形模型，而不再做横断面测量。横断面设计是在数字地形模型上内插计算完成的。

当由于设备或方法上的原因，横断面设计和土石方计算在精度上满足不了施工图设计的要求时，在定线时也可用传统的方法用水准仪测路线纵断面，然后按每一中桩测取左右两侧的横断面。根据纵断面资料建立鱼骨状数字地形模型，供施工图设计用。

三、测设队的组织

采用现代化的测量设备进行测量和设计的测设队，需要文化和知识素质较高的工程技术人员参加工作，但人数可很少。

采用全站仪的导线组,可以代替传统测量队中原测角组、中桩组和水准组三个组的工作,而人员数相当于过去一个中桩组的人数,节约人力一半以上,工效可提高许多倍。因为使用全站仪可同时测得角度、距离和高程,精度又很高,一般不会返工。另一个配备全站仪的地形组,进行沿线两侧碎部地形测量工作,则可以替代原来的横断面组和地形组。

路线内业组由于采用了道路 CAD 技术,可以直接使用野外采集来的数字地形模型数据,用很少的时间完成路线内业的大多数设计计算工作,并及时检查外业组的资料。

第二节 地形图数字化

我国领土辽阔,地形复杂,但通过测绘部门长期艰苦的努力,大部分国土都已经具备了1∶10 000的等高线地形图。重要城市、厂矿和大型企业还测绘了相当面积的大比例尺(1∶2 000 ~ 1∶500)的等高线地形图。

在道路设计可行性分析和方案比较阶段,需要用 1∶10 000、1∶50 000 等小比例尺地形图,可宏观地在较大范围内选定路线方向。在初步设计阶段,为使土石方和工程量估算能达到一定精度,一般要求 1∶2 000 的等高线地形图,在地形不太复杂时也可使用 1∶5 000 的地形图。当缺乏这种比例尺的地形图时,交通设计部门一般可以委托测绘部门利用 1∶10 000 左右的航测像片,加密放大和补绘,提供 1∶2 000 的地形图。有了规定比例尺的地形图,交通测设部门可直接利用它们建立数字地形模型。在施工图设计阶段,这种 1∶2 000 的地形图往往不符合精度上的要求,交通测设部门仍需要采用其他方法采集数据。

对已有的大比例尺地形图数字化是目前道路路线方案设计和初步设计阶段地形数据的主要来源。地形图数字化的方法有两种:一是采用跟踪式数字化仪将等高线地形图转换成矢量式的三维数字地形模型;另一种是采用扫描仪将地形图转换成格栅式(点阵式)模型存入计算机作为设计底图,或是另由软件转换为矢量式模型。图 4-1 分别表示矢量方式和格栅方式两种图形的表示方法。

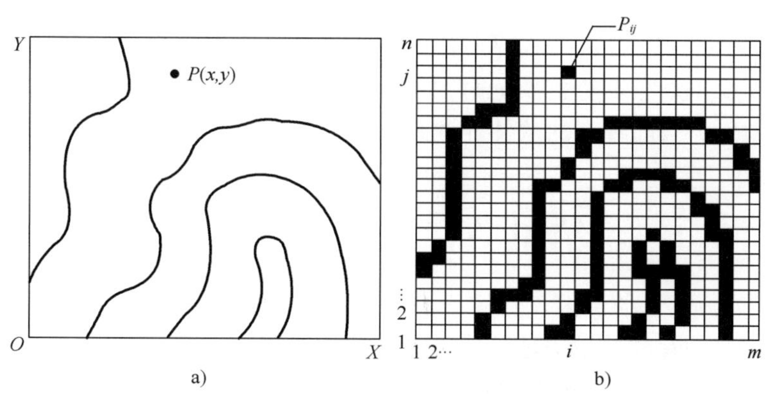

图 4-1 两种图形表示方法

a)矢量方式;b)栅格方式

在矢量方式中,图形以平面直角坐标(x,y)表示,点是构成地形图图形的最基本要素。在格栅方式中,图形以其通过的格栅单元,用行和列作为下标构成的二维数据矩阵表示,单位格栅(象元)是构成图形的最基本要素。矢量式图形用数字化仪输入,用笔式矢量绘图仪输出;格栅式图形用扫描仪输入,可用喷墨式、激光或电磁式点阵绘图仪输出。为保持格栅方式图形的精度,需要格栅划分很细,这样就需占用较大的计算机内存。

一、使用数字化仪将地形图转换成矢量式图形

数字化仪是利用电磁感应原理将图形转换成数字的电子设备,其工作方式是对采样点用手扶鼠标逐点跟踪,它能自动将每个点的平面坐标 x,y 输入计算机,仅由人工键入高程 z 值。如采用三角网式数字地形模型时,可考虑输入每一角点的平面坐标。如果在选择样点时除考虑了地形特征外,用数字化仪手扶跟踪一根等高线的走向,则可以从键盘上输入一个整数高程后连续自动取入多点的平面坐标,待该等高线取样结束后,再转向另一条等高线;对于孤立地形点则单点输入。对地形图上的河流、道路、界限等线状图形,则可用数字化仪沿线连续输入。对湖泊、构筑物等面状图形,可用数字化仪输入标明为禁域。采用上述方式输入的三维矢量式图形,可自然形成三维的数字地面模型。

二、使用扫描仪输入地形地物图

采用数字化仪输入地形图需要大量人工操作,而工程图纸通过扫描仪可以使图形快速进入计算机。但扫描后的图像文件如何处理和应用,尚有一些值得探索和研究的问题。处理扫描后的图像文件目前有两种方法:一种方法是直接采用扫描后的光栅式图像,把它作为图底与新设计的图形叠加起来,称为“光栅与图形混合编辑方法”。这种方法的优点就是处理简单,图形不会失真,具有较高的精度。存在的问题是,为获得一定清晰度,光栅图像就需要很大的点阵信息量,处理速度慢,同时所得光栅图像是二维的平面图,图上的等高线地形无法转换为数字地形模型供进一步设计所用。

另一种方法是将扫描后的光栅图像转化为图形文件,称为“矢量化方法”。这种方法的优点在于,将扫描后大量的二维点阵信息转化成简化的矢量信息,如 DXF 等文件格式,能为大多数 CAD 系统所识别和快速处理,易编辑,文件小,对计算机硬件要求低;对于等高线地形,如能在一边矢量化过程中一边输入高程,则有可能转换成真三维的数字地形模型。对于“矢量化”,一般都有专用的软件,其中需要通过“模式识别”手段,把二维的图形与等高线区分开来,并进行修正和归真,但目前现有的软件处理效果仍不甚理想。

第三节　航 测 技 术

利用航测摄影和遥感手段采集地形数据和地面、地物、地质等信息,是一种现代化的高新技术。航空摄影和摄影图像处理为大规模地采集地形数据提供了快捷的手段,它经历了常规摄影测量、解析摄影测量,现正在向数字摄影阶段发展。作为广义摄影测量的重要部分—遥感技术,在道路地质勘探中也很有应用价值。遥感地质由航空可见光摄影、彩红外摄影,发展到航天遥感,大量的信息资料通过自动识别处理成图,为道路工程地质解释提供了可靠依据。本节结合道路设计的特点和要求,简单介绍道路航空摄影测量的一些基本知识。

一、在道路测设中的应用

航空摄影测量是以空中摄影获取的像片为基础，根据所获航片上的构像信息，从几何方面和物理方面加以分析研究，从而对所摄对象的本质提供各种资料的一门学科。其在道路测设中的应用，从我国目前的实际情况而言，主要有以下三个方面：

(1)利用航摄像片并配合少量地面控制测量工作，为道路勘测设计提供各种像片平面图和大比例尺地形图，供选线和纸上定线用。

(2)利用航片上丰富的地面信息，通过立体观察判释和少量实地调查工作，可以在航测像对构成的立体光学模型上选线，并通过航测判释和遥感为工程设计提供地质水文等有关资料。

(3)借助于解析摄影测量和正在研究发展阶段的数字摄影测量，直接产生被摄影区域的地形三维坐标数据，为道路测设自动化系统提供原始地形数据。

应用航测技术进行道路勘测设计是一种先进的测设方法，在国内已被广泛地应用。与传统的道路勘测设计手段相比，航测的方法有明显的优点：把繁重的外业工作大部分变成室内作业，节省了大量人力、物力，不但可以大幅度降低劳动强度、提高工效，而且可以保证地形图成图精度，特别是对人烟稀少、气候恶劣和地形困难地区，效果尤为明显；由于利用航摄像片可以获得大面积与实地相似的立体模型和地形图，有利于在大区域内进行路线多方案比选，不遗漏优秀方案；还可充分利用航片所反映的地面信息和各种地表现象，根据影像特征进行判释，并配合立体观察，获得测取地貌、地质、水文等各种资料，为多方案比选提供依据。

更重要的是，利用航测技术与数字地面模型技术结合，将自动高速地为路线设计提供设计所需的地形、地貌、地物等各种原始数据，最大限度地取代人工外业测量工作，便于进行路线多方案比选和路线优化设计，大大提高设计质量，缩短设计周期，降低设计成本，具有明显的社会效益和经济效益。在道路 CAD 系统不断完善和日趋普及的今天，航测数模技术作为地形原始数据采集的最有效的手段，在道路线形设计自动化系统中起着愈来愈重要的作用。航测数模技术与路线 CAD 系统相结合，将形成数据采集与处理路线设计与计算，各种设计图表输出等一整套路线自动化设计系统，这是路线设计的发展方向。

二、航摄像片

航摄像片是在航行中的飞机上用摄像仪拍摄得到的，具有其自身的技术要求和对应特点。只有弄清像片的特点，才能正确地使用。

1. 对像片的技术要求

航摄像片的质量主要取决于飞行和摄影的质量，还有气候、亮度等因素。飞行之前，首先要根据任务进行航线设计。飞机沿着航线在高空飞行，由于各种因素的干扰，往往会产生航行偏角、航线弯曲度和不太稳定的航高等情况，影响像片的质量。因此，《数字航空摄影规范 第 1 部分：框幅式数字航空摄影》(GB/T 27920.1—2011)有严格的限度要求，保证一定的飞行质量。在摄取像片时，规范要求航向重叠度一般为 60% ~65%，最小不应小于 53%。在一条航线上连续达到或接近最大旋偏角的像片数不应大于 3 片；在一个摄区内出现最大旋偏角的像片数不应大于摄区像片总数的 4%。在摄影瞬间，航摄仪主光轴偏离铅垂线的角度称为像片的倾斜角，倾斜角过大会造成地形失真，必须加以限制，或是在使用时纠偏。

2. 像片的特点

航摄像片的平面图形不同于道路勘测设计时绘制的平面图形。道路路线平面图是取水平面为投影面的正射投影,而像片是以摄影仪目镜为中心的中心投影。中心投影服从于"近大远小"的成像规律,因此造成各向构像的比例尺不均匀。在中心投影时,一条铅垂线上的高低两点投影在水平面上却并不重合而成为两点,像片上高程不同的点往往存在投影差,再加上摄像时的像片倾斜角,会使地面上的方形变为矩形。因此,在像片上的任一点,往往会存在由地面高差和像片倾斜引起的像点位移。既然各个像点都会产生不同程度的位移,那么由像点连线形成的方位必然会产生方向偏差。

3. 像片的使用

显然,地形被扭曲了的像片不能直接用来作为道路设计的依据。由于像点位移,像片上像点坐标 x、y 不同于地面上相应地面点的坐标 X、Y,但是,在一定条件下,像片上的像点坐标可以转换为地面测量坐标系的坐标。像点与相应地面点之间的坐标关系可用如下解析式表示:

$$\left.\begin{aligned} X &= \frac{H}{f - x\sin\alpha}x \\ Y &= \frac{H}{f - y\sin\alpha}y \end{aligned}\right\} \tag{4-1}$$

式中:f——航摄仪焦距;

H——航高;

α——观察像点的倾斜角。

由上式可知,如果有充分的已知数据,包括各个像点的航高(或地面高程)和倾斜角,就可以把像片上被扭曲了的坐标系统变换为地面的真实坐标系。

但是,仅就一张像片,无法获得一个像点的充分数据,对不同高程的地面点,在像片上最多只有色彩上的不同,单个镜头只能提供平面效应。为取得每个点的三维坐标,使地形产生立体效应,对每一个同名像点必须具备有相邻两张像片上的重叠形象,称为"像对"。使用特制的光学仪器可以使在不同摄影点取得的像对实现摄影过程的几何反转,重新得到地表面的形态,构成几何立体模型。运用配有电脑的立体解析测图仪,便可直接自动地绘出等高线地形图。或是跳过成图这一环节,直接形成数字地形模型及其数字化产品,即是所谓的"数字摄影测量"。它最终将是以计算机视觉代替人眼的立体观测,因而使用的仪器将只是计算机及其相应的外部设备。

三、航测方法

道路航测的主要任务是为道路设计提供大比例尺地形图,根据航片立体观察和判释提供有关地质地貌水文等资料,以及为道路设计提供原始地形数据。道路航测的作业过程分为四个阶段。

1. 准备工作

准备工作主要包括航带设计和资料收集。航带设计可以根据道路起讫点和主要走向在五万或十万分之一的地形图上进行,其主要内容为确定测图范围摄影比例尺和确定航线。资料收集包括按道路测设任务书明确设计标准,收集已有的地形图、航摄照片等各种资料。

2. 摄影工作

在准备工作完成后，要与有关航摄单位签订合同，在规定摄影时间内，选天气晴朗、阳光照射角度合适、气流平稳、雾气很小的条件下进行航空摄影工作，以保证摄影质量。有条件时应尽可能选择植被稀疏季节进行，以消除植被影响。

摄影时飞机要按使用单位提出的航带数、摄影宽度、航高、像幅以及对像片的要求（重叠度、倾角、偏角、航线弯曲等）进行摄影。

空中摄影完毕后，及时进行摄影处理，以获得航摄底片。底片必须经验收鉴定认为符合要求才能接受使用。航摄底片质量直接影响成图质量，所以必须严格掌握验收标准。

航片获得后可在大图板上根据相邻像片重叠部分的构像，将航摄像片摄影分区或图幅，从左到右、从上到下顺序叠拼、固定、制作像片镶辑图。叠拼时应露出像片号码，以便查对。在像片镶辑图上大致标出分幅图廓线、摄区代号、图号、主要地名、摄影年月、摄影比例尺等。然后对像片叠拼图复照缩小，制成像片索引图。索引图可检查飞行质量，拟定航测作业计划和便于索取航摄资料。

摄影底片验收合格，可接收底片和镶辑图，以及验收鉴定书，摄影工作到此结束。

3. 外业工作

外业工作即外控测量工作，包括野外地面控制测量和判读调绘。控制测量是航测的主要工序之一，是内业测图的基础。运用航摄“像对”，虽然可以获得立体地面模型及其三维坐标。但这个地面坐标还没有与地面大地测量中的地面坐标系统联系起来。因此，必须在航片上按一定的要求，选出一批控制点，然后到野外对照实地，将它们最后确定下来并选刺在像片上。对这些控制点采用一般的三角点测量和导线点测量方法测算出它们的三维坐标（X,Y,H），作为定向控制点，这一过程叫绝对定向。

像片判读测绘是指持像片到野外现场，或在室内参照野外典型调查所获得的样片和各种资料。根据影像比较与对照，将需要的地貌和地物要素（如道路、水系、土壤、植被等）描绘和注记在像片上，供室内绘图和设计时参考。

4. 内业工作

内业工作包括将像片的中心投影图展平为垂直投影图、加密和放大、成图以及建立三维的数字地形模型等。由中心投影和像片倾斜所引起的像点位移，可以运用特制的光学仪器将图形纠偏、展平统一确定合适的比例尺等。纠正仪是一种能够实现航空摄影平面反转过程的仪器，它可以将倾斜的像片直接纠正成规定比例尺的水平像片。立体量测仪可采用像对的两张像片，量测相应点的左右视差，解算出个地面点的高程。投影转绘仪可用于分带投影转绘，完成中心投影到正摄投影的转换工作。多倍仪解析立体测绘仪都是全能型的测绘仪，它们可以同时确定点的平面位置和高程，或直接绘制等高线地形图。

控制点内业加密是根据野外实测的控制点（每一像片至少应有两个平面控制点和三个高程控制点），用航测中解析空中三角测量的原理，加密出室内测图需要的平面控制点、高程控制点以及平高控制点。

最后成图的方法由综合法、分工法、全能法、解析法和全数字化法等。

（1）综合法是航空摄影测量与普通地面测量相结合的测图方法。它通常适用于地形平坦或微丘陵地区。平面位置用航测方法解决，在摄影时采用一定措施限制投影差，采用纠正仪消除像片倾斜引起的位移并将像片归化到规定的比例尺,制作像片平面图,再将像片平面图拿到野外去,用普通的平板仪测图法在平面图上测定地面点的高程并描绘等高线。

(2)分工法是由纠正仪获得平面像片,然后使用立体量测仪解求地面点的高程,再用投影转绘仪纠正投影误差。它适用于丘陵地区的测图。

(3)全能法是采用多倍仪或其他立体测图仪,在室内建立起与实地完全相似的立体模型,仅用一台仪器在一个内业过程中同时直接量测地面点的平面位置和高程,并绘制出地形等高线来。它适用于任何类型的地形。

(4)解析法是随着电子计算机的应用而发展起来的全能型自动化方法,它左右依靠高精度的解析立体测图仪。这种仪器由一台具有实时反馈系统的立体坐标量测仪、电子计算机、数控绘图仪、电子显示终端和外围设备、控制台面板以及软件系统等组成。它除了可用于测绘地形外,还可以用于室内加密控制点和自动形成数字地形模型,直接供道路路线计算机辅助设计所用。

(5)全数字化法是在解析法的基础上发展起来的更为先进的一种方法。它与解析法的主要区别是利用相关技术和扫描技术将像片摄影数字化,无须人眼进行观测,便可以得到被测区域的地表三维数据。

目前,国内外已推出了一些全数字化的测图系统,在实际工作中逐步得到应用。随着研究工作的深入,数据采集精度的提高,全数字化测图将成为道路设计中数据采集的最理想的方法。

第四节　全球卫星定位技术及其应用

一、全球定位系统简介

目前,全世界共有四种已建和在建的全球定位系统,分别是美国的全球定位系统(GPS)、俄罗斯格洛纳斯全球导航卫星系统、欧洲伽利略导航卫星系统和我国的北斗卫星导航系统。

我国北斗卫星导航系统,2000 年以来,已成功发射了 4 颗北斗导航试验卫星,建成北斗导航试验系统(第一代系统)。该系统具备在我国及周边地区的定位、授时、报文和 GPS 广域差分功能。正在建设的北斗卫星导航系统(第二代系统)空间段由 5 颗静止轨道卫星和 30 颗非静止轨道卫星组成,到 2016 年年底已成功发射 23 颗北斗导航卫星,主要提供两种服务方式,即开放服务和授权服务,将具备覆盖全球的能力。

俄罗斯格洛纳斯(GLONASS)卫星导航系统,已经于 2011 年 1 月 1 日在全球正式运行。GLONASS 卫星定位系统拥有工作卫星 21 颗,分布在 3 个轨道平面上,同时有 3 颗备份星。由于卫星寿命过短并一直处于降效运行状态,现只有 8 颗卫星能够正常工作。

伽利略(Galileo)卫星导航定位系统是欧盟一个正在建造中的卫星定位系统。Galileo 卫星星座由 27 颗工作卫星和 3 颗备用卫星组成。Galileo 系统是一种多功能的卫星导航定位系统,具有公开服务、安全服务、商业服务和政府服务等功能。

美国全球定位系统(GPS)是目前应用最广泛、技术最成熟的卫星定位系统,是本章介绍的重点。全球定位系统是一种可以授时和测距的空间交会定点的导航系统,可向全球用户提供连续、实时、高精度的三维位置、三维速度和时间信息。

二、GPS 系统组成

GPS 系统主要由 GPS 空间卫星部分(卫星星座)、地面监控部分和用户设备部分组成。

1. 空间卫星部分

如图 4-2 所示,GPS 卫星星座由 24 颗卫星组成,其中有 21 颗工作卫星,3 颗备用卫星。卫星分布在 6 个近似圆形轨道面内,每个轨道上有 4 颗卫星。卫星同时在地平线以上的情况至少有 4 颗,最多可达 11 颗,该布设方案将保证在世界任何地方、任何时间,都可进行实时三维定位。

GPS 卫星的基本功能是:

(1)接收和储存由地面监控站发来的导航信息,并执行它的控制指令。

(2)利用微处理机进行部分必要的数据处理工作。

(3)通过星载高精度的原子钟提供精密的时间基准。

(4)向用户发送导航与定位信息。

(5)通过指令调整卫星的姿态和启用备用卫星。

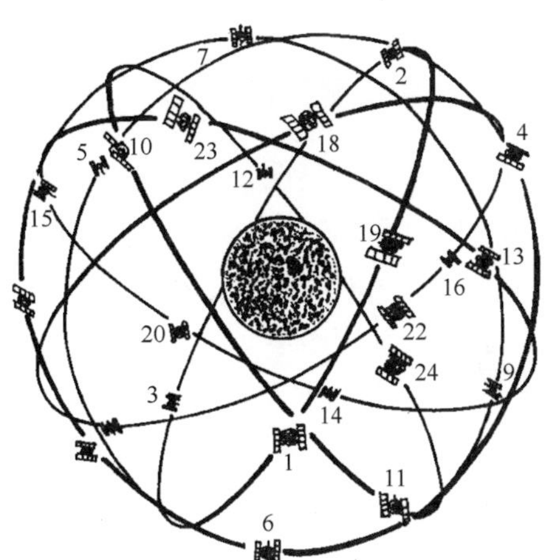

图 4-2 GPS 卫星星座

2. 地面监控部分

地面监控部分是由分布在美国本土和三大洋美军基地上的五个地面站组成。按功能可分为监测站、主控站和注入站三种。

3. 用户设备部分

用户设备是指用户 GPS 接收机。其主要任务是捕获卫星信号,跟踪并锁定卫星信号。GPS 接收机是一种被动式无线电定位设备。在全球任何地方只要能接收到 4 颗以上 GPS 卫星的信号,就可以实现三维定位、测速、测时。

三、GPS 定位原理

GPS 定位方法主要有伪距法定位、GPS 差分定位和载波相位测量定位。根据待定点运动状态可分为静态定位和动态定位。静态定位是指用 GPS 测定相对于地球不运动的点位,GPS 接收机安置在该点上接收数分钟甚至更长时间,以确定其三维坐标,又称为绝对定位;动态定位是确定运动物体的三维坐标。

1. 伪距测量

伪距测量就是测定卫星到接收机的距离,即由卫星发射的测距码信号到达 GPS 接收机的传播时间乘以光速所得的距离。

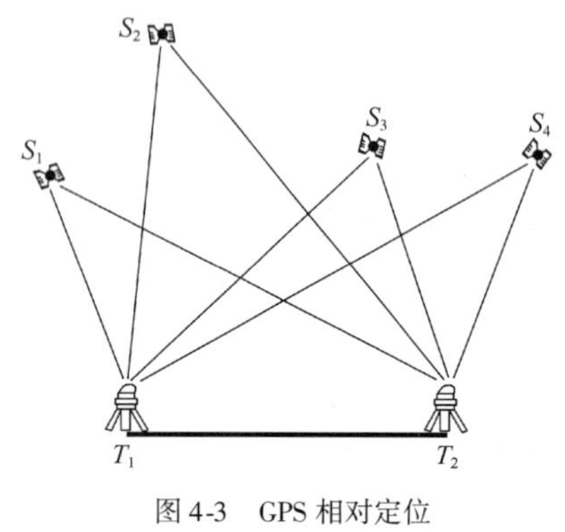

图4-3　GPS相对定位

2. GPS差分定位

GPS差分定位,也叫GPS相对定位,是确定观测点(也称流动站)与某一地区参考点(也称基准点)的相对位置,如图4-3所示。相对定位广泛应用于大地测量、精密工程测量、地球动力学的研究和精密导航。

3. 载波相位测量

载波相位测量是测定GPS卫星载波信号到接收机天线之间的相位延迟。

四、GPS测量的实施

GPS测量按其性质可分为外业和内业两部分。外业工作主要包括选点、野外观测工作以及成果质量检核等;内业工作主要包括GPS测量的技术设计、测后数据处理以及技术总结等。按GPS测量实施的工作程序,则大体分为GPS网的设计、选点与建立标志、外业观测及成果检核与处理等几个阶段。

1. PS网精度标准的确定

GPS网的精度要求,主要取决于网的用途。精度指标通常以网中相邻点之间的距离误差m_D表示,其形式为:

$$m_D = \sqrt{a^2 + (bD)^2} \tag{4-2}$$

式中:D——两个相邻点间的距离(km);

a——固定误差(mm);

b——比例误差(ppm)。

不同用途的GPS网的精度不同,GPS控制网分为A、B、C、D、E五个等级,详见相关规范。

2. GPS网的图形设计

GPS网的图形设计取决于网的用途,但与经费、时间和人力的消耗以及接收设备的类型、数量和后勤保障等条件有很大关系。

根据GPS测量的不同用途,GPS网的独立观测边应构成一定的几何图形。图形的基本形式有三角网、环形网、星形网。

3. 选点、建标志

由于GPS测量测站间不要求相互通视,所以选点工作简便。选点时除应远离产生磁场源的地方和保证观测站在视场内周围障碍物的高度角小于10°~15°外,其他要求及建立标志同常规控制测量。

4. GPS测量的观测工作

GPS测量的观测工作主要包括天线安置、观测作业、观测记录及观测数据的质量判定等。

五、实时 GPS 测量(RTK)在道路工程中的应用

1. 实时 GPS 测量原理

实时 GPS 测量是基于载波相位测量的一种实时动态定位技术,它能实时地提供观测点在制定坐标系中的三维定位结果并达到厘米级精度。

RTK 定位技术,需在两台 GPS 接收机之间增加一套无线数字通信系统(亦称数据链),将两相对独立的 GPS 信号接收系统联成有机的整体。基准站通过电台将观测信息和测站数据传输给流动站,流动站将基准站传来的载波观测信号与流动站本身测得的载波观测信号进行差分处理,解出两站间的基线值,同时输入相应的坐标转换和投影参数,实时得到测点坐标。

实时 GPS 系统通常由 GPS 信号接收系统、数据实时传输系统、数据实时处理系统组成。

2. 实时 GPS 测量在道路建设中的应用

GPS 测量具有高精度、高效率的优点,在控制测量领域得到广泛应用。随着 GPS 接收机性能和数据处理技术逐渐完善,GPS 应用领域也不断拓宽。实时 GPS 测量在道路工程中可以完成多种工作。

(1)工程控制测量

用 GPS 建立控制网,精密方法为静态测量。对大型结构物,如特大桥、隧道、互通式立交等进行控制,宜用静态测量。而一般道路工程的控制测量,则可采用实时 GPS 动态测量。该法在测量过程中能实时获得定位精度,当达到要求的点位精度,即可停止观测,大大提高了作业效率。因点与点之间不要求通视,使得测量简便易行。

(2)制作大比例尺地形图

道路选线多是在大比例尺(通常是 1:2 000 或 1:1 000)带状地形图上进行。用传统方法测图,先建立控制网,再进行碎部测量,绘制成大比例尺地形图,其工作量大,速度慢,花费时间长。用实时 GPS 动态测量,在每个碎部点上仅需停留几分钟,即可获得每点坐标,结合输入的点特征编码及属性信息,构成碎部点的数据,在室内即可由绘图软件成图。由于只需采集碎部点的坐标和输入其属性信息,采集速度快,因此大大降低了测图的难度,既省时又省力。当基准站设置完成后,整个测量系统可由一人持流动站接收机操作,也可设置几个流动站,利用统一基准站观测信息各自独立操作。

(3)道路中线测设

纸上定线后需将道路中线在地面标定出来。采用实时 GPS 测量,只需将中线桩点的坐标输入 GPS 接收机中,移动接收机就会定出放样的点位。因每个点的测量独立完成,不会产生累积误差,各点放样精度趋于一致。

(4)道路纵、横断面测量

道路中线确定后,利用中线桩点坐标,通过绘图软件,即可绘出路线纵断面和各桩点的横断面。由于所用数据都是测绘地形图时采集来的,因此不需要再到现场进行纵、横断面测量,减少了外业工作。如果需要进行现场断面测量时,也可采用实时 GPS 测量。

(5)施工测量

实时 GPS 系统有良好的硬件,也有极为丰富的软件可供选择。施工中对点、线、面以及坡度等放样均很方便、快捷。

第五节 激光(LiDAR)点云技术

一、三维激光扫描技术简介

三维激光扫描技术(3D Laser Scanning Technology)又被称为实景复制技术,是继GPS技术之后又一项测绘新技术。自1997年第一台地面三维激光扫描仪问世后,三维激光扫描技术在国内外应用越来越普遍,已经成为空间数据获取的重要技术手段。

三维激光扫描技术同传统的测量手段相比,可以连续、自动、快速地采集大量的目标物表面的三维点云数据,即点云(Point Cloud),因此具有许多独特的优势。

(1)非接触性。三维激光扫描技术采用非接触扫描目标的方式进行测量,无须反射棱镜,对扫描目标物体不需进行任何表面处理,直接采集物体表面的三维数据,所采集的数据完全真实可靠。因此,可用于解决危险目标、环境(或柔性目标)及人员难以企及的情况,具有传统测量方式难以完成的技术优势。

(2)采样率高。三维激光扫描仪采样点速率最大可达到百万点/秒,能快速获取大面积目标物的空间信息,直接生成三维空间结果。

(3)主动发射扫描光源。三维激光扫描技术采用主动发射扫描光源(激光),通过探测自身发射的激光回波信号来获取目标物体的数据信息,因此在扫描过程中,可以实现不受扫描环境的时间和空间的约束。

(4)分辨率高、精度高。三维激光扫描技术可以快速、高精度获取海量点云数据,可以对扫描目标进行高密度的三维数据采集,从而达到高分辨率的目的。

(5)数字化采集,兼容性好。三维激光扫描技术所采集的数据是直接获取的数字信号,具有全数字特征,易于后期处理及输出。用户界面友好的后处理软件能够与其他常用软件进行数据交换及共享。

(6)可与外置数码相机、GPS系统配合使用。大大扩展了三维激光扫描技术的使用范围,对信息的获取更加全面、准确。外置数码相机的使用增强了彩色信息的采集,使扫描获取的目标信息更加全面;GPS定位系统的应用使得三维激光扫描技术的应用范围更加广泛,与工程的结合更加紧密,进一步提高了测量数据的准确性。

(7)结构紧凑、防护能力强、工作效率高。目前常用的扫描设备一般具有体积小、质量轻、防水、防潮,对使用条件要求不高,环境适应能力强,能够在野外全天候进行实时动态观测,不受光线的影响,有效工作时间长,工作效率高的特点。

二、点云数据的获取方法

使用三维激光扫描仪所获取的目标物的点云数据是一个平面矩形网络上的距离值,可将其转化为被测点的三维坐标,同时还拥有R、G、B(即红灰蓝的灰度值)颜色信息,对于物体反射率信息也有显示,再经过软件出图,呈现出的全息数字影像可以带给人们身临其境的感受,是一般测量手段无法做到的。点云数据的获取方法如下。

1. 基于地面三维激光扫描系统的数据采集

地面三维激光扫描系统主要由三维激光扫描仪、数码相机、扫描仪旋转平台、软件控制平台、数据处理平台及电源和其他附件设备共同构成,见图4-4。地面激光三维扫描系统在每个测站的扫描是相对静止的,通过每次选定一个固定的位置,按照用户设置的扫描分辨率扫描视场内或选定的目标物体,然后进行数据配准,因此分站式扫描是地面三维激光扫描系统的一个特点。数据采集可以分为几个步骤:踏勘场地与布设控制网、控制测量、靶标布设、靶标测量与提取、扫描作业、纹理采集。

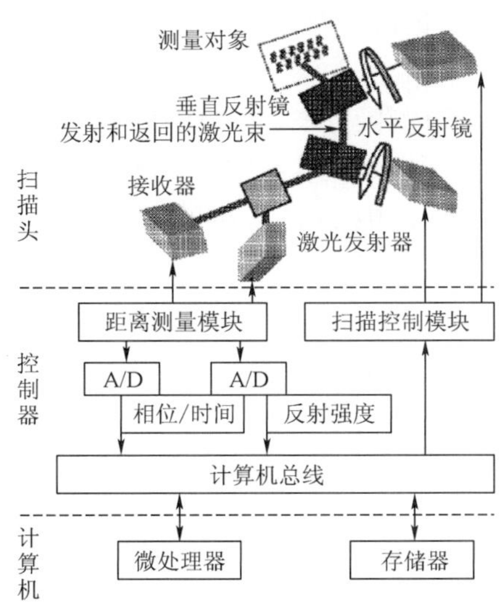

图4-4 地面三维激光扫描系统基本组成

(1)踏勘场地,根据现场情况估计扫描测站应设的站数和位置,尽量保证扫描区域有公共部分,减少其他物体的遮挡,且也应保证扫描距离在扫描仪的有效测程内。控制点的布设在扫描测站开始前,按照扫描测站情况来进行,要保证每一控制点和至少两个其他控制点通视,且控制点通视区域应尽量包含待扫描区域。

(2)为了布设高精度的控制网,获取高精度的控制点坐标,将控制测量分为平面控制测量及高程控制测量,分别进行测量与平差计算,以获得高精度的靶标点位,并为后续的配准提供精确的转换坐标。

(3)靶标按作用可分为拼接标靶和控制标靶,拼接标靶用来进行两站的点云数据配准,控制标靶用来纠正点云数据到真实坐标。拼接标靶和控制标靶均需采取较高的分辨率进行扫描,以便能准确地提取靶标中心点。控制标靶可采用平面靶标,并采用全站仪进行测量,以获取其在控制网坐标系下的坐标。为了防止靶标挪动和丢失,靶标测量在一站扫描结束后立即进行。

(4)扫描作业采用地面三维激光扫描仪,根据所需目标物的点云密集程度设置相应的扫描分辨率。

(5)在使用地面三维激光扫描仪采集三维点云数据时,可使用内置的数码相机将目标物的表面纹理数据记录下来,以便后期的纹理制作和映射。也可以使用外置的普通相机或专业相机进行纹理拍摄,以便取得效果较好的纹理。

2. 基于车载激光扫描系统的点云数据采集

车载激光扫描系统是一种全新的对地表空间信息的快速定位采集技术,采用双头360°环绕式扫描,可以直接、快速并精确地获取道路沿线360°垂直区域内的所有有效数据。车载激光扫描系统主要由激光采集模块、组合导航模块、影像采集模块、控制模块、供电模块构成。车载激光数据的采集实施阶段如下。

(1)扫描线路规划设计

任务规划的目的是在满足测区全覆盖的前提下,结合已有的资料,设计合理的行车扫描路径和扫描时间,避免设备长时间高负荷工作,避免交通拥挤,控制GPS失锁时间,实现最高效、最经济、最精确地采集测区测量数据。

规划可以根据甲方任务书了解测区范围、具体的目的要求,从而进行任务规划。也可以在最新的航摄或卫星影像上进行路线规划。若航空影像不易获取,可以借助卫星影像完成。将设计好的路线规划文件导入到导航仪中,实际扫描的过程按导入的路径导航。如果使用定点转扫,要先在图上设计,然后到实地考察保证获取最大范围的数据。

(2)空间数据采集

①架设基准站GPS在已知控制点,打开GPS与IMU(Inertial Measurement Unit,惯性测量单元)进行静态初始对准。

②根据实际扫描情况选择定距推扫(相机定距曝光)、定时推扫(相机定时曝光)或转扫(定点转扫)。

③扫描结束时对IMU进行结束对准。

④分别关闭各个传感器,系统断电。

静态结束对准与静态初始对准的主要目的是为系统精确确定结束和开始时的姿态和位置。外业数据采集的成果主要有激光数据、GPS数据、IMU数据、里程计数据和相应的影像数据。

(3)数据拷贝

数据拷贝主要完成以下工作:

①外业数据采集完毕确认数据完整,符合要求后,将各项数据拷贝到内业计算机内。

②检查数据质量,根据要求看是否需要补摄或重扫。

3. 基于机载激光扫描系统的点云数据采集

机载数据以其高效、大范围的地面数据获取率著称,利用机载设备可以对大面积的地形进行高空快速扫描。机载三维激光扫描系统由激光扫描仪,飞行惯导系统、DGPS定位系统,成像装置,计算机以及数据采集器、记录器、处理软件和电源构成。飞机沿航线飞行发射激光,接收装置不断采集、记录地面数据点完成整个区域的数据采集。若设计测区过大,则可采用多次起飞的方式获得整个测区的数据,数据采集过程如图4-5所示。机载激光数据的采集实施阶段如下。

(1)飞行准备

飞行准备阶段主要完成以下工作:

①地面基站点的数据搜集和实地踏勘。

②机载LiDAR设备及附件安装调试,并测量相关偏心数据。

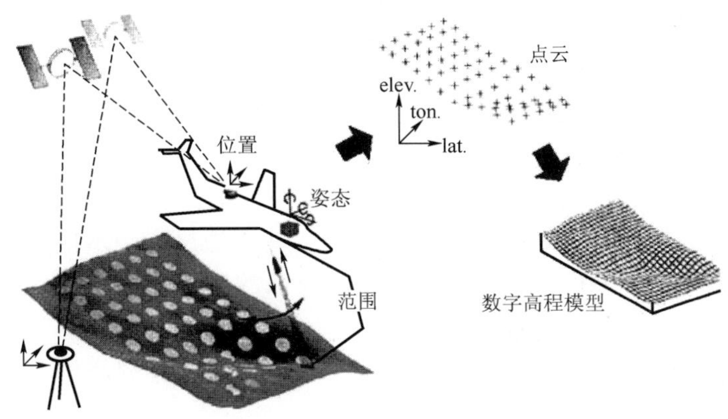

图 4-5 机载激光扫描系统数据采集过程

③与机组人员沟通飞行路线。

④和飞行调度协调,确认是否可以起飞。

(2)空间数据采集

空间数据采集主要完成以下工作:

①空中设备检查。

②按照飞行设计要求进行检校场飞行。

③按照飞行设计要求进行数据采集区飞行。

④记录设备异常情况,并及时处理。

⑤记录是否有飞行漏洞,并视情况进行及时补飞和安排补飞。

(3)数据下载

每架次飞行完毕后,及时下载采集的各项数据并进行预处理和检查,主要完成以下工作:

①每架次飞行完毕确认数据完整,符合要求后,在飞机落到机场约 10min 后通知地面 GPS 基站关机。

②每架次飞行完毕后的数据及时下载。

③检查数据质量及飞行质量,根据飞行质量要求看是否有漏片、有云等,是否需要补摄或重飞。

4. 点云数据的预处理

点云数据的预处理指的是直接在原始数据上的操作,主要包括坐标纠正、数据缩减、数据滤波、地理参考、数据分割、数据分类、曲线拟合、网格化、纹理映射等。

有效的数据预处理可以降低点云数据处理的计算量,提高目标的定位精度。例如,扫描仪在现场使用中由于工作环境复杂,尤其在施工现场工作时,施工机械的运动,人员走动,树木、建筑物遮挡,施工浮尘及扫描目标本身反射特性的不均匀等影响,会造成扫描获取的点云数据出现不稳定点和噪音点,这些点的存在是扫描结果中所不期望看到的,在后期处理中对这些点云数据要进行去除,这个过程称为点云的过滤。它是数据预处理的一个重要过程,对数据结果有重要影响。

三、激光点云技术在道路工程中的应用

激光点云技术能在短时间内获取关于目标物的大量点云数据,可以实现室内与室外的一体化,具有传统常规测量不可比拟的优点,在道路工程中有广泛的应用。

(1)制作地形图

点云数据只是由大量三维信息的点位组成,还需要结合由 CCD 相机所拍摄的真彩色影像。前者保证了表面模型的数据(DSM),而后者则保证了边缘和角落的信息完整和准确。通过自动化的软件平台,用获取的点云数据结合相机获取的影像信息对模型进行纹理细节的描述。例如道路边线、车站、房屋、灯杆、检查井、雨水口等需要表示的信息,把这些信息判读出来以后按照常规测量地形图的图示表示出来,标注相应比例尺密度的高程点信息及特征点高程信息,形成所需的地形图。

(2)道路纵横断面测量

经过内业数据处理后的点云呈三维离散,将这些空间点借助计算机软件构成连续的不规则三角网,连接成等高线,根据实际需求设置等高线的间距,再根据道路设计的要求确定断面的间距以及断面的宽度,可以形成任意纵横断面图。

(3)道路修建工程中的测量

修建道路的时候,道路依然处于运营状态,车流量较大,车速快。为不影响交通,测量作业过程中车辆不能断流。如果利用常规测量方法,需要上路测量,作业员来回穿行道路,需站在路面上测量大量高程点,存在很大的风险。另外,由于路面使用了很多年,存在大量开裂破损现象,为了使地形图能准确反映道路现状,需要对道路进行详细测量。考虑到风险的存在以及工作量较大,在工程修建中可以利用激光点云技术进行作业。

(4)山区道路的测量

测区为重丘区或山区时,利用传统测量方法,作业员需要跑遍测区的每个角落,需要付出很大的人力。同时,有些测点地势险要,作业员不能到达,此时适宜选用激光点云技术进行作业。

第六节　数字地面模型理论与方法

在道路 CAD 系统中,数字地面模型是系统核心模型的重要组成部分。它可以快速、准确地为路线设计提供所需要的一切地形资料。随着路线 CAD 技术和计算机技术的发展和日趋完善,数字地面模型技术也取得很大的发展,数字地面模型作为道路设计一体化的重要基础,作为连接野外地形数据采集和内业计算机辅助设计的纽带和桥梁,在应用中越来越显示出其重要性。

一、数字地面模型概念及应用

数字地面模型(Digital Terrain Model,简称数模或 DTM)是指地形表面形态等多种信息的数字表示。它由许多规则或无规则排列的地形点三维坐标 x、y、z 组成,是数字化了的地形资料存储于计算机的产物。

数字地面模型一般由三部分组成：

(1)用离散的形式将某一区域内一系列采样点的信息，按照一定的规则，存储在计算机中，形成一个有限项的向量序列。通常用 x、y 表示平面坐标系，用 z 表示高程，各种平面地理信息如建筑物、河流等用编码或分层方式表示。

(2)给定某种数学方法拟合地表形态，可求得该区域任一平面位置点的高程，或推算其他地面特征，如坡度、坡向等。

(3)实用程序块，主要完成坐标系的转换工作。

自 20 世纪 50 年代末期，美国麻省理工学院米勒教授研究用数字地面模型进行道路设计开始，至今人们对数模的研究与应用已有 60 多年的历史，随着计算机技术及其外围设备的发展，数模在测绘、铁路、道路、机场及其他新建工程领域得到广泛应用。

数字地面模型可用于道路设计的各个阶段。设计人员利用数字地面模型进行路线方案比选，只需输入少量的设计参数，计算机按照编好的程序自动完成设计和分析比较工作，输出比较结果。设计者可方便地对方案进行比较，选择较优方案，而不需重测。另外，数字地面模型还广泛地用于道路初步设计和技术设计中。设计者做一些必要的外业调查和实测，就可以直接利用计算机进行路线设计。数字地面模型也用于绘制地形图、路线平面图和地形透视图，可以大大减轻设计人员的工作强度。数字地面模型在道路路线设计中的应用可如图 4-6 所示。

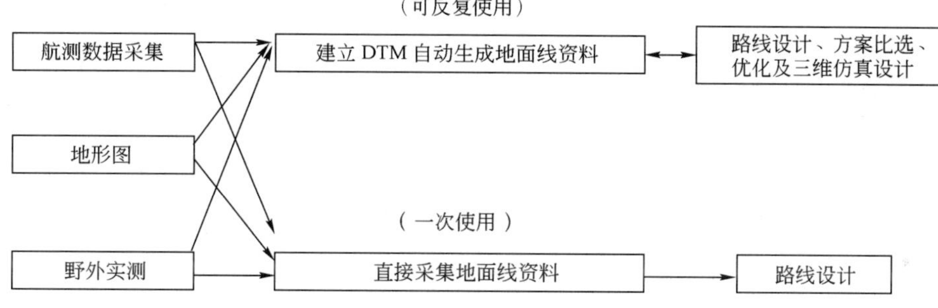

图 4-6 数字地面模型在道路路线设计中的应用

二、数字地面模型的表示方法

1. 数学分块曲面表示法

这种方法把地面分成若干个块，每块用一种数学函数，如傅立叶级数高次多项式、随机布朗运动函数等，以连续的三维函数高平滑度地表示复杂曲面，并使函数曲面通过离散采样点。这种近似数学函数表示的 DTM 不太适合于地图制图，但广泛用于复杂表面模拟的机助设计系统。

2. 规则格网表示法

规则格网表示方法是把 DTM 表示成高程矩阵：

$$\text{DTM} = \{H_{ij}\} \quad (i = 1,2,\cdots,m;j = 1,2,\cdots,n-1,n) \tag{4-3}$$

图 4-7 显示了几种规则格网的 DEM。

此时，DTM 来源于直接规则矩形格网采样点或由规则或不规则离散数据点内插产生。由于计算机对矩阵的处理比较方便，特别是以栅格为基础的 GIS 系统中高程矩阵已成为 DTM 最

通用的形式。高程矩阵特别有利于各种应用,但规则的格网系统也有下列缺点:

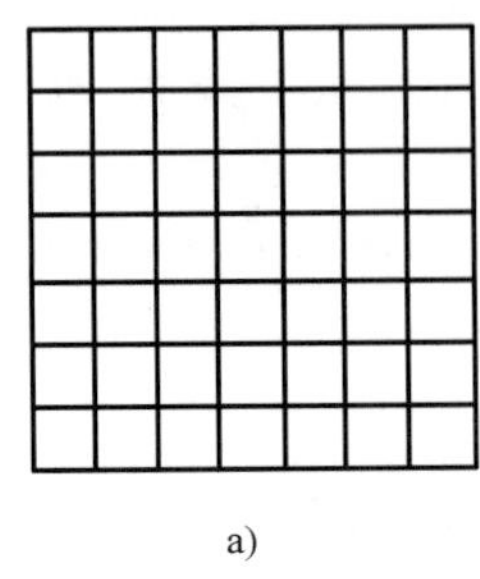
a)

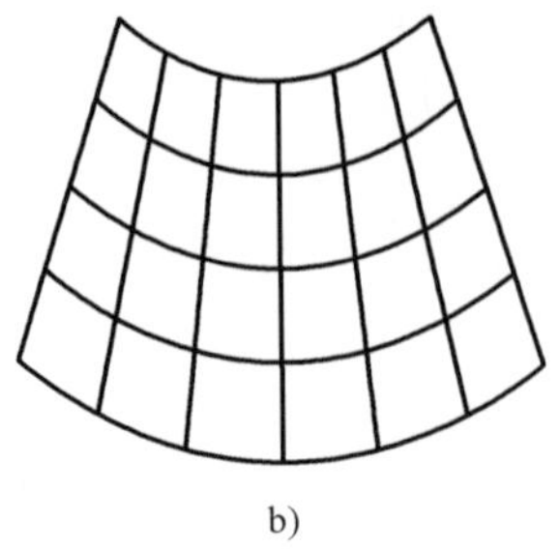
b)

c)

图 4-7 几种规则格网的 DEM

a)按正方形交点布网;b)按圆锥网交点布网;c)按等边三角形交点布网

(1)地形简单的地区存在大量冗余数据。

(2)如不改变格网大小,则无法适用于起伏程度不同的地区。

(3)对于某些特殊计算如视线计算时,格网的轴线方向被夸大。

(4)由于栅格过于粗略,不能精确表示地形的关键特征,如山峰、洼坑、山脊、山谷等。为了压缩栅格 DTM 的冗余数据,可采用游程编码或四叉树编码方法。

3. 不规则三角网(TIN)表示法

不规则三角网(TIN)是专为产生 DTM 数据而设计的一种采样表示系统。它克服了高程矩阵中冗余数据的问题,而且能更加有效地用于各类以 DTM 为基础的计算。因为 TIN 可根据地形的复杂程度来确定采样点的密度和位置,能充分表示地形特征点和线,从而减少了地形较平坦地区的数据冗余。TIN 表示法利用所有采样点取得的离散数据,按照优化组合的原则,把这些离散点(各三角形的顶点)连接成相互连续的三角面(在连接时,尽可能地确保每个三角形都是锐角三角形或是三边的长度近似相等),如图 4-8 所示。

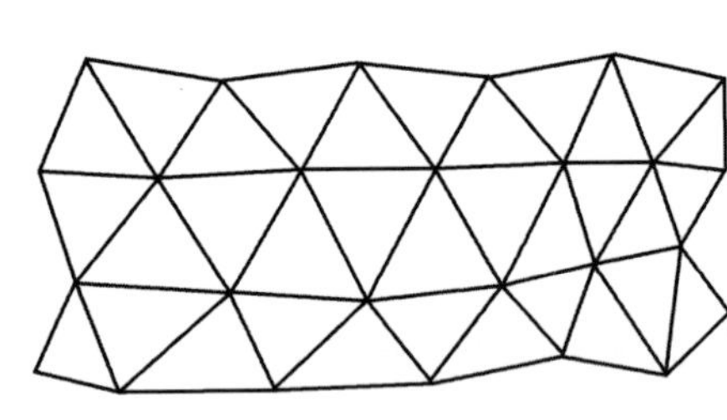
图 4-8 不规则三角网示例

在概念上,TIN 模型类似于多边形网络中的矢量拓扑结构,只是 TIN 中不必要规定“岛屿”或“洞”的拓扑关系。TIN 把结点看作数据库中的基本实体。拓扑关系的描述,是在数据库中建立指针系统来表示每个结点到邻近结点的关系、结点和三角形的邻里关系,列表是从每个结点的北方向开始按顺时针方向分类排列的。TIN 模型区域之外的部分由拓扑反向的虚结点表示,虚结点说明该结点为 TIN 的边界结点,使边界结点的处理更为简单。

三、常见数字地面模型的高程内插方法

1. 移动曲面法

该方法求解任一待定点高程的基本思想是,以该待定点为圆心,选用一定半径 R 内的地形数据点为依据进行曲面拟合,用一个多项式曲面逼近地形,而多项式的余数用最小二乘法来确定,其方法是使相对多项式表面的剩余高差 V 的平方和为最小,如图 4-9 所示。一般使用二次多项式和三次多项式两种曲面。

二次多项式曲面

$$z = a_0 + a_1x + a_2y + a_3xy + a_4x^2 + a_5y^2 \quad (4\text{-}4)$$

三次多项式曲面

$$z = a_0 + a_1x + a_2y + a_3xy + a_4x^2 + a_5y^2 + a_6x^2y + a_7xy^2 + a_8x^3 + a_9y^3 \quad (4\text{-}5)$$

上述式中：$a_0, a_1, \cdots, a_9$——待定系数；

z——任一地形点的高程。

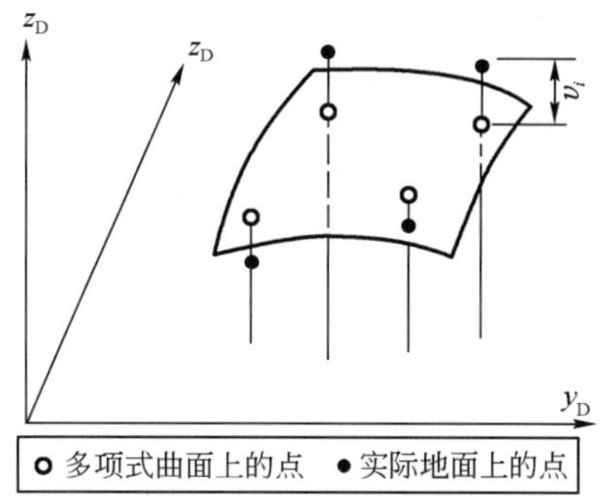

图 4-9 多项式内插图

从式(4-4)、式(4-5)可见，如果 $x=0$、$y=0$，则 $z=a_0$，因此，计算任一内插点的高程时，总是先把坐标移到该内插点上，然后画一个以该点为圆心、以 R 为半径的圆，用圆内包括的若干地形点，列出几个误差方程，用最小二乘法求解该点高程，如图 4-10 所示。

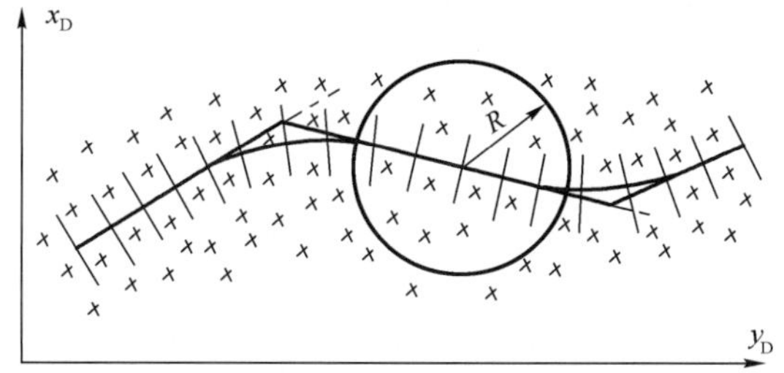

图 4-10 移动曲面法内插路线高程

在圆内二次曲面应大于 6 个点，三次曲面应大于 10 个点，如果点数不够，可以将圆扩大，直到满足要求为止。根据圆内的几个地形点，可列出如下几个误差方程：

对二次曲面

$$\begin{bmatrix} V_1 \\ V_2 \\ \vdots \\ \vdots \\ V_n \end{bmatrix} = \begin{bmatrix} 1 & x_1 & y_1 & x_1y_1 & x_1^2 & y_1^2 \\ 1 & x_2 & y_2 & x_2y_2 & x_2^2 & y_2^2 \\ \vdots & \vdots & \vdots & \vdots & \vdots & \vdots \\ \vdots & \vdots & \vdots & \vdots & \vdots & \vdots \\ 1 & x_n & y_n & x_ny_n & x_n^2 & y_n^2 \end{bmatrix} \begin{bmatrix} a_0 \\ a_1 \\ a_2 \\ a_3 \\ a_4 \\ a_5 \end{bmatrix} - \begin{bmatrix} z_1 \\ z_2 \\ \vdots \\ \vdots \\ z_n \end{bmatrix} \quad (4\text{-}6)$$

对三次曲面

$$\begin{bmatrix} V_1 \\ V_2 \\ \vdots \\ \vdots \\ V_n \end{bmatrix} = \begin{bmatrix} 1 & x_1 & y_1 & x_1y_1 & x_1^2 & y_1^2 & x_1^2y_1 & x_1y_1^2 & x_1^3 & y_1^3 \\ 1 & x_2 & y_2 & x_2y_2 & x_2^2 & y_2^2 & x_2y_2^2 & x_2y_2^2 & x_2^3 & y_2^3 \\ \vdots & \vdots & \vdots & \vdots & \vdots & \vdots & \vdots & \vdots & \vdots & \vdots \\ \vdots & \vdots & \vdots & \vdots & \vdots & \vdots & \vdots & \vdots & \vdots & \vdots \\ 1 & x_n & y_n & x_ny_n & x_n^2 & y_n^2 & x_ny_n^2 & x_ny_n^2 & x_n^3 & y_n^3 \end{bmatrix} \begin{bmatrix} a_0 \\ a_1 \\ a_2 \\ \vdots \\ \vdots \\ a_9 \end{bmatrix} - \begin{bmatrix} z_1 \\ z_2 \\ \vdots \\ \vdots \\ z_n \end{bmatrix} \quad (4\text{-}7)$$

参与内插的各地形点与待定点远近不同，对待定点高程所起的作用也不同，距离越近，对其影响越大，反之越小。因此，按最小二乘法列方程解算 a_0、a_1、a_2 等待定系数时，要加入圆内各地形点的权 P_i，权函数一般选用 $P_i = 1/R_i$，$R_i < R$。

一般认为,用二次或三次多项式曲面逼近地形,可与山脊、山顶、沟谷、凹地、鞍部、斜面、平地等不同地貌的地形较好地吻合。

2. 双线性内插法

双线性是在矩形格网节点高程已知的情况下,内插格网范围内待定点高程的方法。

假设某矩形四个节点的高程为 z_1、z_2、z_3、z_4,则矩形内任一待定点的高程为:

$$z = a_0 + a_1x + a_2y + a_3xy \tag{4-8}$$

式中:$a_0 = z_1$;

$a_1 = (z_2 - z_1)/\Delta x$;

$a_2 = (z_3 - z_1)/\Delta y$;

$a_3 = (z_1 - z_2 - z_3 + z_4)/(\Delta x \Delta y)$。

其中,Δx 和 Δy 为格网两边的边长。该公式相当于把四个顶点拟合成一个双曲抛物面,如图 4-11 所示。

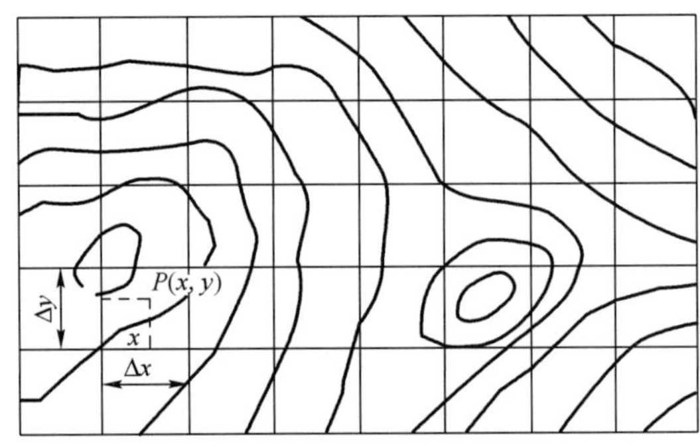

图 4-11　双线性内插

双线性内插适用于格网内无地形特征线的情况,否则将会造成不同程度的误差。该方法具有运算速度快、占用内存小等优点。

3. 三角格网内插法

该方法是以地形特征点为顶点组成三角形网格来逼近地形表面,认为各三角形是一倾斜平面,在三角形内的待定点高程可采用线性内插求得。设待定点 P 的三维坐标为 (x,y,z),三角形三个顶点 P_1、P_2、P_3 的三维坐标分别为 (x_1,y_1,z_1)、(x_2,y_2,z_2)、(x_3,y_3,z_3),如 P 和 P_1、P_2、P_3 位于同一平面,则以三角形为底,以待定点为顶点的四面体的体积为零,即

$$\begin{bmatrix} x & y & z & 1 \\ x_1 & y_1 & z_1 & 1 \\ x_2 & y_2 & z_2 & 1 \\ x_3 & y_3 & z_3 & 1 \end{bmatrix} = 0$$

任意点 P(x、y 为已知)的高程:

$$z = a_0 + a_1x + a_2y \tag{4-9}$$

该法需先寻找待定点所在三角形格网的位置,将三角形的重心坐标和待定点坐标分别代入三角形每条边的方程中,判别待定点是否在该周边内,将三角形顶点坐标代入式(4-9),解算出 a_0、a_1 和 a_2。再将待定点的坐标 x、y 代入该式求出高程 z。

这种方法计算简单,占用内存较少,数模内插的精度完全取决于采样点的分布及联网的合

理性,要求操作者具有一定的经验。为保证内插精度,数据采集时一般沿地形特征线采集,在坡面上适当地选择控制点。构造三角网时,应使每个三角形都是锐角三角形,或三角形三边的长度近似相等,避免出现过大的钝角和过小的锐角,尽量使三角形周边以内所有等高线都呈直线且相互平行。

4. 分块多项式法

分块多项式的计算有多种,对每一个分块可以定义出一个多项式曲面,用于数模内插时多使用双三次多项式曲面作为分块单元,在方格网数据点条件下,每一分块四个角点所构成的曲面可表示为:

$$\begin{aligned} z = {} & a_0 + a_1x + a_2x^2 + a_3x^3 + a_4y + a_5xy + a_6x^2y + \\ & a_7x^3y + a_8y^2 + a_9xy^2 + a_{10}x^2y^2 + a_{11}x^3y^2 + \\ & a_{12}y^3 + a_{13}xy^3 + a_{14}x^2y^3 + a_{15}x^3y^3 \end{aligned} \tag{4-10}$$

其中,$0 \leqslant x \leqslant 1, 0 \leqslant y \leqslant 1$。此时只有四个数据点,而待定参数 a_i 共有 16 个。为使双三次多项式分块与其四周相邻分块边界连续,除每个数据点的高程外,还应知道各点处在 x 方向的斜率 R,在 y 方向的斜率 S,曲面扭曲的混合斜率 T,见图 4-12,分别与三次曲面方程的关系为:

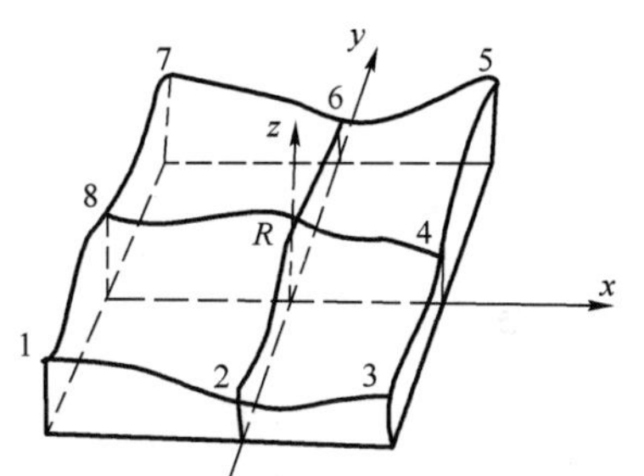

图 4-12 分块多项式内插

$$\left.\begin{aligned} R &= \frac{\partial z}{\partial x} \\ S &= \frac{\partial z}{\partial y} \\ T &= \frac{\partial^2 z}{\partial x \partial y} \end{aligned}\right\} \tag{4-11}$$

每个数据点(方格网交点)处的 R、S、T 值利用于其四个相邻方格点的高程推算,即

$$\left.\begin{aligned} R_p &= \frac{\partial z}{\partial x} = \frac{z_4 - z_8}{2} \\ S_p &= \frac{\partial z}{\partial y} = \frac{z_6 - z_2}{2} \\ T_p &= \frac{\partial^2 z}{\partial x \partial y} = \frac{(z_1 + z_5) - (z_3 + z_7)}{4} \end{aligned}\right\} \tag{4-12}$$

5. 内插方法选择

各种数模内插方法都有一定的使用条件和适用范围,选择内插方法要有针对性,其主要影响因素有:

(1)建立数模的用途不同,内插方法可不同。移动曲面法逐点内插更适用于随长度延伸的设计线数模内插。

(2)数模原始数据采样格式。按规则格网或布点比较均匀的离散点采样(包括地形特征点),适用于曲面拟合类的内插方法;按地形特征点采样构成的随机三角形格网,适合用三角形内插法;对于沿等高线采样,特别是各条等高线稀疏不均差别较大时,最好采用三角形格网法,如采用多项式曲面内插,应按内插范围内地形数据点的分布和数量,进行自动判别选用相应的内插函数,如线性内插、一次、二次或三次多项式等。

(3)采样平均密度及对断裂线的处理。采样点平均密度越大(如≤10m),内插方法越简单,使用双线性内插也能保证内插精度,考虑对断裂线等特殊地貌的处理,是对各种内插方法的共同要求。

四、纬地道路辅助设计系统数字地面模型建模

1. 地形原始资料的三维化处理

目前采用的地形图主要有电子地形图和纸质地形图两种。为了路线方案的比选和设计,需要将上述两种地形图进行三维化,然后从中提出地形三维数据,建立数据地面模型,通过数模内插纵断面地面线和横断面地面线数据,为进行路线多方案的比选快速提供参考资料。

(1)电子地形图

电子地形图格式主要为 AutoCAD 软件的图形文件格式,文件后缀为 DWG 或者 DXF。根据电子地形图中图形实体的三维坐标中是否带有高程值将其分为二维 DWG 图形格式和三维 DWG 图形格式两种。二维 DWG 图形需进行三维化处理后,方可应用于数字地面模型的建立。

电子地图采用的坐标系统与大地测量坐标相同,一般情况下,要求采用 AutoCAD 默认的"世界"坐标系统,AutoCAD 图形中 X 坐标方向表示测量中的东(E)坐标,Y 坐标方向表示测量中的北(N)坐标。图中表示各种地形特征的图形二维坐标值与实测值的精度相同,高程注记准确。电子地形图的绘图比例一般为 1∶1 000(测图比例可以采用 1∶1 000 ~ 1∶5 000),AutoCAD 软件的图形单位一般为 mm。地形图中的实体信息应该分图层管理,不同的地形图信息分别放在不同的图层中,按规定应该将等高线(计曲线和首曲线)、特征线(水系线、断裂线、陡坎线或山脊线等)、地形点、各种地物、管线等三维数据和图形信息分图层存放,用户通过手工或其他数字化软件(矢量化软件)所建成的三维图形信息也应分图层存放,以有利于管理。采用 HintCAD 软件进行地形图三维化的步骤和方法如下。

①三维化前的设置。

- 启动 HintCAD,用 AutoCAD 软件打开二维地形图。
- 单击菜单【地形图】→【设置】,弹出图 4-13 所示的设置菜单。
- 在"地形图三维化设置"对话框中设置等高线的等高距,选择是否由程序根据坐标判断等高线的自动跟踪,定义赋值后的等高线的颜色变化。

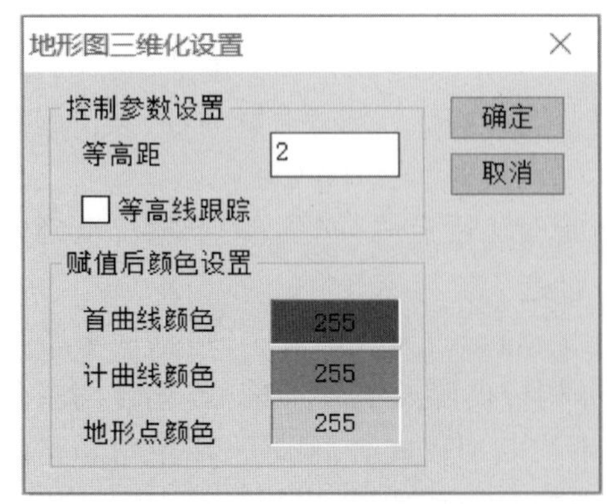

图 4-13　地形图三维化设置

②等高线的三维化。

使用 HintCAD 既可以给单个等高线赋高程值,也可以进行批量赋值。在给等高线赋高程值时,一般先给其中的一条计曲线赋值,然后使用 HintCAD 的"多等高线赋值(+/-)"赋值工具进行批量赋值,这个操作过程如下:

- 单击主菜单【地形图】→【等高线赋值】,根据命令行的提示"点取一等高线",从图中点取最外侧的一条计曲线;根据提示"请输入等高线高程",输入所选取的计曲线的高程值,如 755,结束该命令。
- 单击主菜单【地形图】→【多等高线赋值 -】

(或【多等高线赋值+】,根据地形情况来选择-或+),根据命令行的提示,在图中拾取两个点,构成一条直线。该直线相交的第一条等高线必须是已经赋过高程值的,且从第一点到第二点的方向为高程减少(或增加)的方向,系统根据已经设置的等高距自动为其后的多条等高线赋上相应的高程值。如图4-14所示。

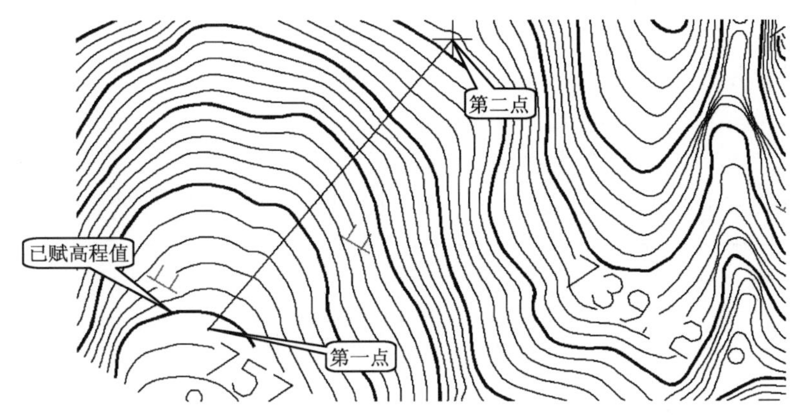

图4-14 多等高线赋值

等高线赋值可以使用"等高线高程刷"给具有相同高程值的等高线赋值,使用"智能高程线赋值"工具进行赋值。

③地形点三维化。

给地形图中地形点赋高程值时,可以进行单个点的赋值,也可以进行批量赋值。

单个地形点赋值步骤如下:

- 单击菜单【地形图】→【地形点赋值(逐个)】,根据命令行中的提示"点取一高程点",从图中选取一个地形点(一般为圆或者填充的圆点)。
- 提示"选取高程标注或[按回车手工输入]",直接从图中选取该高程点对应的高程标注文本,程序将自动把标注中的高程赋给地形点,并将其颜色改为黄色;也可以按回车键后直接输入该点的高程值。

重复上述过程,直至按ESC键退出。

如果地形图中的地形点和其对应的高程标注文本已经连接形成了一个图块或图组,使用"点高程批量赋值(块/组)"工具一次完成所有地形点的赋值。操作步骤如下:

- 单击菜单【地形图】→【地形点赋值(块)】,根据命令行中的提示"点取一高程点",从图中选取一个地形点,系统自动给所有地形点赋高程值。

如果地形图地形点和高程标注文本没有组成一个图块或图组,图中每一个地形点标注都是单独的两个实体(一点和对应的高程文本),使用"智能点高程赋值"工具,系统将自动搜索每一个地形点就近的高程标注文本,自动对地形点的高程进行批量赋值。

使用"智能点高程赋值"工具的操作步骤如下:

- 单击菜单【地形图】→【智能点高程赋值】,根据命令行中的提示"点取一高程点",从图中选取一个地形点。
- 根据提示"点取一高程标注",从图中选取该地形点的高程注记文本。
- 根据提示"是否绘制点与标注间的连接关系[是1/否0(否0)]",输入"1"或者"0"来选择是否绘制点与标注间的连接关系图,见图4-15。

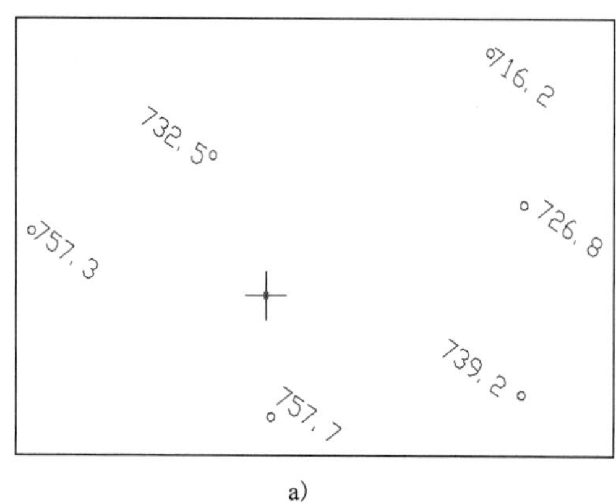

a)

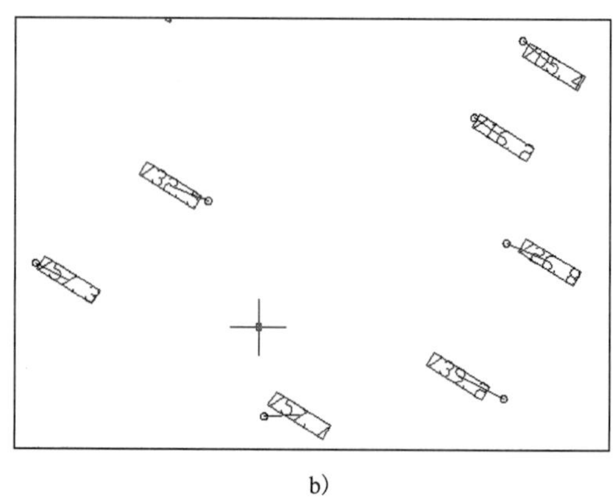

b)

图4-15　智能点高程赋值

a)不绘制连接关系图;b)绘制连接关系图

(2)纸质地形图

有些情况下,地形图是从测绘单位购买的纸质地形图,纸质地形图无法在计算机辅助路线平面设计时直接使用,需要按下列步骤进行处理。

地形图扫描:由于纸质地形图一般为A0～A2幅面,扫描时最好采用大型扫描仪一次扫描,不要将一幅地形图分成几块扫描后再拼图。扫描完成后最好采用纠偏软件对扫描得到的地形图图片进行纠偏处理,降低误差。

地形图图形的矢量化:扫描得到的是图片,需要用矢量化软件进行矢量化处理,得到格式为DWG或DXF的地形图。

拼图:按照地形图上标注的坐标格网,在AutoCAD中将每幅矢量化后的地形图拼接起来,并保证坐标的正确,获得二维电子地图。

三维化:采用HintCAD软件将二维地形图三维化的方法,将二维电子地图转化为三维电子地图。

2.数字地面模型建立

在完成原始地形资料三维化处理的基础上,用HintCAD软件建立数字地面模型的操作过程如下。

(1)开始新数模

第一次建立数模,应先进行系统初始化。操作如下:

单击菜单【数模】→【新数模】,在"点数据高程过滤设置"对话框中设置对高程数据的控制。其中"采用高程过滤器"选项用于控制是否在读入数据时自动启动高程过滤器,即可将高程为零或高程超出用户指定范围的粗差点或废弃点自动剔除,保证数模构网的准确性。

(2)三维数据读入

HintCAD系统支持三种格式的三维数据的读入,第一种是AutoCAD的DWG/DXF格式的图形文件;第二种是Card/1软件支持的ASC和POL文本格式的三维数据;第三种是国内测绘部门提供的一种三维数据格式,由三种文件(后缀分别为*.pnt、*.dgx、*.dlx)组成。下面以第一种格式为例说明。

• 单击菜单【数模】→【三维数据读入】→【dwg 和 dxf 格式】,根据提示选取要读入三维数据的 dwg 文件,程序从中提取出所有的图层信息,列于图 4-16 所示的对话框中。

图 4-16 读入 dwg 格式三维数据

• 单击计曲线所在的图层,单击"数据类型"下方的下拉菜单,选择"约束线"。

• 单击首曲线所在的图层,单击"数据类型"下方的下拉菜单,选择"约束线"。

• 单击地形点所在的图层,单击"数据类型"下方的下拉菜单,选择"地形点"。

• 单击流水线所在的图层,单击"数据类型"下方的下拉菜单,选择"约束线"。

• 单击陡坎所在的图层,单击"数据类型"下方的下拉菜单,选择"约束线"。

• 设置"SPLINE 搜索"选项为"控制点"。

• 单击"开始读入"按钮,程序开始从该 DWG 文件中分类提取三维地形数据。完成后,AutoCAD 命令行中显示所提取到的三维点的总数目。

(3)数据预检

在进行三角构网前需要对原始三维数据进行检查,对已经读入内存的所有三维点进行排序、检索等操作,同时检查并逐一记录数据中出现的问题。检查的内容主要包括:零高程点和高程为无穷大的点、高程超出合理范围的点、平面位置相同点、断裂线相交点、在断裂线上而未标识的点、平三角形等。

• 单击菜单【数模】→【数据预检】,弹出"数据预检设置"对话框。

• 选择需要控制的选项,单击【确定】按钮。

(4)数模构网

根据已经读入的三维地形数据来构建三维数字地面模型。

• 单击菜单【数模】→【三角构网】,程序完成三维数字地面模型的构建。

(5)数模的优化

数模的优化主要考虑在三维数据采点的密度和位置不十分理想的情况下,所形成的三角网格不能贴切地反映实际地面的变化,如出现平三角形等,需要进行优化。

• 单击菜单【数模】→【三角网优化】,启动三角网优化程序,弹出对话框如图 4-17 所示。

• 单击【开始优化】按钮,系统开始对当前数模中的三角网进行优化。优化完成后将在命令行中显示优化结果。一般经优化处理后余留的平三角形以红色显示,这些平三角形都是无法避免的。

注意:优化程序只有在网格线全部显示的条件下才可以使用。

(6)数模组管理与保存

一般情况下,一个数模的总点数宜控制在 20～60 万个。如果路线里程较长,需要根据路线的里程和地形情况分若干段分别建模,同一个公路项目可以用数模组来管理。

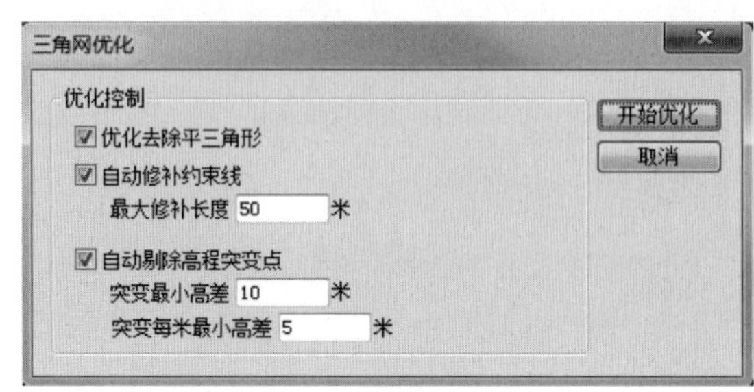

图 4-17　数模优化

- 单击菜单【数模】→【数模组管理】,启动数模组管理功能。
- 单击【保存数模】按钮,保存数模。

利用数模组管理功能可以建立、删除、激活某个数模。

"数模组管理"对话框中各个按钮的功能如下:

"打开数模"按钮将对话框中用户指定的某一数模打开(即激活),并读入到内存中,以便对其进行编辑、显示或进行数模的高程内插应用。

"新建数模"按钮的功能与"新数模"菜单项功能基本相同,用于关闭已打开的数模。

"添加数模"按钮用于将对话框中用户指定的某一数模添加到数模组中。

"删除数模"按钮仅用于将数模组中某一数模项删去,但并不直接将保存到硬盘上的数模文件(＊.dtm)删除。

"保存数模组"按钮将用户在同一个项目中建立的若干个数模的信息保存到＊.gtm 文件(系统中称为数模组文件)中,并自动将＊.gtm 文件增加到"项目管理器"中,这样用户下次重新打开项目时,便可方便地浏览到上次所建立的各个数模。

第七节　数据处理方法与工程数据库

在道路设计过程中,需要处理大量的数据,如地形、地质、水文等方面的地理要素数据。同时,还必须翻阅大量的手册、规范等书籍以获取设计或校核计算时所需要的各种参数,处理设计过程中产生的大量设计数据。因此,在利用计算机进行辅助设计时,除了要研究处理这些数据的算法之外,还要研究它们之间的关系和处理方法。

一、数据文件的处理方法

文件是建立在外部介质上(如硬盘)数据的集合。数据文件是一个个数据记录组成的,可以用高级程序语言把一个个数据记录存放到数据文件中,当然也可以通过高级语言程序从已存在的数据文件中取出一个个数据记录。数据文件包括顺序文件和随机文件两种。顺序文件中的数据是按照记录号从小到大顺序存储的,每次只能从第一个记录开始,一个接一个顺序输入或输出记录。随机文件中的数据是按记录号随机写到磁盘上去的,允许使用者自己来指定输入或输出文件中的第几个记录。数据文件的处理方式由于其简单、直观,是早期和当前大多数道路 CAD 系统采用的数据处理方式。

高级语言提供有与文件处理有关的语句。为方便读者,下面以 Visual Basic 语言的顺序文件读写为例说明其具体应用。

1. 与顺序文件处理有关的语句和函数

(1)打开、建立文件

Open <文件名> For <读写方式> As #<文件号>

读写方式,可以是 INPUT,OUTPUT 或 APPEND。当从文件中输入记录到计算机内存时,用 INPUT;当把记录输出到文件中时,用 OUTPUT;当把记录添加到文件的末尾时,用 APPEND。

(2)关闭文件

Close #<文件号>, #<文件号>

Close 有两方面作用:

①将文件缓冲区所有数据写到文件;

②释放与该文件有关文件号(对语言而言)。

(3)写文件

WRITE# <文件号>, <输出项表>

PRINT# <文件号>, <输出项表>

(4)读文件

INPUT# <文件号>, <输出项表>

(5)EOF 函数

EOF(文件号)测试是否到达文件尾。

2. 道路 CAD 系统数据文件的组织

(1)平面数据的组织

①无坐标时(PmSjZl. dat)。

平面线形数据文件格式如下:

起始方位角

交点号,交点间距,曲线类型,半径,第一缓和曲线长,偏角

注:偏角为左"+",右"-",-27.2113 代表右偏 27°21′13″;0 代表单曲线,1 代表双交点,2 代表复曲线,4 代表卵形曲线起点和终点的半径,缓和曲线长可输为 0。

对复曲线,例如在 JD_8、JD_9 设复曲线,可存为:8,D1,3,R1,Lsl,0
9,D2,4,R2,0,Ls2

②有坐标时(PmSjZl. dat)。

平面线形数据文件格式如下:

交点号,交点横坐标,交点纵坐标,曲线类型,半径,第一缓和曲线长,第二缓和曲线长

(2)纵断面数据的组织

①纵断面设计资料(ZDMSJXL. DAT)。

纵断面数据文件格式如下:

变坡点桩号,变坡点高程,竖曲线半径

例:0,365.05,0

480,381.85,2 000

… … …

1 894,357.87,0

②纵断面地面线资料。

格式:桩号,地面高程

在画纵断面图时,还要画桥涵等标注,需建桥涵资料的数据文件,但结构简单,不赘。

(3)横断面数据组织

①横断面地面线资料(HDMDMXZL. DAT)。

格式:桩号,RD1,RH1,…RD10,RH10,LD1,LH1,…LD10,LH10

注:D表示离中桩的距离,H表示与中桩的高差,R表示Right,L表示Left。

②路幅资料(HDMLFZL. DAT)。

格式(高等级道路):路幅分段桩,过渡段长,左行车道宽,右行车道宽度,左土路肩宽,左路缘带宽,左硬路肩宽,左中路缘带宽,中间分隔带宽,右中路缘带宽,右路缘带宽,右硬路肩宽,右土路肩宽,路拱横坡度,车道数

格式(低等级道路):路幅分段桩,过渡段长,行车道宽,路肩宽度,车道数

③边坡设计资料(BPSJXL. DAT)。

格式(左):边坡分段桩,填方边坡数据,挖方边坡数据

格式(右):边坡分段桩,填方边坡数据,挖方边坡数据

④边沟设计资料。

格式:边沟分段桩,左边沟数据,右边沟数据

(4)道路线形设计结果数据

①直线、曲线及转角表数据。

格式:交点号,交点桩号,偏角,半径,第一缓和曲线长,第二缓和曲线长,第一切线长,第二切线长,曲线长,外距,切曲差,曲线主点桩号,直线长度,交点间距,计算方法

②纵断面设计数据。

格式:变坡点桩号,变坡点高程,竖曲线半径,外距,切线长,竖曲线起点桩号,竖曲线终点桩号,变坡点前坡段坡度(上坡为“+”,下坡为“-”)

二、道路CAD系统工程数据库

数据库技术自20世纪50年代末从文件管理技术中脱颖而出以来,随着计算机硬件的发展而不断更新发展。它克服了以前数据文件管理方式中存在的数据冗余、数据一致性差、独立性和共享性差以及操作效率低等固有缺点,其思想是对数据实施统一的、集中的、独立的管理。数据库管理系统是数据库的支撑软件,它为用户提供了数据管理方面的服务,而且提供了对数据的多种维护能力。

另外,工程数据库管理系统(Engineering Data Base Management System,缩写EDBMS)不同于商业数据库管理系统(Data Base Management System,缩写DBMS),工程设计往往分阶

段进行,使得工程数据来源中既有静态的规范数据,又有不断产生的动态的构造数据,类型复杂,数据量大。现有的商业数据库很难直接用于工程数据库,工程数据库具有其自身特点。

1. 工程数据库的特点

(1)数据的多态性

工程数据库在数据形态上有标准数据、动态数据以及历史数据。静态类型的信息是描述设计环境的信息,包括标准规范的信息以及事先设计好的设计规则、设计方法等;动态类型的信息是与设计客体有关的信息,这些信息随设计流程的深入而逐步得到,随设计过程的演变而不断变化,例如道路平面线形信息;历史数据是设计对象在各个设计阶段所产生的对象以版本形式保存下来的数据。

(2)模式的动态修改

在系统与用户交互的过程中,系统必须不断地接受用户的反馈信息、动态的修改模式和子模式。例如用户在交互定线的过程中,曲线类型是不断变化的,而曲线的组合也是不断改变的,这就要求库模式必须有动态构造的性质。

(3)数据模型的可扩展性

工程领域数据类型的复杂多样性,使得一个系统不可能包含所有的数据类型。系统可以提供必要的基本数据类型,进而构筑其他数据类型。

(4)数据库的版本管理

工程设计是一个试探性的过程,在设计的过程中保存设计不同阶段的状态,是工程数据库不同于商用数据库的一个主要特征。

2. 工程数据库的数据模型

数据模型是对现实世界的数据进行客观、抽象和形式的描述,是数据库技术的重要组成内容。从分类学的观点剖析来看,数据模型迄今有以下四种:

(1)原始(文件)数据模型;

(2)传统数据模型(层次、网状和关系);

(3)语义数据模型;

(4)特殊目的(如面向对象、面向应用)的数据模型。

原始文件数据模型并不能有效地实现数据共享等数据库的基本功能,因此不能作为数据库的数据模型。而传统的数据模型继承了文件中的记录、字段等概念,在物理级上也借鉴了文件的索引、散列等存取方法。因此,存在下列缺陷:①以记录为基础,不能很好地面向对象和应用;②不能以自然方式表示实体间的联系;③数据类型少,难以满足应用需要。由于以上问题的存在,使得传统数据模型并不能真正满足上述平面交互设计对数据操作的要求。而语义数据模型并不能很好地处理模式动态修改的问题,因此也不能满足道路工程数据库的需要。

工程数据库只能采用特殊目的(如面向对象、面向应用)的数据模型。同时考虑到工程的复杂性以及结合工程数据库本身的特性,使得工程数据库的数据模型必须具有下述四个方面的特性:

(1)拥有独特的数据定义和数据操纵语言;

(2)该模型必须允许静态和动态的实体种类;

(3)该模型必须包含一组功能强大且灵活的数据结构;

(4)该模型必须允许有几种描述来表示动态实体。

从道路工程设计过程中所需数据以及工程数据库系统的基本需求上看,如果对关系数据模型进行扩展,将关系模型与面向对象核心概念综合,将封装、继承等概念扩充进关系数据库模型中,则构造对象—关系模型作为工程数据库的数据模型,将是一种适合道路工程库的数据模型。

对象—关系模型实现的关键在于将传统关系型语言(ANSI SQL)和调用级界面扩展为面向对象的 SQL 和相应的调用级界面。此处在对道路工程数据分析的基础上,对关系数据模型进行了三个方面的扩充,每个方面都体现着关键的面向对象的概念。

(1)对数据库表属性类型的扩充,允许数据库表的属性是另一个数据库表,从而导致嵌套数据库表,使数据库系统有能力支持多媒体应用(管理图形、图像等数据)。

例如,横断面对边坡数据的存储可用以下 SQL 语句描述(为说明问题,此处进行了简化):

CREATE TABLE 边坡数据表(边坡分段桩 double,左右标识 int,填方边坡 BpTDate,挖方边坡 BpTDate);CREATE BpDate(SB1 float,SBN1 float,SH1 float,SHN1 float);

(2)支持数据的封装,即允许将数据和对数据进行处理的程序(过程)结合起来。

同样对边坡数据的操作而言,用 SQL 语句描述如下:

CREATE TABLE 边坡数据表(边坡分段桩 double,左右标识 int,填方边坡资料 BpDate,挖方边坡资料 BpDate); PROCEDURE 修改边坡资料 bool。

(3)支持继承的概念,允许用户将数据表按等级进行组织。例如,在对路线方案进行管理时,存在一个主版本表,而其他方案表则从主版本表中继承过来,从而使新表可继承上级表的属性和过程。

3. 道路 CAD 系统工程数据库的实现

以道路平面 CAD 工程数据库为例,说明实现方法。平面工程库最重要的功能是能满足图形交互 CAD 的功能,即能提供实时存储、实时查询、实时修改的功能。另外,还要具有事务处理的功能,即版本控制的功能。

(1)道路平面 CAD 系统工程数据库的数据模型

利用对象—关系的数据模型对平面设计数据的存储具体描述如下。

CREATE TABLE 平面线形表(JDX double,JDY double,JDID int,PreHandle char(20),EndHandle char(20),CurveStyle char(10),CurveMsg 曲线表)

CREATE TABLE 单曲线表(R float,Ls1 float,Ls2 float)

CREATE TABLE 卵形曲线表(Ls1 float,R1 float,Ls2 float,R2 float,Ls3 float)

CREATE TABLE 复曲线表(Ls1 float,R1 float,R2 float,Ls2 float)

其数据模型如图 4-18 所示。

而对于平面设计模块产生的逐桩坐标表等结果数据,由于只满足数据共享的要求即可,其结构也比较简单,完全使用关系数据模型就可实现其存储和查询。

(2)道路平面 CAD 系统工程数据库的类库实现

根据平面交互 CAD 系统的需求将平面工程类划分为数据输入子类、事务处理子类、修改查询子类。此处仅对修改查询子类描述如下。

```
class 平面工程类
{
public:
平面工程类(String 项目名称);
~平面工程类( );
public: //定义数据类型
struct Scurve; struct Mcurve; struct Dcurve; struct Ecurve; struct Tcurve; struct Bp; struct Rstr; struct VersionStructure;}
class 查询修改子类:public 平面工程类
{public:
bool 修改线元参数(double 线元句柄,float 参数信息);bool 修改交点信息(double 交点句柄,JDdata Jdata);查询结果信息(int 查询方式,Qdata * data);
public:
查询修改子类( ):平面工程库(项目名称); ~查询修改子类( )
}
```

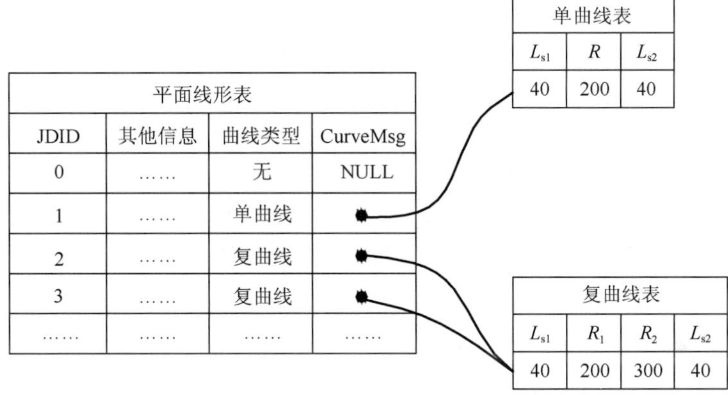

图 4-18 平面数据模型

第五章
路线平面计算机辅助设计

路线设计是 CAD 技术在道路设计最早应用的领域。传统的道路设计方法，是按道路平面、纵断面、横断面分别进行设计的。道路计算机辅助设计一般也遵从这种方法。本章根据道路路线 CAD 系统开发特点以及已有 CAD 软件的开发经验，介绍道路平面 CAD 系统的开发方法以及平面计算的实现原理与过程，并以纬地道路 CAD 软件为例，介绍利用 CAD 软件进行路线平面设计的基本流程。

第一节　交互式平面 CAD 系统总体设计

一、路线平面计算机辅助设计的任务

道路平面线形是由直线、圆曲线和缓和曲线三种要素组成的，缓和曲线采用的是回旋线的形式。平面线形设计的主要内容是在与自然条件协调的基础上，确定三要素的大小及其之间的合理搭配和连接。设计者为此进行了大量的研究，提出了各种设计方法，按照三要素确定的顺序和操作手法，分为“直线型设计方法”和“曲线型设计方法”。

直线型设计方法是根据选定的路线方案和该路等级相应的几何标准，先定出一系列与地形相适应的直线作为路线基本单元，然后在两直线转折处用曲线予以连接的定线方法。

曲线型设计方法与传统的先定直线后定曲线的直线型设计方法相反，它是先根据地形、地物条件设置合适的圆曲线或直线，然后把这些圆曲线和直线用适当的回旋线连接起来，形成以曲线为主的连续线形。

由此可以看出，上述两种方法没有本质的区别，只是确定约束条件的操作手法不同，计算过程以及成果表示方式略有差别。直线型设计方法操作容易，计算模型简单，但当地形和地物较复杂时，要做出与此相适应的线形需要反复调整。曲线型设计方法可以较好地适应地形，但计算模型较为复杂，使用者不易理解和掌握，并依赖于计算机的支持。因此，本章主要讲述采用直线型定线方法的路线平面 CAD 系统设计。

传统的路线平面设计的一般过程是：①在路线方案确定的情况下，由设计者在地形图（或实地）根据自己的经验初步定出路线的平面位置，即定出交点位置、平曲线半径和缓和曲线长度；②检查所定路线是否满足规范要求及与地形的适应情况；③绘制与平面相对应的纵断面地面线图，并设计与之相适应的纵断面；④参照纵断面图，考虑地面横坡，判断是否修改平面，如需修改则重复上述过程，直到满意为止。在这些工作中，一方面定线是其中最关键也是最复杂的工作，需要设计人员结合地形、地物、地质、水文等条件，根据自己的经验做出决策。另一方面，路线平面设计实际上是平面与纵断面交替设计的过程，其工作量是十分繁重的，因此往往会限制比较方案的个数，采用的方案仅是几个比较方案中相对较好的。

随着计算机软硬件技术的发展，人们自然会利用计算机快速计算的优点，在数字地面模型的支持下，借助数学方法，由计算机初定路线平面位置，进行优化设计，自动完成路线平面设计工作。但是，由于平面线形优化涉及许多复杂因素，用这种方法实现的 CAD 系统，目前在国内外仍处于研究开发阶段，道路平面计算机辅助设计仍然采用人机交互的设计方法。在这种情况下，路面平面计算机辅助设计的任务就是利用计算机快速计算来取代人工繁重的计算与绘图工作，进而用优化技术来自动进行部分修改工作；而定线、确定线形组合等需要人的经验进行判断的工作，则由人机交互修改完成，把设计人员的精力主要用于分析判断及处理一些难于用数学模型来表示的问题上。平面计算机辅助设计人机分工如表 5-1所示。

平面 CAD 系统人机分工的内容 表 5-1

序　号	人	机	说　明
1	选择中心线上任意对象	显示该对象几何参数	可以查询数据
2	选择进行中心线设计的边界约束对象（S 形或两个单曲线）	显示该约束下可以布置的所有曲线组合	帮助用户进行合理设计
3	确认曲线组合	弹出该组合参数对话框，每个参数均有建议值	
4	标定有关参数	进行计算绘图、报告结果，由用户决定是否修改	体现设计人员价值

续上表

序　号	人	机	说　明
5	判断所设计内容是否合适	自动查询内藏规范并报告	
6	任意顺序设计中心线(分布式设计)	自动编排桩号	无须从头设计
7	确定要设计的平面有关法向内容	显示可供选择的所有对象	用户依次设计
8	选定法向设计类型	弹出对话框	任意输入数据
9	给定参数	进行计算、绘图	
10	判断设计是否合理	不合理的高亮度显示	

二、交互式平面 CAD 系统的功能与结构

1. 系统的功能

系统的功能设计得好,则用户使用就灵活方便。根据路线平面设计的特点,在路线设计的依据确定之后,宜考虑下述系统功能。

(1)系统应能接受和处理不同数据来源的原始资料。既可以手工或用数字化仪等输入设备输入由传统测量方法采集的数据,又可以接受处理航测、遥感、地面速测仪采集的数据。

(2)系统应能进行与平面设计有关的线形特征值计算,中线桩号设置与加宽计算,任意桩号的坐标与切线方位角计算。这是平面设计程序中重要的组成部分。

(3)系统应具有丰富的人机交互设计与修改功能。交互式平面 CAD 系统设计时,应尽可能利用计算机在计算、图形显示方面的优势,在设计过程中,给设计人员提供丰富的设计信息,辅助设计人员进行决策。主要包括:

①系统自动进行平曲线组合设计,为设计者提供智能导航。

设计者选定约束条件后(只需选定切线边、对单曲线选定切线长或外距),系统根据给定的约束条件,自动判断可能的曲线组合情况,自动完成曲线的组合设计和计算工作,给出各种可能组合情况下设计结果,供设计者决策。如图 5-1 所示,图中上部左侧为选定 1、2 和 3 边后,系统自动判断得到的曲线导航结果,右侧为曲线要素导航结果。

②支持分布式设计。

在实际工作中,很多情况下,平面设计并不是由前向后顺序设计的。根据这一要求,系统设计时应提供分布式设计功能,设计者可以根据路线所经地带的特殊情况,任意选择设计顺序。

③自适应修改功能。

所谓自适应修改功能即被修改实体(曲线、直线)在修改过程中,与其相关联的实体(曲线、直线)也能按照新的约束条件自动修改。平面设计是一个不断反复的过程,可能修改的内容是多种多样的,包括交点的删减、移动,线形参数的修改等。在这种情况下,自适应修改功能可以减轻设计人员负担,提高设计效率。

(4)信息反馈。在进行上述各种运算的过程中,系统能根据需要显示各种中间结果,包括图形与数据显示。在出错或违反约束条件时,计算机能及时给出信息。

(5)数据管理功能。在平面设计中涉及许多数据,在设计和修改过程中这些数据又随时可能被修改、删除,也可能有新的数据被输入到原始数据序列中,因此,应有一个功能强大的工程数据库系统或数据管理模块,对数据进行统一管理。

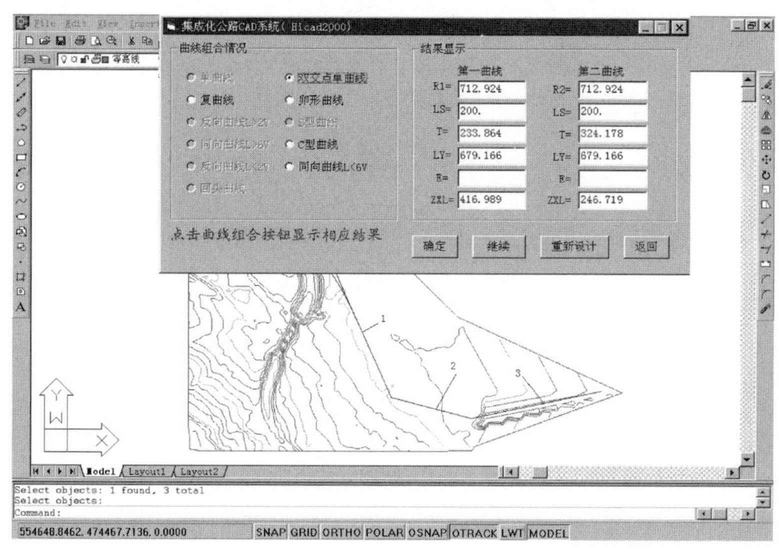

图 5-1 道路平面智能导航

(6)计算结果的输出。系统应能输出以下结果:①直线、曲线及转角表;②逐桩坐标表;③路线平面图。

2. 交互式平面 CAD 系统主要功能模块设计

(1)数据管理模块。高效的数据管理是实现交互式平面 CAD 系统各种功能的前提条件。道路平面设计中需要处理地形、地物、地质等大量原始数据,同时需要存储各种规范数据以备查阅。在设计过程中,还会产生大量计算中间数据和设计结果数据。从某种含义上可以认为,工程设计也是一个处理各类数据的过程。传统的路线 CAD 软件多采用数据文件的管理方式,其固有的缺陷不可避免地会导致数据冗余,难以存储复杂数据结构等缺陷,影响交互设计和修改功能的实现。因此,在进行数据管理模块设计时,可考虑采用工程数据库管理系统。

(2)平面计算模块。平面计算模块应能完成各种等级道路和常用线形组合的计算工作,包括曲线要素、曲线主点坐标、任意桩号坐标的计算以及边线坐标的计算等。

(3)交互修改模块。平面设计过程中的反复修改和对设计者经验的依赖,决定了交互修改模块是系统的核心。交互修改模块应能够实现智能导航、分布式设计、自适应修改等功能,而这些功能的实现则依赖于与其他模块的协同作业。

(4)输入输出模块。系统输入模块是系统其他模块沟通的渠道,通过输入模块将用户输入信息提供给工程数据库,并提供给平面计算模块完成计算工作。输出模块一方面将交互修改或计算结果反馈给相应功能模块,另一方面将设计成果输出为图表形式。

交互式平面 CAD 系统流程图如图 5-2 所示。

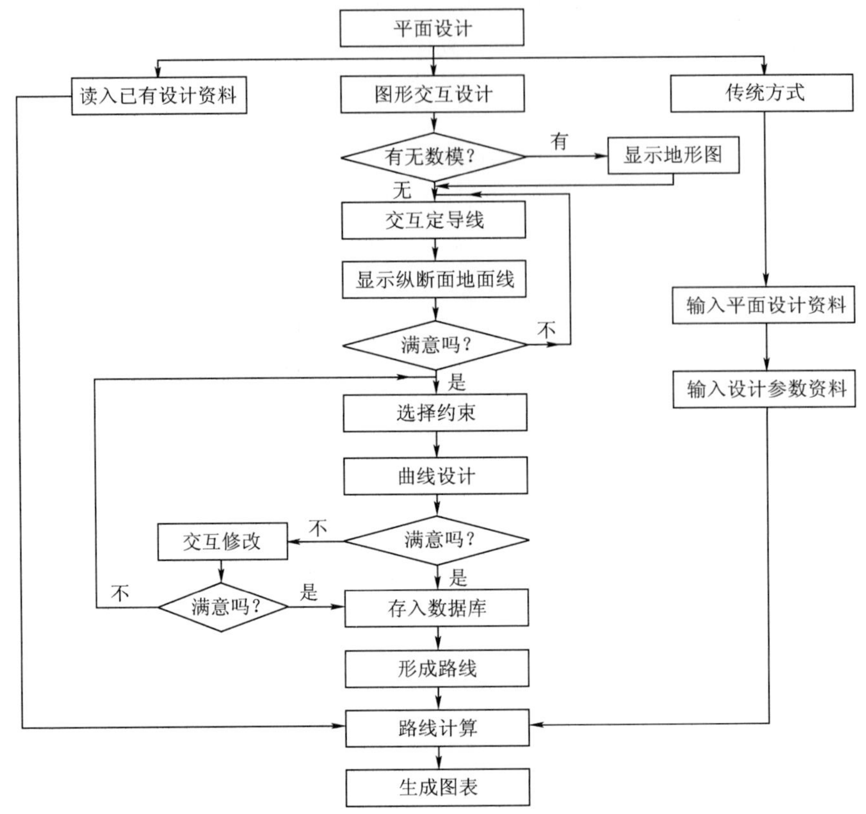

图5-2　交互式平面CAD系统流程图

第二节　导线法平面设计原理

道路的平面线形不论怎样复杂,都不外乎是直线、圆曲线和回旋线的排列组合,因而可以抽象出一个基本单元作为道路平面线形设计的一般形式。这个形式就是直线—回旋线—圆曲线—回旋线—直线几个平曲线要素的有序组合,一般将其称为基本型曲线。其余线形可作为基本型曲线的某些特例或者是各种基本型曲线的不同组合。本节主要介绍基本型曲线和复曲线的设计与计算。

一、基本型曲线设计

在平曲线设计中,路线的选定常常会受到地形、地物及设计标准、规范的诸多限制,很多情况下,平曲线半径及回旋线的长度往往要根据各种约束条件得到。附加的约束条件有以下几种:①曲线起终点约束(切线长);②曲线中点位置约束(外距);③上述两种同时约束。

1. 曲线起终点约束(切线长)

当给定缓和曲线长度 L_s,切线长 T,求圆曲线半径,可按下列公式计算。

选定 T 值,由切线长反算半径,当精度要求不高时:

$$R = \frac{-B + \sqrt{B^2 - 4AC}}{2A} \tag{5-1}$$

式中:$A = \tan\frac{\alpha}{2}$,$B = \frac{L_s}{2} - T$,$C = \frac{L_s^2}{24}\tan\frac{\alpha}{2}$。

当精度要求较高时,通过下式迭代而得:

$$R = \frac{T - \frac{L_s}{2} + \frac{L_s^3}{240R_0^2}}{\tan\frac{\alpha}{2}} - \frac{L_s^2}{24R_0} \tag{5-2}$$

曲线起终点约束示例程序如下。

```
'------------------------切线长反算半径程序------------------
Public Function sCal_RbyT(Ls As Double, T As Double, Pj As Double)As Double
    '--------------变量定义----------------------
    Dim R0 As Double
    Dim R As Double
    Dim A,B,C As Double
    Dim DeltaR As Double
    '--------------给定半径初值----------------------
    A = Tan(Pj / 2)
    B = Ls/2 - T
    C = A1 * Ls * Ls/24
    R0 = ( - B + Sqr(B * B - 4 * A * C))/(2 * A)
    '--------------迭代----------------------
    DeltaR = 10
    While(Abs(DeltaR) >0.01)
    R = (T - Ls/2 + Ls^3/(240 * R0 * R0))/A1 - Ls * Ls/(24 * R0)
    DeltaR = R - R0
    R0 = R
  Wend
  sCal_RbyT = R
End Function
```

2. 曲线中点位置约束(外距)

当给定缓和曲线长度 L_s,外距 E,求圆曲线半径,可按下列公式计算。

$$R = \frac{-B + \sqrt{B^2 - 4AC}}{2A} \tag{5-3}$$

式中:$A = \sec\frac{\alpha}{2} - 1$,$B = -E$,$C = \frac{L_s^2}{24}\sec\frac{\alpha}{2}$。

曲线中点位置约束示例程序如下。

```
'------------------------外距反算半径程序------------------
Public Function sCal_RbyE(Ls As Double, T As Double, Pj As Double)As Double
    '---------------变量定义----------------------
    Dim R As Double
    Dim A1,B1,C1 As Double
    '---------------计算半径----------------------
    A1 =1/Cos(Pj/2) -1
    B1 = -E
    C1 =1/Cos(Pj/2) * (Ls * Ls/24)
    R =( -B1 +Sqr(B1 * B1 -4 * A1 * C1))/(2 * A1)
    sCal_Rby =R
End Function
```

3. 切线长、外距同时约束

这种情况是路线受到地形、地物的限制较严,设计者事先拟定出希望的曲线位置,然后求解符合该曲线位置要求的曲线元素。这是一种带有试探性的求解过程,有时,也会出现两者的约束相互矛盾而无法求解。求解模型如图5-3所示。

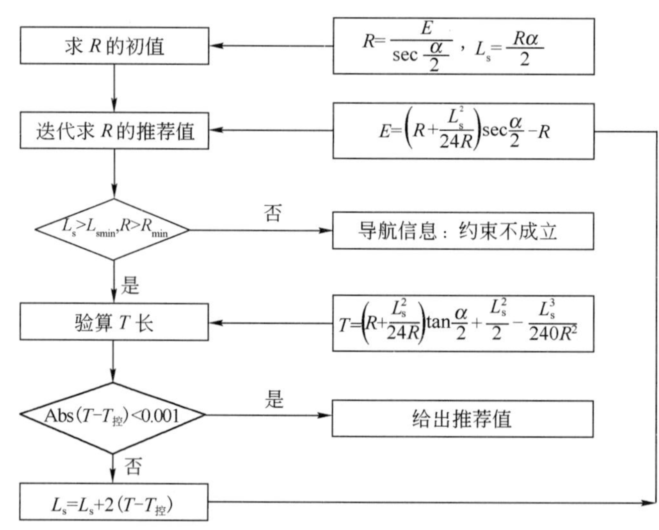

图5-3 切线长和外距同时约束的求解模型

二、基本型曲线计算

为了提高程序的通用性,基本型单曲线考虑非对称情况进行计算,如图5-4所示,设交点为JD,转角为α,半径为R,前后两回旋线长度分别为l_1和l_2(或给出回旋线参数A_1和A_2),则:

$$
\left.\begin{aligned}
\text{切线长}\quad T_1 &= (R+p_1)\tan\frac{\alpha}{2}+q_1-\frac{p_1-p_2}{\sin\alpha}\\
T_2 &= (R+p_2)\tan\frac{\alpha}{2}+q_2-\frac{p_1-p_2}{\sin\alpha}\\
\text{曲线长}\quad L &= (\alpha-\beta_1-\beta_2)R\frac{\pi}{180^\circ}+l_1+l_2\\
&= \frac{\alpha\pi R}{180^\circ}+\frac{l_1+l_2}{2}
\end{aligned}\right\} \tag{5-4}
$$

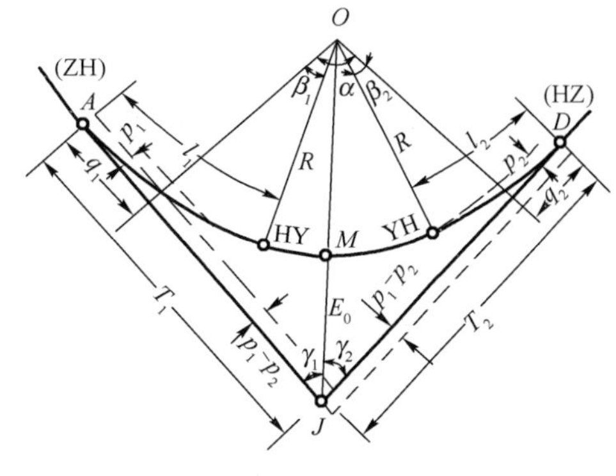

图 5-4 基本型曲线计算图式

式中：

$$
\left.\begin{aligned}
p_1 &= \frac{l_1^2}{24R}-\frac{l_1{}^4}{2\,688R^3}\\
p_2 &= \frac{l_2^2}{24R}-\frac{l_2{}^4}{2\,688R^3}\\
q_1 &= \frac{l_1}{2}-\frac{l_1^3}{240R^2}\\
q_2 &= \frac{l_2}{2}-\frac{l_2^3}{240R^2}
\end{aligned}\right\} \tag{5-5}
$$

由于两边切线不等长，故曲线中点可取圆曲线的中点或全曲线的中点。为了计算和测设方便，可取交点与圆心的连线与圆曲线的交点 M 作为曲线中点(QZ)，其要素按下式计算：

$$
\left.\begin{aligned}
\gamma_1 &= \arctan\frac{R+p_1}{T_1-q_1}\\
\gamma_2 &= \arctan\frac{R+p_2}{T_2-q_2}\\
E_0 &= \mathrm{JM} = \frac{R+p_1}{\sin\gamma_1}-R
\end{aligned}\right\} \tag{5-6}
$$

从而可得曲线主点桩号：

$$
\left.\begin{aligned}
\mathrm{ZH} &= \mathrm{JD}-T_1\\
\mathrm{HY} &= \mathrm{ZH}+l_1\\
\mathrm{QZ} &= \mathrm{ZH}+\frac{L}{2}\\
\mathrm{YH} &= \mathrm{HZ}-l_2\\
\mathrm{HZ} &= \mathrm{ZH}+L
\end{aligned}\right\} \tag{5-7}
$$

S 形曲线、C 形曲线可分解为两个独立的基本型单曲线来计算，只是其中之一按切线长来控制而已；凸型曲线是非对称基本型曲线中圆曲线长为零的特例。

基本型曲线计算程序如下,供读者参考。

```
'------------------------基本型曲线计算程序------------------
    Public Sub sCal_SingleCur(JD As Double, Ls1 As Double, Ls2 As Double, R As Double, pj As Double)
    '------------------变量定义-------------------------
    Dim p1,p2 As Double
    Dim q1,q2 As Double
    Dim r1 as Double
    Dim ZH,HY,QZ,YH,HZ As Double
    Dim T,E,L As Double
    '------------计算p、q值---------------------------
    p1 = Cal_p(Ls1,R):p2 = Cal_p(Ls2,R)
    q1 = Cal_q(Ls1,R):q2 = Cal_q(Ls2,R)
    '--------------计算切线长-------------------------
    T1 = (R + p1) * Tan(pj/2) + q1 - (p1 - p2)/Sin(pj)
    T2 = (R + p2) * Tan(pj/2) + q2 - (p1 - p2)/Sin(pj)
    '---------------计算外距-------------------------
    r1 = Atn((R + p1)/(T1 - q1))
    E = (R + p1)/Sin(r1) - R
    '--------------计算曲线长----------------------
    L = R * pj + (Ls1 + Ls2)/2
    '--------------计算主点桩号----------------------
    ZH = JD - t1:HY = ZH + Ls1:QZ = ZH + L/2
    YH = HZ - Ls2:HZ = ZH + L
End Sub
Public Function Cal_q(Ls, R As Double)As Double'计算回旋线的q值
    Cal_q = Ls/2 - Ls * Ls * Ls/(240 * R * R)
End Function
Public Function Cal_p(Ls,R As Double)As Double'计算回旋线的p值
    Cal_p = Ls * Ls/(24 * R) - Ls * Ls * Ls * Ls/(2688 * R * R * R)
End Function
```

三、复曲线设计与计算

复曲线的计算可按同向圆曲线的连接方式分为两种类型:两端有缓和曲线中间由圆曲线直接连接而成,两端有缓和曲线中间也用缓和曲线连接组成。

1. 中间不设缓和曲线的复曲线的计算

如图5-5所示,不失一般性,假定曲线的两端分别设有缓和曲线 l_1 和 l_2,复曲线综合要素计算公式如下。

为使两圆曲线在 B 点(公切点)处相切,两回旋线的内移值必须相等,即 $p_1 = p_2$,从而得:

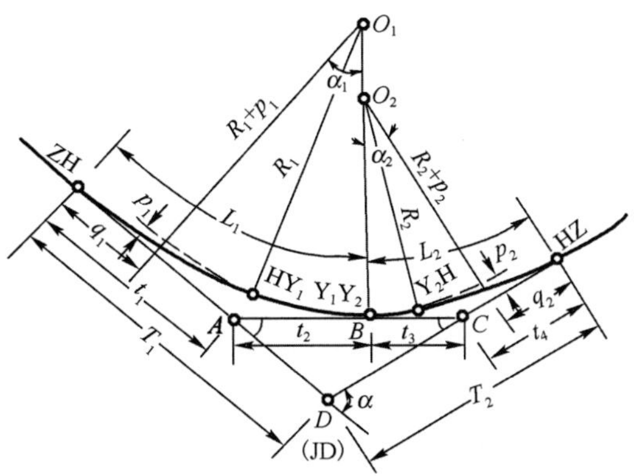

图 5-5　中间不设缓和曲线的复曲线的计算图式

$$l_1 = l_2\sqrt{\frac{R_1}{R_2}}$$

$$\left.\begin{aligned}
\alpha &= \alpha_1 + \alpha_2 \\
t_1 &= (R_1 + p_1)\tan\frac{\alpha_1}{2} - \frac{p_1}{\sin\alpha_1} + q_1 \\
t_2 &= (R_1 + p_1)\tan\frac{\alpha_1}{2} + \frac{p_1}{\tan\alpha_1} \\
t_3 &= (R_2 + p_2)\tan\frac{\alpha_2}{2} + \frac{p_2}{\tan\alpha_2} \\
t_4 &= (R_2 + p_2)\tan\frac{\alpha_2}{2} - \frac{p_2}{\sin\alpha_2} + q_2 \\
T_1 &= t_1 + \frac{t_2 + t_3}{\sin\alpha}\sin\alpha_2 \\
T_2 &= t_4 + \frac{t_2 + t_3}{\sin\alpha}\sin\alpha_1 \\
L_1 &= \frac{\pi}{180^\circ}R_1 \cdot \alpha_1 + \frac{l_1}{2} \\
L_2 &= \frac{\pi}{180^\circ}R_2 \cdot \alpha_2 + \frac{l_2}{2}
\end{aligned}\right\} \tag{5-8}$$

主点桩号：

$$\left.\begin{aligned}
ZH_1 &= JD_A - t_1 \\
HY_1 &= ZH_1 + l_1 \\
QZ_1 &= ZH_1 + \frac{L_1}{2} + \frac{l_1}{4} \\
YY_1 &= ZH_1 + L_1 \\
HZ_2 &= ZH_1 + L_1 + L_2 \\
YH_2 &= HZ_2 - l_2
\end{aligned}\right\} \tag{5-9}$$

已知复曲线参数,复曲线计算源程序如下。

```
'-------------------------复曲线的计算--------------------
Public Sub CalMultiCurve(JD As Double, Ls1 As Double, Ls2 As Double, R1 As Double, R2 As Double, Pj1 As Double, Pj2 As Double)
    Dim p1, p2, q1, q2 As Double
    Dim t1, t2, t3, t4 As Double
    Dim GT1, GT2 As Double'切线长
    Dim L1, L2 As Double'曲线长
    Dim ZH, HY, QZ, YY, HZ, YH As Double'主点桩号
    Dim Pj As Double

    p1 = cal_p(R1, Ls1): p2 = cal_p(R2, Ls2)
    q1 = cal_q(R1, Ls1): q2 = cal_q(R2, Ls2)

    PJ = Pj1 + Pj2
    t1 = (R1 + p1) * Tan(Pj1/2) - p1/Sin(Pj1) + q1
    t2 = (R1 + p1) * Tan(Pj1/2) + p1/Tan(Pj1)
    t3 = (R2 + p2) * Tan(Pj2/2) + p2/Tan(Pj2)
    t4 = (R2 + p2) * Tan(Pj2/2) - p2/Sin(Pj2) + q2

    GT1 = t1 + (t2 + t3)/Sin(Pj) * Sin(Pj2)
    GT2 = t4 + (t2 + t3)/Sin(Pj) * Sin(Pj1)

    L1 = PI/180 * R1 * Pj1 + Ls1/2
    L2 = PI/180 * R2 * Pj2 + Ls2/2

    ZH = JD - t1: HY = ZH + Ls1: QZ = ZH + L1/2 + Ls1/4
    YY = ZH + L1: HZ = ZH + L1 + L2: YH = HZ - Ls2
End Sub
```

2. 中间有缓和曲线的复曲线(卵形曲线计算)

设两圆的半径分别为 R_1、R_2,且 $R_1 > R_2$,l_n 为连接两圆曲线的缓和曲线,亦称为中间缓和曲线,中间缓和曲线的长度由两圆曲线半径及两圆曲线在连心线 O_1O_2 上的错动量的大小决定。连接半径 R_1、R_2 两圆的缓和曲线的长度 l_n 为:

$$l_n = \sqrt{24R_np_n} \tag{5-10}$$

式中:R_n——两圆曲线的曲率差对应的曲率半径值,$R_n = \dfrac{R_1R_2}{R_1 - R_2}$;

p_n——两圆曲线之间的间距,即小圆半径对应于大圆半径内移值,$p_n = p_1 - p_2$;曲线要素、主点桩号的计算见式(5-11)、式(5-12),计算图式见图5-6。

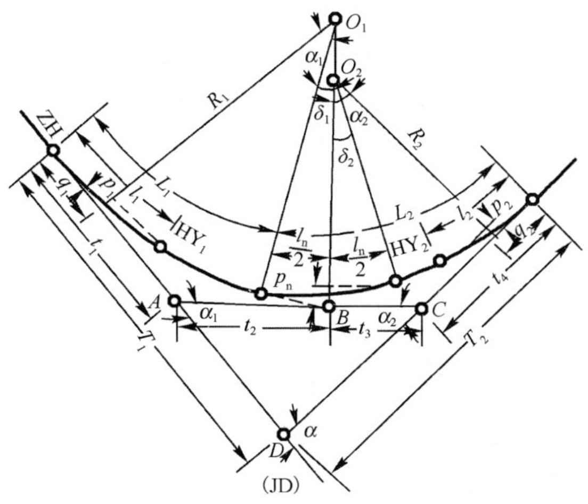

图 5-6 两端及中间均设缓和曲线的复曲线要素

$$
\left.\begin{aligned}
p_n &= \frac{l_n^2}{24R_n} \\
t_1 &= R_1 \tan\frac{\alpha_1}{2} - \frac{p_1}{\tan\alpha_1} + q_1 \\
t_2 &= R_1 \tan\frac{\alpha_1}{2} + \frac{p_1}{\sin\alpha_1} \\
t_3 &= R_2 \tan\frac{\alpha_2}{2} - \frac{p_n}{\tan\alpha_2} + \frac{p_2}{\sin\alpha_2} \\
t_4 &= R_2 \tan\frac{\alpha_2}{2} + \frac{p_n}{\sin\alpha_2} - \frac{p_2}{\tan\alpha_2} + q_2 \\
T_1 &= t_1 + \frac{t_2 + t_3}{\sin\alpha}\sin\alpha_2 \\
T_2 &= t_4 + \frac{t_2 + t_3}{\sin\alpha}\sin\alpha_1 \\
L_1 &= \frac{\pi}{180^\circ}R_1 \cdot \alpha_1 + \frac{l_1}{2} + \frac{l_n}{2} \\
L_2 &= \frac{\pi}{180^\circ}R_2 \cdot \alpha_2 + \frac{l_2}{2} + \frac{l_n}{2}
\end{aligned}\right\} \tag{5-11}
$$

$$
\left.\begin{aligned}
\mathrm{ZH} &= \mathrm{JD_A} - t_1 \\
\mathrm{HY_1} &= \mathrm{ZH} + l_1 \\
\mathrm{QZ_1} &= \mathrm{ZH} + \frac{L_1}{2} + \frac{l_1}{4} \\
\mathrm{YH_1} &= \mathrm{ZH} + L_1 - \frac{l_n}{2} \\
\mathrm{HY_2} &= \mathrm{YH_1} + l_n \\
\mathrm{QZ_2} &= \mathrm{ZH} + L_1 + \frac{L_2}{2} - \frac{l_2}{4} \\
\mathrm{HZ} &= \mathrm{ZH} + L_1 + L_2 + l_n \\
\mathrm{YH_2} &= \mathrm{HZ} - l_2
\end{aligned}\right\} \tag{5-12}
$$

已知卵形曲线参数,卵形曲线计算源程序如下。

```
'-----------------------------卵形曲线的计算-----------------------
    Public Sub CalEggCurve(ByVal JD As Double, ByVal Ls1 As Double, ByVal Ls2 As Double, ByVal R1 As
Double, ByVal R2 As Double, ByVal Pj1 As Double, ByVal Pj2 As Double)
    Dim p1,p2,q1,q2,pn As Double
    Dim t1,t2,t3,t4 As Double
    Dim Rn As Double
    Dim GT1,GT2 As Double'切线长
    Dim L1,L2,Ln As Double'曲线长
    Dim ZH,HY1,QZ1,YH1,HY2,QZ2,HZ,YH2 As Double'主点桩号
    Dim Pj As Double

    Pj = Pj1 + Pj2
    p1 = cal_p(R1,Ls1):p2 = cal_p(R2,Ls2)
    q1 = cal_q(R1,Ls1):q2 = cal_q(R2,Ls2)
    Rn = R1 * R2/(R1 - R2):pn = p1 - p2:Ln = Sqrt(24 * Rn * pn)

    t1 = R1 * Tan(Pj1/2) - p1/Tan(Pj1) + q1
    t2 = R1 * Tan(Pj1/2) + p1/Sin(Pj1)
    t3 = R2 * Tan(Pj2/2) - pn/Tan(Pj2) + p2/Sin(Pj2)
    t4 = R2 * Tan(Pj2/2) + pn/Sin(Pj2) - p2/Tan(Pj2) + q2

    GT1 = t1 + (t2 + t3)/Sin(Pj) * Sin(Pj2)
    GT2 = t4 + (t2 + t3)/Sin(Pj) * Sin(Pj1)

    L1 = PI/180 * R1 * Pj1 + Ls1/2 + Ln/2
    L2 = PI/180 * R2 * Pj2 + Ls2/2 + Ln/2

    ZH = JD - t1:HY1 = ZH + Ls1:QZ1 = ZH + L1/2 + Ls1/4
    YH1 = ZH + L1 - Ln/2:HY2 = YH1 + Ln:QZ2 = ZH + L1 + L2/2 - Ls2/4
    HZ = ZH + L1 + L2 + Ln:YH2 = HZ - Ls2
  End Sub
```

四、逐桩坐标计算

逐桩坐标计算图式如图5-7所示。交点JD的坐标为X_{JD}、Y_{JD},路线导线的坐标方位角为A,边长S按坐标反算求得。在平曲线要素及主点桩计算完成后,就可计算中桩的逐桩坐标和切线方位角,如果提供边桩(或界桩)至中线的距离,也可同时计算出边桩(或界桩)的坐标。

1. HZ点(包括路线起点)至ZH点之间的中桩坐标计算

此段为直线,桩点的坐标按下式计算:

$$\left.\begin{aligned} X_i &= X_{\mathrm{HZ}_{i-1}} + D_i \cos A_{i-1,i} \\ Y_i &= Y_{\mathrm{HZ}_{i-1}} + D_i \sin A_{i-1,i} \end{aligned}\right\} \tag{5-13}$$

式中：$A_{i-1,i}$——路线导线 JD_{i-1} 至 JD_i 的坐标方位角；

D_i——桩点至 HZ_{i-1} 点的距离，即桩点里程与 HZ_{i-1} 点里程之差；

$X_{\mathrm{HZ}_{i-1}}$、$Y_{\mathrm{HZ}_{i-1}}$——HZ_{i-1} 点的坐标，由式(5-14)计算。

$$\left.\begin{aligned} X_{\mathrm{HZ}_{i-1}} &= X_{\mathrm{JD}_{i-1}} + T_{\mathrm{H}_{i-1}} \cos A_{i-1,i} \\ Y_{\mathrm{HZ}_{i-1}} &= Y_{\mathrm{JD}_{i-1}} + T_{\mathrm{H}_{i-1}} \sin A_{i-1,i} \end{aligned}\right\} \tag{5-14}$$

式中：$X_{\mathrm{JD}_{i-1}}$、$Y_{\mathrm{JD}_{i-1}}$——交点 JD_{i-1} 的坐标；

$T_{\mathrm{H}_{i-1}}$——切线长。

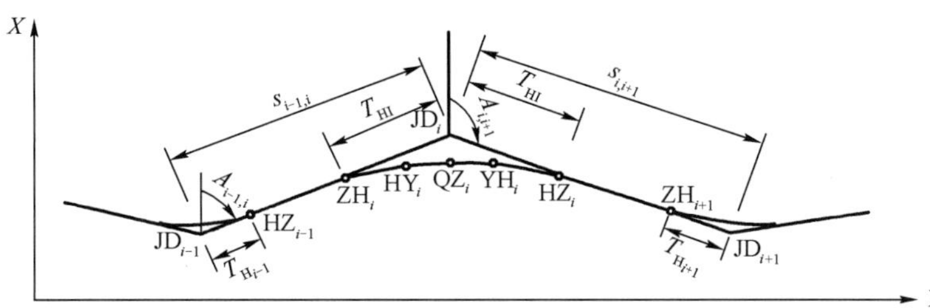

图 5-7 坐标计算图式

2. ZH 点至 YH 点之间的中桩坐标计算

此段包括第一缓和曲线及圆曲线，坐标计算公式为：

$$\begin{bmatrix} X_i \\ Y_i \end{bmatrix} = \begin{bmatrix} X_{\mathrm{ZH}_i} \\ Y_{\mathrm{ZH}_i} \end{bmatrix} + \begin{bmatrix} \cos A_{i-1,i} & -\sin A_{i-1,i} \\ \sin A_{i-1,i} & -\cos A_{i-1,i} \end{bmatrix} \begin{bmatrix} x_i \\ y_i \end{bmatrix} \tag{5-15}$$

式中：

$$\left.\begin{aligned} x_i &= l - \frac{l^5}{40R_i^2 l_{\mathrm{s}i}^2} \\ y_i &= \frac{l^3}{6Rl_{\mathrm{s}i}} - \frac{l^7}{336R_i^3 l_{\mathrm{s}i}^3} \end{aligned}\right\}(\text{中桩在缓和曲线内})$$

$$\left.\begin{aligned} x_i &= R_i \sin\varphi_i + q_i \\ y_i &= R_i(1 - \cos\varphi_i) + p_i \\ \varphi_i &= \frac{l - l_{\mathrm{s}}}{R_i} \cdot \frac{180^\circ}{\pi} + \beta_0 \end{aligned}\right\}(\text{中桩在圆曲线内})$$

l 为计算点至 ZH 点的距离。当曲线为左转角，应以 $y_i = -y_i$ 代入。

3. YH 点至 HZ 点之间的中桩坐标计算

此段为第二缓和曲线，坐标计算公式为：

$$\begin{bmatrix} X_i \\ Y_i \end{bmatrix} = \begin{bmatrix} X_{\mathrm{ZH}_i} \\ Y_{\mathrm{ZH}_i} \end{bmatrix} - \begin{bmatrix} \cos A_{i,i+1} & -\sin A_{i,i+1} \\ \sin A_{i,i+1} & -\cos A_{i,i+1} \end{bmatrix} \begin{bmatrix} x_i \\ y_i \end{bmatrix} \tag{5-16}$$

其中,x_i、y_i 仍可按前述公式计算。当曲线为右转角时,以 $y_i=-y_i$ 代入。

4. 边线坐标计算

边线坐标(或界桩)按下式计算:

$$XS_i = X_i + DI \times \cos\left(\frac{\pi}{2} \pm FWJ_i\right)$$

$$YS_i = Y_i + DI \times \sin\left(\frac{\pi}{2} \pm FWJ_i\right) \tag{5-17}$$

式中:DI——边桩(界桩)至中线的距离;

FWJ_i——中桩的切线方位角。

基本型平曲线各主点桩坐标计算及单曲线绘制程序如下。

```
'--------------------------方位角计算程序---------------------
Public Function CalFWJ(xa As Double,ya As Double, xb As Double, yb As Double) As Double
Dim fw As Double
If xa = xb And yb > ya Then
  fw = π/2
ElseIf xa = xb And yb < ya Then
  fw = 3 * π/2
Else
  fw = Atn((yb - ya)/(xb - xa))'注意与书上公式不同
    If xb > xa And yb < ya Then
    fw = fw + 2 * π
    ElseIf xb < xa Then
      fw = fw + π
    End If
  End If
  CalFWJ = fw
End Function
'---------------------将度、分、秒转化为弧度----------------
Public Function ConvertPj(DMS As Double) As Double
  Dim D As Integer
  Dim M As Integer
  Dim flag As Integer'度分秒正负标识
  Dim S As Double
  Dim Rad As Double
  If DMS < 0 Then
    flag = -1
  Else
    flag = 1
  End If
  D = CInt(Abs(DMS) - 0.5)
  M = CInt(Abs(DMS) * 100 - D * 100# - 0.5)
```

```
    S = Abs(DMS) * 10000# - D * 10000# - M * 100#
    Rad = D + M/60# + S/3600#'化为度
    Rad = Rad * 3.1415926/180 * flag'化为弧度
    ConvertPj = Rad
End Function
'-----------------------主点桩坐标计算及曲线绘制程序-----------------
Private Sub CalXYSingleCurve()
    Dim ZHX,ZHY,HZX,HZY,HYX,HYY,YHX,YHY,QZX,QZY As Double
    Dim pi As Single
    Dim temp As Double
    Dim temp1,temp2 As Double

    pi = 3.1415926
    '计算 HZ、ZH 点坐标
    ZHX = JDX + T * Cos(FWJ1 + pi)
    ZHY = JDY + T * Sin(FWJ1 + pi)
    HZX = JDX + T * Cos(FWJ2)
    HZY = JDY + T * Sin(FWJ2)
    L = Ls'HY 点上 L = Ls
    '计算曲线上任意点切线横距
    X = L - L^5/(40 * R * R * Ls * Ls) + L^9/(3456 * R^4 * Ls^4)

    temp = (30 * L * L/(Atn(1) * 4 * R * Ls)) * pi/180'坐标计算中的临时值
    HYX = ZHX + X/Cos(temp) * Cos(FWJ1 + temp * Sgn(pj))'HY 点的 X 坐标
    HYY = ZHY + X/Cos(temp) * Sin(FWJ1 + temp * Sgn(pj))'HY 点的 Y 坐标

    temp1 = Ly/(4 * R):temp2 = FWJ1 + Sgn(pj) * (Ly/2 + Ls)/(2 * R)
    QZX = HYX + 2 * R * Sin(temp1) * Cos(temp2)'QZ 点的 X 坐标
    QZY = HYY + 2 * R * Sin(temp1) * Sin(temp2)'QZ 点的 Y 坐标

    temp3 = (FWJ2 * 180/pi + 180 - Sgn(pj) * '30 * L * L/(Atn(1) * 4 * R * Ls)) * pi/180
    YHY = HZX + X/Cos(temp) * Cos(temp3)'YH 点的 X 坐标
    YHX = HZY + X/Cos(temp) * Sin(temp3)'YH 点的 Y 坐标
End Sub
```

第三节 纬地道路辅助设计系统及路线平面设计

纬地道路辅助设计系统(HintCAD)是由中交第一公路勘察设计研究院 1996 年研发成功的公路设计软件,自开发完成以来,经过 V1.0 ~ V7.0 版本的升级,不断改进和完善,日臻稳定成熟。HintCAD 软件具有路线、互通式立体交叉、隧道、挡土墙、土石方调配、虚拟仿真等设计模块。本章将详细介绍纬地道路辅助设计系统的使用。

一、系统主要功能和特点

1. 路线辅助设计

(1)平面动态可视化设计与绘图

HintCAD 采用传统的导线法(交点法)进行任意组合形式的公路平面线形设计计算和多种模式的反算。支持在计算机屏幕上交互进行定线及修改设计。在平面设计完成的同时,系统自动完成全线桩号的连续计算和平面绘图。

(2)纵断面交互式动态拉坡与绘图

在自动绘制拉坡图的基础上,支持交互式纵坡与竖曲线设计。支持以“桩号区间”和“批量自动绘图”两种方式绘制任意纵、横比例和精度的纵断面设计图及纵面缩图。

(3)超高、加宽过渡处理及路基设计计算

软件可以处理各种加宽、超高方式及其过渡变化,进而完成路基设计与计算、输出路基设计表。

(4)参数化横断面设计与绘图

软件支持常规模式和高等级公路沟底纵坡设计模式下的横断面戴帽设计,支持任意多级填挖方边坡和不同形式的边沟排水沟。提供了横断面修改和土方数据联动功能。横断面设计中提供了支挡防护构造物处理模块,可在横断面设计图中绘出挡土墙、护坡等构造物。

(5)土石方计算与土石方计算表等成果的输出

软件利用在横断面设计输出的土石方数据,计算并输出土石方计算表到 Excel 中。在计算中自动扣除大、中桥,隧道以及路槽的土石方数量,并考虑到松方系数等影响因素。

(6)路基沟底高程数据输出、沟底纵坡设计

软件的横断面设计模块支持输出路基两侧排水沟及边沟的高程数据,并支持交互式路基两侧沟底纵坡设计。

(7)平面移线

软件支持平面移线,该功能主要针对低等级公路项目测设过程中发生移线的情况,系统可自动搜索计算移线后的对应桩号、左右移距以及纵、横地面线数据。

2. 互通式立体交叉辅助设计

(1)匝道线位的动态可视化设计与绘图

采用曲线单元设计法和匝道起终点自动接线相结合的立交匝道平面设计思路,可以完成任意立交线形的设计和接线。提供立交平面线图的绘制功能和在线位图中绘制输出立交曲线表、立交主点坐标表的功能。

(2)互通式立体交叉匝道连接部纵坡搜索计算功能

软件提供了计算连接部相邻匝道的起始纵坡及设计高程搜索计算工具。

(3)任意的断面形式、超高加宽过渡处理

软件提供处理任意路基断面变化形式(如单、双车道变化,分离式路基等)和各种超高过渡处理功能。

(4)立交连接部设计与绘图

软件提供了自动搜索计算立交匝道连接部(加、减速车道至楔形端)的横向宽度变化的功能,并绘制连接部平面图。

(5)连接部路面高程数据图绘制

在连接部设计详图(大样图)的基础上,系统可批量计算、标注各变化位置及桩号断面的路基横向宽度、各控制点的设计高程、横坡及方向等数据。

(6)分离式路基的判断确定

软件自动判断互通式立体交叉的主线与匝道之间、匝道与匝道之间或高速公路分离式路基左右线之间的路基边坡相交的准确位置。

前面所述的关于路线设计部分的所有功能,如纵断面设计与绘图、路基设计、横断面设计与绘图、土石方计算等均同时适用于互通式立体交叉设计。

3. 数字地面模型(DTM)

(1)支持多种三维地形数据接口

软件支持 AutoCAD 的 dwg/dxf 格式、Microstation 的 dgn 格式、CARD/1 软件的 asc/pol 格式,以及 pnt/dgx/dlx 格式等多种三维地形数据接口。

(2)自动过滤、剔除粗差点和处理断裂线相交等情况

软件自动过滤并剔除三维数据中的高程粗差点,自行处理平面位置相同点和断裂线相交等情况。

(3)快速建立数字地面模型(DTM)

软件提供了快速建立数字地面模型的功能,对处理的地形点的点数没有上限。

(4)多种数据编辑、修改和优化功能

软件不仅提供多种编辑三角网的功能,如插入、删除三维点,交换对角线或插入约束段,还开发了自动优化去除平三角形的数模优化等模块。

(5)路线纵、横断面地面线插值功能

软件可快速进行插值计算,并输出路线纵、横断面的地面线数据,为大范围的路线方案深度比选和优化提供了方便。

(6)数模边界自动优化功能

软件自动对数模的边界进行搜索、对比,按照概率推荐边界优化的参数(三角形最大高宽比和三角形最大底宽),实现边界的准确优化,使数模更加贴近地形图的边界变化。

(7)二维平面数字化地形图的三维化功能

软件提供了多种对二维平面数字化地形图三维化的工具,可快速将二维数字化地形图转化为三维图形,为建立数字地面模型提供数模数据。

4. 平面交叉口设计功能

5. 多种实用的路线辅助设计工具

6. 数据录入和修改工具

软件提供了平、纵、横等基础数据的录入和修改工具。这些工具方便实用,减少了数据录入的错误。

7. 输出成果

软件提供了强大的公路工程图表输出功能,基本上包含了路线设计的所有成果。软件输出的成果图表为 AutoCAD 图形、Word、Excel 三种格式,并自动分幅分页,同时提供批量打印功能。

二、项目管理

第一次开始一个项目,应先新建项目,确定项目名称、相关文件存储路径等,退出时应该保存项目,下一次继续设计时,应该打开项目。

新建项目的操作如下:

- 单击菜单【项目】→【新建项目】,弹出新建项目对话框(图 5-8)。
- 在"新建项目名称"后的输入框内输入项目名称。
- 单击【浏览】按钮,指定项目路径以及项目文件名称(一般情况下,不需要输入项目文件名称,系统根据"新建项目名称"自动指定项目文件名称和平面线形文件名称)。
- 单击【确定】按钮,完成新建项目。

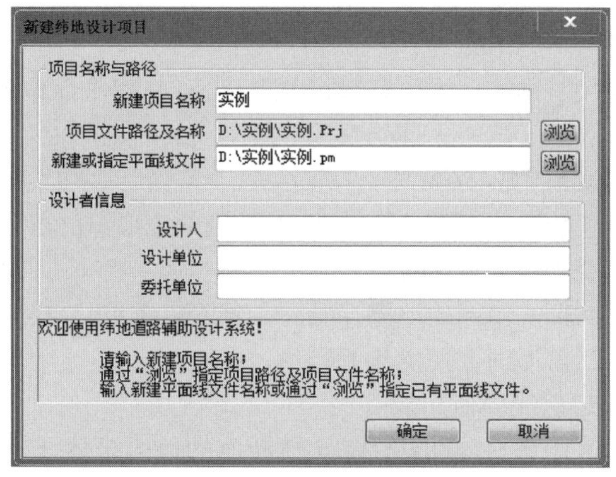

图 5-8　新建项目

三、路线平面设计

HintCAD 支持两种平面定线方法,即曲线型和直线型(交点法)定线方法,前者主要用于互通式立体交叉的平面线位设计,而后者主要用于公路主线的平面线位设计。本章主要介绍 HintCAD 平面定线中的交点法定线,曲线型定线方法在立交设计中介绍。

1. 路线平面定线

(1)"主线平面线形设计"对话框界面

- 单击菜单【设计】→【主线平面设计】,弹出"主线平面线形设计"对话框(图 5-9)。

对于路线平面设计而言,这是一个十分重要的对话框,路线平面设计的主要过程都在此对话框上完成。下面简要介绍这个对话框各个部分功能及其应用。

①"交点序号""交点名称"。

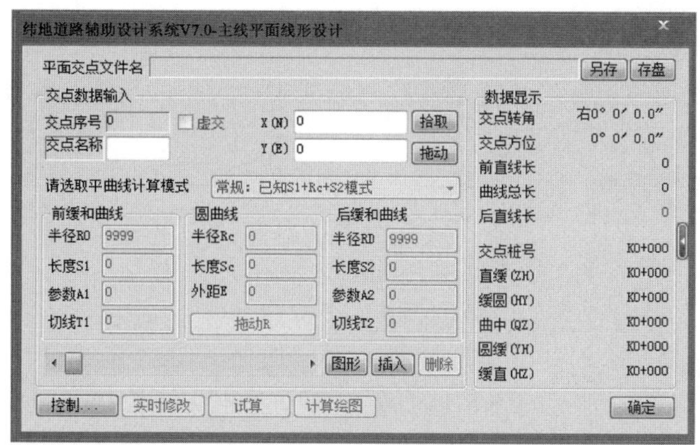

图 5-9 “主线平面线形设计”对话框

“交点序号”显示的是软件对交点的自动编号，起点为 0，依次增加。

“交点名称”编辑框中显示或输入当前交点的名称，交点名称自动编排，一般默认为交点的序号，可以将其改成其他的任何名称，如起点改为 BP，终点改为 EP。在调整路线时，如果在路线中间插入或删除交点，系统默认增减交点以后的交点名称是不改变的。

②“X(N)”“Y(E)”编辑框。

该编辑框输入或显示当前交点的坐标数值。

③“拾取”“拖动”按钮。

“拾取”可以从地形图上直接点取交点坐标。

“拖动”可以实现交点位置的实时拖(移)动修改功能。

④“请选取平曲线计算模式”列表。

该列表根据交点曲线的组合类型和曲线控制来选择当前交点的计算方式和各种曲线组合的切线长度反算方式，可以根据不同的需要选择适合的计算或反算方式(图 5-10)。

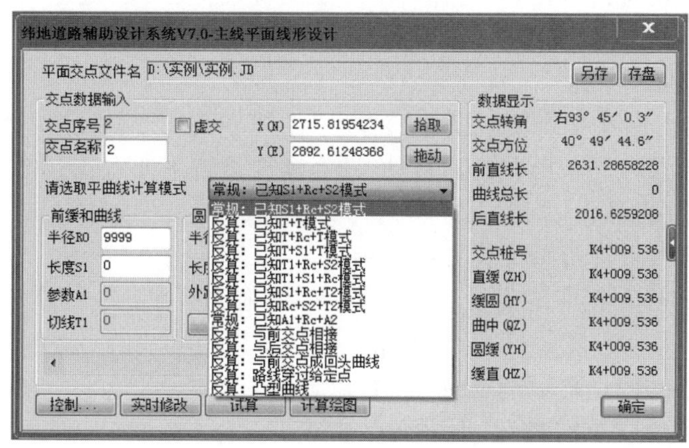

图 5-10 平曲线计算模式

⑤“前缓和曲线”“圆曲线”“后缓和曲线”中的编辑框。

“前缓和曲线”“圆曲线”“后缓和曲线”中的编辑框用来显示和编辑修改当前交点的曲线

参数及组合的控制参数。

⑥"拖动 R"按钮。

该按钮可以实现通过鼠标实时拖动修改圆曲线半径大小的功能。拖动过程中按键盘上的"S"或"L"键来控制拖动步距。

图 5-11　主线设计控制参数设置

⑦"插入""删除"按钮。

"插入"用来在当前交点位置之后插入一个交点,"删除"用来删除当前的交点。

⑧"控制..."按钮。

单击"控制..."按钮,弹出"主线设计参数控制"对话框,如图 5-11 所示。该对话框主要控制平面线形的起始桩号和绘制平面图时的标注位置、字体高度等。

⑨"实时修改"按钮。

该按钮用动态拖动的方式来修改当前交点的位置和平曲线设计参数。

⑩"试算"按钮。

计算包括本交点在内的所有交点的曲线组合,并将本交点数据显示于对话框右侧的"数据显示"内。

⑪"计算绘图"按钮。

计算并在当前图形屏幕上显示所有交点曲线线形。

(2)输入交点坐标

• 单击菜单【设计】→【主线平面设计】,弹出"主线平面线形设计"对话框。

• 单击对话框上的【拾取】按钮,从图中选择路线起点位置,获得路线起点的坐标,并显示在对话框上。也可以在键盘上直接输入起点的坐标。

• 单击对话框上的【插入】按钮,从图中选择(或者键盘输入)路线其他交点的坐标,可以连续选择多个交点的位置,也可以只选择一个交点的位置,按 ESC 键退出交点位置的选择,返回主线平面设计对话框。

(3)设置交点平曲线参数

• 单击菜单【设计】→【主线平面设计】,弹出"主线平面线形设计"对话框。

• 拖动横向滚动条控制向前和向后移动,选择需要设置平曲线参数的交点。

• 单击"请选取平曲线计算模式"右侧的▾,根据曲线类型选择相应的计算或者反算模式。具体的曲线组合及其计算后文件详细介绍。

• 根据计算模式输入相应的设计参数或者采用"拖动 R"或者采用"实时修改"的方式获得平曲线设计参数。

• 单击对话框上的【计算绘图】按钮,计算并显示平面线形。

• 单击对话框上的【存盘】按钮,保存交点数据。

• 单击对话框上的【确定】按钮,关闭对话框。

(4)平面线形的调整修改

当路线平面位置不合适时,需要对路线平面线形进行调整修改。对于交点法而言,调整修改路线平面线形主要涉及以下几个方面。

①调整交点。

在进行路线交点调整时可以移动交点的位置、增加交点、删除交点。

移动交点位置的操作如下：

- 滚动横向滑动条，选择要移动的交点。
- 单击“主线平面线形设计”对话框上的【拾取】按钮（或者单击【拖动】按钮）。
- 根据命令行提示，从图中点取新的交点位置或输入新的交点坐标。

增加交点的操作如下：

- 滚动横向滑动条，选择要增加交点位置的前一个交点。
- 单击“主线平面线形设计”对话框上的【插入】按钮。
- 根据命令行提示，从图中点取新的交点位置或输入新的交点坐标。

删除交点的操作如下：

- 滚动横向滑动条，选择要删除的交点。
- 单击“主线平面线形设计”对话框上的【删除】按钮。

②修改曲线参数。

在“主线平面线形设计”对话框中调整曲线的有关参数，如半径、缓和曲线长度等。

③修改曲线组合。

根据曲线间的直线长度、曲线位置、曲线组合的修改要求来调整两个曲线之间的组合形式。操作时选择 HintCAD 提供的 14 种平曲线计算和反算模式来完成曲线组合设计修改。

2. 平面线形组合设计

HintCAD 软件的平面设计考虑了用交点法设计时可能出现的各种组合情况，为解决山区公路复杂的平面线形组合设计提供了灵活、方便的计算机辅助工具。下面具体介绍每种组合设计的方法和操作步骤。

(1)单曲线

当路线不受前后曲线的限制，也不受地形地物控制时，或者在路线初步布设，给每个交点敷设曲线时也采用这种模式。在这种模式下可以设置对称单曲线或非对称单曲线。单曲线的设计要素一般有第一缓和曲线长度 L_{s1}（或参数 A_1）、圆曲线半径 R_C、第二缓和曲线长度 L_{s2}（或参数 A_2），曲线控制要素主要有第一切线长度 T_1、外距 E、第二切线长度 T_2。曲线计算或者组合设计就是在已知上述设计和控制要素中的几个，来计算或者反算其他要素，如图 5-12 所示。

(2)S 形曲线

两个反向圆曲线用两段反向缓和曲线直接连接所构成的组合形式为 S 形曲线，这种情况下，一般先设计好一个曲线的相关参数，然后根据交点间距、一个曲线的切线长度，给定第二曲线的缓和曲线长度，反算第二个曲线的圆曲线半径。

- 滚动横向滑动条，选择交点。
- 输入交点的两侧缓和曲线长度（图 5-13）。
- 单击“请选取平曲线计算模式”右侧的▼，选择“反算：与前交点相接”。
- 单击【计算绘图】按钮，反算当前平曲线的圆曲线半径和所有要素。当无法反算时，软件会给出无法反算的原因提示。

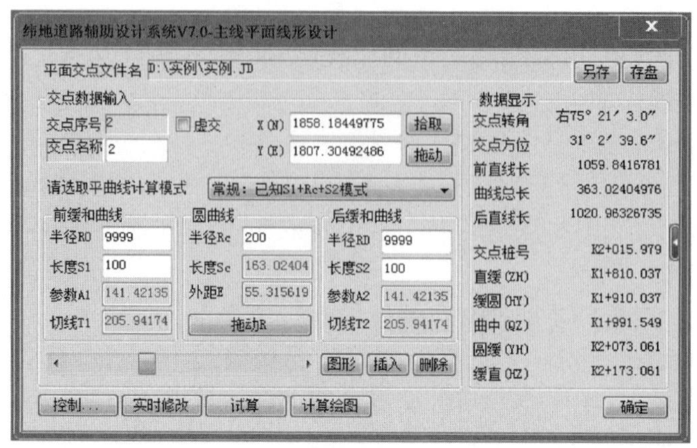

图 5-12 单曲线设计模式

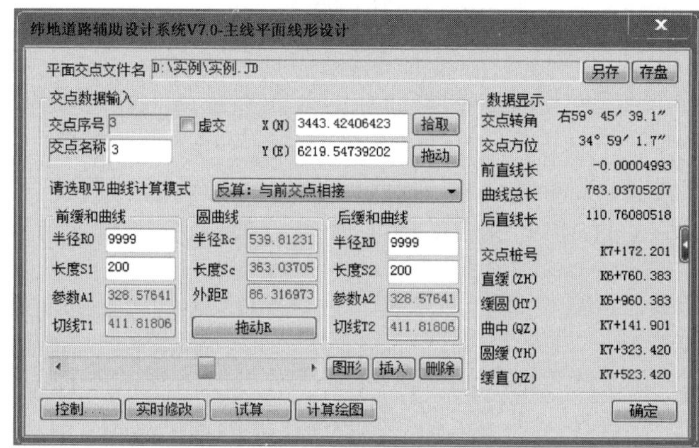

图 5-13 反算 S 形曲线第二曲线半径

(3)卵形曲线

卵形曲线是指两个同向的圆曲线间用缓和曲线连接的组合形式。

- 滚动横向滑动条,选择交点 13。
- 设置交点 13 的曲线要素,交点 13 的后缓和曲线长度应输入零(图 5-14a)。
- 滚动横向滑动条,选择交点 14。
- 输入交点 14 前缓和曲线的半径和长度、后缓和曲线长度(图 5-14b)。
- 单击"请选取平曲线计算模式"右侧的▼,选择"反算:与前交点相接"。
- 单击【计算绘图】按钮,反算当前平曲线的圆曲线半径和所有要素。

注意:交点 14 前缓和曲线的半径值应该为交点 13 的圆曲线半径。当不能完成反算时,需要调整交点 13 的半径和交点 14 的前缓和曲线长度。

(4)回头曲线

- 滚动横向滑动条,选择交点 15。
- 输入交点 15 的前缓和曲线长度,后缓和曲线长度应该为零(图 5-15a)。
- 滚动横向滑动条,选择交点 16。
- 输入交点 16 后缓和曲线长度(图 5-15b)。

a)

b)

图 5-14　反算卵形曲线第二曲线半径

a)设置卵形曲线的第一曲线参数；b)选择反算模式

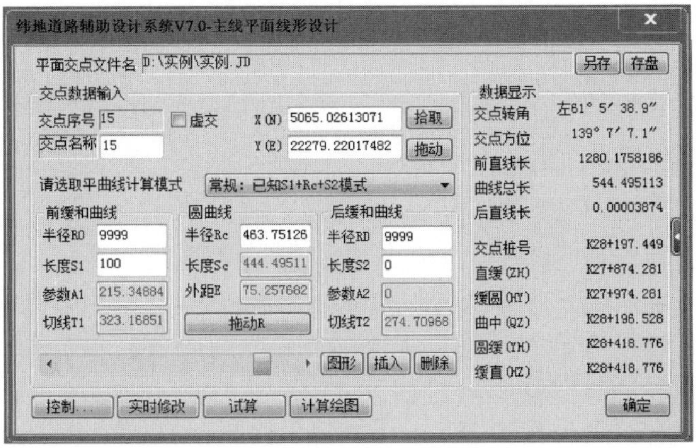

a)

图　5-15

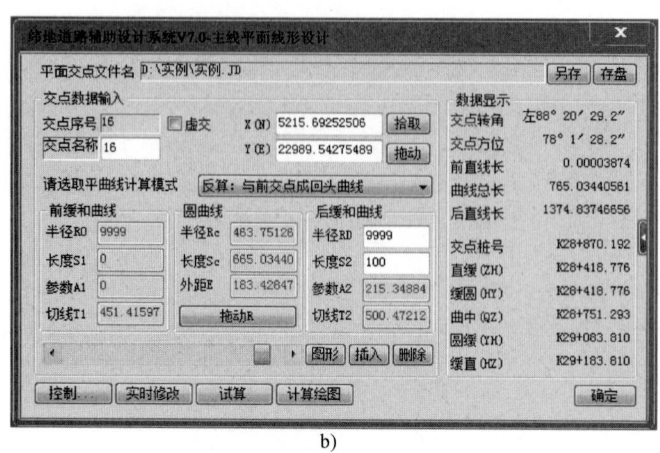

b)

图5-15 反算回头曲线半径

a)设置回头曲线第一交点参数;b)选择反算模式

- 单击“请选取平曲线计算模式”右侧的▾,选择“反算:与前交点成回头曲线”。
- 单击【计算绘图】按钮,反算当前平曲线的圆曲线半径。

第六章

路线纵断面计算机辅助设计

路线平面线形确定后，可根据路线中桩逐桩坐标和切线方位角，从数字地面模型中自动产生路线纵、横断面地面线，然后通过道路纵、横断面交互CAD系统，快速产生多个方案，并提供填、挖方工程量和主要技术指标信息，供工程师对多个方案作出比较，通过人机交互修改调整、优化方案，最后得到满意的结果，是目前纵、横断面辅助设计系统较完整的框架。本章主要介绍纵断面设计中的主要算法和程序实现原理，以纬地道路CAD软件为例，介绍利用CAD软件进行路线纵断面设计的基本流程。

第一节　纵断面交互CAD系统的总体设计

一、系统的功能设计

在纵断面设计时往往需要考虑诸多因素，如技术标准，平、纵面配合，控制点的要求、工程数量和横断面地面线的协调等。系统必须提供足够的支持手段，使用户在设计时能够充分地考虑上述因素，因此纵断面交互CAD系统应该具备以下功能。

1. 控制条件的查询与检查

为了满足纵断面的主要技术标准，如最大纵坡、最小坡长、坡长限制、竖曲线最小半径等，系统应能在工程数据库的支持下提供规范查询和自动检查功能,在设计违反规范要求时给出相应的警告。

为了满足纵断面设计有关控制点的高程要求,系统应能显示控制点并在设计线违反控制点要求时给出警告。

2. 设计辅助信息的显示与查询

系统应能同时显示平面、纵断面设计线,以检查平纵配合情况。同时还应能显示指定桩号的横断面地面线及概略设计线,使设计者掌握当前纵断面设计方案下的横断面状态。

系统应能在未做横断面设计的情况下,提供各方案的土石方估算工程量,从而进行各方案的初步比选。

3. 灵活的交互设计与修改手段

在设计过程中,用户借助鼠标对设计或修改对象(变坡点、坡度线或竖曲线)进行拖动,屏幕上同时动态显示相应的设计参数(桩号、高程、坡度、坡长等),通过拖动步长(桩号步长、坡度步长)、拖动比例和拖动方式(人工指定变坡点桩号、高程、前坡、后坡等)的调整,方便用户进行设计。从贴近设计习惯角度,系统还应支持分布式设计。

纵断面设计过程中纵坡的修改是频繁的,修改的内容也是多种多样的。系统为方便用户修改纵断面以满足设计要求,应提供以下修改功能:①增加变坡点;②取消变坡点;③抬高变坡点;④降低变坡点;⑤图形拖动修改纵坡及竖曲线等。纵断面交互修改如图 6-1 所示。

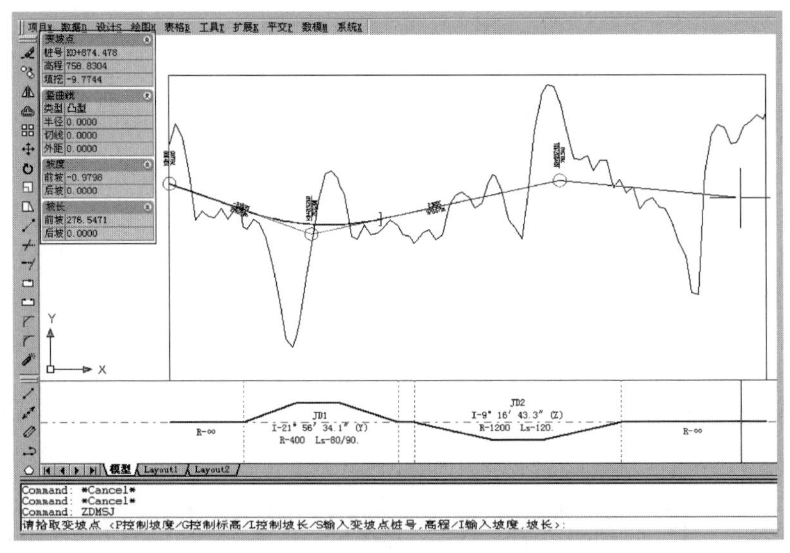

图 6-1　纵断面交互修改界面

4. 设计图表输出

路线纵断面图的图幅大小、绘图范围和比例、图内标注栏的栏数、内容与次序、网格线的水平与竖直间距等,均可由用户指定绘制,以适应不同要求。

二、系统的模块设计

1. 数据管理模块

纵断面设计中需要管理的数据主要有:设计规范数据、纵断面地面线数据、控制点数据和纵断面设计数据。

设计规范数据主要有最大坡度、最大纵坡、坡长限制等数据，可采用工程数据库统一管理，由纵断面 CAD 系统相关模块随时调用。

纵断面地面线数据的获取方式通常有三种方式。第一种是按照传统方式通过野外实测得到；第二种是在初步设计采用纸上定线时，在大比例尺地形图上根据绘出的路中线，从图上读取中桩的地面高程；第三种是在数字地面模型的支持下，当平面设计完毕，自动内插产生。控制点数据可以是在野外测设中确定，或者在平面设计过程中根据地形地物数据确定，也可以是在纵断面设计过程中确定。纵断面设计数据是在交互设计过程中产生的，同时又应该允许用户通过数据文件导入。因此，系统必须提供不同的数据输入方式，一是数据文件导入方式，二是屏幕对话框手工输入方式，三是对于设计数据，可以在交互修改过程中自动存储。

2. 纵断面计算模块

纵断面计算模块负责两类计算工作：

(1)纵断面设计高程计算模块。这是纵断面设计系统中的核心模块，负责计算各桩号的设计高程和设计填高、挖深。

(2)工程数量估算模块。在纵断面设计阶段，横断面尚未设计，因此，精确的土石方工程量无法求得，但对纵断面方案优劣的评价中，土石方工程量又是一个很重要的指标。因此，在纵断面设计中，可以对土石方数量计算进行简化，利用实际横断面地面线，得到指定范围内的估算工程量。

3. 设计方案检查模块

设计方案检查模块内容包括：①技术规范检查；②平纵组合检查；③横断面检查；④控制点检查。

(1)技术规范检查。在纵断面设计过程中，需要随时调用内藏规范，对发现违反技术规范的情况，要给出警告。在设计结束后，也能对设计成果是否满足规范要求进行总体检查，包括平均纵坡、合成坡度等。

(2)平纵组合检查。在设计过程中，系统能在合适的区域显示直线、平曲线，设计者可根据一般设计原则判断平、纵曲线组合的优劣。

(3)横断面检查。对纵断面上某些填高或挖深值较大或自然坡度很大的路段，需要检查纵断面设计高程是否合理，横断面上是否有设计高程不合适或设计线无法和地面相交的情况。系统应能随时调出横断面地面线，以利于设计者设计参考。

(4)控制点检查。根据控制点的不同类型，系统应能将控制点显示在纵断面设计图上，当设计违反控制点约束时，系统应能给出提示。

4. 纵断面交互设计与修改模块

纵断面交互设计与修改模块允许设计者在设计过程中通过不同方式的实时拖动来得到满意的设计结果，同时提供丰富的修改功能供设计者方便地修改设计。纵断面修改的内容只有坡度、坡长和竖曲线半径，但实际工作的方式却是多种多样的，本模块必须满足这种要求。

(1)坡度和坡长修改

坡度和坡长的修改通常是一起进行的，它可以是直接修改坡度和坡长，也可以是通过修改变坡点的桩号和高程而改变坡度和坡长，还可以用插入和删除变坡点的方法改变坡度和坡长，这些操作归纳起来可以有以下几种。

①修改坡度坡长。

修改坡度和坡长有两种情况,一是要修改的坡段坡度不变,对坡长进行修改,如图 6-2a)所示;二是要修改的坡段坡长不变,对坡度进行修改,如图 6-2b)所示。

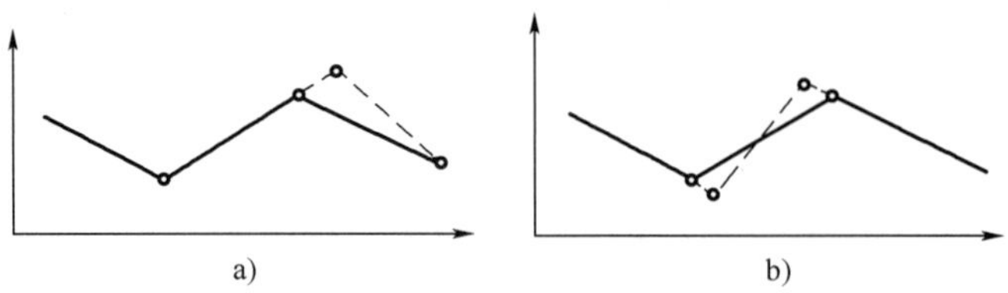

图 6-2 坡度坡长修改示意图

②修改变坡点。

变坡点的修改方式有五种:自由移动、水平移动、垂直移动、沿前一坡段移动和沿后一坡段移动,如图 6-3 所示。

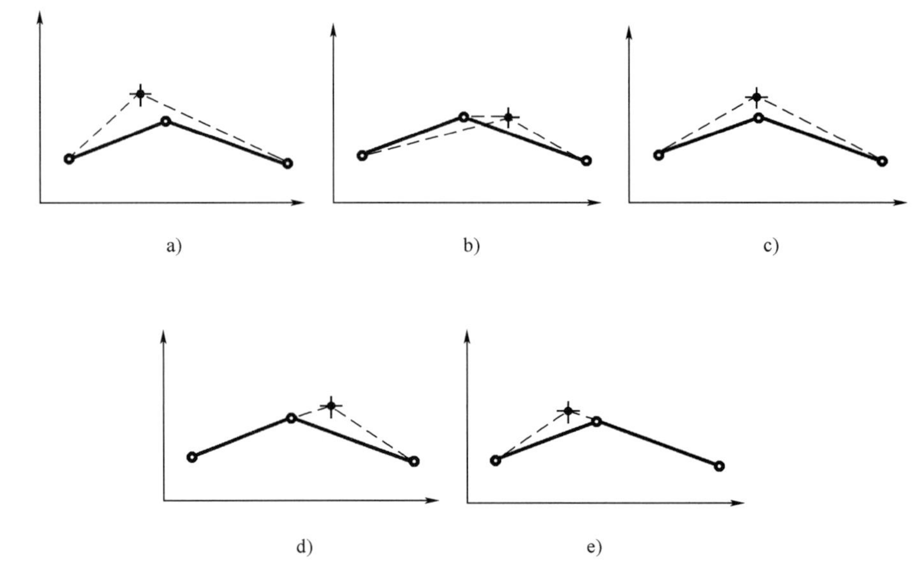

图 6-3 变坡点修改示意图

③插入和删除变坡点。

插入变坡点时,系统提示插入变坡点的桩号和高程,然后自动将前后两个变坡点与插入点相连。删除变坡点时,用户指定欲删除的变坡点,系统自动将前后两个变坡点相连。

④移动某一坡段。

这里的移动仅限于原坡段平行移动,移动过程中其前后坡段坡度不变,延长后与移动后的该坡段相交,如图 6-4 所示。

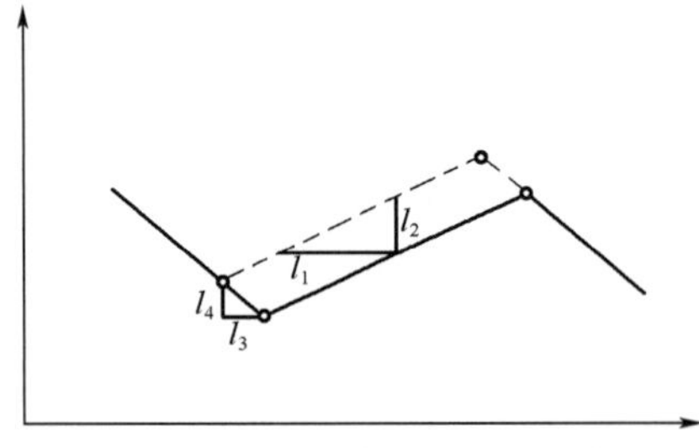

图 6-4 坡段移动修改示意图

(2)竖曲线半径修改

坡度、坡长修改后经常要对竖曲线半径做适当修改,系统中竖曲线半径通常采用图形交互修改的办法。

5. 图表输出模块

图表输出模块可根据用户要求,完成纵断面图的绘制和纵坡竖曲线表的输出。

纵断面 CAD 系统设计流程如图 6-5 所示。

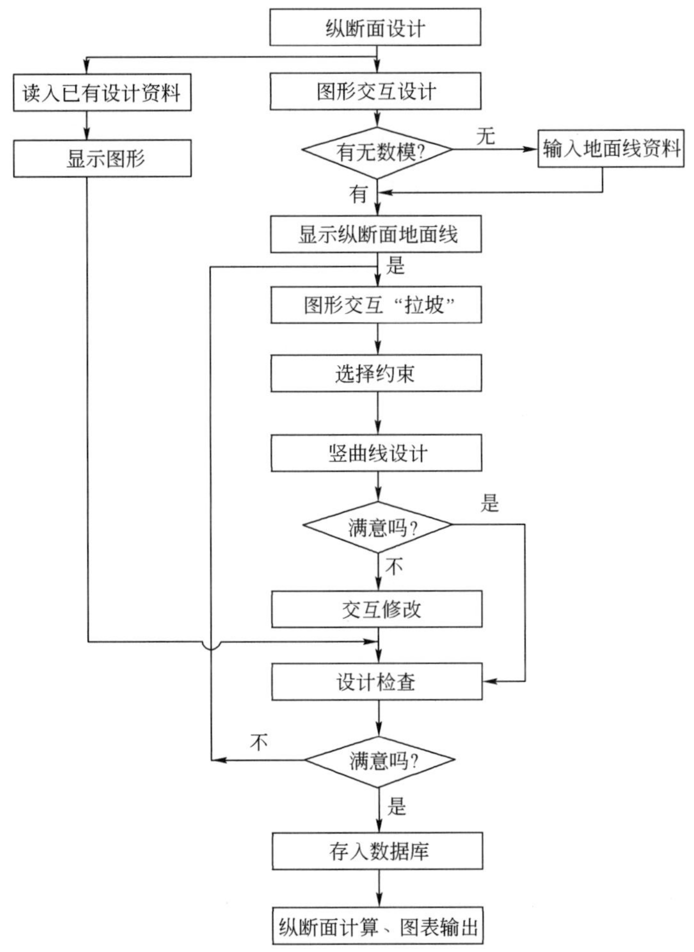

图 6-5 纵断面 CAD 系统设计流程图

第二节 纵断面设计计算

一、纵断面计算方法

各变坡点里程、高程及竖曲线半径给定后,纵断面设计的计算工作比较简单。一般先计算竖曲线各要素,然后计算出路线设计高程及中桩填挖高。纵断面计算流程如图 6-6 所示。

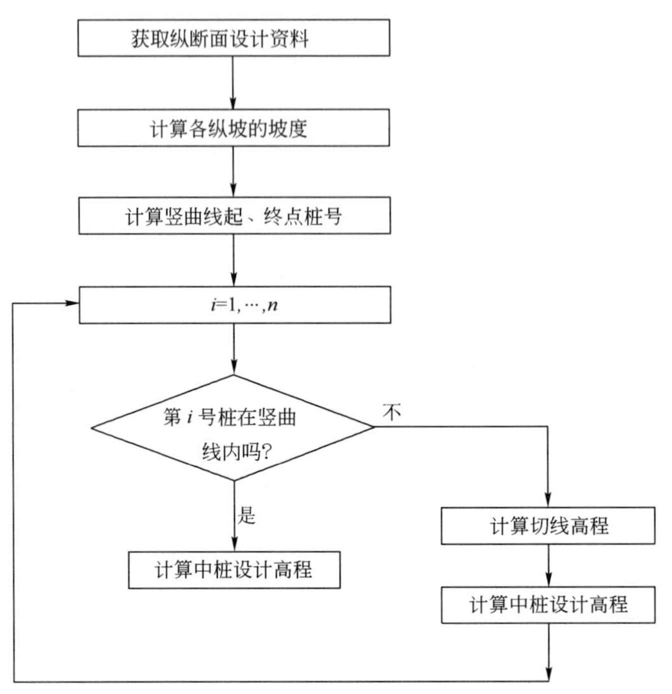

图 6-6　纵断面计算流程图

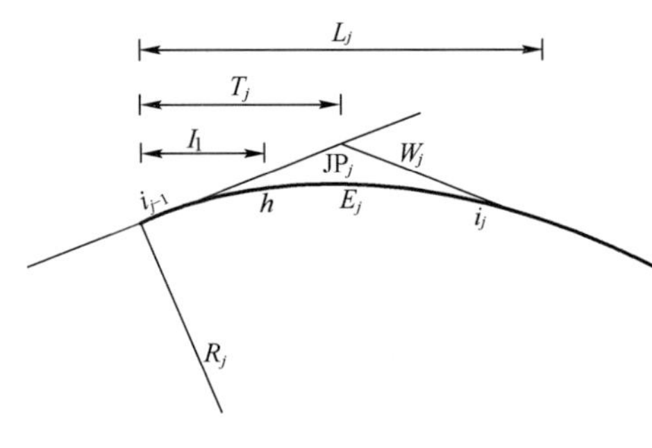

图 6-7　纵断面计算图式

1. 纵坡度及坡度差的计算

如图 6-7 所示,根据各变坡点 JP_j 处的高程 H_j 和桩号,可计算出各坡段的纵坡 i_j。

$$i_j = \frac{H_{j+1} - H_j}{JP_{j+1} - JP_j} \tag{6-1}$$

其中,i_j 的正负表示该段纵坡的上下坡情况,上坡为“正”,下坡为“负”。

变坡点 JP_j 处坡度差 ω_j 为:

$$\omega_j = i_j - i_{j-1} \tag{6-2}$$

当 $\omega_j < 0$ 时,该竖曲线为凸竖曲线;当 $\omega_j > 0$ 时,该竖曲线为凹竖曲线。

2. 竖曲线要素计算

如图 6-7 所示的变坡点 JP_j,其竖曲线半径为 R_j,坡度差为 ω_j,则曲线长 L_j、切线长 T_j、外距 E_j 和竖曲线上任一点(离曲线起点 l 处)的改正值 h 分别为:

$$\left.\begin{aligned} L_j &= R_j\omega_j \\ T_j &= \frac{L_j}{2} \\ E_j &= \left(\frac{T_j}{4}\right)\omega_j \\ h &= \frac{l^2}{2R_j} \end{aligned}\right\} \tag{6-3}$$

3. 设计高程及填挖高程计算

设计高程是根据桩号处于直坡段或竖曲线内,选用不同的公式计算求得的。

在直坡段上:

$$sh_k = H_{j-1} + (s_k - JP_{j-1})i_{j-1} \tag{6-4}$$

式中:sh_k——k 桩号的设计高程;

s_k——k 桩号处的里程桩号;

其余变量含义同前。

在竖曲线段内:

$$sh_k = H_{j-1} + (s_k - JP_{j-1})i_{j-1} \pm h \tag{6-5}$$

式中:h——桩号 s_k 处的竖曲线改正值,当竖曲线为凸曲线时,h 前符号取负值"-",当竖曲线为凹曲线时,h 前符号取正值"+"。

填挖高程等于相应设计线上的设计高程减去地面高程。

$$twg_k = sh_k - dh_k$$

式中:twg_k、dh_k——表示 k 桩号处的填挖高程和地面高程。

二、纵断面计算程序实例

纵断面计算程序可按以上计算方法编写,运行程序前,预先将纵断面设计资料和纵断面地面线资料按规定的格式建成两个数据文件——ZDMSJZL. DAT 及 ZDMDMXZL. DAT,然后启动程序,完成纵断面所有计算工作,并将竖曲线要素计算结果写入 SQXYS. DAT 中存储。

纵断面设计资料数据文件 ZDMSJZL. DAT 可按以下格式存储(其中起终点竖曲线半径为0):

变坡点桩号,设计高程,竖曲线半径

纵断面地面线资料数据文件 ZDMDMXZL. DAT 可按以下格式存储:

中桩桩号,地面高程

纵断面计算程序示例如下。

```
Public Sub CalProfile()
    Dim JP(0 To 50) As Double'变坡点桩号
    Dim H(0 To 50) As Double'变坡点高程
    Dim R(0 To 50) As Double'竖曲线半径
    Dim QD(0 To 50) As Double'竖曲线起点桩号
    Dim ZD(0 To 50) As Double'竖曲线终点桩号
    Dim i(0 To 50) As Double'坡度
    Dim w(0 To 50) As Double'坡差
    Dim L(0 To 50) As Double'竖曲线长
    Dim T(0 To 50) As Double'切线长
    Dim E(0 To 50) As Double'外距
    Dim Y As Double'改正值
    Dim j As Integer = 0'循环变量
    Dim Num As Integer'变坡点数
    Dim PL As Double'中桩桩号
    Dim DH As Double'中桩地面高程
```

```
Dim HS As Double'中桩设计高程
Dim TW As Double'中桩填挖高程

open "zdmsjzl.dat" for input as #1
open "zdmdmxzl.dat" for input as #2

Do Until EOF(1)
    Input #1, JP(j),H(j),R(j)
    '计算坡度
    i(j) =(H(j+1) - H(j))/(JP(j+1) - JP(j))
    If j > 0 Then
        '计算坡差
        w(j) =i(j) - i(j-1)
        '计算竖曲线要素
        L(j) =R(j) * w(j):T(j) =L(j)/2:E(j) =T(j) * w(j)/4
        QD(j) =JP(j) - T(j):ZD(j) =JP(j) +T(j)
    End If
    j =j +1
Loop
close #1
Num =j
open "SQXYS.DAT" for output as #3
For j =0 To Num - 1
    Print #3,JP(j),T(j),L(j),E(j),QD(j),ZD(j),i(j),w(j)
Next
close #3

'计算中桩设计高程及填挖高程
j =0
Do Until EOF(2)
    Input #2,PL,DH
M1:   If PL >ZD(j)Then
        j =j +1
        GoTo M1
    End If
M2:   If PL < ZD(j - 1)Then
        j =j +1
        GoTo M2
    End If
    HS =H(j - 1) +G(j - 1) * (PL - JP(j - 1))
    If PL > QD(j)Then
        Y =(PL - QD(j))^2 / 2 / R(j)
        HS =HS +SGN(i(j) - i(j - 1)) * Y
```

```
End If
TW = HS - DH
open"ZDMCGZL. DAT" for output as #4
print #4,PL,DH,HS,TW
Loop
close #2
close #4
End Sub
```

第三节 纬地道路辅助设计系统的纵断面设计

一、纵断面原始数据的准备

路线纵断面地面线资料是纵断面设计的重要基础资料，在开始路线纵断面拉坡设计之前必须准备好。根据设计阶段的不同和数据采集方式的不同，在 HintCAD 中输入纵断面地面线资料的方式也不同。

1. 直接输入纵断面地面线数据

如果在路线勘测外业中实测了逐桩的地面线高程，或者从地形图上读取了逐桩的地面线高程，可采用 HintCAD 软件提供的“纵断面数据输入”工具输入数据。其操作如下：

• 单击菜单【数据】→【纵断面数据输入】，弹出如图 6-8 所示的“纵断面地面线数据编辑器”。

• 单击“纵断面地面线数据编辑器”的菜单【文件】→【设置桩号间距】来设定按固定间距自动提示下一个要输入的桩号。

• 在“纵断面地面线数据编辑器”对应的“桩号”和“高程”列表里输入桩号和对应的地面高程。

• 输完所有数据后，在“纵断面地面线数据编辑器”的工具栏上点击【存盘】按钮，系统将地面线数据写入到指定的数据文件中，并自动添加到项目管理器中。

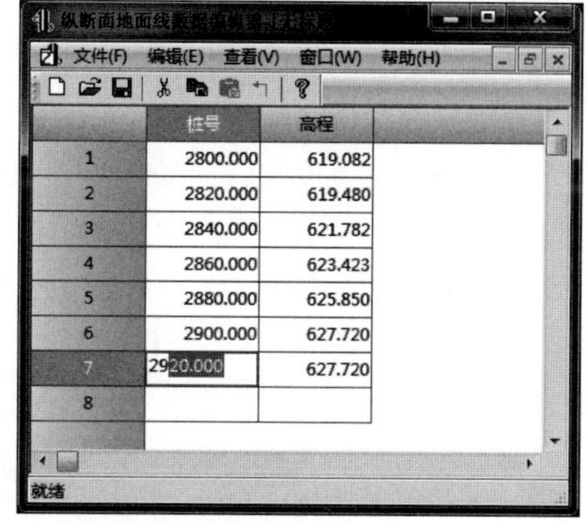

图 6-8 纵断面地面线数据输入

2. 数字地面模型(DTM)内插纵断面地面线数据

这是快速获得路线纵断面地面线数据的方法，在路线方案优化设计中应用广泛。其操作步骤如下：

• 单击菜单【数模】→【数模组管理】，弹出“数模组管理”对话框。

• 选择已经建立的数模文件，单击对话框右侧的【打开数模】按钮，打开已经建立的数模。

• 单击对话框右侧的【关闭】按钮，关闭“数模组管理”对话框。

• 单击菜单【数模】→【数模应用】→【纵断面插值】，弹出如图 6-9 所示的对话框。

• 输入桩号范围,并选择“插值控制”中的选项。

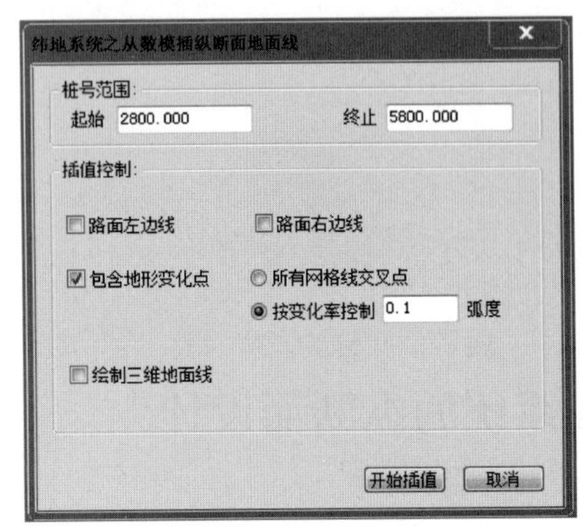

图 6-9　内插纵断面地面线

“插值控制”中的“路面左边线”和“路面右边线”控制中桩插值时,同时内插出路基左右侧边线的对应地面高程,这主要为路基横断面设计和支挡构造物设计提供设计参考。只需要路线中线纵断面地面线时,不选择“路面左边线”和“路面右边线”选项,一般应该选择“包含地形变化点”选项。

• 单击【开始插值】按钮,弹出文件对话框,输入文件名(＊.dmx)后系统开始进行插值计算。

提示:“桩号范围”的默认值为路线的总长度,需根据当前数模的边界范围重新输入插值的起终点桩号范围,否则有些桩无法内插地面高程;如果项目中已存在该文件,系统会提示是否覆盖原地面线文件。

二、纵断面控制点数据

纵断面控制点是指影响路线纵坡设计的高程控制点,在纵断面设计之前应该将控制点的数据输入到 HintCAD 中,以便在纵断面纵坡设计时显示在图形中,为设计提供参考。在 HintCAD 中可以输入以下高程控制点。

1. 桥梁控制点

桥梁控制点包括与主线相交的其他道路、铁路、河流等需要控制的高程。当主线上跨时,设计线应该在这类控制高程之上,以保证被交线有足够的净空高度;当主线下穿时,设计线应该在控制高程之下,以保证主线有足够的净空高度。在 HintCAD 中输入桥梁控制点的步骤如下:

• 单击菜单【数据】→【控制参数输入】,弹出如图 6-10 所示的“控制参数输入”界面。
• 单击对话框中的【桥梁】选项。
• 单击【插入按钮】,添加新的桥梁,并输入该桥梁的详细数据。

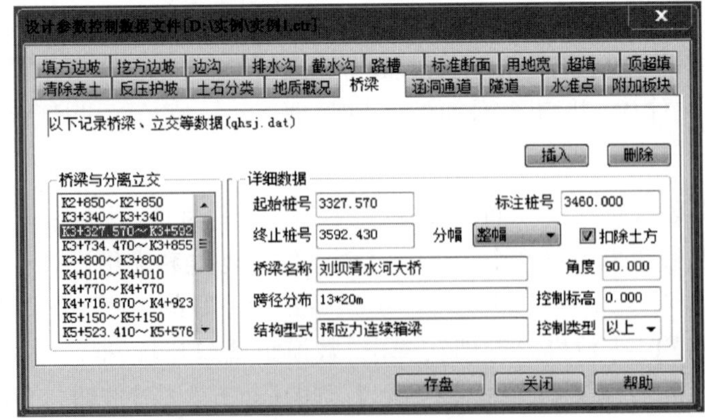

图 6-10　桥梁控制点输入

提示:“标注桩号”为桥梁的中心桩号;“角度”为桥梁与被交线或河流的交角;“控制标高”指桥面的控制高程;“控制类型”是指路线纵坡在控制高程以上或以下。“跨径分布”填写格式为数字格式,例如:30 +2 * 45 +30m。

2. 涵洞通道控制点

在 HintCAD 中输入涵洞通道控制点的步骤如下:

- 单击菜单【数据】→【控制参数输入】,弹出如图 6-11 所示的“控制参数输入”界面。
- 单击对话框中的【涵洞通道】选项。
- 单击【插入】按钮,添加新的涵洞通道,并输入该涵洞通道的详细数据。

提示:“角度”为涵洞通道与被交线或沟渠的交角;“涵底标高”指涵洞通道底面高程。

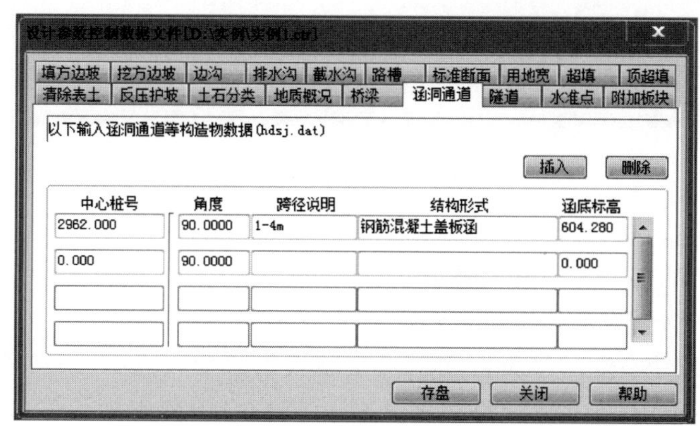

图 6-11　涵洞通道控制点输入

3. 其他高程控制

其他高程控制,如沿线洪水和地下水水位控制高程、特殊条件下路基控制高程等数据无法用 HintCAD 软件输入,需要设计人员根据控制的里程和高程手工在 AutoCAD 图形中标注出,为设计提供参考。

提示:其他控制高程点可以在桥梁控制数据中输入,输入时桩号为控制点的桩号,“桥梁名称”输入为控制点名称,“跨径分布”和“结构形式”输入一个空格,“控制标高”输入控制点的控制高程,选择合适的“控制类型”,最后输出图形和表格时注意删除这些数据。

三、交互式纵断面设计与修改

1. 纵断面设计对话框

路线纵断面设计对话框是纵断面拉坡设计的一个重要的对话框,纵断面设计的主要过程都在此对话框上完成。下面介绍这个对话框各个部分的功能和应用。

- 单击菜单【设计】→【纵断面设计】,弹出如图 6-12所示的“纵断面设计”对话框。

此对话框启动后,如果项目中存在纵断面设计数据文件(* . zdm),系统将自动读入纵断面变坡点数据,并进行计算和显示相关信息。

(1)“纵断面数据文件”编辑框

该编辑框用来输入纵断面变坡点的数据文件路径和名称,一般情况下不需要在此输入任何信息,软件根据项目的设置自动显示数据文件的名称。

图6-12 “纵断面设计”对话框

(2)“桩号”编辑框

该编辑框输入当前变坡点的里程桩号。

(3)凹显“高程”按钮及编辑框

凹显的“高程”按钮右侧的编辑框用来直接输入当前变坡点的设计高程。为了使路线纵坡的坡度在设计和施工中便于计算和掌握,系统支持在对话框中直接输入坡度值。鼠标点击凹显“高程”按钮,右侧数据框中的变坡点高程值会转换为前(或后)纵坡度,可输入该变坡点前后纵坡的坡度值。

(4)“选点”按钮

“选点”按钮用于在屏幕上直接拾取当前需要设计的变坡点的位置。

(5)“插入”和“删除”按钮

“插入”按钮用于通过鼠标点取的方式在屏幕上直接插入(增加)一个变坡点,并且直接从屏幕上获取该变坡点的数据。

“删除”按钮用于在屏幕上通过鼠标点取需要删除的变坡点来删除变坡点。

(6)“计算模式”列表

“计算模式”包含5种竖曲线的计算模式,即常规的“已知R(竖曲线半径)”控制模式、“已知T(切线长度)”控制模式、“已知E(竖曲线外距)”控制模式、与前竖曲线相接、与后竖曲线相接5种竖曲线计算控制模式。

(7)“计算”按钮

当用户选择好“计算模式”,并输入相应的数据后,单击“计算”按钮完成竖曲线的计算,并将计算结果显示在右侧的“数据显示”中。

(8)“控制”按钮

“控制”按钮用来控制在纵断面拉坡图中的绘图选项控制和显示参考控制等。

(9)“填挖检查”按钮

“填挖检查”按钮实时显示当前鼠标位置所在桩号处的填挖高度、设计高程、地面高程以及坡度。设计时用该功能来查看填挖高度。

(10)“实时修改”按钮

“实时修改”按钮为用户进行交互式纵断面设计提供了一个高效的设计工具,利用“实时修改”功能,可以对变坡点的位置进行沿前坡、后坡、水平、垂直、自由拖动等方式的实时移动,也可以对竖曲线半径、切线长及外距进行控制性动态拖动。另外,也可以对整个坡段实现绕前点、后点或整段自由拖动的实时修改。

(11)“计算显示”按钮

第一次单击“计算显示”按钮时,程序将在 AutoCAD 的绘图屏幕中绘出全线的纵断面地面线、里程桩号和平曲线变化,同时绘图屏幕下方也会显示平曲线(图 6-1)。

“计算显示”按钮用于重新计算所有变坡点数据,将计算后的结果显示在对话框中,同时刷新拉坡图中的纵断面设计线。

在拉坡设计过程中,系统在 AutoCAD 的图形屏幕左上角会出现一个动态数据显示框,主要显示变坡点、竖曲线、坡度、坡长的数据变化,随着鼠标的移动,框中数据也随之变动(图 6-1)。

2. 设置变坡点

- 单击菜单【设计】→【纵断面设计】,弹出“纵断面设计”对话框(图 6-12)。
- 输入路线起点桩号和设计高程。
- 单击“纵断面设计”对话框中的【插入】按钮,可以连续增加新的变坡点或在两个变坡点之间插入变坡点。根据提示,可以在屏幕上直接点取变坡点,也可以通过键盘修改变坡点的桩号和高程。

3. 设置竖曲线

通过滚动上下滑动块选择要设置竖曲线的变坡点。HintCAD 提供了 5 种竖曲线的设置模式:

(1)已知竖曲线半径 R

- 单击“纵断面设计”对话框“计算模式”右侧的▼,选择“已知 R”。
- 输入竖曲线半径值。
- 单击【计算】按钮,完成竖曲线半径的设置。

(2)已知竖曲线切线长度 T

- 单击“纵断面设计”对话框“计算模式”右侧的▼,选择“已知 T”。
- 输入竖曲线切线长度。
- 单击【计算】按钮,反算出竖曲线半径。

(3)已知竖曲线外距 E

- 单击“纵断面设计”对话框“计算模式”右侧的▼,选择“已知 E”。
- 输入竖曲线外距控制值。
- 单击【计算】按钮,反算出竖曲线半径。

(4)与前一个竖曲线直接衔接

- 单击“纵断面设计”对话框“计算模式”右侧的▼,选择“与前竖曲线连接”。
- 单击【计算显示】按钮,反算出竖曲线半径,并刷新图形。

(5)与后一个竖曲线直接衔接

- 单击“纵断面设计”对话框“计算模式”右侧的▾,选择“与后竖曲线连接”。
- 单击【计算显示】按钮,反算出竖曲线半径,并刷新图形。

4. 纵断面设计线的修改

当路线纵断面线形不合适时,需要对路线纵断面变坡点进行调整修改。调整修改路线纵断面线形主要涉及以下两个方面。

(1)调整变坡点

在进行纵断面变坡点调整时可以移动变坡点的位置,增加、删除变坡点。

移动变坡点位置的操作步骤如下:

- 单击“纵断面设计”对话框上的【实时修改】按钮。
- 根据命令行提示,从图中点取需要修改的变坡点(图中变坡点上的小圆圈)。
- 根据命令行提示,选择合适的修改方式。
- 移动鼠标,在图中确定变坡点新的位置。

增加变坡点的操作步骤如下:

- 单击“纵断面设计”对话框上的【插入】按钮。
- 根据命令行提示,从图中点取新增加的变坡点位置(可以连续插入多个变坡点)。
- 按键盘上的ESC键返回“纵断面设计”对话框。

删除变坡点的操作如下:

- 单击“纵断面设计”对话框上的【删除】按钮。
- 根据命令行提示,从图中点取需要删除的变坡点(图中变坡点上的小圆圈)。
- 单击【计算显示】按钮,刷新图形。

(2)修改竖曲线参数

在“纵断面设计”对话框中,根据计算模式可以编辑修改竖曲线的半径、切线长度或外距。

第七章

路线横断面计算机辅助设计

道路横断面计算机辅助设计就是在平纵线形确定后，根据设计模板确定的标准横断面和纵断面设计高程要求，在原始地形上逐桩自动布置道路横断面，提供土石方数量表和每个断面的填挖工程量等信息，通过人机交互修改调整、优化方案，最后得到满意的结果。本章主要介绍横断面设计中的横断面 CAD 系统总体设计、自动设计、交互设计，并以纬地道路 CAD 软件为例，介绍利用 CAD 软件进行路线横断面设计的基本流程。

第一节　横断面 CAD 系统的总体设计

一、系统的功能设计

路线横断面设计在道路设计中不但是一项工作量大、重复性多的工作，而且道路沿线地形、地物、地质、水文等条件变化很大，所以道路横断面设计又是一项综合性、经验性很强的工作。因此，路线横断面计算机辅助系统应该具备以下功能：

(1)完善的横断面设计策略

横断面 CAD 系统自动设计模块应具有完善的横断面设计策略，使自动设计的结果最大限度地符合自然条件和设计者的要求,并把所有填挖等数据按照设计者的习惯显示出来,同时自动提示视距不足和其他违反规范要求之处。

(2)高效的人机交互手段与修改手段

横断面人机交互设计、修改不应只是一笔一画的设计、修改,也不应该是纯几何意义上的设计、修改,而应是基于模块属性意义上的修改,这样才能结合设计规范、设计标准图或通用图完成设计。

(3)设计图表输出

横断面设计图的绘制包括绘图和标注两个部分。绘图是根据用户指定图幅比例、排版定位等自动绘制横断面地面线、标准断面(路面、路槽)设计线及左右两侧边坡线,并根据边坡设计要求在指定位置绘制挡土墙、护面墙、护脚、护肩、护岸、边坡加固、边沟(排水沟)及截水沟、加固等防护设施。标注是按常规方法和要求标注桩号、填挖高程、设计高程、地面高程以及填、挖面积,并根据用户需要标注路基边缘、边沟(排水沟)底、坡脚、坡口等处的设计高程与偏距,最后根据土石方调配结果自动生成土石方计算表。

二、系统的模块设计

1. 横断面CAD系统的设计流程

横断面设计的工作量是相当繁重的,并且大部分是比较简单的重复性工作。横断面CAD系统的工作过程可描述如下:设计者根据路线所经地区的地形、地质、水文、气候等条件,归纳可能出现的横断面形式和处理方式,确定路段的标准设计横断面形式及构造物布置形式,计算机根据标准横断面自动进行横断面设计,设计成果通过计算机逐个显示在屏幕上,设计者可根据地形、地质条件等在屏幕上修改不合理的设计。计算机自动提取并存入修改后的数据,计算土石方工程数量和土石方累计数据,根据土石方累计曲线,进行土石方调配,最后输出横断面设计图和有关图表,如图7-1所示。

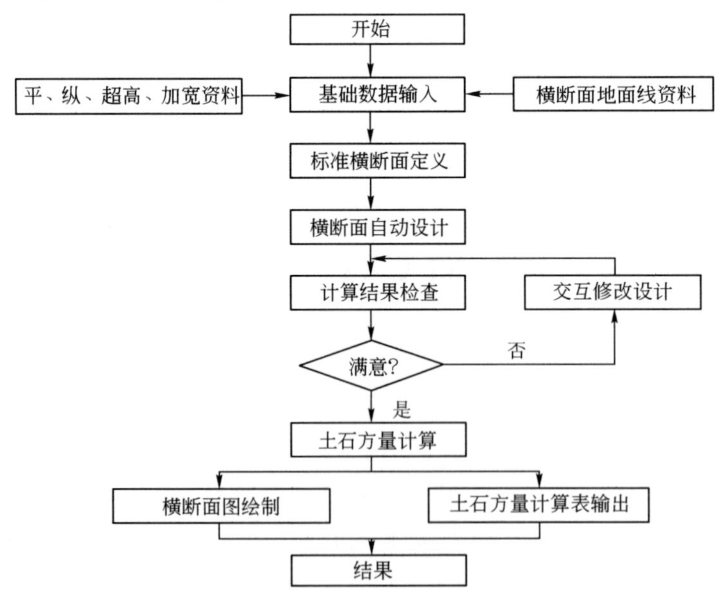

图7-1 横断面CAD系统设计流程图

2. 横断面 CAD 系统的模块设计

根据以上设计流程,横断面 CAD 系统共有如下 5 个设计模块。

(1)横断面数据输入输出模块

横断面数据输入输出模块主要有数据获取模块和出图出表模块两个部分,是横断面 CAD 系统的基础。

横断面数据的产生方式常有两种:一种是将野外测量的横断面地面线图或数据输入计算机;另一种是利用数字地面模型自动产生得出地面线高程数据。第一种方式工作效率低且会产生二次误差,现在多用第二种方式。由数模产生的纵、横地面线,按传统的设计思想只能用于工可和初步设计阶段。实际上,对数模产生的纵、横地面线数据经过野外的实测修正和补充,亦可用于路线施工图设计阶段。而横断面在计算机内存储一般都是一系列的折线(图 7-2),为了符合传统设计的习惯,每一个横断面的坐标原点一般都定义在路中心线处。

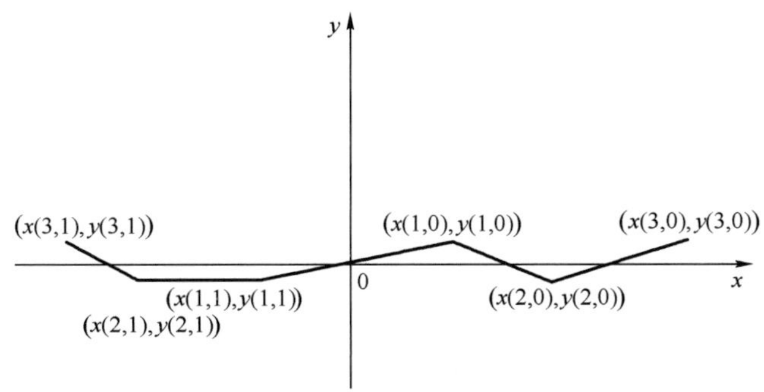

图 7-2　横断面 CAD 系统地面线的坐标系

设计的最后成果就是设计图纸,所以该模块的自动化程度和方便性是评价该系统性能的主要技术指标之一。出图出表模块在得到所需资料后,通过确定图幅比例、排版定位等参数,实现图表的绘制和计算的同步。

(2)横断面设计模板模块

横断面设计过程中,可能遇到各种断面图式,标准横断面的定义应尽可能满足各种不同情况,从而形成了不同的设计模板。图 7-3 是常用的一种定义方法。图中各种参数可以根据不同路段的情况和要求分别予以定义。因此,它包括了通常可能遇到的高填方、深挖方的情况。

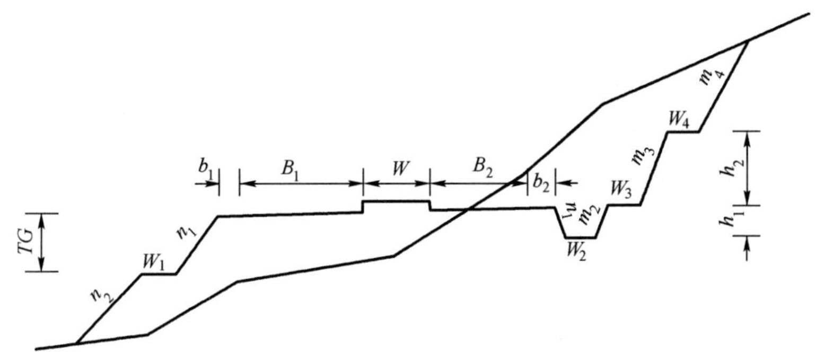

图 7-3　标准横断面形式

(3)横断面自动设计模块

横断面自动设计模块是横断面设计系统中的最重要模块,其性能直接影响到整个横断面设计系统的效率。计算机进行横断面设计时,处理问题的方法与传统设计方法基本相同,只是人通过简单手段和经验就能够判断的,计算机要经过反复的计算、判断后才能确定。这使得横断面设计程序的编写较平、纵面程序复杂。

(4)横断面交互修改模块

因为路线所经过的地形、地质、水文等条件千变万化,使得在自动设计中所得到的少数横断面设计结果存在不合理的地方。这就要求横断面CAD系统提供交互修改的模块,在修改完成的同时应及时更新数据显示修改结果,以便研究人员参考。

(5)横断面数据计算模块

这个设计模块包括横断面面积计算和土石方数量计算两个子模块。前者主要是用条分梯形法或闭合多边形法计算填挖面积,得到出图出表中需要的基础数据。土石方工程数量的计算主要是采用平均断面法,假定两个计算断面之间的设计线和地面线呈线性变化关系,计算其数量,为调配与编制工程预算提供基础数据。

第二节　横断面设计模板

一、现行横断面的设计方法

模板在传统的道路设计和施工中的应用由来已久,如在桥涵设计中各设计单位均参照的"标准图"、路线设计中用透明描图纸或透明胶片制成的"路基断面透明模板"、桥涵施工中用作浇筑混凝土及砌筑砖石拱的模板等。但是传统的模板应用是基于手工设计的,其应用有很大的局限性:首先模板的定义不够灵活,不能对设计提供有效的支持,使用者应用起来受到很大的限制;其次是模板的应用并没有有效地提高设计速度,没有把设计者从繁杂重复的劳动中解脱出来。而横断面计算机辅助系统让计算机进行重复劳动,人通过交互指导计算机运算,从而高效正确地完成设计。

目前,国内横断面CAD系统普遍采用分段定义横断面设计的方法,这种方法与传统设计过程基本相同,即设计者根据沿线地质、水文等情况,归纳出沿线可能出现的横断面形式,并以相应的几何数据加以定义。这种方法存在的问题是,由于沿线地形、地质条件复杂多变,设计者定义的标准断面往往无法涵盖所有可能遇到的特殊情况,设计完成后的人工修改工作量大。以Autodesk公司Civil 3D及Bentley公司PowerCivil为代表的横断面CAD系统采用基于模板的设计方法,该方法的思想是把横断面的各组成部分分别定义。路幅部分继续按组成细化,分解成各个独立的几何单元进行定义。

二、横断面模板设计

横断面模板分为路幅模板、边坡模板、边沟模板。

路幅模板子模板包括中央分隔带模板、左行车道模板、左硬路肩模板、左土路肩模板、右行车道模板、右硬路肩模板、右土路肩模板。

边沟模板在这里既可以表示通常意义上的边沟,又可以表示设计中遇到的排水沟,包括左边沟模板和右边沟模板。

因此,横断面设计可以定义为:

横断面∷ = <路幅> + <边沟> + <边坡>

路幅∷ = <左土路肩> + <左硬路肩> + <左行车道> + <中央分隔带> + <右土路肩> + <右硬路肩> + <右行车道>

边沟∷ = <左边沟> + <右边沟>

边坡∷ = <左边坡> + <右边坡>

上述定义是一种概念性的表示,无法反映某一具体路段横断面的组成。因此,需要对横断面各组成部分的模板分类定义,为了使模板模型遵守统一的管理,所有模板应遵守标准的建模规范,下面是各模板在模型库中的定义。

1. 路幅模板

<HDMi> ∷ = <RoadWithi> + <SideDitchi> + <Slopei>

<RoadWithi> ∷ = <TemplateHead,TemplateBody>

<TemplateHead> ∷ = <Name,I/O,Build-up Sequence, SubModelsList, ModelFunction Expanation>为第 i 个路幅模板的基本信息。

Name 是模板的名字,由用户根据自己的爱好命名。

I/O 表示模板库的存储位置。

Build-up Swquence 是子模板的组合顺序描述,用字符串表示,在这里所有子模板均用两个不同的符号表示,如用 ZX 表示左边行车道,YX 表示右行车道,ZY 表示左硬路肩,YY 表示右硬路肩,ZT 表示左土路肩,YT 表示右土路肩,CE 表示中央分隔带,而字符串“ZTZXYXYT”表示该路幅是由左土路肩、左行车道、右行车道和右土路肩组成,“ZTZYZXCEYXYYYT”表示该路幅为高速公路和一级公路的路幅,由左土路肩、左硬路肩、左行车道、中央分隔带、右行车道、右硬路肩和右土路肩组成。不同的描述可以表示不同的路幅组合。

SubModelsList 表示模板组成的子对象,同样由上述符号表示,不同的是列表中的符号没有顺序要求,这些子对象将由其他模板结构表示。

ModelFunction Explanation 是模板的功能描述。

<TemplateBody> ∷ = <Excutable Program Block>为第 i 个路幅模板的基本属性,包括路幅的适应路段起始桩号、该路段的地质信息等内容。

各个子模板的定义如下:

<ZT> ∷ = <W,I>

<ZY> ∷ = <W,I,H>

<ZX> ∷ = <W,I,H>

<CE> ∷ = <W,H>

<YT> ∷ = <W,I>

<YY> ∷ = <W,I,H>

<YX> ∷ = <W,I,H>

其中,W 表示宽度,I 表示横向坡度,H 表示高度(中央分隔带)或厚度(硬路肩或行车道)。

2. 边坡模板

<slopei> ∷ = <TemplateHead,TemplateBody>

<TemplateHead> ∷ = <Name, I/O, Stake1, Stake2, SubModelsList, ModelFunction Explanation>

Stake1 为采用该模板的起始桩号,Stake2 为采用该模板的终点桩号。

<SubModelsList> ∷ = <FillType,CutType>

FillType 为填方边坡子模板类型,CutType 为挖方边坡子模板类型。

ModeFunction Explanation 描述边坡的地质信息。

其他参数意义同前。

<TemplateBody> ∷ = <Executable Program Block>为第 i 个边坡模板中填方边坡子模板和挖方边坡子模板的特征元定义。

填方边坡特征元定义图式和参数如图 7-4 所示。

图中两条边为一组,当然一条边也可为一组,只是该组数据中 STB、STBN 为 0 或 STH、STHN 为 0,STB、STBN、STH、STHN 以图示方向为"+",否则为"-"。STB 边水平时 STBN 为 0,STH 边垂直时为 0。

挖方边坡特征元定义图式和参数如图 7-5 所示。

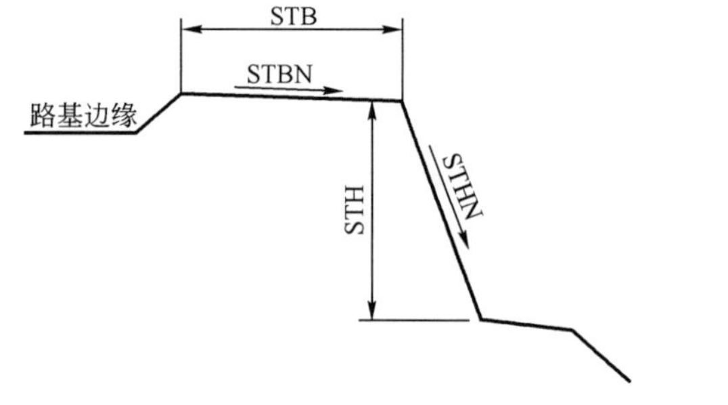

图 7-4　填方边坡特征元

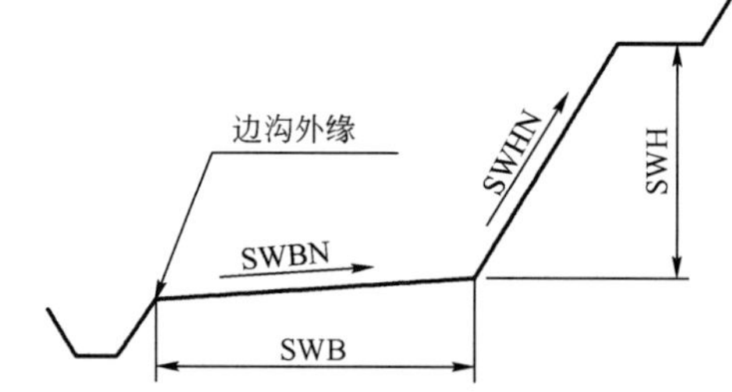

图 7-5　挖方边坡特征元

图中两条边为一组,当然一条边也可为一组,只是该组数据中 SWB、SWBN 为 0 或 SWH、SWHN 为 0,SWB、SWBN、SWH、SWHN 以图示方向为"+",否则为"-"。SWB 边水平时 SWBN 为 0,SWH 边垂直时 SWHN 为 0。

由于组边模板可能为二组边,也可能为三组边或更多,使得边坡数据结构只能采用变长单向链表的形式来记录。形式如下:

填方边坡数据结构

TZS
STB1,STBN1,STH1,STHN1
STB2,STBN2,STH2,STHN2
…
…
…　(共 TZS 组)

挖方边坡数据结构

WZS
SWB1,SWBN1,SWH1,SWHN1
SWB2,SWBN2,SWH2,SWHN2
…
…

… （共 WZS 组）

其中,TZS 和 WZS 分别表示填方和挖方边坡的组数。

3. 边沟模板

< SideDitchi > ∷ = < TemplateHead, TemplateBody >

< TemplateHead > ∷ = < Name, I/O, Stake1, Stake2, SubModelsList, ModelFunction Explanation >

< SubModelsList > ∷ = < SideDitchType >

SideDitchType 为模板类型。

ModeFunction Explanation 描述边坡的地质信息。

其他参数意义同前。

< TemplateBody > ∷ = < Executable Program Block > 为第 i 个边沟模板的特征元定义,是确定边沟形状和尺寸的依据。

边沟特征元的定义与边坡特征元的定义方法相同。当不设边沟时,特征元的所有参数为 0。

第三节 横断面自动设计

一、横断面自动设计

设计人员在进行横断面设计时,主要根据经验或者简单手段就能够判断,而计算机要经过反复的计算、判断后才能确定。这就要求程序不但能确定合理的断面形式,而且代码运算要有效率,这样才能提高 CAD 系统的效率。

横断面自动设计的主要内容就是正确判断断面形式,选择合适的横断面模板。CAD 系统根据挖方、填方判断结果分别选用各自自动设计模型,其中挖方自动设计和填方自动设计程序的流程见图 7-6 和图 7-7。

1. 填、挖断面判断

因为实际地形复杂,一些断面中心桩号的填、挖高度不能代表该断面的填、挖情况,所以在设计开始时,一般采用由中心桩向两侧分别进行填挖判断。以图 7-8 为例,在路基宽度及横向坡度和中心桩上的填挖高度确定以后,计算出路基边缘点 A_1 的坐标值(x_{1a}, y_{1a}),过 A_1 点作垂线与地面线相交,计算出交点坐标(x_{1d}, y_{1d}),计算其纵坐标差值 $\Delta y = y_{1a} - y_{1d}$。$\Delta y > 0$ 为填方,$\Delta y < 0$ 为挖方。

2. 支挡构造物设计

支挡构造物是指设置在路基侧向的一种多棱体构造物。考虑设置支挡构造物的情况有:①边坡与地面相交很远,当超过允许值或在有效地面线范围内不相交时;②设置支挡比全填断面更为经济时;③考虑其他因素需要设置支挡时。

3. 选择合适的横断面模板

填方断面设计首先是过路基边缘 A_1 点以边坡率 n_1 向地面放坡(以填方为例,挖方与填方设计类似),若其交点与 A_1 点纵坐标之差小于单坡限高 TG 时,采用单坡形式(图 7-9a); 当纵坐标之差大于单坡限高 TG 时,在限高处放缓一级边坡,以 n_2 向地面放坡并求出交点(图 7-9b);在变坡处根据需要可以设置护坡道(图 7-9c)。

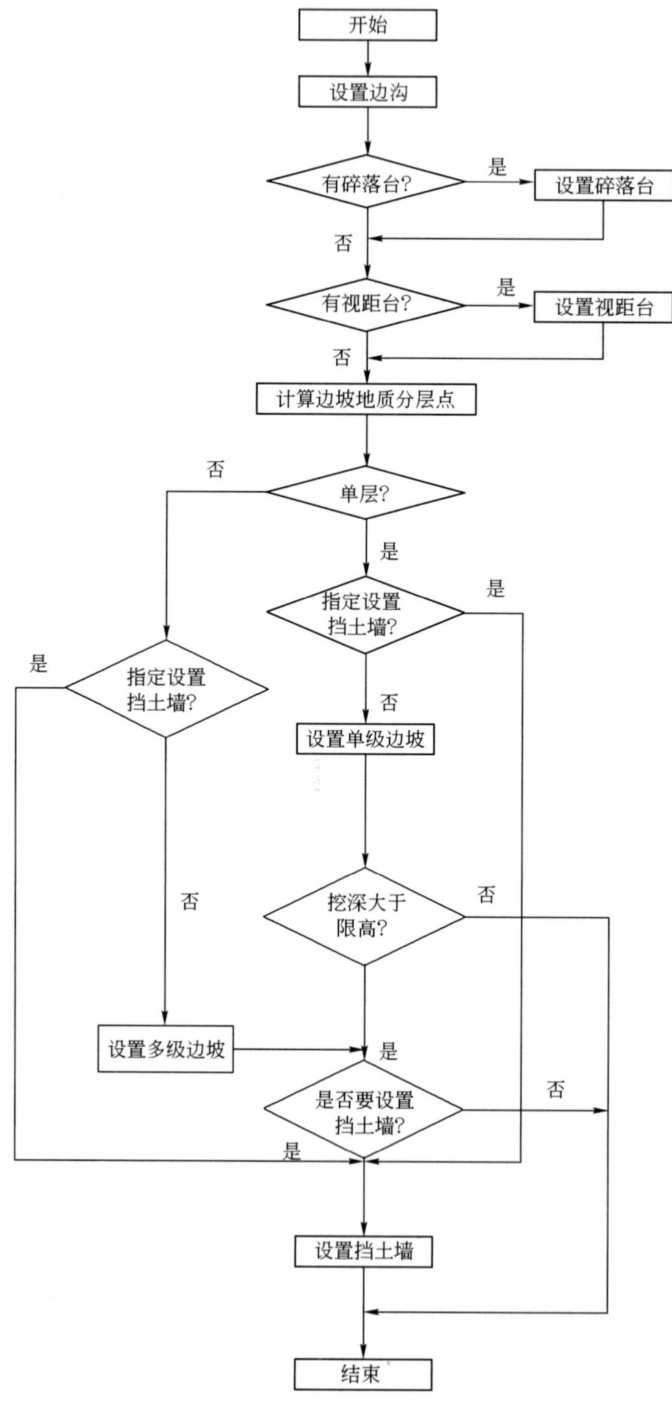

图 7-6 挖方横断面自动设计流程图

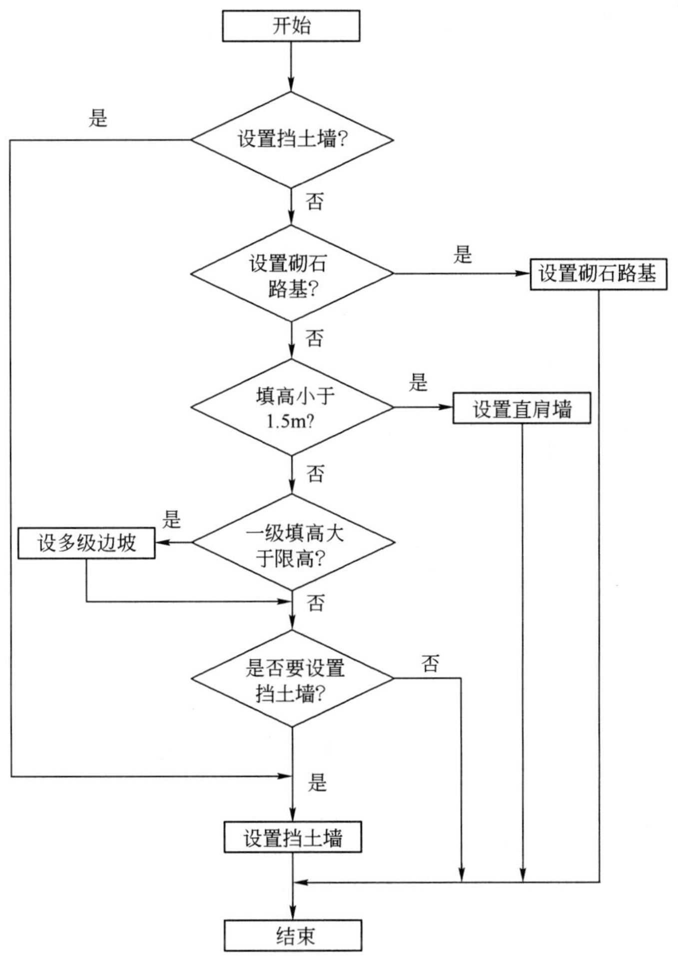

图 7-7　填方横断面自动设计流程图

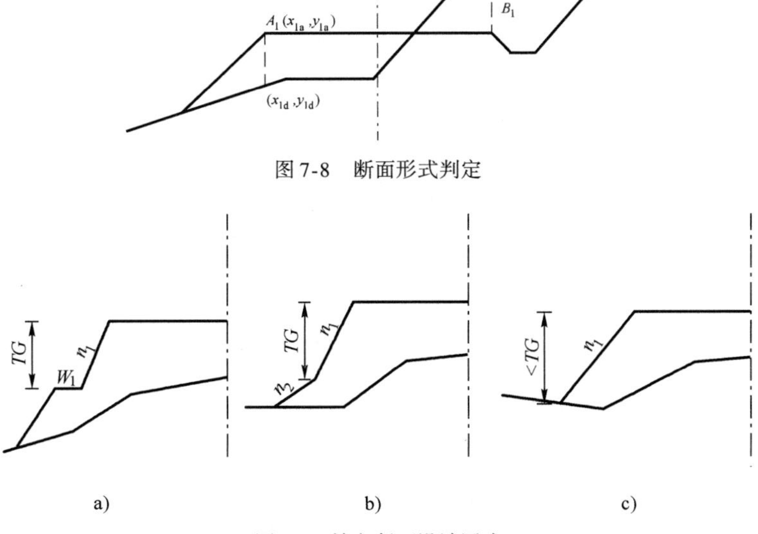

图 7-8　断面形式判定

图 7-9　填方断面设计图式

二、横断面填、挖方面积和土石方工程量的计算

横断面的填挖工程量是道路工程的一项主要工程量。在道路选线比较和施工图设计中，该量值是主要的技术经济指标之一。在传统的道路 CAD 系统中一般采用条分法，但它操作复杂，计算较烦琐，且对内存的需求也较大，现在的道路 CAD 系统中很少使用。闭合多边形法算法稳健，原理简单，且直线求交排序均不复杂，因而是当前 CAD 软件开发的首选。

在计算横断面填挖面积的时候，要根据路槽和挡土墙的设置方式扣除或增加填、挖总面积。

1. 条分法

条分梯形法的基本设计思想是在路基填、挖范围内，过设计线各转折点分别向地面线作垂线求交点，并过地面线各个折点向设计线分别作垂线求交点，这些垂线将整个断面划分为如图 7-10 所示的若干个梯形或三角形。

2. 闭合多边形法

在条分梯形法中需经过对向引垂线进行条分、求交点、排序、求面积、判断、累加几步操作，特别是条分、求交点、排序较为烦琐，且在程序中对内存的需求较大。

如图 7-11 所示，闭合多边形法的工作原理是在路基填、挖范围内，左右两侧分别由里向外对横断面设计线与地面线求交点，根据交点位置组成一个个独立相邻的多边形区域，有的区域是填方、有的是挖方，将不同类型区域的多边形求面积累加可得整个断面的填、挖方面积。因此，闭合多边形方法的工作步骤是：设计线与地面线求交点、组合多边形、求面积、分类累加。

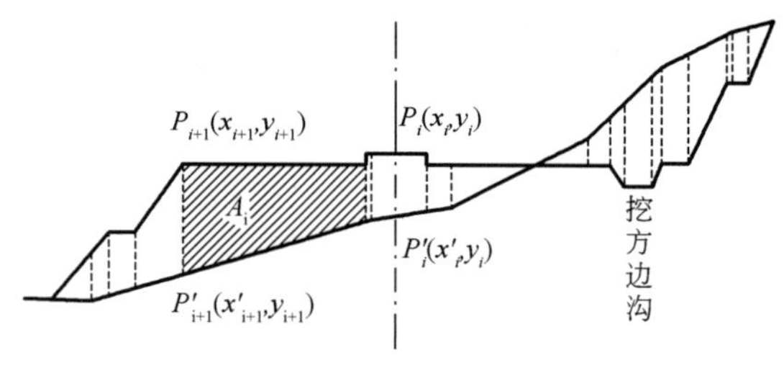

图 7-10　条分法示意图

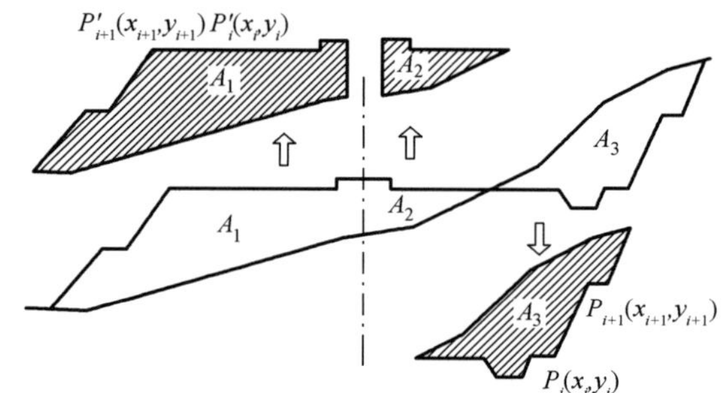

图 7-11　闭合多边形法示意图

3. 土石方工程量的计算

土石方工程数量的计算采用平均断面法，设相邻断面的填方面积为 A_{T1} 和 A_{T2}，挖方面积为 A_{W1} 和 A_{W2}，两断面桩距为 L，则两桩号之间的填、挖方数量分别为：

$$V_T = (A_{T1} + A_{T2})\frac{L}{2}$$

$$V_W = (A_{W1} + A_{W2})\frac{L}{2}$$

上述式中：V_T、V_W——分别表示两桩号之间的填、挖方体积。

该算法是常规路线设计中土石方计算的惯用算法，它是建立在两断面之间的设计线及地面线呈线性变化关系上的。事实上，地面情况复杂，上述平均断面法计算公式很难反映地形的实际情况，特别是当相邻断面填、挖高相差很大或处在填、挖过渡段以及地形变化较大的路段

时,可能会与实际情况有较大误差。若桩距增大,这种误差将随之增大。

对于桥梁部分的路基土石方数量要扣除,这可由桥梁的起止桩号确定。对于设置挡土墙的路段,如果在面积计算时没有考虑挡土墙的影响,则同样需在土石方数量中扣除挡土墙的体积。

土石方体积得到后,根据各区段土石方类百分比,分别计算各区段土、石的挖方工程量,填方工程量亦可分为填土和填石两大类。

第四节 横断面交互设计

一、横断面交互设计的人机分工

由于我国幅员辽阔,道路又是线性构造物,所穿越的实际地形、地质水文条件等千变万化,各有差异,使得横断面设计任意性大,断面形式复杂多变。这就使得有一些横断面无法由系统自动设计完成或设计得不合理,这些就要交由人机交互设计、修改。为了提高总体的工作效率,人机交互设计、修改的工作量应尽可能地少,同时人机交互设计、修改模块要尽可能地方便灵活。横断面设计过程中的路幅部分由标准横断面定义,变化较少,一般以自动设计为主。而边坡设计部分涉及地形、地物、地质、水文等诸多方面自然条件和结构稳定性,所以一方面要提高设计的成功率,另一方面还要具备高效快捷的人机交互设计和修改功能。

事实上,在软件实现的过程中,横断面自动设计与交互设计也是融为一体的,在设计过程中是相互交错进行的,人和计算机相互配合各自完成各自的工作(人机分工内容见表 7-1)。在实现方式上,无非是自动设计事先根据地形条件和设计要求,按给定各路段的标准横断面进行设计计算,而交互设计则强调人机交互过程,可以实时地根据地形情况对已定边坡进行调整或重新设计,以满足工程设计的实际需要。

横断面 CAD 系统人机分工的内容 表 7-1

序 号	人	机	说 明
1	确定横断面形式及给定各部分参数	自动“戴帽子”并计算各个横断面填挖面积	完成大量机械工作
2	检查设计横断面是否合适	自动查询规范并显示报告	
3	修改不合适设计横断面	自动显示更新修改结果和数据	帮助用户进行修改
4	对特殊断面进行特殊设计	提示需要特殊设计断面并提供防护结构标准图检索	简化特殊设计
5	对旧路结构进行利用设计	计算并显示旧路结构利用数量	
6	合理调配土石方	自动计算土石方数量完成土石方数量表	

二、横断面交互设计主要功能

在传统的路线 CAD 系统中,横断面设计一般根据平、纵断面设计结果,横断面地面数据和设计者给出的标准横断面形式,计算机自动“戴帽子”,计算每个断面的填、挖面积及路基土石方工程数量,然后把“戴帽子”和计算结果显示出来。设计者根据填、挖高度,土石方数量和占地宽度等显示数据进行横断面检查。当需要修改横断面时,退出检查过程,返回到原始数据输入状态,修改相应的设计原始资料,然后重新进行“戴帽子”和横断面检查,最后经过多次反复修改,完成横断面设计。

随着计算机软、硬件技术的迅猛发展,像上面这样传统的 CAD 系统没有充分发挥计算机和人各自的特点。现代的横断面设计软件重视横断面自动设计与交互设计的结合,使得设计者能够高效优质地完成横断面设计工作,如图 7-12 所示。这就要求横断面交互设计具有下面两个功能。

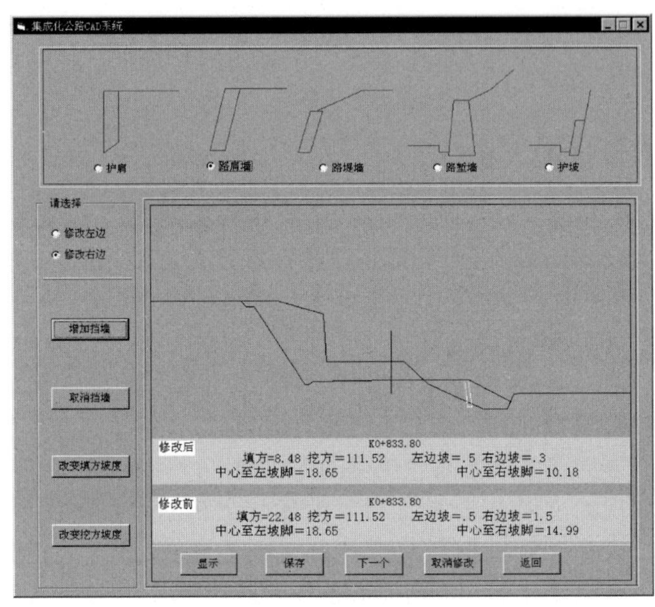

图 7-12 横断面交互设计

1. 交互设计显示相关信息

横断面设计不是简单的“戴帽子”,要考虑诸多因素,比如:高填、深挖边坡是否稳定,需不需要设置挡土墙;边坡坡率是否合理,会不会引起冲刷;平曲线上的视距能不能得到保证,要不要设置视距台;挡土墙设置的形式、高度、位置、起止桩号,与地形、地质、路面横坡是否合适。横断面交互设计系统要能智能地显示相关资料,更好地完成横断面设计,提高设计效率。

这就要求在横断面设计过程中,系统自动根据地质资料和填挖高度限值进行边坡稳定性分析,显示不稳定区段的起止桩号,并提示满足稳定性要求的边坡坡率;自动根据水文地质资料、路面宽度、横坡方向大小、填挖高度,判断冲刷是否会发生,显示满足冲刷要求的边坡坡率;对于小半径暗弯路段,自动显示视距不足的路段和相关桩号处内侧的视距开挖宽度,以供设计者参考。

2. 交互设计修改边坡和挡土墙

边坡和挡土墙的交互设计修改方法比较类似,一般有下面两种方法:一种是利用 AutoCAD 相关的命令(如复制、剪切、移动、拉伸等)编辑生成的,另一种是直接运用 AutoCAD 的 LINE 和 PLINE 命令生成的。采用第一种方法修改较为直观简单,但如果大量断面需要修改,重复的工作量是巨大的,一般只适用于少量断面的交互修改。第二种方法是通过交互方式,设置修改起止点和相关参数,直接完成修改,主要适合于大量重复的横断面修改,能高效率地完成设计。

第五节　纬地道路辅助设计系统的横断面设计

一、设计向导

平面定线完成后，使用 HintCAD 的“设计向导”来设置与整个设计任务有关的其他设计标准和参数。通过设计向导，软件根据项目的等级和标准自动设置超高与加宽过渡区间以及相关数值，设置填挖方边坡、边沟、排水沟等设计控制参数。具体操作步骤如下。

1. 路线参数设置

• 单击菜单【项目】→【设计向导】，弹出如图 7-13 所示的对话框。

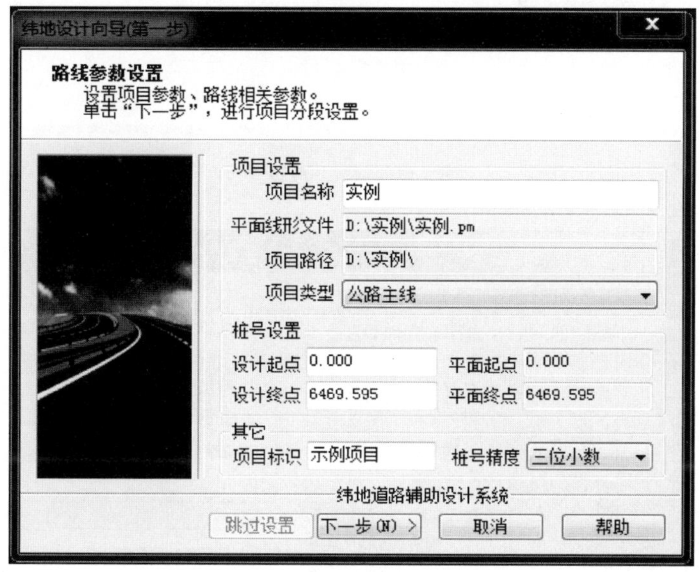

图 7-13　路线参数设置

• 选择项目类型。
• 设置本项目设计起终点范围。
• 设置项目标识，选择桩号数据精度。
• 单击【下一步】，弹出图 7-14 所示对话框。

2. 项目分段设置

• 在“纬地设计向导（分段 1 第一步）”对话框中输入项目第一段的分段终点桩号，系统默认为平面设计的终点桩号。如果整个项目不分段，即只有一个项目分段，则不修改此桩号。
• 选择公路等级。
• 选择设计速度。
• 单击【下一步】，弹出如图 7-15 所示的对话框。

3. 路幅及断面形式设置

• 在“纬地设计向导（分段 1 第二步）”对话框中选择断面类型（即车道数）；选择或者输入

路幅宽度数据；对于城市道路，可在原公路断面的两侧设置左右侧附加板块。

图7-14　项目分段设置

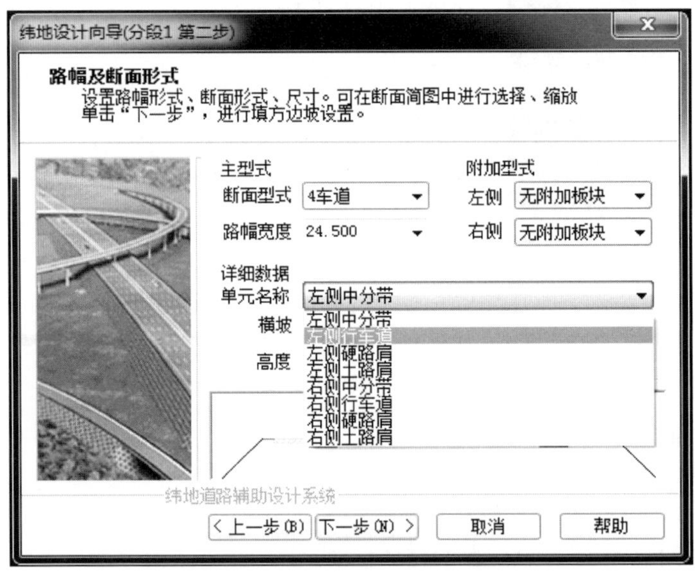

图7-15　路幅及断面形式设置

- 为路幅每个组成部分设置详细数据，包括宽度、坡度、高出路面的高度；设置完成后，单击【检查】按钮来检查设置是否正确。
- 单击【下一步】，弹出如图7-16所示的对话框。

4. 填方边坡设置

- 在"纬地设计向导（分段1 第三步）"对话框中设置项目典型填方边坡的控制参数，根据需要设置填方任意多级边坡台阶参数。

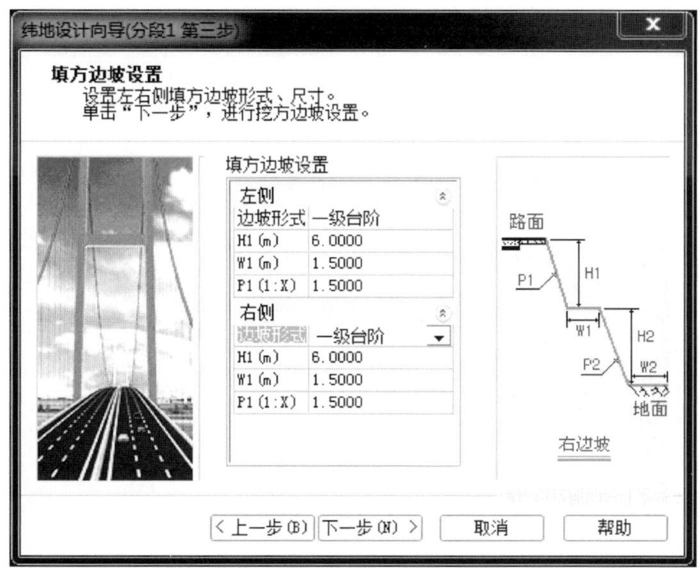

图 7-16 填方边坡设置

- 单击【下一步】,弹出如图 7-17 所示的对话框。

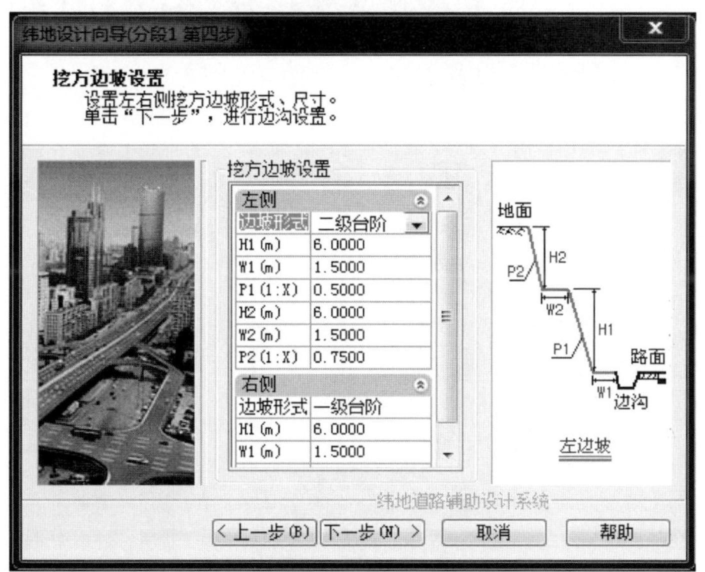

图 7-17 挖方边坡设置

5. 挖方边坡设置

- 在“纬地设计向导(分段 1 第四步)”对话框中设置项目典型挖方边坡的控制参数,根据需要设置挖方任意多级边坡台阶参数。
- 单击【下一步】,弹出如图 7-18 所示的对话框。

6. 边沟设置

- 在“纬地设计向导(分段 1 第五步)”对话框中设置项目路基两侧典型边沟的尺寸。
- 单击【下一步】,弹出如图 7-19 所示的对话框,进入项目分段设置第六步。

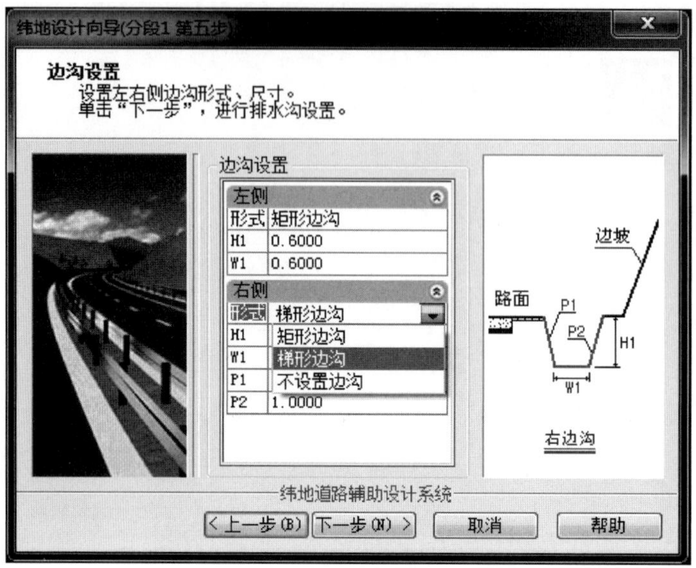

图 7-18　边沟设置

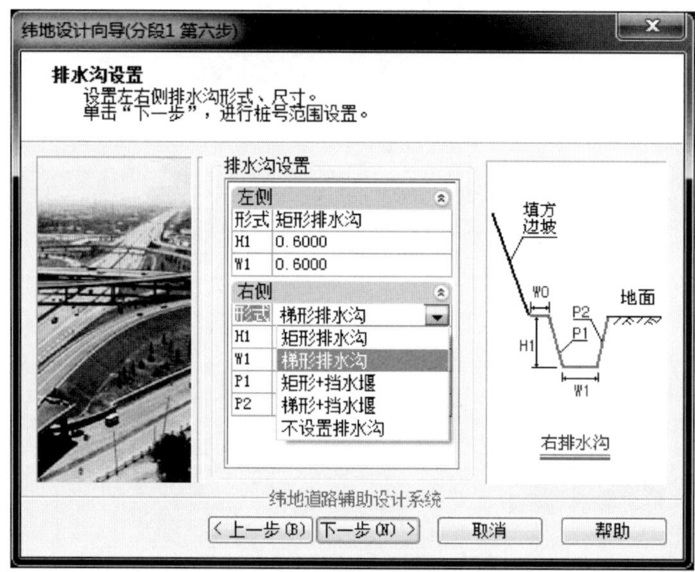

图 7-19　排水沟设置

7. 排水沟设置

- 在“纬地设计向导(分段 1 第六步)”对话框中设置项目路基两侧典型排水沟的尺寸。
- 单击【下一步】,弹出如图 7-20 所示的对话框,进入项目设置第七步。

8. 超高加宽设置

- 在“纬地设计向导(分段 1 第七步)”对话框中设置路基设计采用的超高和加宽类型、超高旋转方式、超高渐变方式及外侧土路肩超高方式、曲线加宽类型、加宽位置、加宽渐变方式项。
- 单击【下一步】,弹出如图 7-21 所示的对话框。

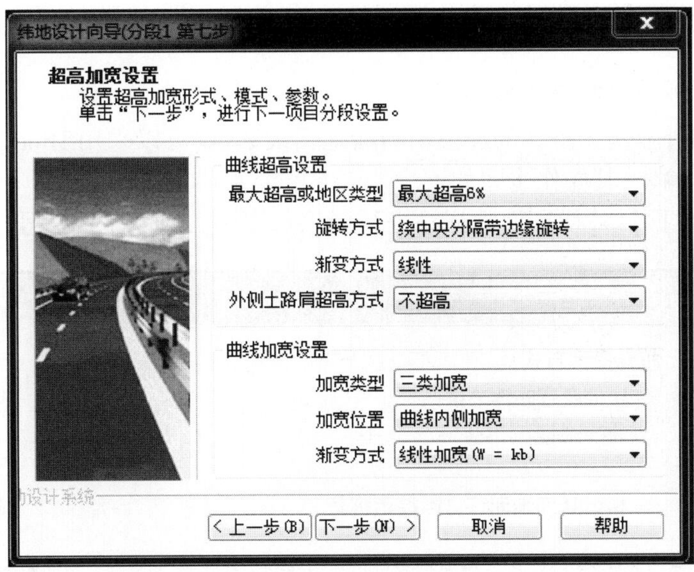

图 7-20 曲线超高设置

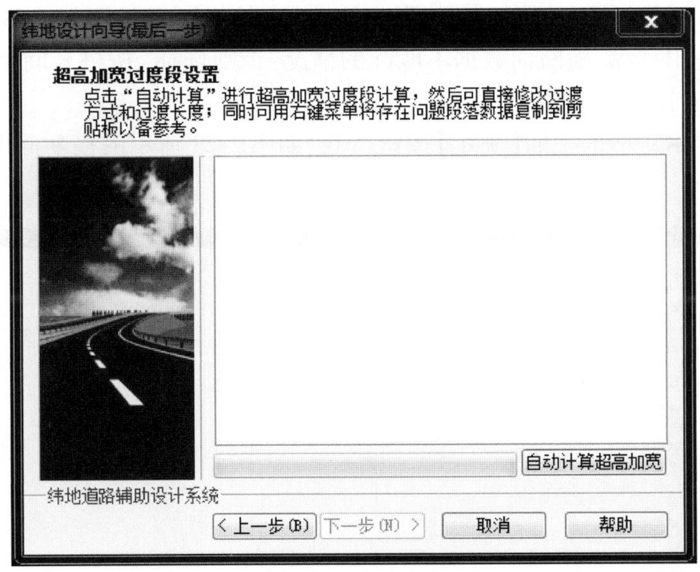

图 7-21 加宽超高设置

- 在“纬地设计向导(最后一步)”对话框中单击【自动计算超高加宽】按钮，系统根据前面所有项目分段的设置，结合项目的平面线形文件来计算每个曲线的超高和加宽过渡段。
- 单击【下一步】，弹出文件保存对话框。
- 在“纬地设计向导(结束)”对话框中可以修改输出的四个设置文件的名称；设置桩号文件中输出的桩号序列的间距。
- 单击【完成】按钮，完成项目的有关设置。

最后系统生成路幅宽度文件(*.wid)、超高设置文件(*.sup)、设计参数控制文件(*.ctr)和桩号序列文件(*.sta)，并将这四个数据文件添加到纬地项目管理器中。

二、横断面地面线数据的准备

1. 直接输入横断面地面线数据

通过路线勘测外业实测得到的逐桩横断面地面线数据,可以采用 HintCAD 软件提供的横断面数据输入工具输入,其操作步骤如下。

- 单击菜单【数据】→【横断面数据输入】,弹出如图 7-22 所示的“桩号提示”对话框。

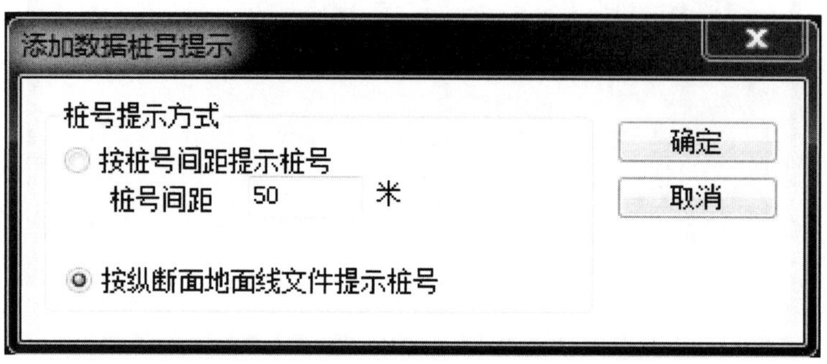

图 7-22　“桩号提示”对话框

如果已经输入了纵断面地面线数据,则应该选择“按纵断面地面线文件提示桩号”,这种提示方式可以避免出现纵、横断面数据不匹配的情况;否则选择“按桩号间距提示桩号”,并在“桩号间距”编辑框中输入桩距。

- 单击桩号提示对话框中的【确定】按钮,弹出如图 7-23 所示的横断面地面线数据输入工具。

实例1.hdm - HDMTool

文件(F)　编辑(E)　查看(V)　帮助(H)

	平距1	高差	平距2	高差	平距3	高差	平距4	高差	平距5	高差
桩号1		2800.000								
左侧	7.000	0.000	0.000	2.000	15.000	0.000	0.000	2.400	20.000	0.000
右侧	7.000	0.000	0.000	-2.000	8.000	0.000	4.600	-2.600		
桩号2		2820.000								
左侧										
右侧										
桩号3										
左侧										
右侧										

就绪　当前数据类型:相对前点　桩号:2820.000　桩号　桩号　数字

图 7-23　横断面地面线数据输入

图 7-23 所示的横断面地面线输入界面中,每三行为一组,分别为桩号、左侧数据、右侧数据。

2. 读取其他软件格式的横断面地面线数据

利用 HintCAD 软件提供的“横断面数据导入”工具可以导入常用的 7 种格式的横断面地面线数据。

3. 数字地面模型(DTM)内插横断面地面线数据

利用数字地面模型可以快速内插出路线横断面地面线数据,这为山区公路路线方案的优化和比选提供了方便快捷的支持。

三、路幅宽度、超高及控制参数数据

1. 路幅宽度数据

HintCAD 路幅宽度数据存储在路幅宽度文件（ * . WID）中，用来描述整个路线左右路幅的组成中各个部分的分段变化情况，特别是加宽变化的段落。该数据文件一般情况下由“设计向导”生成。“设计向导”生成该文件时已经根据路线的平曲线半径，参考《路线设计规范》（JTG D20—2006）对平曲线加宽进行了分段，如果没有特殊情况，一般不需要修改该文件。当路幅宽度发生变化时，或者设置宽度渐变段时，需要修改路幅宽度数据。修改路幅宽度数据建议采用“纬地项目中心”进行。

- 单击菜单【项目】→【纬地项目中心】，打开“纬地项目中心”数据管理工具。
- 单击“项目文件”列表框下“数据文档”左侧的“ + ”，展开后点击“左路幅宽度”（或“右路幅宽度”），见图 7-24。
- 对话框的右侧出现左侧（或右侧）路幅宽度数据，直接编辑需要修改的数据。

图 7-24 纬地项目中心修改路幅宽度

2. 超高数据

超高数据用来描绘路线左右幅超高过渡的特征位置的具体超高情况，一个特征断面用一组数据来描述。该数据文件由“设计向导”生成，“设计向导”生成该文件时已经根据路线的平曲线半径、缓和曲线长度、超高渐变率初步确定了超高过渡段，并参考《路线设计规范》（JTG D20—2006）规定的超高值对平曲线的超高进行了分段。超高数据宜采用“纬地项目中心”数据管理工具修改。

- 单击菜单【项目】→【纬地项目中心】，打开“纬地项目中心”数据管理工具。
- 单击“项目文件”列表框下“数据文档”左侧的“ + ”，展开后点击“超高设计”，见图 7-25。
- 对话框的右侧出现超高数据，直接编辑需要修改的数据。

为了直观地显示超高图，单击图形显示区，使用工具条中的放大按钮来放大和缩小图形。调整图形长度时，按下鼠标左键水平左右移动；调整显示高度时，按下鼠标左键垂直上下移动。用平移按钮来平移图形在图形显示区的位置。

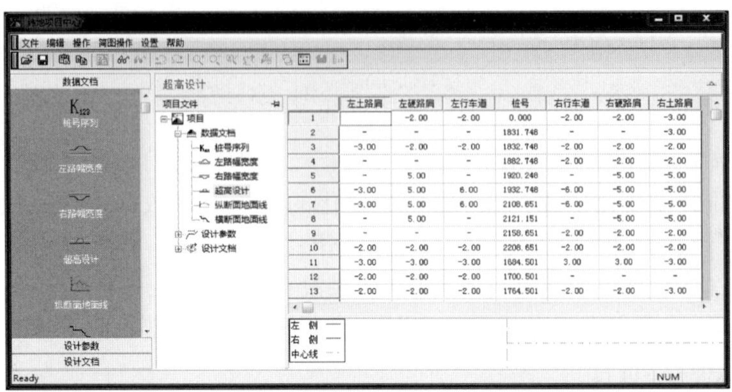

图 7-25　纬地项目中心修改超高

四、支挡防护工程数据录入

在进行横断面设计时，有些路段需要设置路基支挡防护工程，如护坡、衡重式路肩墙、衡重式路堤墙、仰斜式路肩墙、仰斜式路堤墙、路堑挡土墙、护面墙、护脚墙等。在横断面“戴帽子”时，必须将路基沿线左右侧设置的路基支挡防护工程形式及其段落数据录入到 HintCAD 系统中，系统在横断面设计绘图时可以直接在横断面图中绘制出支挡防护构造物的断面图，并准确计算路基填挖的土方面积和数量。

HintCAD 系统提供了部分标准挡土墙的形式及其尺寸，但在实际的设计项目中，系统提供的标准挡土墙可能无法满足设计的需要，此时可以将设计项目特殊的挡土墙形式和尺寸添加到标准挡土墙库中，以满足工程设计需要。“挡墙设计工具”如图 7-26 所示。

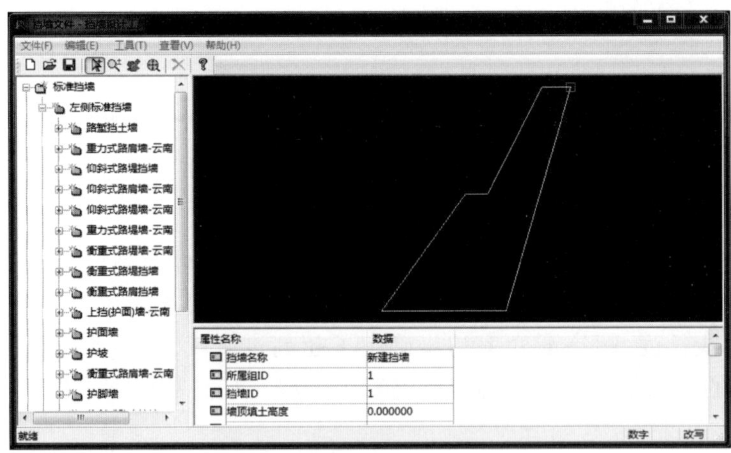

图 7-26　“挡墙设计工具”对话框

五、路基设计计算

路基设计计算主要是计算指定桩号区间内的每一桩号的超高横坡值、设计高程、地面高程，以及路幅参数，并计算路幅各相对位置的设计高差，将以上所有数据按照一定格式写入路基设计中间数据文件，为生成路基设计表、计算绘制横断面图准备数据。

HintCAD 中路基设计计算的操作如下：

• 单击菜单【设计】→【路基设计计算】，打开“路基设计计算”窗口（图7-27）。

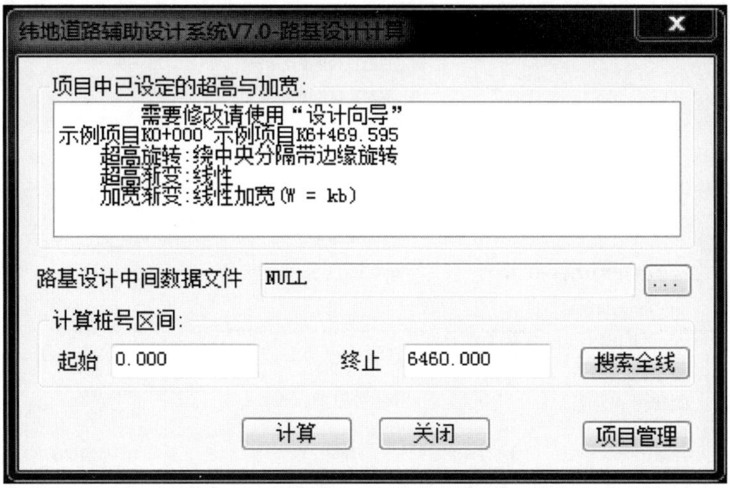

图7-27 “路基设计计算”对话框

• 单击窗口右侧的[...]，指定路基设计中间数据文件的名称和路径。

• 输入“计算桩号区间”，或单击“搜索全线”按钮来指定计算整个路段。

• 点击【项目管理】打开项目管理器，检查当前项目的超高与加宽文件以及其他设置是否正确。

• 单击【计算】按钮来完成路基计算。

六、横断面设计与修改

在完成路基设计计算，设置好与横断面设计有关的控制参数，就可以进行横断面的设计和修改工作了。

1. 横断面设计

横断面设计的操作步骤如下：

• 单击菜单【设计】→【横断面设计绘图】，打开“横断面设计绘图”界面（图7-28）。

界面中包含了“设计控制”“土方控制”“绘图控制”三个选项，本章主要介绍“设计控制”与“土方控制”选项。

（1）“设计控制”选项

①左右侧沟底标高控制。

只有进行路基排水沟的纵坡设计，并在项目管理器中添加了左右侧沟底标高设计数据文件，“沟底标高控制”中的“左侧”和“右侧”控制才可用。可设定在进行横断面设计时是否按排水沟的设计纵坡进行排水沟的绘制，且可选择是否按照变化的沟深进行设计（默认方式为固定沟深）。

②自动延伸地面线不足。

当横断面地面线测量宽度不够时，会导致“戴帽子”时边坡线与地面线无法相交，不能计算填挖面积。选择“自动延伸地面线不足”时，系统可自动按地面线最外侧的一段的坡度延伸，直到边坡线与地面线相交。

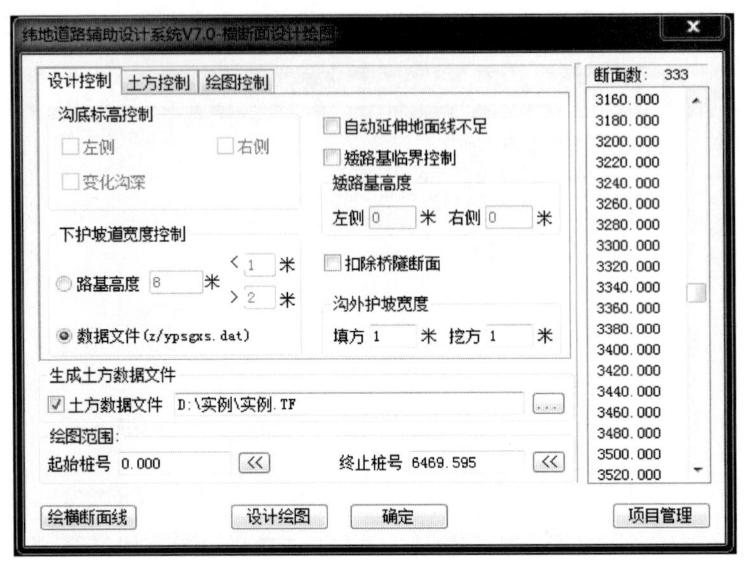

图7-28 横断面设计-设计控制

注意:当最外侧的地面线铅垂时,即使选择了"自动延伸地面线不足"也无法使边坡线与地面线相交。不建议使用该功能,当地面线宽度不够时,应该补测或者设置支挡构造物收缩坡脚。

③矮路基临界控制。

当路基边缘填方高度较小时,外侧应该直接按照挖方路段一样设置边沟。当选择此项后,要求输入左右侧填方路基的一个临界高度数值(一般为边沟的深度),这样当路基填方高度小于临界高度时,不按填方放坡之后再设计排水沟,而是直接在路基边缘设计边沟。

利用此项功能还可以进行反开挖路基等特殊横断面设计。

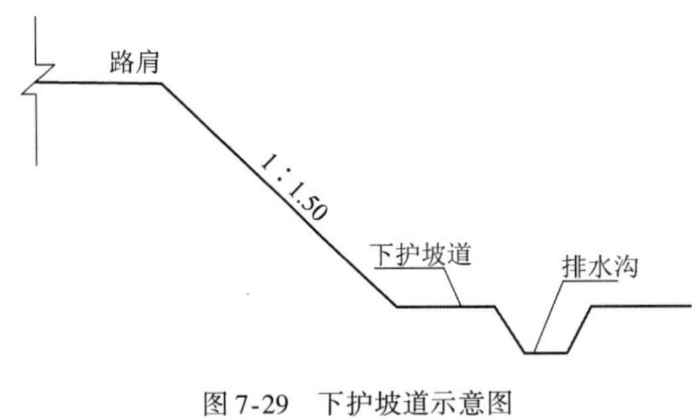

图7-29 下护坡道示意图

④下护坡道宽度控制(图7-29)。

用来控制高等级公路填方断面下护坡道的宽度。支持两种控制方式:一是根据"路基高度"控制,用户输入路基填土高度后,再指定当路基高度大于该数值时下护坡道的宽度值和小于该数值时下护坡道的宽度;二是根据"数据文件"来控制,软件根据设计控制参数中路基左右侧排水沟的尺寸来控制。

如果采用第二种控制方式,路基左右侧排水沟数据的第一组数据必须是下护坡道的数据,且其坡度值为0。如果采用第一种控制方式,系统会自动忽略左右侧排水沟数据中的下护坡道控制数据。

⑤扣除桥隧断面。

用户选择此项后,系统将不绘制桥隧桩号范围内横断面图。

⑥沟外护坡宽度。

用来控制"戴帽子"时排水沟(或边沟)的外缘平台宽度,用户可以分别设置沟外护坡平台位于填方或挖方区域的宽度。当沟外侧的边坡顺坡延长1倍沟深后判断是否与地面相交,如果延长后沟外侧的深度小于设计沟深的 2 倍时,直接延长沟外侧坡度与地面线相交;反之则按原设计边沟尺寸绘图,然后在沟外按用户指定的护坡平台宽度生成平台,最后继续判断平台外侧填挖,并按照控制参数文件中填挖方边坡的第一段非平坡坡度开始放坡交于地面线。

(2)“土方控制”选项(图 7-30)

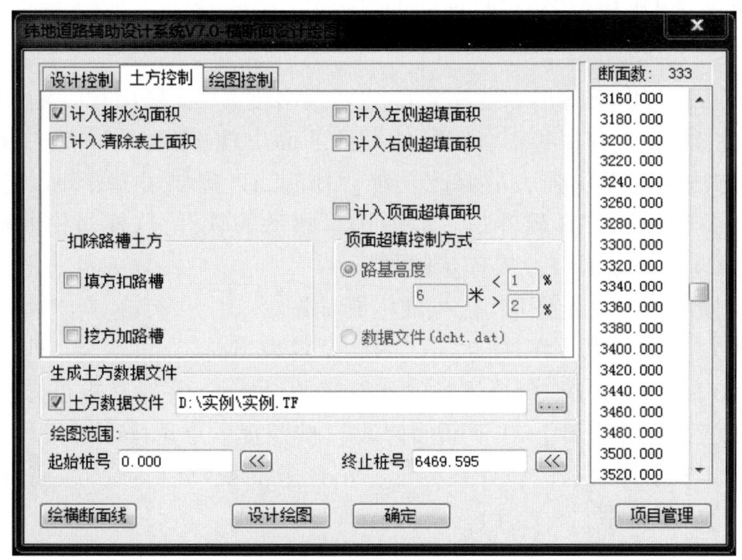

图 7-30 横断面设计-土方控制

①计入排水沟面积。

计算横断面的挖方面积时是否计入排水沟的土方面积。

②计入清除表土面积。

横断面的面积中是否计入清除表土面积。清除表土的具体分段数据、宽度以及厚度由控制参数文件中的数据来控制。

③计入左、右侧超填面积。

横断面面积计算中是否计入填方路基左、右侧超宽填筑部分的土方面积。左、右侧超填的具体分段数据和宽度见设计参数控制文件。

④计入顶面超填面积。

主要用于某些路基沉降较为严重,需要在路基土方中考虑因地基沉降而引起的土方数量增加的项目。顶面超填也分为“路基高度”和“文件控制”两种方式,路基高度控制方式,即按路基高度大于或小于某一指定临界高度分别考虑顶面超填的厚度(路基高度的百分数)。

⑤扣除路槽土方。

横断面面积中是否扣除路槽部分土方面积。可以选择对于填方段落是否扣除路槽面积和挖方段落是否加上路槽面积。路基各个不同部分(行车道、硬路肩、土路肩)路槽的深度在控制参数数据中确定。

(3)生成土方数据文件

选择是否需要生成土方数据文件,如果选择生成土方数据文件,需要指定数据文件名称和路径。

(4)绘图范围

从右侧显示的断面桩号列表中选择起点桩号,单击“起始桩号”编辑框后的[<<]按钮;选择终点桩号,单击“终止桩号”编辑框后的[<<]按钮,完成绘图范围的指定。

(5)设计绘图

- 单击【设计绘图】按钮,开始进行横断面设计和绘图。

2. 横断面修改

对横断面设计而言,由于地形和地质条件的复杂多变,不管采用什么辅助设计系统,无论把系统做得多么完善,总会有一些不合实际的设计断面出现,需要设计者进行修改,出现这种情况的唯一解决方法就是提供强大的修改功能。HintCAD 提供了基于 AutoCAD 图形界面的横断面修改功能,由于 AutoCAD 软件是一般使用者熟悉的软件,这样对横断面的修改就变得更加方便。HintCAD 的横断面修改操作步骤如下:

- 打开并用“横断面设计绘图”功能生成横断面图。
- 在 AutoCAD 中,将横断面图中的“sjx”图层设置为当前层。
- 用 AutoCAD 的 EXPLODE 命令炸开整条连续的设计线,并对其进行修改。
- 在完成修改后单击【设计】→【横断面修改】,按照提示点选修改过设计线的横断面图中心线,系统开始重新搜索修改后的设计线并计算填挖方面积、坡口坡脚距离以及用地界等,同时弹出“横断面修改”对话框(图 7-31)。

图 7-31 “横断面修改”对话框

- 根据需要修改对话框中各个选项的内容,修改完成后点击【修改】按钮,系统刷新项目中土方数据文件 *.TF 里该断面的所有信息和横断面图形,实现数据和图形的联动。

第八章

道路三维建模及透视图绘制

道路设计不仅仅局限于单纯的几何设计和结构设计，更加强调道路这个三维空间实体的整体设计，应注重道路与环境的协调性、美观性，注重道路的整体布置。利用道路三维模型和动画来检验、评价道路的立体线形设计以及景观设计无疑是最直观、最生动的。三维透视图比二维图更加让人容易了解，更能一目了然。模拟驾驶员驾驶，通过视觉、运动感觉和时间变化来判断分析设计的道路立体线形和道路景观，更有利于道路方案比选、线形优化设计以及景观设计。

第一节　道路三维建模程序的基本内容与功能

一、道路三维建模程序的基本内容

道路是若干带状空间结构相互联结并置于三维地表之上的空间结构。道路线形是道路的平面、纵断面和横断面三者合一的立体线形，最终映入驾驶员眼睛的是道路平纵横配合后的三维带状实体。一个道路工程项目包括路基、桥梁、涵洞、通道、立交、平交、交通工程设施以及其他附属设施等多项工程实体。道路工程三维建模就是在计算机中建立起这些工程实体的三维模型,制作出具有真实感的效果和三维动画等多种视觉模型。

道路工程中的工程实体比较复杂,但根据各构造物的设计计算方法和结构特点,我们可以把道路三维建模分成四个模块:道路建模、交通设施建模、桥梁建模和辅助建模。

(1)道路建模:可以创建路基、路面、边坡、边沟等物体的三维模型。

(2)交通设施建模:用于创建护栏、标志牌、轮廓标、路面标线等交通设施的三维建模。

(3)桥梁建模:用于创建桥头锥坡、下部构造、上部构造等三维模型。

(4)辅助建模:提供视图和空间视角观察、模型交互式编辑、信息查询、透视图图纸、摄像机路径生成、数据文件检查等辅助功能。

由于道路工程构造物的形式比较多样化,因此在三维建模开发的时候,应本着通用、灵活、简洁、方便和实用的原则,在保证实用性的前提下,尽可能地降低三维建模的复杂度和难度。

二、道路三维建模程序的基本功能

为了能较好地完成道路三维模型的建立,系统应具备以下主要功能。

1. 根据道路的平纵横设计数据建立道路的三维模型

系统能根据平纵横数据进行计算,建立其三维模型,为设计者提供一个直观的道路形象。

2. 根据地形数据建立道路周围的带状三维地形模型

建立道路周围的带状三维地形模型需要有地形资料,如果有该道路的带状数字地面模型数据,那么系统直接根据这些资料生成带状三维地形模型。如果没有数字地面模型数据,系统提供了从地形图上采取数模数据的工具,这样基本上可以模拟出道路周围的三维地形。

3. 进行道路三维模型与地形模型的叠加消隐

在三维地面模型和道路模型进行叠加时,需要对路基边坡范围内的地面模型进行消除。对于填方路段,由于道路模型在上,地面在下,可由相应的三维动画制作软件根据高度关系自动地将处于道路之下的地面消除掉。但对于挖方地段,这些三维软件则无法进行我们所需要的消隐,会将道路模型消隐掉。因此,有必要对路基边坡范围内的地面模型进行消除,使道路模型完整地体现出来。系统提供了这样的功能,能将路基边坡范围内的地面模型清除掉。

4. 建立桥梁的三维模型

系统提供了桥梁三维建模功能,主要是模拟桥梁桥面,并能自动进行桥梁模型、道路模型的无缝拼接。

5. 建立一些交通设施模型

常见的交通工程设施有交通标志线、波形防撞护栏。系统能自动或交互加入这些交通设施。

6. 提供道路中常见地物的三维模型,并能交互地添加到模型中

系统能提供几种房屋的模型,用户可以选择房屋类型,然后交互添加到模型中。系统还提供其他模型,供用户选择加入。

7. 系统提供动画轨迹

利用三维动画制作软件制作动画时,需要两条动画轨迹:视点的运动轨迹和目标点的运动轨迹。如果用三维动画制作软件的编辑工具来编辑动画轨迹,容易造成动画画面抖动、颠簸。

这主要是由于人工编辑轨迹不平滑而造成的。由系统计算产生的动画轨迹就克服了这一缺点。系统能提供从汽车到飞机、从路面上到路外的各种高度和位置的动画轨迹。

第二节　三维建模表示方法

三维模型能给人以真实的形状和形式的感觉。利用三维模型能有利于设计的概念化,有利于设计产品的可视化交流和设计决策。三维模型也是计算机三维动画制作和视景仿真的基础。

三维模型的表示方法主要有:线框模型(wire-frame-model)、表面模型(surface-model)以及实体模型(solid-model),它们有各自的特点。

一、线框模型

线框模型描绘的是三维对象的框架。模型中没有面,只有描绘对象边界的点、直线和曲线。线框模型由三维的空间直线和曲线组成,用直线和曲线来表示实体轮廓,这些线是沿对象表面边界绘制的,只显示模型的中空轮廓(图 8-1)。它对所描述的三维物体没有实在的面的信息,因而不能对线框模型进行消隐、渲染和阴影等处理,对于复杂的物体用它表示存在着很大的局限性。用 AutoCAD 可在三维空间的任何位置放置二维(平面)对象来创建线框模型。AutoCAD 也提供了一些三维线框对象,例如三维多段线(只能显示 CONTINUOUS 线型)和样条曲线。由于构成线框模型的每个对象都必须单独绘制和定位,因此,这种建模方式最为耗时。线框模型是一种旧的三维图形的绘制方法,目前,在三维建模中基本上不采用。

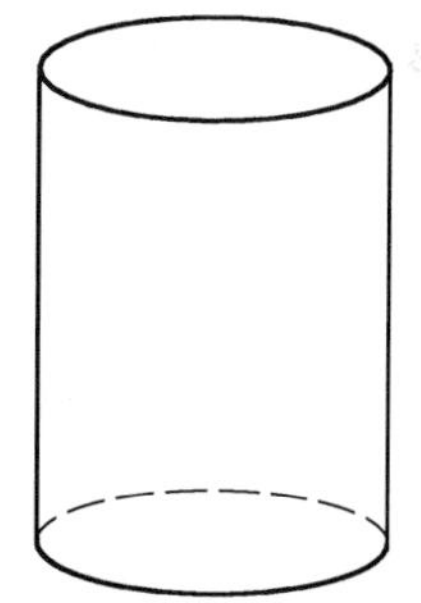

图 8-1　线框模型

二、表面模型

表面模型是通过创建对象的表面而绘制的。它不仅定义三维对象的边而且定义面,即用若干空间的平面或曲面来模拟物体的表面特征。在建模时,需要确定用以模拟物体表面的每个平面的空间位置,对于不规则形体可以通过增加模拟的平面(曲面)的个数来实现模拟物体的表面特征,例如不规则的曲面,可以划分为有限个平面,用这些更小的面来拟合物体的表面。在 AutoCAD 中,用网格(即用平面镶嵌面来表示对象的曲面)来表示对象的曲面。网格的密度(即镶嵌面的数目)由包含 M 乘以 N 个顶点的矩阵决定,类似于用行和列组成栅格。M 和 N 分别指定给定顶点的列和行的位置。在二维和三维中都可以创建网格,但主要在三维中使用。

如果只需要表面来提供隐藏、着色和渲染功能,但又不需要提供物体的物理特性(质量、重心等),那么可以使用网格或一定数目的空间平面来表示。图 8-2a)是用网格拟合的山脉,图 8-2b)是用三维空间平面拟合的山脉及道路的三维模型。在没有进行消隐、着色、渲染之前,表面模型显示为线框。

用空间平面来构成三维物体表面的关键是确定每个空间平面顶点的三维坐标,每个空间平面顶点的三维坐标确定后就可以用 AutoCAD 的三维平面命令(3D Face)来绘制该平面,所有用来拟合三维物体的平面绘制出来后,三维物体的表面模型就建立起来了。

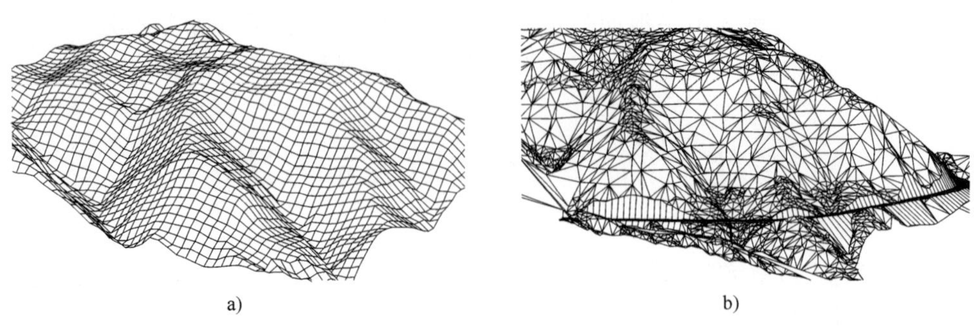

图 8-2　表面模型

a)网格拟合的山脉;b)空间平面拟合的山脉

用网格来建立三维物体表面模型的关键是确定网格的所有参数。如果手动输入网格参数,则有些方法使用起来可能比较困难。AutoCAD 提供了多种创建网格方法的 3D 命令,并提供了一些网格编辑命令,简化了创建基本网格曲面形状的过程。因此,可用基本的网格曲面形状来构建复杂的三维物体表面模型。

三、实体模型

实体建模是最容易使用的三维建模方法,实体模型既具有面积概念也具有体积特征。在各类三维建模中,实体的信息最完整,歧义最少,不仅可以像表面模型那样对实体模型进行渲染处理,而且可以对实体模型进行分析,得到质量属性等。

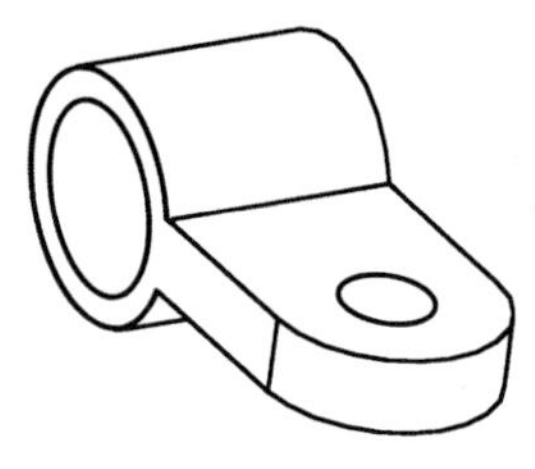

图 8-3　实体模型

AutoCAD 提供了三种创建基本实体的方法:

(1)根据基本实体形状(长方体、圆锥体、圆柱体、球体、圆环体和楔体)创建实体(图 8-3)。

(2)沿一定的路径拉伸二维对象。

(3)或者绕轴旋转二维对象。

AutoCAD 还提供了丰富的三维实体编辑功能来辅助建立更复杂的实体模型。

第三节　道路桥梁三维建模

道路桥梁三维建模可以采用表面模型,也可以采用实体模型。采用哪种方法取决于建模的用途和计算机硬件支持条件。

由于道路设计表面和地表都是不规则的,因而可以采用表面模型来构造道路及其周围地形的三维模型。

一、道路三维建模

道路的三维模型包括道路周围的带状三维地表模型和道路设计表面模型。

1. 地表模型

通过野外测量、航测、地图数字化等途径可以获得设计所需的道路带状地形资料,经过数字地面模型处理软件后形成数字地面模型(DTM),根据DTM的类型(常用的有三角网式和方格网式等)采用不同的方法来建立地面三维模型。如果采用的是三角网式DTM,那么地表采用的是若干空间三角形平面来表示的,每一个三角形平面的空间位置均由三个顶点的三维坐标(x,y,z)确定,而这些数据都可以方便地从DTM中获得。在AutoCAD中绘制地表三维模型时,每个三角形平面的绘制采用3D Face命令来完成,见图8-4。如果采用的是方格网式DTM,则既可以采用三角形平面,又可以采用网格曲面来拟合地表。对于前者,只需将每个网格分解为两个三角形;对于后者,可以直接采用AutoCAD的多边形网格曲面(3D Mesh命令)来拟合,见图8-5。

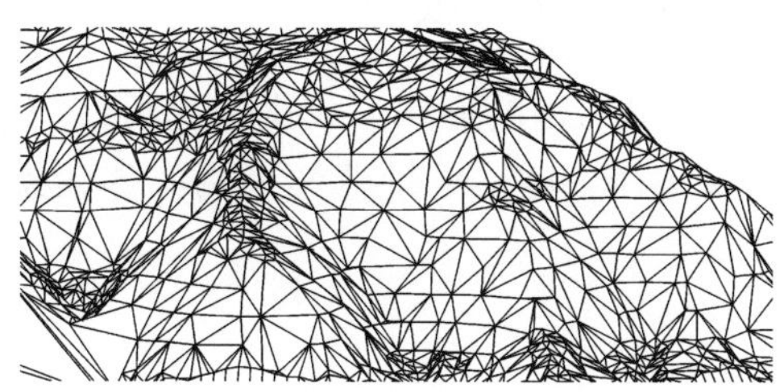

图8-4　空间平面拟合地表

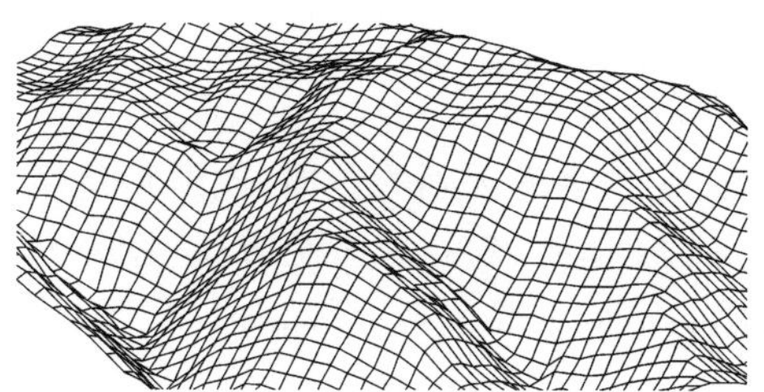

图8-5　多边形网格曲面拟合地表

2.道路设计表面模型

道路设计表面模型包括中间带、行车道、路肩、边坡表面、边沟、各种交通设施(包括标志标牌、标线、防撞护栏等)、桥梁(包括梁、桥台、桥墩等)。采用表面模型来建立道路设计表面模型既可以采用三角形空间平面,也可以采用四边形空间平面。

相对于地表模型而言,道路设计表面模型的规律性还是较强的。一般采用四边形空间平面来建立道路设计表面三维模型。例如,绘制行车道表面模型时,先根据所需的建模精细程度,确定沿路线前进方向的间距,然后计算出模拟道路表面的每个四边形的四个顶点的三维坐标,再用AutoCAD的3D Face命令绘制出每个空间四边形平面,见图8-6。三维坐标的计算采用路线设计软件来完成。组成道路设计表面模型的其他部分也可以采用相同的方法来完成。

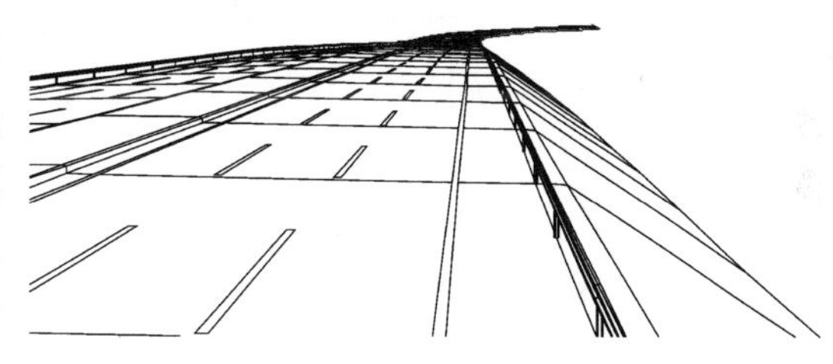

图8-6　空间四边形平面拟合道路设计表面

3.地表模型与道路设计表面模型的叠加

这个工作应在绘制地表三维模型和道路设计表面模型之前完成。

道路设计表面模型与地表三维模型叠加的目的是使道路表面模型能在三维地表上完整地体现出来。因此,需要对路基边坡范围内的地表进行清除。对于挖方路段,由于道路模型在下,地面在上,地表模型会“盖住”道路设计表面模型。地表模型与道路设计表面模型的叠加的关键是确定需要清除的地表模型的范围。计算处理方法如下:

先计算出边坡和地面的交点(得到坡脚线),把这些交点加入到地面散点中去,并且从原来地面散点中剔除掉位于两侧路基坡脚线范围内的地面点,然后重新生成DTM。在生成DTM

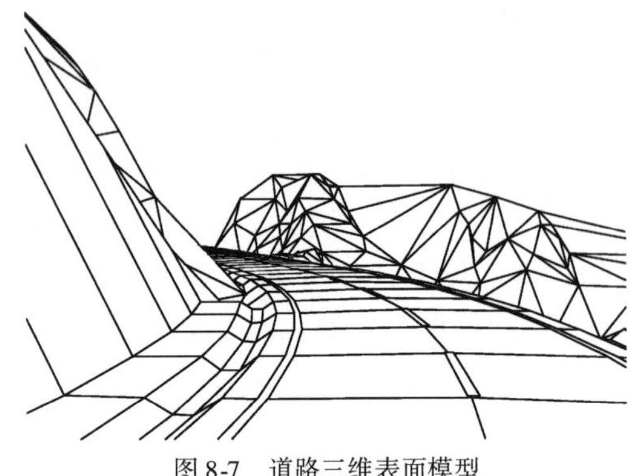

图 8-7　道路三维表面模型

时,应删除下列三角形:

①三个顶点均为坡脚点(边坡与地面的交点)的三角形;

②一条边与道路中线相交的三角形。

经过这样处理后所建立的地表模型中就不包含路基坡脚线范围内的地面了,从而实现了地表模型与道路设计表面模型的叠加,见图 8-7。

二、桥梁三维建模

由于桥梁结构的形状一般比较规则,具有较强的规律性,构件多为规则的形体,比道路建模更容易。因此,桥梁三维建模采用实体建模比采用表面模型建模更容易,成型更方便(图 8-8)。

桥梁的结构主要包括上部结构和下部结构。

1. 上部结构三维模型

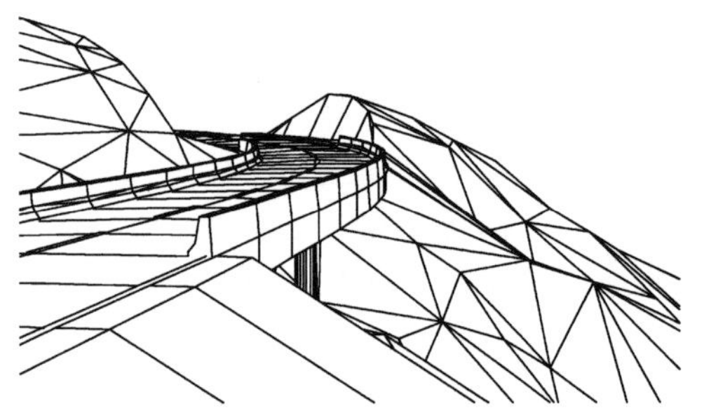

图 8-8　桥梁三维表面模型

不同类型的桥梁,其上部结构不同,但均可以采用拉伸的方法来生成,对于变截面梁,可采用分段拉伸的方法来生成。以箱梁为例说明绘制方法,其步骤如下。

(1)采用 1:1 的比例绘制上部结构标准横断面图(剖面图),如图 8-9 所示。横断面图需要采用多段线(PLINE 命令)绘制,并且多段线必须闭合。在绘制的时候,外轮廓用一条闭合多段线绘制,内部的轮廓也分别用闭合多段线绘制。

(2)将每条多段线表示的区域用面域命令 REGION 转换为面域。

(3)使用 SUBTRACT 命令对面域进行掏空(图 8-9)。操作过程如下:

Command:subtract ↵

选择要从中减去的实体或面域...

选择对象:(选择面域 1,按 ENTER 键)

选择要从中减去的实体或面域...

选择对象:(选择面域 2、3、4、5,按 ENTER 键)

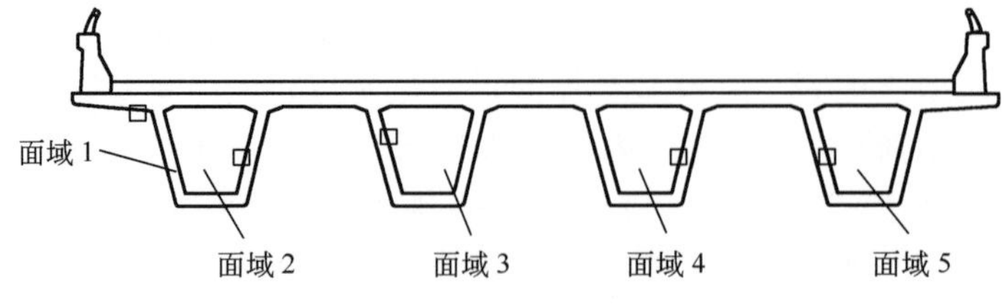

图 8-9　桥梁上部结构剖面图

(4)绘制三维桥梁中线作为拉伸路径。

(5)将桥梁上部结构剖面图进行三维旋转,使剖面与桥梁中线垂直,见图 8-10。

(6)沿拉伸轨迹拉伸剖面,得到桥梁上部结构三维实体模型,见图 8-11。

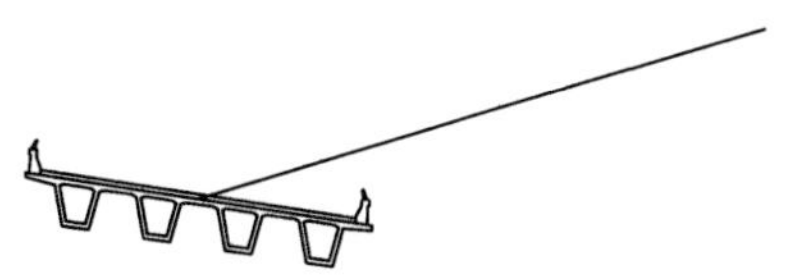

图 8-10 桥梁上部结构剖面图和拉伸路径

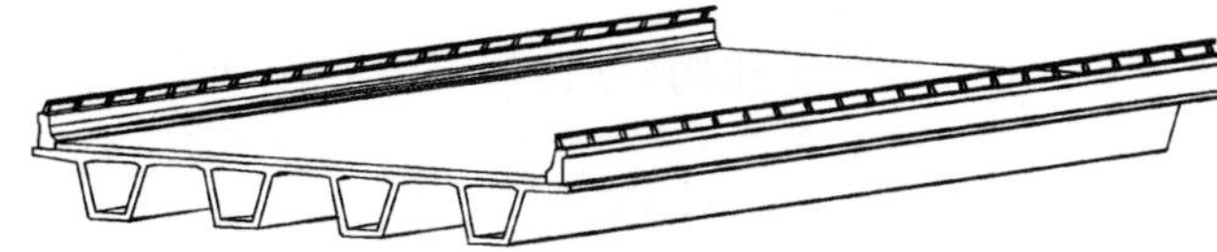

图 8-11 桥梁上部结构三维模型

2. 下部结构三维模型

桥梁的下部结构主要包括桥台、桥墩、承台等。这些部分一般构造比较规则,可以采用 AutoCAD 的基本三维实体模型来组合和拉伸命令完成。例如图 8-12 中的双柱式桥墩和盖梁采用拉伸的方法来产生,系梁采用长方体来产生,然后使用并集命令 Union 来产生组合三维实体。

目前,道路桥梁的三维建模都有相关的辅助软件,这些软件大多采用对 AutoCAD 进行二次开发的方法来编制。采用软件辅助建模能极大地提高建模的效率。

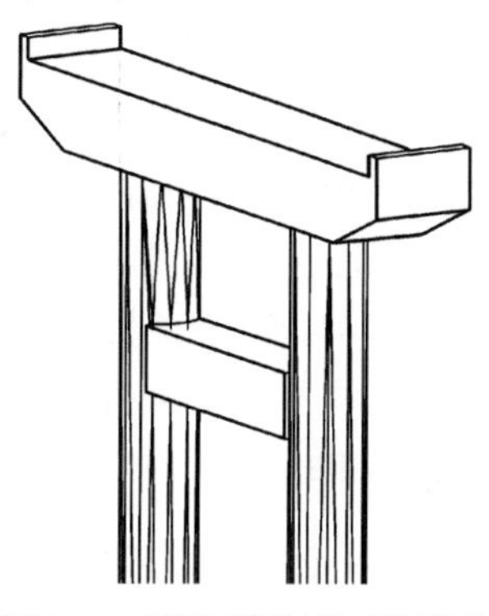

图 8-12 桥梁下部结构三维模型

三、附属设施模型的建立

道路附属设施模型主要包括交通标线模型、防撞护栏模型、标志标牌模型等。

1. 交通标线模型

交通标线主要是行车道的分隔线。标线模型采用的是依附于路面的连续或有间隔的空间矩形平面来完成的。每个矩形平面的四个顶点坐标可由前面讲的道路平面坐标计算模块和道路纵、横断面计算模块计算出来。一条标线的空间矩形平面的个数直接影响在视觉上的逼真程度。

2. 防撞护栏模型

高等级道路的中央带和两侧一般均要设置防撞护栏。一般采用的是波形护栏。系统建立防撞护栏是使用系统的图形平台 AutoCAD 的三维建模工具来完成的,系统计算出护栏模型的参数后,传递给 AutoCAD,由 AutoCAD 来建立模型。由于护栏模型是一个曲面模型,其数据量随着路线里程的增加而成倍地增加,所以不是最后制作渲染图或动画就不添加防撞护栏。

3. 标志标牌模型

标志标牌主要包括里程指示牌、地名指示牌、道路出入口指示牌、警示牌等。这些标志标牌模型可从系统提供的三维部件库中直接调用,并输入合适的指示内容,插入到指定里程的合适位置上即可。指示内容的位置和插入点的位置由系统自动计算。

对于其他的地物模型等,也是从三维部件库选择,用户指定平面位置,系统根据平面坐标从 DTM 中内插出高程,然后放置该模型。

第四节　动态、静态全景透视图的绘制

完成了三维模型建构以后,就可以制作动态和静态全景透视图了。制作动态和静态全景透视图的主要任务就是对模型进行渲染。所谓渲染,实际上是对三维模型进行真实化处理,赋给相应的颜色、材质光线等。由于这方面已经有了许多成熟的商用软件可以使用,它们对于道路透视图渲染来说已经足够了,对于我们来说,没有必要自己去开发渲染软件。目前比较熟悉和常用的渲染软件是3DS MAX软件。所以下面主要介绍在3DS MAX软件中制作道路动态和静态全景透视图。

制作动态和静态全景透视图是在3DS MAX软件中完成的。在三维模型制作完后,以*.3DS的格式输出,然后在3DS MAX中调入该文件,再加上动画轨迹就能制作动态全景透视图,这个操作过程要求用户对3DS MAX的功能有一定的了解,主要是需要用户熟悉3DS MAX软件的贴图、灯光处理、动画制作功能,对3DS MAX软件复杂的建模功能则没有要求,因为几乎所有的建模工作都在AutoCAD中完成。下面介绍如何在3DS MAX软件中制作动画。

一、动画的基本原理

动画的产生是利用人眼的视觉暂留来完成的,这和电影原理完全相同。当每秒钟变化的画面超过15幅时,连续的画面就会在人眼中产生动画景象。计算机动画制作与手工制作的过程大致一样。先制作出关键性的画面,再完成关键画面之间的过渡画面,然后通过播放设备连续播放,形成动画。在计算机动画制作软件中,由计算机来完成关键帧间的过渡画面,其速度和精度是手工无法比拟的。在计算机上播放动画,实际上是一幅幅画面的产生和更新过程。由于每幅画面所包含的信息量大,要在很短的时间内刷新它,就需要计算机具有足够快的运行速度。3DS MAX软件采用了先进的算法,能在计算机上较好地运行,为我们提供了处理真彩色的动画途径。

二、AutoCAD中模型的输出及动画轨迹的生成

1. AutoCAD中模型的输出

目前AutoCAD R14和以上版本均提供了向3DS MAX直接输出3DS MAX支持的文件格式"*.3DS",为AutoCAD和3DS MAX交换数据提供便利。AutoCAD建模使用的是双精度,所以能建立较为精确的模型,但不具备三维动画功能,而3DS MAX虽说三维功能强大,但对于像道路这样复杂、不规则的模型的建立,则显得无能为力,而且它没有提供方便的二次开发工具。这就是要用这两套软件来完成道路三维动态透视图的原因所在。

在AutoCAD中使用3DSout命令就能很方便地完成输出到3DS MAX的工作。在输出时要注意几点:

(1)要选择以图层的方式输出。因为每一图层代表同一物体,如LMBX代表路面标线。在AutoCAD中已对同一物体赋予了颜色和灯光,以层的方式输出时,会保留这些信息,从而避免在3DS MAX中进行复杂的颜色操作,在给模型进行贴图时很方便。

(2)输出时要选择所有物体。

(3)在输出时应选择"Auto-Weiding"项,这样就能将顶点间距小于指定值(一般为0.000 1m)的两顶点合并为一个,从而能较大减少模型的数据量,提高动画制作速度,降低对计算机硬件的要求。

2. 动画轨迹的生成

虽然在3DS MAX中可以编辑动画轨迹线,但操作较为复杂。同时由于人工编辑的路径不平滑,形成的轨迹往往会造成画面抖动、颠簸等现象。为解决这一问题,可以编制动画轨迹生成程序,模拟从汽车到飞机等不同高度的视点的动画轨迹,并提供摄像机与目标点两个轨迹,这样生成的动画效果较好。

生成动画轨迹线的方法如下:

首先计算出距离路中线一定距离的摄像机和目标点的平面坐标(这由边线坐标计算程序完成)和高程(这由纵断面计算、超高计算完成),当然这个过程只能沿路线前进方向间隔一段距离计算一个,不能把摄像机移动的每一个点都算出来。计算出这些点后,用三次样条曲线来拟合成一条空间连续光滑的曲线。在生成目标点轨迹时,它与相应的摄像机的距离为0.417V。生成了动画轨迹后,就可以将轨迹(Path)以 *.DXF 文件格式存盘。在3DS MAX中,当需要给摄像机和目标点施加运动轨迹时就能直接加载使用。

三、在3DS MAX中制作动画

3DS MAX,与AutoCAD一样,都是AutoDesk公司开发的软件,它是一种优秀的动画制作软件,功能强大,在大众传媒、机械设计、军师模拟、建筑装潢等领域已得到了广泛应用,3DS MAX提供了完全的3D模块造型、材质编辑器、4种着色投影方式和强大的动画功能,同时它又是一种易于学习掌握的软件。由于建模工作的绝大部分由系统来完成,所以用户就可以摆脱3DS MAX复杂的建模工作,只需学会3DS MAX的材质编辑、灯光和摄像机的添加、动画的制作就可以了。

用3DS MAX制作的动画的格式为AVI格式,可以用多种Windows多媒体播放器来播放。在3DS MAX中制作动画的流程图如图8-13所示。

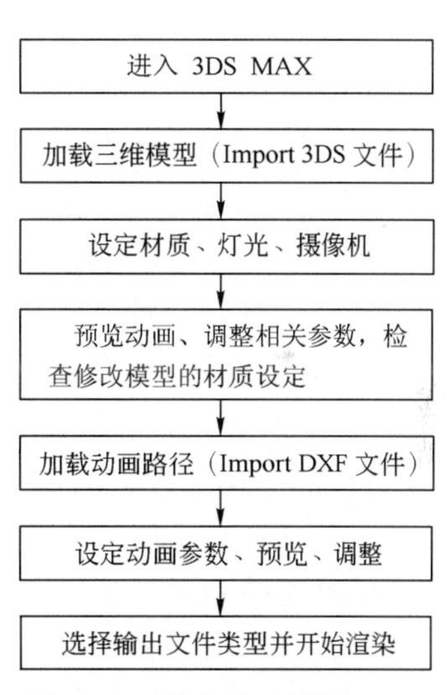

图8-13 渲染和动画制作流程图

第五节 基于UC-win/Road道路三维建模与仿真

一、UC-win/Road简介

UC-win/Road是一套三维模拟软件,利用计算机三维虚拟现实的表现原理,进行公路、城市规划、园林规划、小区规划设计的有效工具。设计者通过简单的操作可以快速做成三维虚拟表示的各种方案。通过对各种方案不同角度的观赏,进行空间移动模拟(步行、车行、飞行)以及动画显示等。该软件能实现设计人员和投资方之间的交流,成为项目协议达成的通用语言工具。

在设计方面,UC-win/Road 可以将传统二维设计方案转化为直观的三维可视化模型,有助于设计者和评审者及时发现方案设计缺陷;在施工方面,UC-win/Road 可以验证施工流程的可行性、优化项目施工方案,规避项目风险,控制项目成本;在评估方面,UC-win/Road 为主管部门评审决策提供依据,为不同专业背景人员之间提供了易于达成共识的互动平台。因此,在项目设计、施工方案评估、数字化城市建设中,UC-win/Road 的虚拟现实功能发挥着巨大作用。操作界面如图 8-14 所示。

图 8-14　UC-win/Road 界面

UC-win/Road 软件具有以下特点:

(1)UC-win/Road 支持交通模拟(包括交通流模拟)、信号控制和人物三维动画,软件内嵌有丰富的二维数据库、三维模型库和各种材质库,对天气、时间(日照)等环境的模拟简单快捷,效果明显,对不同风力环境条件下景物的三维描述真实贴切,相比其他三维软件,更能贴近现实世界,给观众一种身临其境的感觉。

(2)在模型和场景的制作过程中,UC-win/Road 软件表现出良好的兼容性。在模型的制作过程中,不仅软件本身具有丰富的三维模型,能够按照设计者的意图进行颜色外形的修改,而且支持外部数据导入,如 3D MAX、Photoshop 数据,针对用户的要求构建模型。

(3)在 UC-win/Road 设计的三维场景中,各种模型之间的相对位置明确,表达清晰。具有 photo 贴图支持和透视功能,在表现场景中的具体工程措施时,可以非常方便地对工程原理的演示和流程的操作进行掌握。

(4)UC-win/Road 软件与地理坐标建立了直接联系,能够根据经纬度和地形图对具体地点进行实地模拟。在场景的浏览查看过程中,既可以设置飞行模式也可以设置驾驶模式。

(5)三维场景最终生成为“所见即所得”模式,不需要用户进行渲染生成等额外操作,使用快速方便。最终产品的输出还支持图片和视频,方便对外展示。

(6)UC-win/Road 软件具有良好的性价比。相比于 3D MAX、Photoshop 等软件,UC-win/Road 拥有三维动态效果;相比于国外一些专业的三维动画软件,UC-win/Road 的价格适宜。

二、道路建模与仿真

1. 建模区域地形数据收集

建立仿真模型之前,需要收集各项基础资料。

(1)地形资料

图8-15 水体数据导入与建模

地形资料包括以数字地形图为主的建模区域的地形图,以及地物地貌照片。

地形、地貌资料:建模区域的地形地貌、自然形态(包括山脉、平原等)、色彩及人工结构物。

水体:建模区域水体(包括河流、湖泊等)的形式及地理位置。UC-win/Road 三维建模系统输入水体等背景界面如图8-15所示。

(2)植被情况

植物种类:建模区域内植物情况,包括植物类型、种植方式、种植密度等。

植被覆盖:建模区域内植物的分布情况、覆盖面积等。

(3)道路设施

道路路线设计资料:路线平面线形、纵断面线形及横断面设计资料。

道路边坡、中央分隔带绿化资料:高等级道路中央分隔带植物种类、种植方式,沿线道路边坡种植情况等。

道路设施设计资料:桥梁、隧道、交叉、照明、标志标线、收费站、服务区等设计资料。

(4)其他

其他包括气候气象资料、道路沿线动物资源以及道路沿线建筑物位置、形态资料等。

2. 建立地形模型

在收集详细的道路设计资料基础上开始建立建模区域的地形模型。

首先在UC-win/Road中进行区画设定,在世界地图中选择所需要的区域,设置初始坐标、地形大小和标准时间以确定其后制作的道路模型的位置、范围及时间。通过这些设置,UC-win/Road可计算太阳的位置和高度,生成阴影的形态、位置和大小。

将收集到的地形数据(包括地形控制点的横坐标、纵坐标和高程)用软件编程,转化为XML格式文件。使用"导入地形补丁数据"工具对载入的XML格式的地形数据文件进行三角构网,得到道路沿线地形模型。完成基础地形模拟后,需对其进行一定的补充和修正,通过收集补丁数据及地面卫星图完成,如图8-16所示。

3. 定义道路、桥梁和隧道

在已经建立的地形模型上,根据收集到的道路设计资料,使用UC-win/Road中的工具"定义道路"进行道路平面线形和纵断面线形的绘制,同时使用该软件中"编辑道路横断面"制作道路的横断面,包括横断面的样式、尺寸、中央分隔带尺寸及种植植物类型或防眩板样式、桥梁隧道设计等。道路参数编辑界面如图8-17所示。

4. 编辑道路景观

地形模型和道路模型建立完成后,使用UC-win/Road设置道路景观,如标志标线、护栏、路灯及道路附属设施。同时设置道路沿线的服务区、收费站、居民区及植被情况。如图8-18所示。

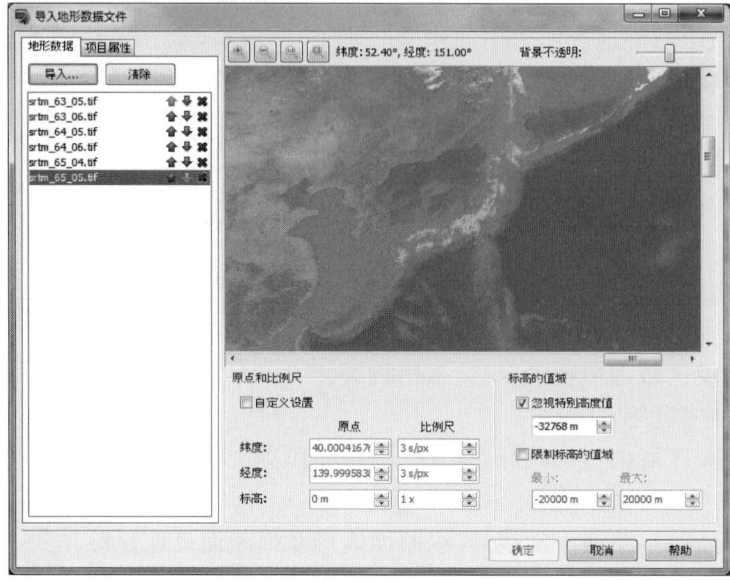

图 8-16　区域地形数据导入与建模

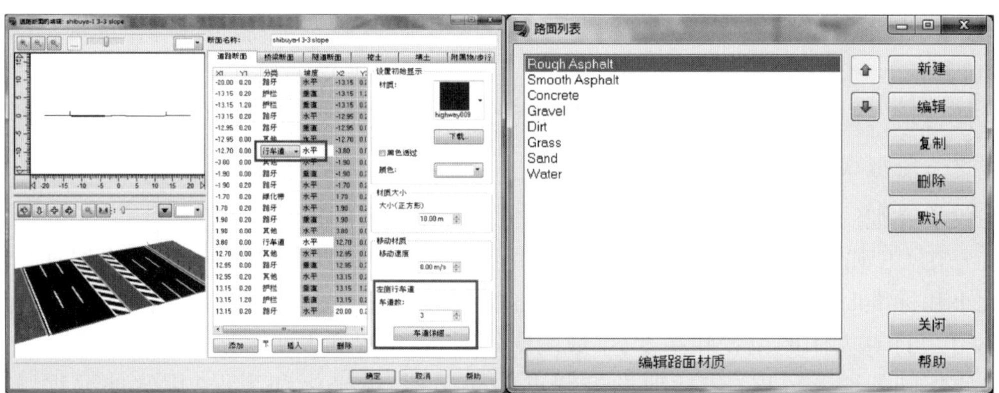

图 8-17　道路参数编辑

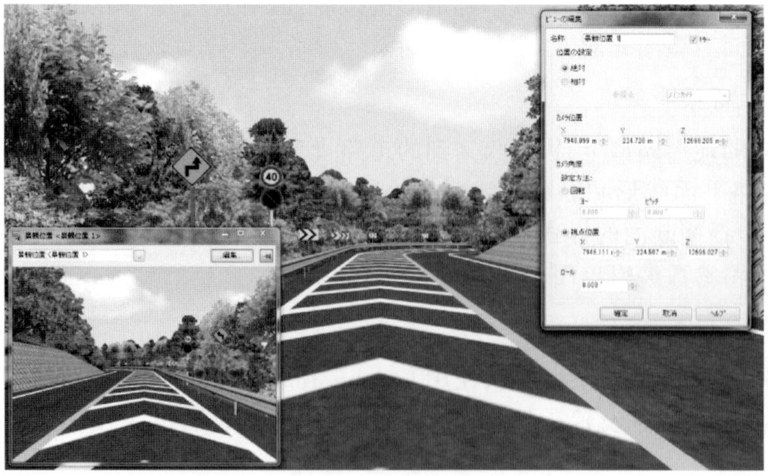

图 8-18　道路景观编辑

通过以上步骤，道路主体及沿线景观已经制作完成。根据使用者的不同要求，UC-win/Road的“模拟”功能可以输出不同格式的文件如AVI视频、JPEG图像等。在UC-win/Road中进行道路建模与仿真的流程图如图8-19所示。

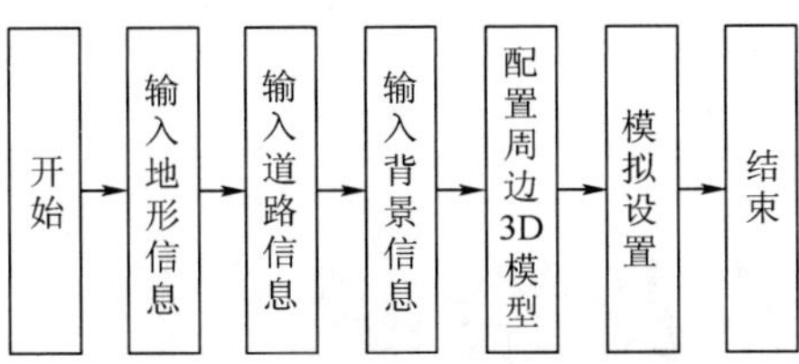

图8-19 道路建模与仿真流程图

第九章

路线设计图表绘制

设计的最终产品是设计图纸。对计算机辅助设计系统而言,图形和表格处理的方便性和自动化程度往往是评价该系统性能的主要技术指标之一。图形和表格处理技术是研究和开发道路 CAD 系统的重要内容。

第一节　图形与表格处理技术概述

一、图形与表格处理技术发展历程

道路 CAD 系统中图形和表格处理技术的发展经历了以下三个阶段。

1. 直接绘图阶段

早期的道路 CAD 系统中,由于没有图形和表格支撑软件,因而图形和表格的处理功能很弱,图形和表格的绘制是通过编制高级语言接口直接驱动绘图机和打印机来实现的。工作过程如图 9-1 所示。

对于这种绘图方式,设计者需要按照设计图纸的要求,将图纸和表格需要的数据全部输入,按照图纸固定的内容和布局编写程序,直接输出图纸介质。程序犹如“黑匣子”,在图纸输出以前，设计者无法知道图纸是否正确，在工作过程中用户无法干预。输出的设计图纸不符合要求时，只能修改原始数据。

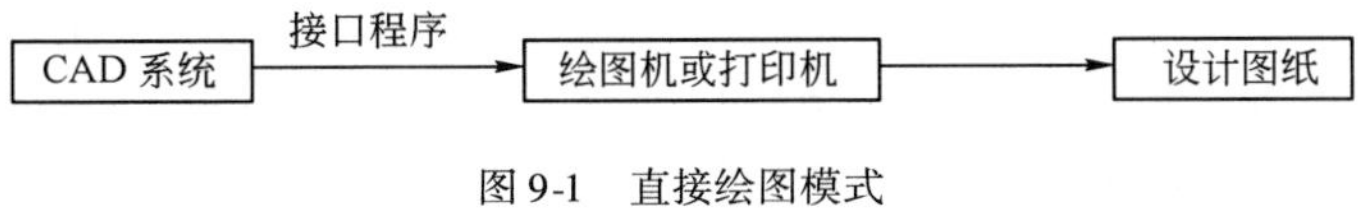

图 9-1 直接绘图模式

2. 参数化绘图阶段

20 世纪 80 年代中后期，市场上出现了较为成熟的计算机图表支撑软件，有代表性的有 AutoCAD、Excel、MicroStation 和 Lotus 等。有了支撑软件的支持，道路 CAD 系统的图表处理功能有了很大的提高。这一阶段图形的绘制是通过编制高级语言与图形支撑软件的接口，先形成图形软件能够接受的中间文件，由支撑软件完成图形处理工作，设计者利用其强大的图形编辑功能对形成的图形修改，满意后再输出设计图纸。工作流程如图 9-2 所示。

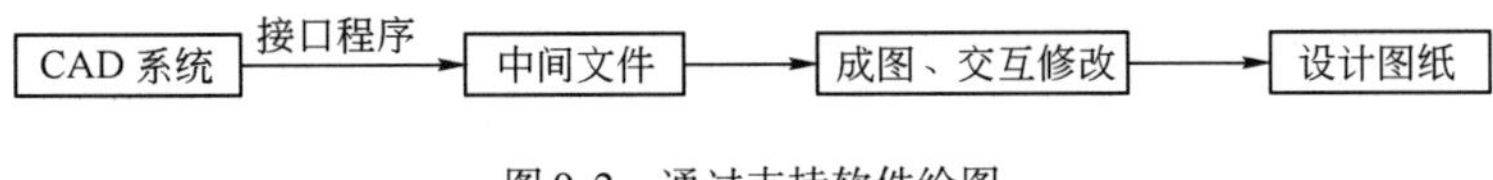

图 9-2 通过支持软件绘图

这种绘图方式的主要优点是设计者可以对生成的图形进行修改，增强了系统图形处理的灵活性。缺点是需要在 CAD 系统和图形支撑软件之间频繁转换，自动化程度降低。

3. 设计、计算与图表绘制一体化绘图阶段

随着 AutoCAD 的升级发展，其开发工具也在不断改进提高，同时也为道路 CAD 系统实现设计、计算与绘图一体化的目标提供了技术支持。所谓设计、计算与图表绘制一体化，即在统一的运行环境下，当输入所需的资料后，CAD 软件自动进行计算，同时显示和输出符合要求的设计图纸。其工作过程如图 9-3 所示。

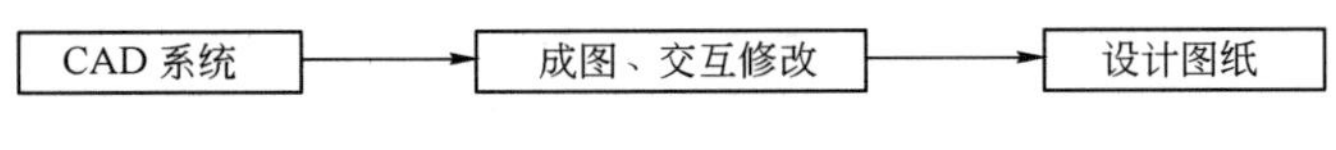

图 9-3 设计、计算与绘图一体化

这种方式减少了中间接口，将图形和表格的生成与图形设计直接联系起来，不需要在系统和支撑软件之间频繁转换，可以实现图表绘制与设计计算的同步，效率得到提高。

二、道路 CAD 设计图纸的定义

在道路设计中，图纸的种类繁多，目前对每种图纸的格式还没有统一的规定。道路等级不同，对图纸的形式要求也不尽相同，另外，不同的设计单位也有自己固定的图纸样式。为了提高图纸处理功能，应采用面向对象技术，把设计图纸作为对象重新进行分析研究，开发通用性强和实用性好的开放式自动生成系统。

1. 设计图纸对象的定义

(1) 设计图纸的特征

设计图纸尽管样式繁多，但都有共同的特征，包括图框、图形、文本和嵌入表格，如图 9-4 所示，可以表示为：

<图纸特征>::=<图框特征>+<图形特征>+<文本特征>+<嵌入表格特征>

图框特征::=<图签特征>+<图栏特征>

图签特征::=<图签插入点>+<图签栏目个数>+<文本属性特征>+<图签内容>

图栏特征::=<图栏插入点>+<图幅尺寸>

图形特征::=<几何特征>+<属性特征>

几何特征::=<形体特征>+<位置特征>+<关联特征>

属性特征::=<颜色/图层特征>+<图形填充特征>+<画线特征>

正文特征::=<字符属性特征>+<正文内容>

嵌入表格特征::=<表头特征>+<表域特征>

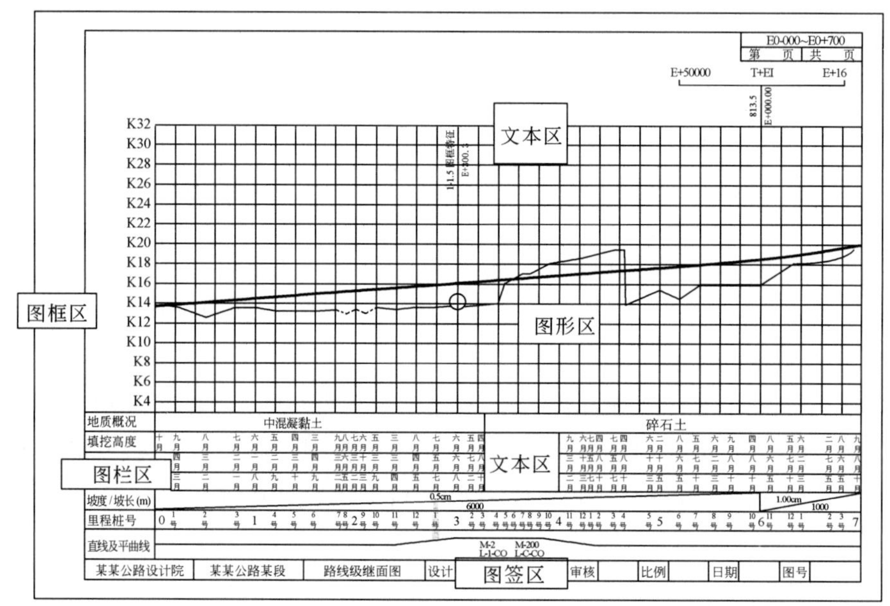

图9-4　图纸描述示意图

对于几何图形,图形特征主要表现为几何特征,几何特征通过点、线、面、夹角、方向、范围等几何参数表示;而对于点阵图形,图形特征主要表现为属性特征,属性特征通过属性或属性分布规律表示。图形中的正文标注具有正文特征,正文特征包括正文内容、字型及输出位置。基于图纸特征的图纸表示法是将图纸信息分解成一个个图形特征,通过这些图形特征表示图纸对象与人们对图形认识的自然模型一致,因而它易于理解和表达。

由于图纸特征是图形对象的要素,因而用图形特征表示图纸具有数据少而表达准确的特点,便于图形识别和分析,也便于图形数据存储和处理。

(2)图形元素及其表示方法

道路CAD图纸处理所设计的图形元素主要包括单一直线段、圆曲线、回旋线、不规则曲线、椭圆、折线、区域填充、标注等。不难发现,这些图形元素,不论何种形状,都是由其特征点描述的,见表9-1。

图形特征点是能表示图形特征的点值集、属性值集或点值与属性值组成的元素集。图形特征点的数学表示为:

$$DP::=\langle DP1\rangle+\langle DP2\rangle+\langle DP3\rangle$$
$$DP1=\{(P1,P2,\cdots Pj\cdots Pn)i \mid i=1,2\cdots\cdots K\}$$
$$DP2=\{(D1,D2,\cdots Dj\cdots Dm)i \mid i=1,2\cdots\cdots K\}$$
$$DP3=\{[(P1,P2,\cdots Pj\cdots Pn),(D1,D2,\cdots Dj\cdots Dm)]i \mid i=1,2\cdots\cdots K\}$$

常见图形特征及特征点内容 表 9-1

图形特征	图形特征点内容	图形特征	图形特征点内容
直线	起点、终点	折线	折线上的拐点
圆	圆心点、圆上一点	不规则曲线	曲线上的凹凸点
圆弧	圆心、圆弧上两点、方向	区域填充	区域内一点、填充类型值
椭圆	椭圆边界框顶点	文字	位置参考点、高度、旋转角
回旋线	回旋线上控制点	标注	标注参考点、标注样式

其中,Pj 为点值,点值不是像素点(POINT),仅具有方位(POSITION)含义,用坐标(Xj,Yj,Zj)表示;Dj 为属性值,具体值与属性编码有关。图形特征点有三种表现形式:DP1、DP2 和 DP3,它们分别对应于只需要点值、只需要属性值以及需要点和属性值一起表示清楚的图形特征。

利用图形特征点,可以表示所有的图形特征。由于点是最小的图形单位,对于图形的几何特征,如图形中的点、线、面等参数,都可以用点值以隐式方式或显式方式表达完整,比使用几何参数表示更方便。利用点值和属性值相结合的形式,可以有效地表示图形属性的分布情况,特别是对于那些属性分布规律极复杂的图形特征,图形特征点方法是较理想的表示方法。

图形对象的图形特征往往不止一个,需要多个图形特点表示,这些特征点的模式集就构成了表示该图形对象的图形特征点模型。图形对象特征点描述法是图形特征点模型与支持它的方法的集合,即

$$DDP=\{GD1,GD2,\cdots GDi\cdots GDn\}$$

其中,DDP 为特征点描述法;GDi 为一个图形表示方法,该方法建立在图形特征点基础之上。用特征点描述图形对象,其图形表示方法的数学表示为五元组:

$$\langle GD,DP,M,R,PI\rangle$$

其中,GD(GRAPHIC DISTINCTION)为图形对象表示;DP(DISTINCTIVE POSITION)为图形特征点模型;M(METHOD)为基于图形特征点模型的图形处理方法;R(RELATION)为图形特征点模型中模式之间的关联;PI(PICTURE IDENTIFEIER)为图形对象标识。

2. 图形中嵌入表格对象的生成方法

嵌入表格一般是由标题、表头、表域三大部分组成,表格样式主要是由表头决定的。因此,表头的生成是嵌入表格处理的难点和重点。图 9-5 是一个典型的嵌入设计表格,具体形式取决于设计对象和设计单位的习惯做法。由此看出,表格的表头是具有一定的层次的,很像一个多叉"树状"结构,树的末节点对应真正的数据列。末节点的个数表示嵌入表格的列数,节点的层数表示嵌入表格的行数。例如,图 9-6 表示的多叉树为 5 层,总共有 8 个末节点。根据这样一个多叉树结构,可以生成图 9-5 所示的表头格式。所以表头格式的生成方法就是将表头

的栏目按照一定的层次关系,形成一个对应于多叉树的词条序列,然后再构造表头边框。构造好整个表头后,可以往表域中填写相应数据。

图 9-5　表格对象描述示意图

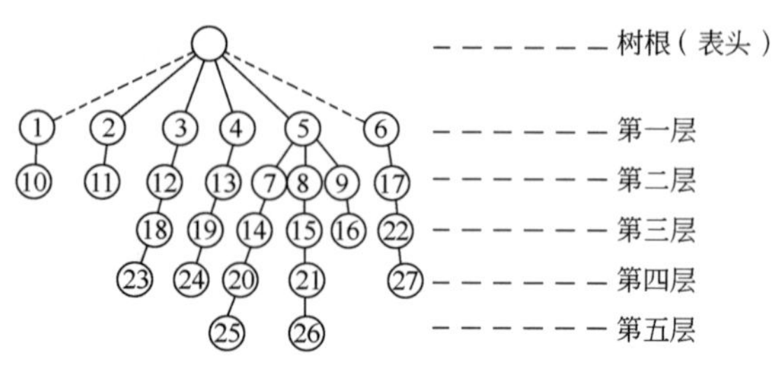

图 9-6　表头多叉树图示

三、基于 VB 和 Excel 的设计表格处理

Excel 是 Microsoft 办公自动化系列软件之一,具有强大的数据分析和处理功能,和 AutoCAD 一样,支持 ActiveX Automation 技术,并且内部嵌入了 VBA 程序语言,供用户开发应用程序,为软件的复用和集成提供了技术保障。

道路设计中有些表格反映的数据量巨大,是施工的主要依据,如路基设计表、直线曲线及转角表和土石方数量计算表等,但是,这些数据在设计过程中已由应用程序生成,制表的主要任务是如何快速按照一定的格式填写这些数据,因此,适合采用 Excel 自动处理。由于 Excel 没有定义外部数据交换格式,应用程序不能在外部直线生成 Excel 表格文件,因此,专业 CAD 系统应用 Excel 功能需要使用 Automation 技术,Excel 作为 Automation 服务器,专业应用程序作为 Automation 控制器。下面主要介绍基于 Excel 的设计表格处理方法。

1. Excel 的 Automation 对象

作为服务器,Excel 提供了丰富的 Automation 对象,其中最常用的见图 9-7。

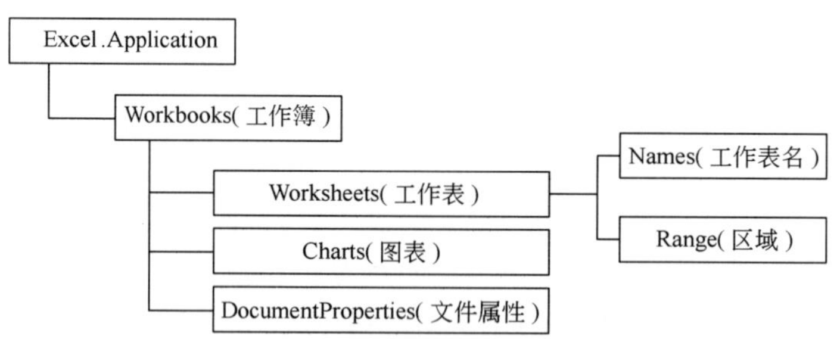

图 9-7　常用 Excel Automation 对象

在 VB 应用程序调用 Excel,实质是将 Excel 作为一个外部对象来引用,由 Excel 对象模型提供能从 VB 应用程序内部操纵的对象以及相关的属性、方法和事件,完成对 Excel 的启动、生成新的工作簿、工作表等。

2. Excel Automation 对象的引用

引用对象的方式分为前期绑定和后期绑定。前期绑定是将使用对象变量声明为一个特定类的变量,并且通过在 VB 工程中的设置,实现对 Excel 类型库的引用。后期绑定是将引用的对象声明为一个一般变量,如 Object 或 Variant 型变量。前期绑定引用编写的程序不易出错,后期绑定引用适应于一些特殊场合,如编写不局限于具体应用程序的通用代码。下面是对 Excel 前期绑定引用的部分 VB 代码。

```
Dim MyExcel As Object'声明一般对象变量
Dim Excelapp As Excel. Application
'声明对象变量 Excelapp 为 Excel. Application 类变量
Dim ExcelWasNotRunning As Boolean'释放标志
On Error Resume Next
Set MyExcel = GetObject("Excel. Application")
'如果 Excel 已经运行,则引用 Excel 的 Application 对象
If Err. Number < >0 Then ExcelWasNotRunning = True'检测到 Excel 没有运行
Err. Clear'清除错误代码
Set MyExcel = CreateObject("Excel. Application")
'如果 Excel 没有运行,则启动 Excel,创建引用 Application 对象
```

3. 使用 Excel 对象的方法、属性

下面代码为使用对象的方法和属性的片断。

```
MyExcel. Workbooks. Open( path&"\路基表模板 0. xlt")'打开模板
Range("a2"). Activate'激活单元格 A2
ActiveCell. Characters. Text ="××三级公路××段"
Cells(6,9). Characters. Text = Format(bz(i), "0.00"
Cells(6,10). Characters. Text = Format(zfd(i), "0.00"
Cells(6,11). Characters. Text = Format(by(i), "0.00"
Cells(6,12). Characters. Text = Format(zc(i), "0.00"
Cells(6,13). Characters. Text = Format(cc(i), "0.00"
'以上为往第 6 行第 9 至 13 列填写的数据
```

可以看出,利用 Excle 的 Automation 技术,在应用程序内部可以方便地操作 Excle 的对象、方法和属性,实现计算和表格输出的同步,较好地实现与 Excle 的集成。

第二节　平面设计图表的绘制

道路平面设计方案的最终表达是平面设计图表。平面设计图表一般需要体现出道路中线、平面设计参数、道路各部位偏置线、桥涵简图、有关标注以及地形地物等。它们既可以在平面设计完成后输出,也可以在项目所有的设计完成后输出,其中公路用地图、路线总体设计图等必须在路线纵断面和横断面设计完成后才能输出。在完成道路平面图的绘制之后,还需要根据图纸的比例尺,对平面图进行分幅,以便生成可供分页输出的平面图纸。

一、路线平面设计图的绘制内容

在路线平面设计中,地形、地物属于地形图绘制的范畴,一般为光栅扫描图像或电子地图的形式,不需要用程序进行绘制。需要平面设计程序进行绘制的主要内容包括:

(1)平面设计线

平面设计线包括道路中线和交点线(导线),在平面设计的过程中就可绘制完成。

(2)平面设计参数及平曲线要素表

平面设计参数通常包含各特征点、曲线单元设计参数和百米桩、公里桩等。在图纸的适当位置,还应列表标注平曲线要素:交点编号、交点位置、圆曲线半径、缓和曲线长度、切线长度、曲线总长度、外距等。高等级公路应列出导线点坐标表。

(3)道路各部位偏置线

道路各部位偏置线包括路基顶部设计线和边坡、边沟设计线。其中路基顶部设计线包括中央分隔带、行车道、硬路肩和土路肩。

(4)桥涵构造物

平面设计图中一般需绘制桥涵构造物简图,起到标示和参考作用。绘制内容包括:设计轴线、墩台轴线、构造宽度线、洞口示意线等,以及相应的构造物名称和桩号的标注。

二、平面设计图的自动分幅

道路是一种空间带状构造物,无法在一张图纸中清晰地表现一条长路线的设计细节,需要将平面设计图纸拆分成数张单页图纸,进行打印输出。

目前,常见的设计软件中,分幅的原理有三种:实体剪切法、块剪切法和视图裁减法。实体剪切法的基本原理是:将当前页显示范围中的实体复制到图纸页位置,经过移动、旋转和缩放操作,再根据图纸显示区域的边框对这些实体分别进行剪切操作,将区域外的实体删除,将与区域相交的实体进行剪切,保留区域内的部分。分幅操作结束后,由于大量的图形实体被复制一次或数次,因此,通常图形文件字节数会增加数倍。由于这种方法不能对图块、文字进行有效的操作,此外,对图像实体的操作需要进行图像剪切,因此,效率较低、适应性差,而且程序实现比较复杂,目前已经较少采用。

块剪切法的基本原理是:将图形环境中所有的实体定义到一个图块中,在分幅时,首先插入这个图块,根据当前页起点桩号的坐标、方位角和图纸缩放比例,计算得到图块的平移、旋转、缩放矩阵,对图块进行操作。再根据图纸显示区域的边框对图块进行裁剪,仅显示区域内部的图块内容。使用这种方法分幅操作结束后,无论分页数的多少,图形文件的字节数会增加一倍左右,主要是块定义时,需要保存所有实体的数据副本。由于这种方法能够对图块、文字、图像等实体进行有效的操作,而且程序实现相对简单,目前为许多设计软件所采用。

以上两种方法存在两个共同的不足:一是如果后期需要修改图纸,必须删除已有分幅结果,重新执行分幅命令。二是分幅操作后,文字的字节数都将大幅度增加。视图裁剪法能够很好地解决这个问题。其基本原理是:在模型空间绘制平面设计总图,在图纸空间创建分幅单页视口(Viewport),对视口进行平移、旋转和缩放操作,将预定的图纸内容显示到视口中,视口外的图形自动被隐含。我们可以将视口理解为模型空间中一个特定的观察窗,模型空间中的任何修改,都将真实地、自动地显示到视口中,这样,就可以极大方便后期修改图纸。可以说,一旦分页视口被创建之后,只要路线长度不修改,其他的修改都不会影响到分图,因此不必重新进行分幅。此外,采用视图裁剪法分幅之后,文件字节数的增加量几乎可以忽略不计。

如图9-8所示为计算机绘制的路线平面设计图实例,该图地形部分为直接采用航测产生的电子地图,由计算机自动将设计好的路线叠加覆盖处理后生成。

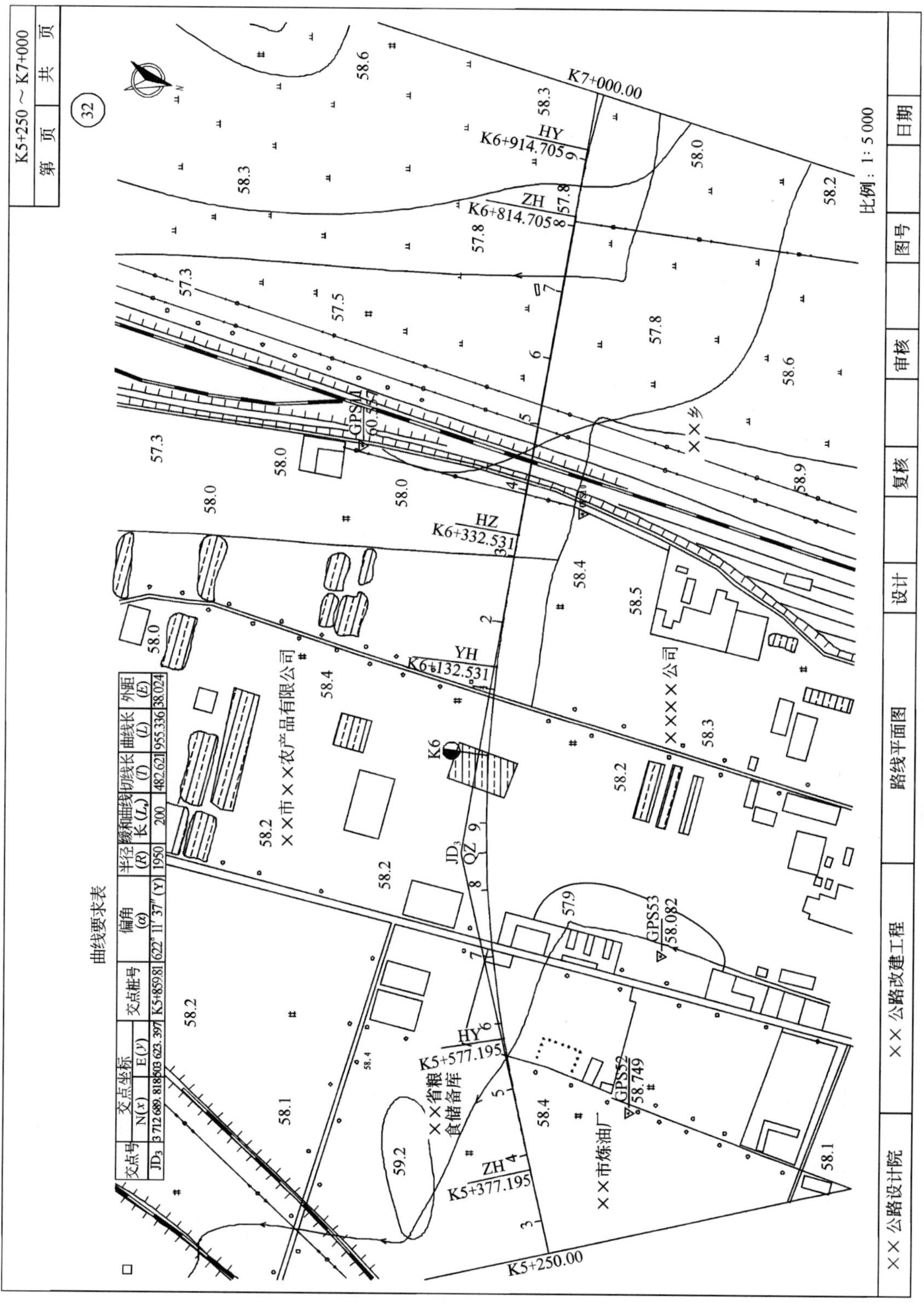

交点号	交点坐标 N(x)	交点坐标 E(y)	交点桩号	偏角 (α)	半径 (R)	缓和曲线长 (L_s)	切线长 (T)	曲线长 (L)	外距 (E)
JD3	3 712 689.818	503 623.397	K5+859.81	22°11′37″(Y)	1950	200	482.621	955.336	38.024

图 9-8 路线平面设计图示意

三、纬地道路辅助设计系统的平面图表自动生成

1. 生成平面图

单击菜单【绘图】→【平面自动分图】,弹出如图 9-9 所示的对话框;根据平面图绘制的要求设置“分图比例与裁剪”“图形设置”“页码设置”。

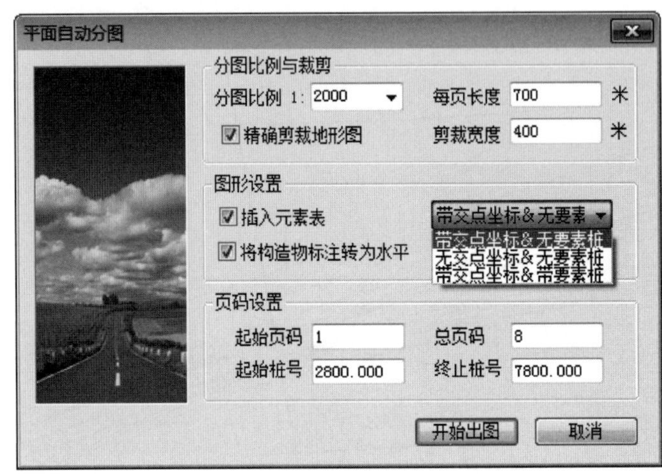

图 9-9 “平面自动分图”对话框

单击【开始出图】,软件在布局内生成每张平面图。

这种分图方法实际上并未将模型空间地形图裁开,而只是分别设置了若干个布局窗口显示每页图纸,对设计和修改,保持原有图纸的坐标和位置十分方便。

2. 绘制总体布置图

绘制总体图前必须完成横断面设计,并输出土方数据文件和横断面三维数据文件。绘制总体布置图时需要从土方数据文件中读取路基填挖方情况以及两侧坡口或坡脚到中桩距离等数据。

单击菜单【绘图】→【绘制总体布置图】,弹出如图 9-10 所示对话框。

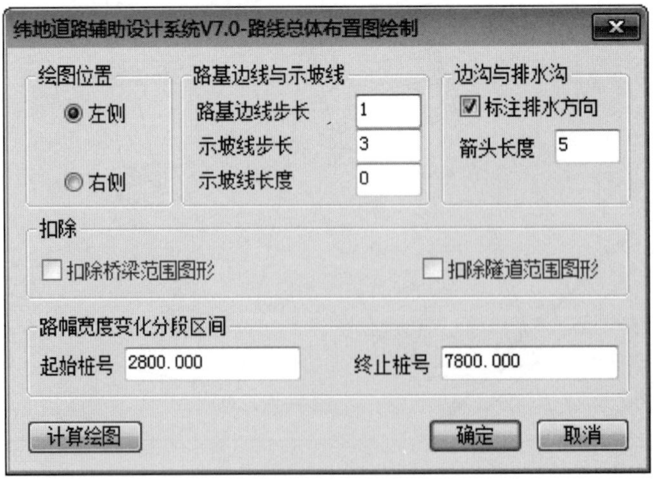

图 9-10 绘制总体布置图

选择左侧或右侧“绘图位置”绘制左、右侧的总体布置图。

需要绘制路基外侧边缘线时，选择“路基边线步长”选项；根据总体图的出图比例输入路基边线步长和示坡线步长。

需要标注边沟和排水沟的排水方向时，选择“标注排水方向”选项，并输入箭头长度值。如果项目有桥梁和隧道的信息，可以选择“扣除桥梁范围图形”和“扣除隧道范围图形”两个选项。

输入“路幅宽度变化分段区间”的起始桩号和终止桩号。

单击【计算绘图】按钮，开始在当前图形窗口绘制总体布置图。

提示：如果项目缺少横断面三维数据，则不能绘制出填挖方边坡的护坡道、示坡线等线形。总体图绘制完成后，可使用“构造物标注”命令在图上进行桥涵构造物等的标注。

3. 绘制公路用地图

绘制公路用地图前也必须完成横断面设计，并输出土方数据文件。

单击菜单【绘图】→【公路占地图绘制】，弹出如图 9-11 所示的对话框。

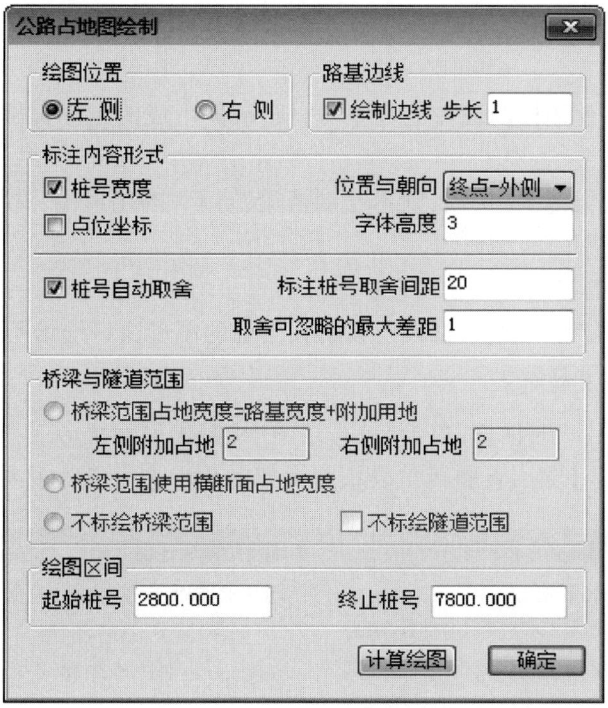

图 9-11 “公路占地图绘制”对话框

选择左侧或右侧“绘图位置”绘制左、右侧的公路用地图。

需要绘制路基外侧边缘线时，选择“路基边线”选项；根据公路用地图的比例输入步长。

设置标注内容形式。根据标注的要求可以选择标注“桩号宽度”或“点位坐标”，或两者都标注，并设置标注字体的大小和文字字头的朝向；用地图中标注桩号可以选择“桩号自动取舍”控制图中标注桩号的疏密，以减少修改工作量。

为了保证桩号取舍不影响公路用地图宽度变化位置桩号的标注,系统通过两个给定条件采用智能搜索判断的方式对标注桩号进行取舍,这两个条件是:①标注的桩号间距小于给定值(单位以 m 计);②最大宽度误差值(图 9-12 中所示 B 值,以 m 为单位)小于设置的最大宽度误差。只有这两个条件同时满足时,才能舍弃该桩号的标注。

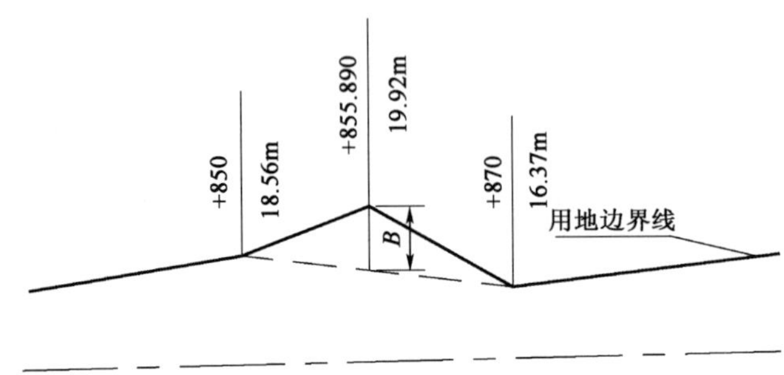

图 9-12　公路用地图中标注桩号的取舍

设置桥梁和隧道范围内用地图的绘制。桥梁隧道范围内用地图的生成方式有三种:

①选择"桥梁范围占地宽度 = 路基宽度 + 附加用地"选项,并输入左右侧的附加占地宽度。

②选择"桥梁范围使用横断面占地宽度"选项,根据生成的土方文件中桥隧横断面图的占地宽度来绘制。

③选择"不标绘桥梁范围"选项,则不绘制桥梁范围内的用地图;选择"不标绘隧道范围"选项,则不绘制隧道范围内的用地图。

输入"绘图区间"的起始桩号和终止桩号。

单击【计算绘图】按钮,系统根据以上设置在当前的图形窗口绘出用地图。

4. 生成直线、曲线及转角表

打开"主线平面设计"对话框,单击"计算绘图"绘制出平面线形。

单击菜单【表格】→【输出直曲转角表】,弹出如图 9-13 所示的对话框。

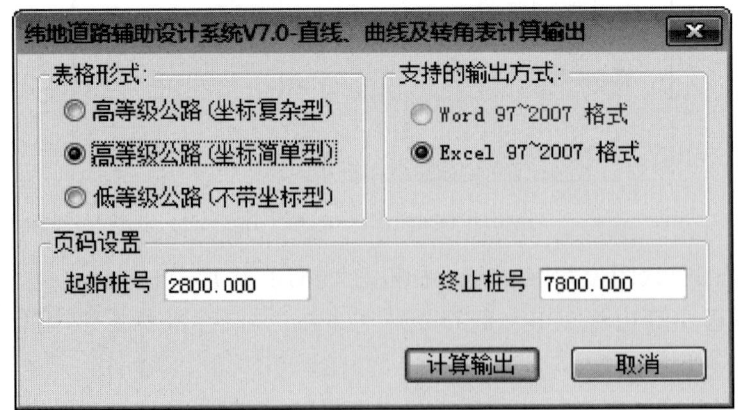

图 9-13　生成直线、曲线及转角表

根据需要选择“表格形式”,单击【计算输出】按钮,启动 Excel 程序,生成直线、曲线及转角表。

注意:计算机上必须安装 Excel 软件。

5. 生成逐桩坐标表

单击菜单【表格】→【逐桩坐标表计算与生成】,弹出如图 9-14 所示的对话框。

根据逐桩的桩号数据来源情况选择“桩号来源”,根据输出文件格式选择“输出方式”,单击【输出】按钮,程序根据用户选择的输出方式启动相应的软件,生成逐桩坐标表。

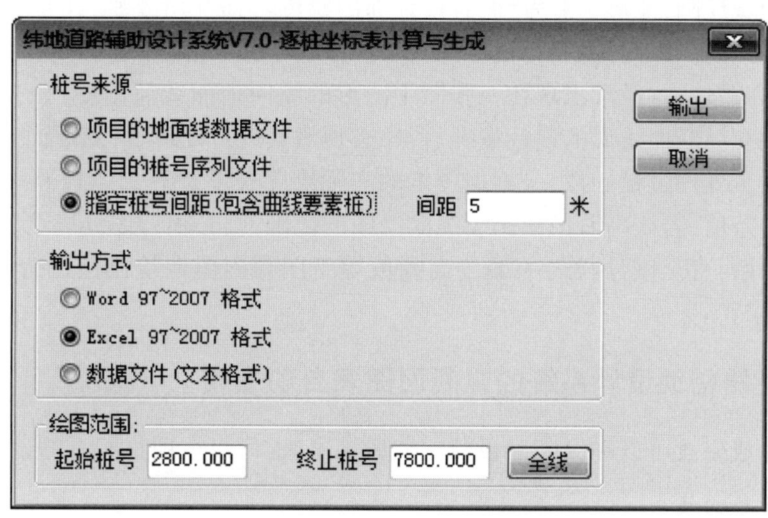

图 9-14 “逐桩坐标表计算与生成”对话框

注意:由于没有输入纵断面地面线数据,也没有用设计向导生成或者直接指定桩号序列文件,因而“桩号来源”选择中的“项目的地面线数据文件”和“项目的桩号序列文件”选项不可用。

第三节 纵断面设计图表的绘制

一、路线纵断面设计图的绘制内容

纵断面设计图的绘制是在纵断面拉坡完成后进行的。纵断面设计图是道路设计重要技术文件之一,为了明显地反映沿着道路中线地面起伏形状,通常在初步设计和施工图阶段,横坐标比例尺采用 1:2 000(城市道路为 1:500 ~ 1:1 000),纵坐标比例尺采用 1:200(城市道路为1:50 ~ 1:100)。在工程可行性研究阶段,考虑到方案研究和比选的要求,横坐标可采用 1:50 000 和 1:10 000 的比例尺绘制,纵坐标可采用 1:5 000 和 1:1 000的比例尺绘制。

纵断面设计图的绘制以《公路工程基本建设项目设计文件图表示例》为依据,由上、下两部分内容组成的。上部主要用来绘制地面线和纵坡设计线,另外,也用以标注竖曲线及其要素;坡度及坡长(有时标在下部);沿线桥涵及人工构造物的位置、结构类型、孔数和孔径;与道路、铁路交叉的桩号和路名;沿线跨越的河流名称、桩号、常水位和最高洪水位;水准点位置、编号和高程;断链桩位置、桩号及长短链关系等。

下部主要用来填写有关内容,自下而上分别填写:直线及平曲线;里程桩号;地面高程;设计高程;填、挖高度;土壤地质说明;设计排水沟沟底线及其坡度、距离、高程、流水方向(视需要而标注)。

由于我国地域辽阔,地形千差万别,各设计部门绘图习惯有所差别,初步设计与施工图设计图纸的要求又不同。因此,纵断面设计图表模块必须非常灵活,能适应各种变化。在山区公路中,由于地形高差较大,经常出现在一张图中图形的纵向地面线超出图框的情况,为全面表示出地形的变化和纵断面线形的设计情况,程序必须对其进行处理,将纵断面分段绘出。分段处理的原理与人工处理过程一致,是根据图纸的实际绘图长度计算出该段路线设计高程及地面高程的最大高差值,若该高差值超出了纵向绘图的范围,则必须考虑分段绘制。分段从该图幅绘图起始桩开始,直至该分段内的最大高差值等于图幅内纵向绘制范围为止,逐步分段下去,直至满足要求。

二、纬地道路辅助设计系统的纵断面图表自动生成

纵断面设计成果既可以在纵断面设计完成后输出,也可以在项目所有的设计完成后输出。

1. 输出纵坡竖曲线表

- 单击菜单【表格】→【输出竖曲线表】,弹出如图9-15所示的对话框。

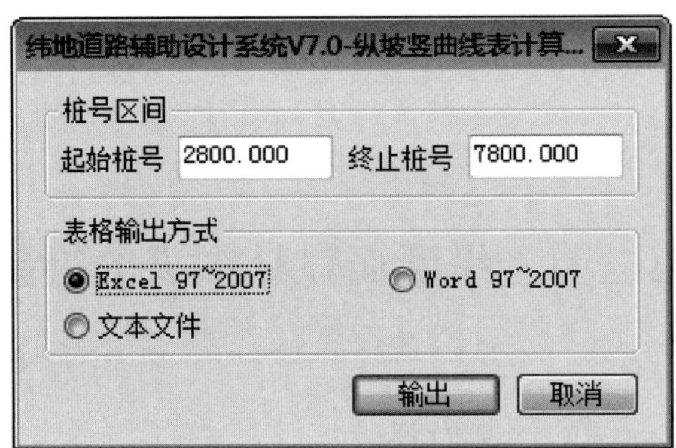

图9-15　生成纵坡竖曲线表

- 选择表格输出方式,输出纵坡竖曲线表。

2. 绘制纵断面图

绘制纵断面图的操作步骤如下:

- 单击菜单【设计】→【纵断面绘图】,弹出如图9-16所示的"纵断面图绘制"对话框。
- 设置"绘图控制"中的选项。一般情况下设置的"纵向比例"应该为"横向比例"的10倍。

● 设置"绘图栏目选择"。一般情况下,施工图按图9-16的设置即可,单击【高级】按钮可以为每个绘图栏目进行详细的设置,见图9-17。

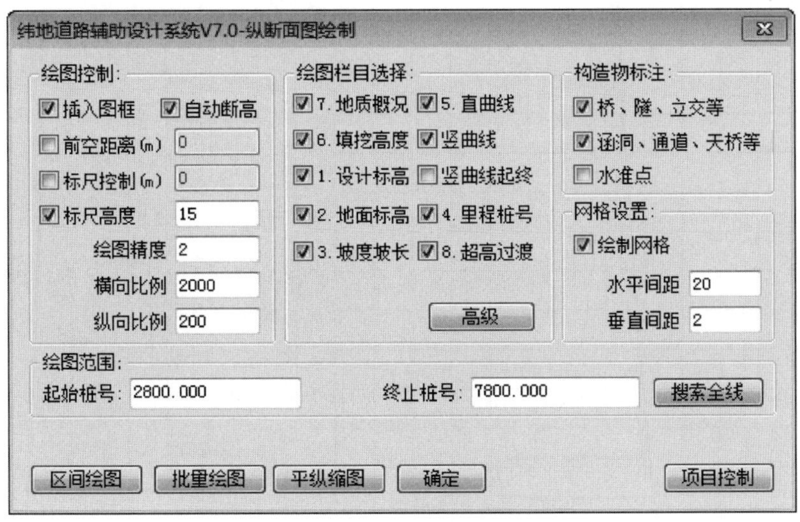

图9-16 纵断面图绘制

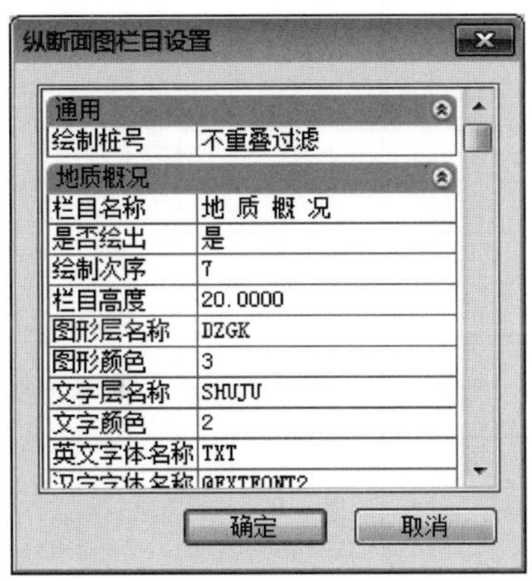

图9-17 纵断面绘图栏目设置

● 设置纵断面图中的"构造物标注"和"网格设置"。一般情况下全部选中。在设置网格间距中的"水平间距"和"垂直间距"时,单位均以m计。如果图纸横向比例为1∶2 000,网格的水平距离输入"20",则打印输出的图纸中网格线的水平间距为1cm。

● 设置"绘图范围"。绘制全线的纵断面图时,单击【搜索全线】按钮,软件自动搜索出全线的起始桩号和终止桩号。

● 绘制纵断面图。

单击【批量绘图】按钮分幅绘制纵断面图。根据提示,输入起止页码和图形插入点。单击【区间绘图】按钮不分幅绘制纵断面图。根据提示,只需要输入图形插入点。计算机绘制的纵断面图见图9-18。

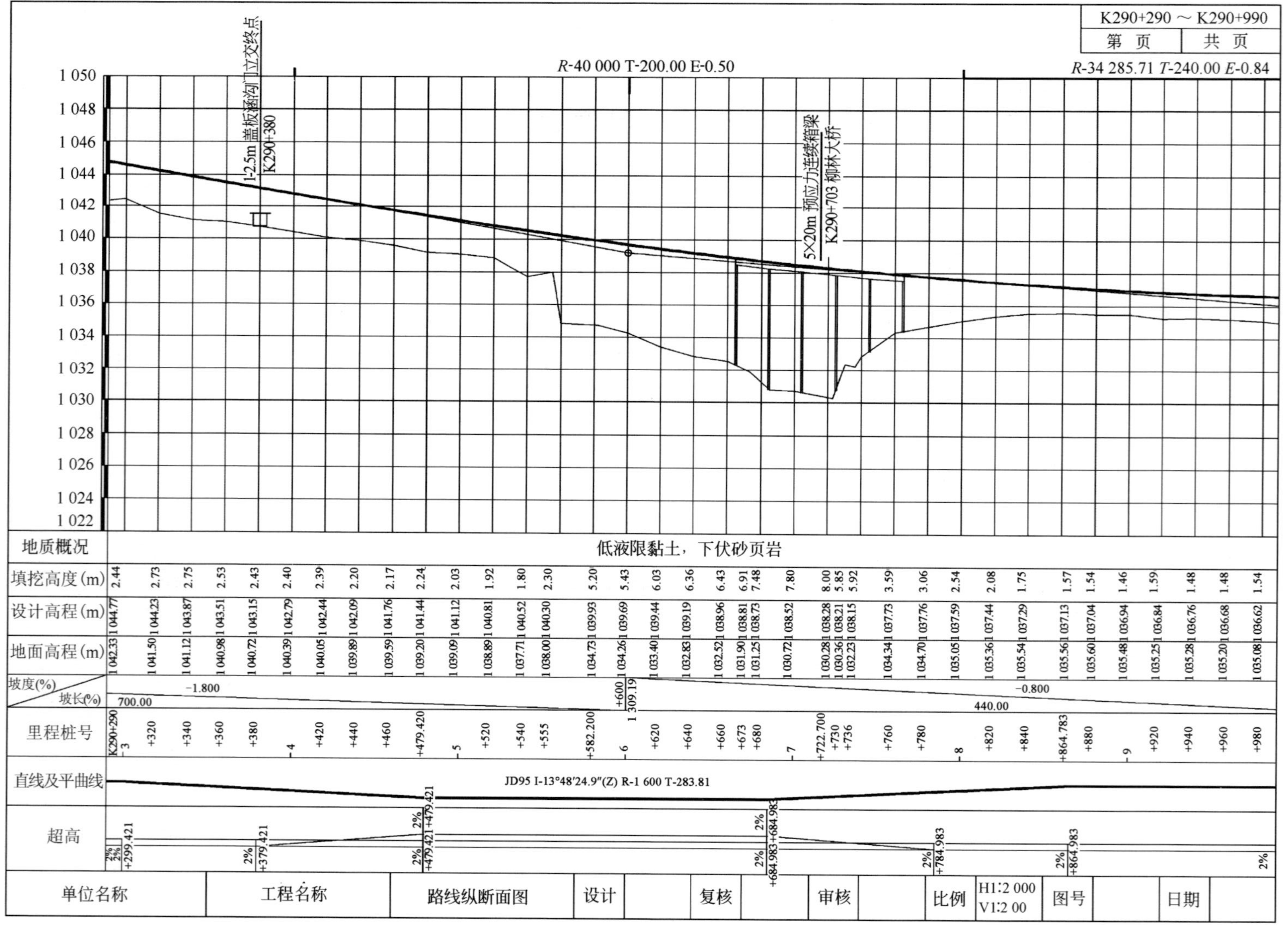

图 9-18 路线纵断面设计图示意

第四节 横断面设计图表的绘制

一、横断面设计图的绘制内容

根据《公路工程基本建设项目设计文件编制办法》的规定，横断面设计的主要成果图包括：标准横断面图、横断面设计图、边沟排水设计图、超高方式图、特殊路基设计图、中间带设计图、中央分隔带开口设计图、弃土坑设计图、路基防护工程设计图等。其中最主要的就是横断面设计图的绘制，下面主要介绍横断面设计图的主要内容和流程。

横断面设计图一般是根据用户确定的图幅比例和排版定位要求，自动在图框内绘出横断面地面线。然后根据设计方案，在指定的位置绘制设计线和两侧边坡、挡土墙、护面墙、护脚、护肩、边坡加固、边沟、排水沟、截水沟等防护设施。再按照要求在适合的位置标明桩号、填挖高和填挖面积、边坡率等。最后根据用户的交互要求标注控制高程、沟底高程、坡口角距离、排水沟外边缘、横坡坡度、用地界与宽度、地面线高程等。

横断面设计图计算机解决的另一个问题是排版定位问题。排版定位主要是确定图纸中如何安排横断面图，使得横断面图不会超出图纸范围，无重叠、交叉，排列整齐。具体在横断面排版时，从该图的第一个横断面开始按顺序先后查找，先根据每个断面的填挖高度、在纵向上所占范围(图 9-19)，将一列排满。在这一列排好后，如自行判断排列列数，则由这一列所占横向宽度最大的宽度为依据，检查横向能否再排一列。如果能排得下，顺序向后检查、比较，再按同样的方法确定第二列的横断面。若需要将图幅排满，可按此方法顺序查找比较，从而确定该图幅需绘的横断面列数及每列个数。然后根据绘图的列数进行横向布置，确定每列在横向上的具体位置，每一列横断面其中心桩位置要求在纵向对齐，而该列横断面中心桩的纵向位置则根据该列所绘横断面个数及各个横断面纵向所占范围确定。在电脑自动排版定位前，为保证出图的美观要求，用户根据需要确定成图间距，通过交互过程输入计算机(也可选择默认)。

横断面图排版定位时，从协调和美观的角度考虑，一般以两列为宜。但比例尺比较小或路基宽度较窄的情况下，也可以安排三、四列。具体到某个设计中，一般是通过交互设计过程，由用户自己根据具体情况确定列数，也可由程序对各个断面进行自动判断后确定。

确定列数之后，横断面图的横向位置就可以确定，然后需要确定纵向的位置。图的纵向位置一般是由具体某个横断面的最高点、最低点确定，同样也要满足不超出图纸范围、无重叠、交叉的要求。最后的设计成果见图 9-19。

二、横断面设计表的绘制内容

横断面设计表的主要内容很多，包括路基设计表、路基土石方数量表、路基每公里土石方数量表、特殊设计路基设计工程数量表、路基土石方运量统计表、取土坑(场)、弃土堆(场)一览表、路基防护工程数量表等。

路基设计表(图 9-20)主要列出平曲线要素、纵坡(坡度、坡长、变坡点桩号及高程)、竖曲线要素、桩号、地面高程、设计高程、路基宽度(原宽、加宽、加宽后总宽)、缓和长度、超高值(左、右)、路基边缘与设计高之差(左、右)等。边沟(排水沟)需特殊设计时还应列出沟底纵坡设计资料、形状及尺寸、沟底高程(左、右)。

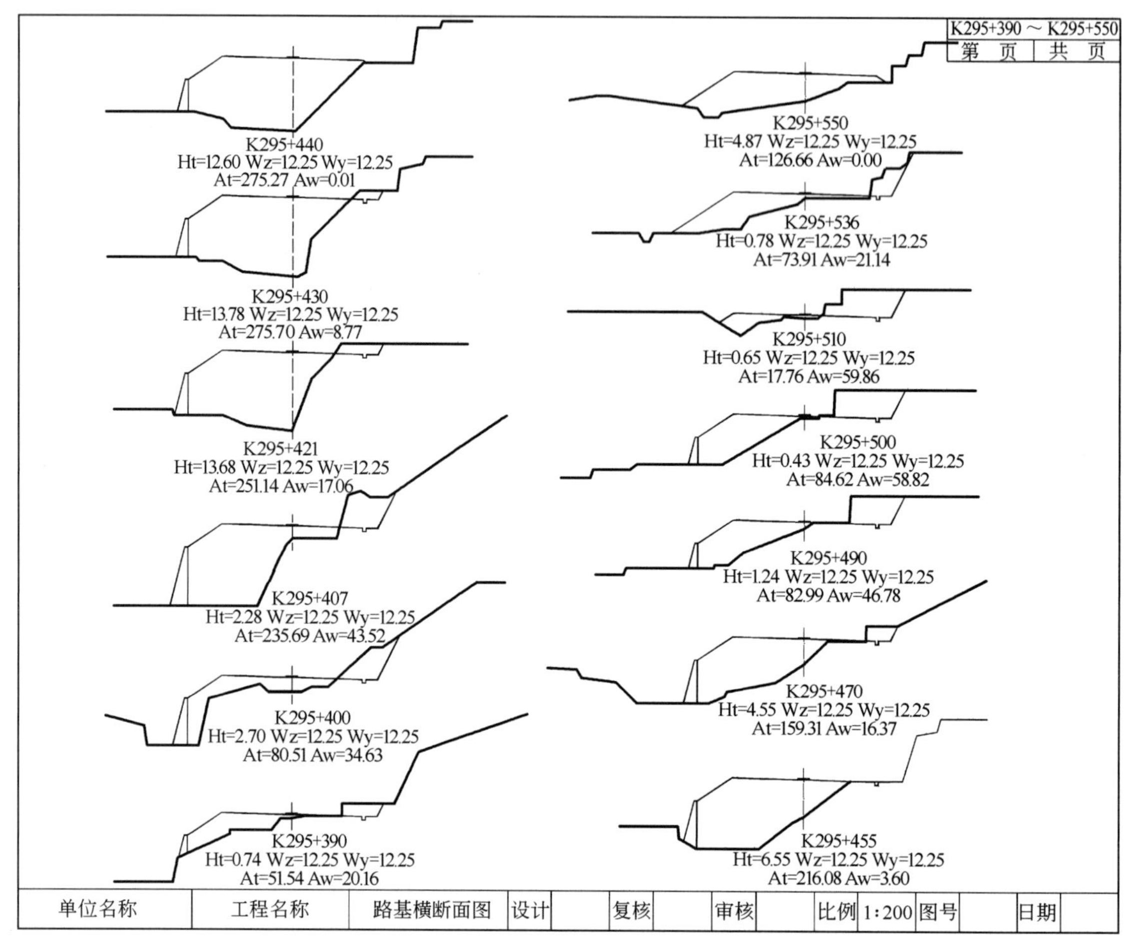

图 9-19 横断面设计图

高速道路、一级道路应列出平曲线要素、纵坡(坡度、坡长、变坡点桩号和高程)、竖曲线要素、桩号、地面高程、设计高程、填挖高度、路基宽度(中央分隔带、左右幅分别按行车带及路缘带、硬路肩、土路肩计列)、各点与设计高程之差(左右幅分别按左侧路缘边缘、硬路肩边缘、土路肩边缘各点填列),并说明加宽、超高情况。

路基土石方数量表(图 9-21)主要列出桩号、断面面积、平均断面面积、挖方(总体积、土类、石类)、填方[总体积、填土及填石(分压实方和自然方)]、本桩利用方、余方、欠方、远运利用方、调配示意、运量、借方(分土类、石类、运距、运量)、弃方(土、石、运量、运距)等。

路基每公里土石方数量表主要列出起讫桩号、长度、挖方(总体积、土类、石类)、填方[总体积、填土及填石(分压实方和自然方)、本桩利用方、远运利用方、借方]、弃方、总运量、计价土石方数量等。

三、纬地道路辅助设计系统的横断面图表自动生成

1. 路基设计表

- 单击菜单【表格】→【输出路基设计表】,弹出如图 9-22 所示的对话框。

路基设计表

××地区二级公路综合设计 第　页　共　页

桩号	平曲线		纵坡(%)及坡长(m)	竖曲线		地面高程(m)	设计高程(m)	填挖高度(m)		路基宽度(m)							以下各点与设计高程之差(m)						坡口、坡脚至中桩距离(m)		备注
										左侧			中央分隔带	右侧			左侧			右侧					
	左偏	右偏		凹型	凸型			填	挖	W1	W2	W3	W0	W3	W2	W1	A1	A2	A3	A3	A2	A1	左侧	右侧	
K2+745.898						58.18	60.74	2.56		0.00	1.50	4.50	0.00	4.50	1.50	0.00	0.36	0.36	0.32	0.04	0.00	0.00	10.38	9.85	
+756.600						58.20	60.90	2.70		0.00	1.50	4.50	0.00	4.50	1.50	0.00	0.36	0.36	0.32	0.04	0.00	0.00	10.59	10.05	
+760						58.20	60.95	2.75		0.00	1.50	4.50	0.00	4.50	1.50	0.00	0.36	0.36	0.32	0.04	0.00	0.00	10.66	10.12	
+780						58.20	61.26	3.06		0.00	1.50	4.50	0.00	4.50	1.50	0.00	0.36	0.36	0.32	0.04	0.00	0.00	11.13	10.59	
+800						58.20	61.60	3.40		0.00	1.50	4.50	0.00	4.50	1.50	0.00	0.36	0.36	0.32	0.04	0.00	0.00	11.64	11.10	
+812.555		K2+812.555 (YH)				58.20	61.83	3.63		0.00	1.50	4.50	0.00	4.50	1.50	0.00	0.36	0.36	0.32	0.04	0.00	0.00	11.98	11.44	
+820						58.20	61.97	3.77		0.00	1.50	4.50	0.00	4.50	1.50	0.00	0.32	0.32	0.28	0.04	0.00	0.00	12.13	11.66	
+840						58.20	62.37	4.17		0.00	1.50	4.50	0.00	4.50	1.50	0.00	0.20	0.20	0.18	0.04	0.01	0.01	12.55	12.26	
+842.592						58.20	62.42	4.22		0.00	1.50	4.50	0.00	4.50	1.50	0.00	0.19	0.19	0.17	0.04	0.01	0.01	12.61	12.34	
+860				ZD +858.885		58.20	62.79	4.59		0.00	1.50	4.50	0.00	4.50	1.50	0.00	0.08	0.08	0.09	0.04	0.01	0.01	13.01	12.91	
+864.651			2.19% / 570.00			58.20	62.89	4.69		0.00	1.50	4.50	0.00	4.50	1.50	0.00	0.05	0.05	0.07	0.04	0.01	0.01	13.12	13.07	
+880						58.16	63.23	5.07		0.00	1.50	4.50	0.00	4.50	1.50	0.00	0.01	0.01	0.04	0.04	0.01	0.01	13.59	13.64	
+882.081						58.15	63.28	5.12		0.00	1.50	4.50	0.00	4.50	1.50	0.00	0.01	0.01	0.04	0.04	0.01	0.01	13.67	13.71	
+900						58.11	63.67	5.56		0.00	1.50	4.50	0.00	4.50	1.50	0.00	0.01	0.01	0.04	0.04	0.01	0.01	14.33	14.37	
+912.555		K2+912.555 (HZ)				58.08	63.94	5.86		0.00	1.50	4.50	0.00	4.50	1.50	0.00	0.01	0.01	0.04	0.04	0.01	0.01	14.79	14.83	
+920						58.06	64.11	6.05		0.00	1.50	4.50	0.00	4.50	1.50	0.00	0.01	0.01	0.04	0.04	0.01	0.01	15.06	15.10	
+940						58.01	64.55	6.53		0.00	1.50	4.50	0.00	4.50	1.50	0.00	0.01	0.01	0.04	0.04	0.01	0.01	15.79	15.83	
+945.738						58.00	64.67	6.67		0.00	1.50	4.50	0.00	4.50	1.50	0.00	0.01	0.01	0.04	0.04	0.01	0.01	16.00	16.14	
+960						57.80	64.98	7.19		0.00	1.50	4.50	0.00	4.50	1.50	0.00	0.01	0.01	0.04	0.04	0.01	0.01	16.69	16.91	
+974.110						57.60	65.29	7.69		0.00	1.50	4.50	0.00	4.50	1.50	0.00	0.01	0.01	0.04	0.04	0.01	0.01	17.38	17.67	
+980						57.54	65.42	7.88		0.00	1.50	4.50	0.00	4.50	1.50	0.00	0.01	0.01	0.04	0.04	0.01	0.01	17.66	13.62	
+994.223						57.40	65.74	8.34		0.00	1.50	4.50	0.00	4.50	1.50	0.00	0.01	0.01	0.04	0.04	0.01	0.01	18.33	14.01	
K3+000						57.41	65.86	8.46		0.00	1.50	4.50	0.00	4.50	1.50	0.00	0.01	0.01	0.04	0.04	0.01	0.01	18.61	14.04	

编制：　　　　复核：　　　　审核：

图 9-20　路基设计表

路基土石方数量计算表

第　页　共　页

桩号	横断面面积 (m^2)		距离 (m)	挖方分类及数量 (m^2)													填方数量 (m^2)			利用方数量及调配 (m^3)							借方数量 (m^3) 及运距 (km)		弃方数量 (m^3) 及运距 (km)		备注
				总数量	土						石									木桩利用		填缺		挖余		远运利用及纵向调配示意					
					I		II		III		IV		V		VI																
	挖方	填方			%	数量	%	数量	%	数量	%	数量	%	数量	%	数量	总数量	土	石	土	石	土	石	土	石		土	石	土	石	
1	2	3	4	5	6	7	8	9	10	11	12	13	14	15	16	17	18	19	20	21	22	23	24	25	26	27	28	29	30	31	32
K2+000	1.807	62.405																													
K2+010.510	1.804	62.294	10.51	18.975805	20	3.7952	60	11.3855		3.79516							655.29324	655.2932		18.9758		636.317									
K2+020	1.796	62.48	9.49	17.082	20	3.4164	60	10.2492		3.4164							592.05263	592.0526		17.082		574.971									
K2+025.528	1.793	62.742	5.528	9.919996	20	1.984	60	5.952		1.984							346.11361	346.1136		9.92		336.194									
K2+040	1.8	64.014	14.472	25.998948	20	5.1998	60	15.5994		5.19979							917.20642	917.2064		25.9989		891.207									
K2+060	1.802	65.725	20	36.02	20	7.204	60	21.612		7.204							1297.39	1297.39		36.02		1261.37				外					
K2+080	1.8	64.983	20	36.02	20	7.204	60	21.612		7.204							1307.08	1307.08		36.02		1271.06									
K2+100	1.8	63.91	20	36	20	7.2	60	21.6		7.2							1288.93	1288.93		36		1252.93									
K2+120	1.8	62.541	20	36	20	7.2	60	21.6		7.2							1264.51	1264.51		36		1228.51									
K2+131.764	1.8	61.6	11.764	21.1752	20	4.235	60	12.7051		4.23504							730.19736	730.1974		21.1752		709.022									
K2+140	1.8	60.882	8.236	14.8248	20	2.965	60	8.89488		2.96496							504.38088	504.3809		14.8248		489.556									
K2+160	1.8	58.944	20	36	20	7.2	60	21.6	20	7.2							1198.26	1198.26		36		1162.26									
K2+180	1.794	56.763	20	35.94	20	7.188	60	21.564	20	7.188							1157.07	1157.07		35.94		1121.13									
K2+189.608	1.793	55.858	9.608	17.231948	20	3.4464	60	10.3392	20	3.44639							541.03128	541.0313		17.2319		523.799									
K2+200	1.798	55.242	10.392	18.658836	20	3.7318	60	11.1953	20	3.73177							577.2756	577.2756		18.6588		558.617									
K2+202.031	1.801	55.151	2.031	3.6547845	20	0.731	60	2.19287	20	0.73096							112.1409	112.1041		3.65478		108.449				运					
K2+215.924	1.797	54.028	13.893	24.993507	20	1.9987	60	14.9961	20	4.9987							758.41192	758.4119		24.9935		733.418									
K2+220	1.797	53.741	4.076	7.324572	20	1.4649	60	4.39474	20	1.46491							219.63322	219.6332		7.32457		212.309									
K2+240	1.8	52.589	20	35.97	20	7.194	60	21.582	20	7.194							1063.3	1063.3		35.97		1027.33									
K2+260	1.8	51.445	20	36	20	7.2	60	21.6	20	7.2							1040.34	1040.34		36		1004.34									
K2+280	1.8	50.326	20	36	20	7.2	60	21.6	20	7.2							1017.71	1017.71		36		981.71									
K2+300	1.8	48.197	20	36	20	7.2	60	21.6	20	7.2							995.23	995.23		36		959.23									
K2+320	1.804	48.009	20	36.04	20	7.208	60	21.624	20	7.208							972.06	972.06		36.04		936.02									
K2+320.245	1.804	47.991	0.245	0.44198	20	0.0884	60	0.26519	20	0.0884							11.76	11.76		0.44198		11.318									
K2+340	1.799	46.056	19.755	35.588633	20	7.1177	60	21.3532	20	7.11773							928.94924	928.9492		35.5886		893.361									
K2+360	1.8	44.586	20	35.99	20	7.198	60	21.594	20	7.198							906.42	906.42		35.99		870.43									
K2+380	1.802	43.148	20	36.02	20	7.204	60	21.612	20	7.204							877.34	877.34		36.02		841.32									
小计				683.87101		136.77		410.323		136.774							21280.05	21280.05		683.871		20596.2									
累计				683.87101		136.77		410.323		136.774							21280.05	21280.05		683.871		20596.2									

编制：　　　　　　　　复核：

图 9-21　路基土石方数量计算表

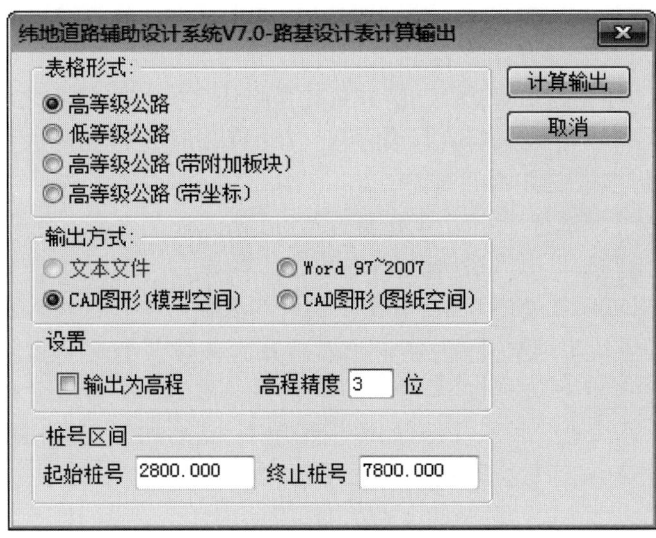

图 9-22 输出路基设计表

• 选择【表格形式】。

• 选择路基设计【输出方式】。一般情况下,建议使用“CAD 图形”的输出方式。

• 设置路基设计表中是否标注“高程”值和输出高程或高差值时小数点后保留的小数位数。不选择的情况下,输出横断面上各高程点与设计高程之差。

• 输入“桩号区间”的起始桩号和终止桩号。

• 单击【计算输出】按钮,在当前图形的模型空间或布局窗口中自动分页输出路基设计表。

2. 路基横断面设计图

横断面图的输出与横断面设计界面相同。

3. 路基土石方数量表和路基每公里土石方数量表

• 单击菜单【表格】→【输出土石方计算表】,弹出如图 9-23 所示的对话框。

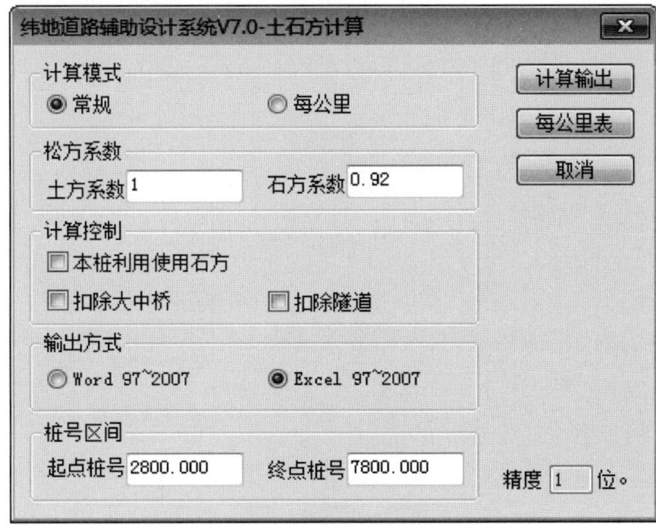

图 9-23 输出土石方计算表

• 选择【计算模式】。若选择“每公里表”选项,在土石方计算表输出时会每公里做一次断开,便于查询统计每公里土石方计算表。

• 输入土方和石方的“松方系数”。松方系数是指压实方与自然方之间的换算系数。

• 选择【计算控制】。可以选择在输出土石方计算表时是否扣除大中桥、隧道的土方数量,本桩填方是否利用本桩挖方中的石方。

• 选择【输出方式】。选择土石方计算表为 Word 格式还是 Excel 格式。

• 单击【计算输出】按钮,输出路基土石方数量计算表。

提示:输出路基土石方数量表之前,需要在控制参数输入中分段输入土石分类比例。如果要对土石方数量进行详细的调配处理,建议使用纬地土石方可视化调配系统(HintDP),HintDP 可方便完成土石方的调配处理,并输出带有调配图的路基土石方数量计算表。

HintCAD 还提供了其他图表的输出,如逐桩用地表、超高加宽表、路面加宽表、总里程及断链桩号表、主要技术指标表等,这里不作详细介绍。

第十章

路基、路面计算机辅助设计

计算机辅助设计不仅在道路路线设计中得到广泛应用，在道路工程的其他分项工程设计中也得到了迅速普及，并且往往与路线CAD系统相互融合。目前，依据各分项工程自身特点，已经开发研制了相应的计算机辅助设计软件或者模块。本章主要介绍道路路基工程、路面工程以及支挡工程等典型分项工程的计算机辅助设计方法。

第一节　路基边坡稳定性验算

在公路设计中，《公路路基设计规范》(JTG D30—2015)规定了在各种填料情况下的填方边坡最大高度及各变坡点的高度和边坡的坡度值。同时，对于各种地质情况下的路堑边坡也给出了其边坡高度和相应的坡率。对于较高的路堑和路堤，为保证其边坡稳定性，不能简单地按规范或根据经验来确定边坡，此时，必须对边坡进行稳定性验算。

作为道路CAD系统中的重要组成部分，通过路基边坡稳定性分析，可确定路基边坡设计是否合理，是否满足稳定性要求；通过设计，可合理确定路基的边坡形式、边坡高度或边坡坡度；通过稳定性验算，可提出是否需要进行必要的纵坡调整，是否应放缓边坡，是否应设置挡土墙，以及提出挡土墙高度与截面尺寸大小等参数，为路线设计提供科学、可靠的依据。

一、基本原理

边坡稳定性验算以土的抗剪强度理论为依据，按力的极限平衡原理建立相应的计算式，即先初步拟定路基或路堑边坡，在此基础上假定一滑动面，计算出滑动土体沿滑动面的下滑力 T 和由土的抗剪强度产生的抗滑力 R，以两者比值作为边坡稳定系数 K，即

$$K_i = \frac{R}{T}$$

计算出相应的 K_i 值，取 $K=\min\{K_i\}$。为保证路基的安全，实际的工程中一般认为 $K\geqslant 1.25$ 时边坡稳定，否则，应采取相应的措施以增加边坡的稳定性。

二、程序设计方法

1. 程序结构

为了方便设计和使用，程序设计一般情况下采用模块化设计。路基边坡稳定性演算应主要包括：主控模块、数据输入模块、直线法模块、圆弧法模块、浸水路堤模块、图形显示模块和结果打印模块几大模块，具体如图 10-1 所示。

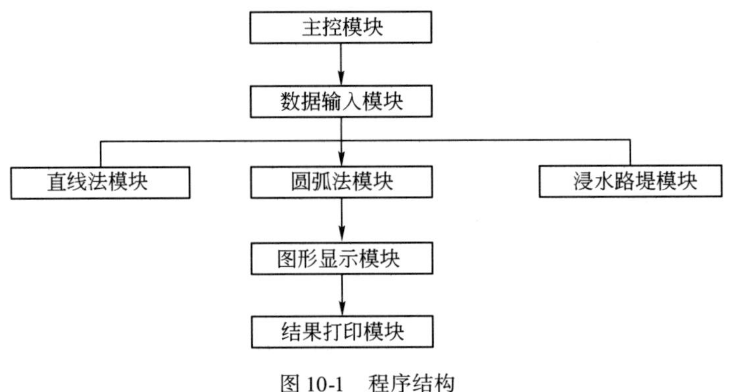

图 10-1 程序结构

2. 主要模块功能及编制办法

(1)数据输入模块

这一部分应包括有关规范、标准经验数据库、路线设计资料、土的物理性质、地面横坡、地面地下水位、地震烈度、荷载等级、路基防护资料、边坡高度、形状及坡率、路基横断面形状的输入。

在同一工点的不同断面，土力学参数、路基宽度、设计荷载等数据文件一般不变，对于这类数据，在一次输入以后可以将其建立为数据文件，在下次计算时可将其调出，在确认无误后直接参加计算。

路基横断面形状是由若干条折线组成，可以很方便地用坐标法加以描述，为了符合工程习惯，也可以采用坡度法描述，如图 10-2 中的横断面形状可以用坡度法表示为表 10-1。

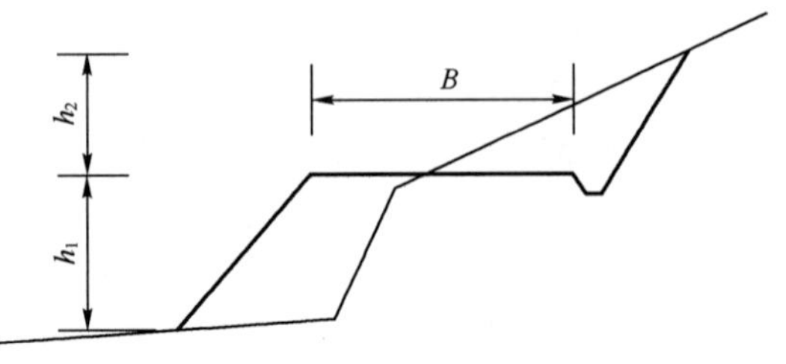

图 10-2 路基横断面形状示意图

坡度法表示路基横断面　　表 10-1

坡度编号 i	坡度 I_i	高度 H_i
1	1.5	8
2	0	12.5
3	10 000	5

坡度编号为从左至右，当坡度 I 为零时，表示坡度水平，其相应的值 H 为水平坡长；当坡度 I 很大时，表示坡度垂直；当坡度为负时，则表示坡度为从左至右的下坡。

(2)直线法模块

通过直线法模块，应能计算出通过坡角的任意假定破裂面的边坡稳定系数 K_i，若所求的最小值 $K_{min} \geq 1.25$，则路堤边坡是稳定的。否则需采用改缓边坡或设置挡土墙等边坡防护措施来保证边坡稳定性。该模块主要适用于渗水性材料所填筑的路堤。

在程序的验算中，一般是先对滑动面的倾角 α 确定一定范围，再取 α 不同的步距求得一系列 K 值，最后在所有的 K 值中找出 K_{min}，其相应的坡度所对应的滑动面就是危险滑动面。具体算法如下：

①先假定一滑动面 a_i，计算 K_i。令 $K_{min}=K_i$，并确定步距 a'。

②再假设两个滑动面 $a_{i-1} = a_i - a'$、$a_{i+1} = a_i + a'$，计算 K_{i-1}、K_{i+1}。

③若 $K_i > K_{i-1}$(或 $K_i > K_{i+1}$)，则令 $K_i = K_{i-1}$(或 $K_i = K_{i+1}$)，返回②。

若 $K_i < K_{i-1}$ 且 $K_i < K_{i+1}$ 时，则：

当 $|K_i - K_{min}| \leq 0.001$ 时，$K_{min} = K_i$，终止计算；

当 $|K_i - K_{min}| > 0.001$ 时，令 $K_{min} = K_i$，缩小步距 a'，返回②。

(3)圆弧法模块

圆弧法模块应能自动确定最危险的圆弧圆心的位置。由于在圆弧滑动面稳定性演算的解算方法中，条分法因没有考虑土条之间的侧向作用力，计算偏于保守，而工程计算简化法主要以图解方法确定 K 值，精度不高，也不便于计算机解算，故在边坡稳定性分析软件中，采用毕肖普法比较合适。

根据经验，最危险滑弧滑的圆心是在一条辅助线上，而这一辅助线一般采用 4.5H 法或 360 法。比较两种方法，其中 360 法计算简单，但精度不高，作为一种计算机软件，考虑采用 4.5H 法，具体做法可参考有关教材。当最危险滑弧圆心辅助线确定后，让计算机从最危险滑弧圆心辅助线上以一定步长增加，分别计算每个圆心对应的 K 值，最后找出 K_{min}，若 $K_{min} \geq 1.25$，则表示边坡稳定，否则应改缓边坡或加设挡土墙及护坡墙以保证边坡稳定性。

(4)浸水路堤模块

该模块与圆弧法模块的编制基本相同，浸水路堤模块验算稳定性系数时，应考虑路堤受渗透动水压力和水的浮力作用。

(5)图形显示模块

通过该模块，原始输入数据、路基横断面、演算滑动面及最危险滑动面位置应被显示出来。该模块还应能显示验算滑动面对于稳定系数 K_i 的关系曲线，供用户进行检查。

三、程序流程图

作为路线 CAD 系统不可缺少的一部分，路基边坡稳定性分析最好能与路线 CAD 系统融为一体。在平、纵、横整个设计过程中,应能动态地根据规范和经验数据库的要求自动检查出需进行边坡稳定性验算的路段,进行稳定性分析。并能准确、及时地将验算结果反馈给设计系统,对不符合稳定性要求的路段提出警告,提供修改方案,真正起到辅助设计的作用。

根据上述原则及分析,给出程序流程图,如图10-3所示。根据此流程图,应很容易编制出相应的程序,程序中所有相关公式均以常规为准,此处不再进行具体介绍。

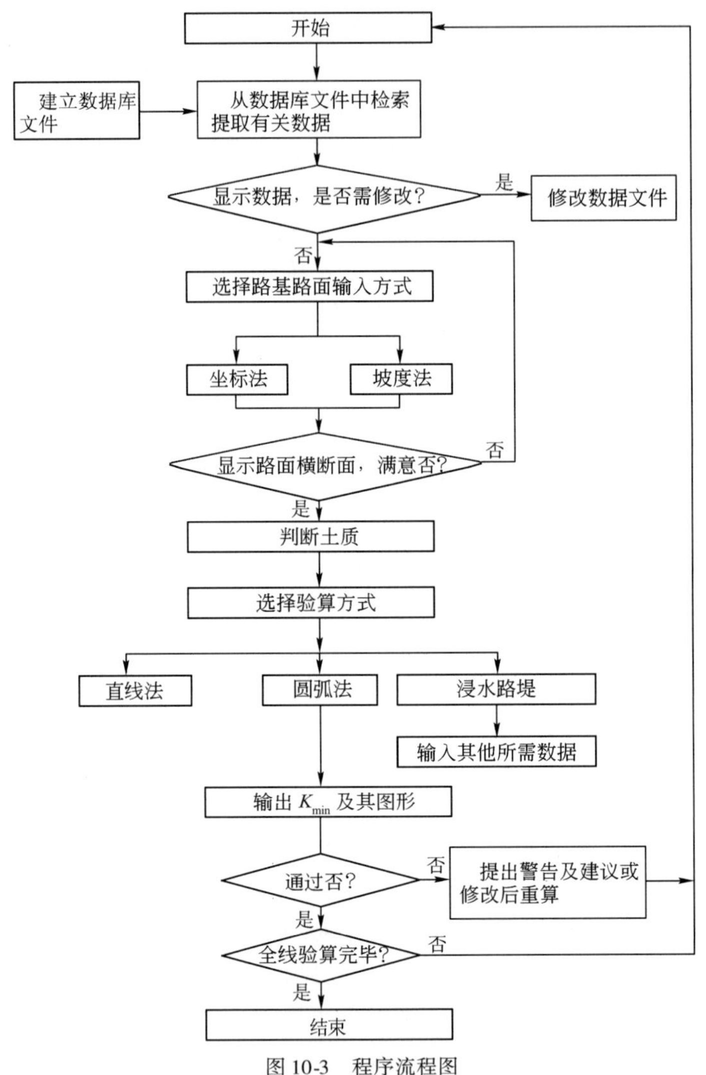

图10-3 程序流程图

第二节 挡土墙计算机辅助设计

作为一种保证路基稳定性和强度的挡土结构,挡土墙本身应有足够的整体稳定性,墙身截面应有足够的强度来抵御墙后土体的压力。挡土墙的设计与计算主要是挡土墙的位置及结构形式的选定,挡土墙断面尺寸的确定,挡土墙的稳定性验算及设计断面优化和制图及工程量的计算。

一、系统的总体设计

挡土墙设计时所涉及的参数众多,计算公式烦琐,人工计算容易出错且效率低,而利用计算机则可以快速准确地得到计算结果,并可进行多方案的比较,从而得到优化的设计成果。

作为道路设计重要组成部分之一的挡土墙设计,其质量直接影响道路的使用情况和安全程度。挡土墙设计时,需要综合考虑地形地质条件、横断面形式、占地限制和造价等因素,而实际情况变化复杂,设计者需要反复试定、试算、不断调整才能最终确定下来,这必然导致设计者任务繁重。而计算机辅助系统则可完成大量的计算与绘图工作,提高设计速度和质量,最终减轻设计人员的工作强度。

计算机作为一种机器,不可能具备人脑的智慧和判断力,因此计算机不可能进行完整的设计。在整个设计过程中需要发挥设计人员的主观能动性,做出与实际条件相符的优秀设计。

在整个设计过程中需要设计人员人工完成的工作主要有以下四个方面:

(1)根据路线设计资料,确定挡土墙的纵向布置。

(2)结合地形、地质条件,综合技术、经济等因素恰当地确定挡土墙形式和在路基横断面上的具体位置。

(3)初拟挡土墙断面尺寸。

(4)通过查阅设计手册或试验确定土力学参数。

可以通过计算机完成的工作主要有以下四个方面:

(1)根据边界条件与挡土墙形式,选用正确的公式计算土压力。

(2)根据初拟断面尺寸,自动进行稳定性验算,判断挡土墙是否稳定。

(3)根据设计规范要求,自动进行挡土墙断面优化设计。

(4)根据计算结果,绘制工程图纸,并计算工程量。

由于挡土墙的形式多样,且其计算方式各有特点,所以,系统设计时可按挡土墙形式划分功能模块。所有的挡土墙设计都涉及土压力计算问题,现将其作为一个独立的模块,此模块中应包括土压力计算的各种方法。具体如图 10-4 所示。

二、土压力计算

土压力作为各种形式挡土墙所承受的主要力系之一,是各类挡土墙设计中不可缺少的计算项目,考虑到其重要性,本书将其作为一个独立的模块来单独设计。

土压力计算模块所包含的子模块在图 10-4 中已示出。各个子模块下根据墙型和边界条件的不同,有不同的土压力计算公式。目前,公路计算机辅助设计系统中挡土墙的土压力计算一般情况下均采用库仑理论进行计算,当墙背俯斜较大,土体中可能出现第二破裂面时,土压力按第二破裂面计算;当墙后填料为黏性土时,常用黏性土力学指标或换算内摩擦角的方法仍以库仑理论为基础进行挡土墙土压力计算。各种形式的挡土墙在进行破裂面位置判断并设定公式指针后,即可调用相应的计算公式。

三、挡土墙强度及稳定性验算

根据《公路路基设计规范》(JTG D30—2015)的规定,考虑挡土墙的破坏特性及构造上的要求,挡土墙设计中应做如下验算。

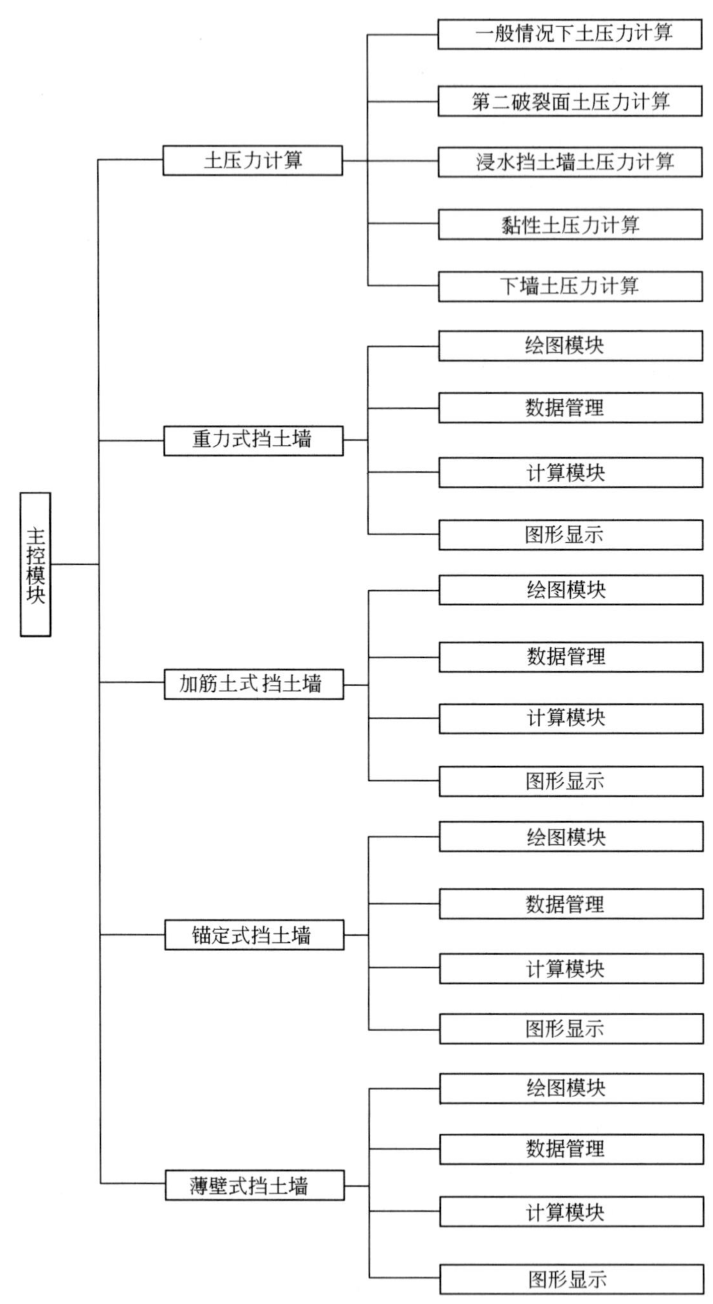

图 10-4　系统总体结构

1. 挡土墙整体稳定性验算

根据《公路路基设计规范》(JTG D30—2015),作用(或荷载)组合按表 10-2 确定,挡土墙抗滑动和抗倾覆的稳定系数应不小于表 10-3 的规定。

(1)挡土墙抗滑动稳定性验算

为保证墙身不会沿基底产生滑移破坏,要求滑动稳定系数 K_c 满足 $K_c \geqslant 1.3$。

常用作用(或荷载)组合 表 10-2

组　合	作用(或荷载)名称
Ⅰ	挡土墙结构重力、墙顶上的有效永久荷载、填土重力、填土侧压力及其他永久荷载组合
Ⅱ	组合Ⅰ与基本可变荷载相组合
Ⅲ	组合Ⅱ与其他可变荷载、偶然荷载相组合

挡土墙抗滑动和抗倾覆的稳定系数表 表 10-3

荷载情况	验算项目	稳定系数
荷载组合Ⅰ、Ⅱ	抗滑动	1.3
	抗倾覆	1.5
荷载组合Ⅲ	抗滑动	1.3
	抗倾覆	1.3
地震力作用时	抗滑动	1.2
	抗倾覆	1.2

(2)挡土墙抗倾覆稳定性验算

为了保证挡土墙的墙身不绕墙趾产生倾覆或翻转,要求抗倾覆稳定系数 $K_0 \geqslant 1.5$(具体计算可参考相关教材)。

2. 挡土墙基底应力及合力偏心距验算

《公路路基设计规范》(JTG D30—2015)规定,作用于基底的合力偏心距 e_0 对于土质地基要求满足 $e_0 \leqslant B/6$,对于岩石地基要求满足 $e_0 \leqslant B/4$。

其中,B 表示挡土墙基底宽度。为了保证基底持力层不产生剪切破坏而丧失承载能力,基底最大压应力必须满足基底允许压应力的要求。

四、重力式挡土墙计算机辅助设计

由于挡土墙形式多样,在设计程序的过程中,应根据各自的特点,采取相应的设计方法,使程序简化、准确、适用。本节以重力式挡土墙为例,重点介绍软件程序开发的方法、步骤和思路。其他形式的挡土墙可以此为参考。

1. 程序结构

重力式挡土墙模块包括数据管理、计算、绘图、图形显示四个子模块,具体如图 10-5 所示。

2. 各模块主要功能

(1)数据管理模块

此模块包括数据的输入、输出及数据文件的建立三个子模块。其中,数据输入模块包括挡土墙的起止桩号,挡土墙范围内的路线平、纵、横断面资料,初步拟定挡土墙断面尺寸、车辆荷载、土壤地质情况参数、墙身材料参数等。数据输出包括原始资料、荷载换算高度、挡土墙各项稳定系数、破裂角以及工程量等的输出,为设计者核对做准备。

(2)计算模块

计算模块作为挡土墙设计中的核心部分,主要包括以下几个子模块:

①荷载换算模块。

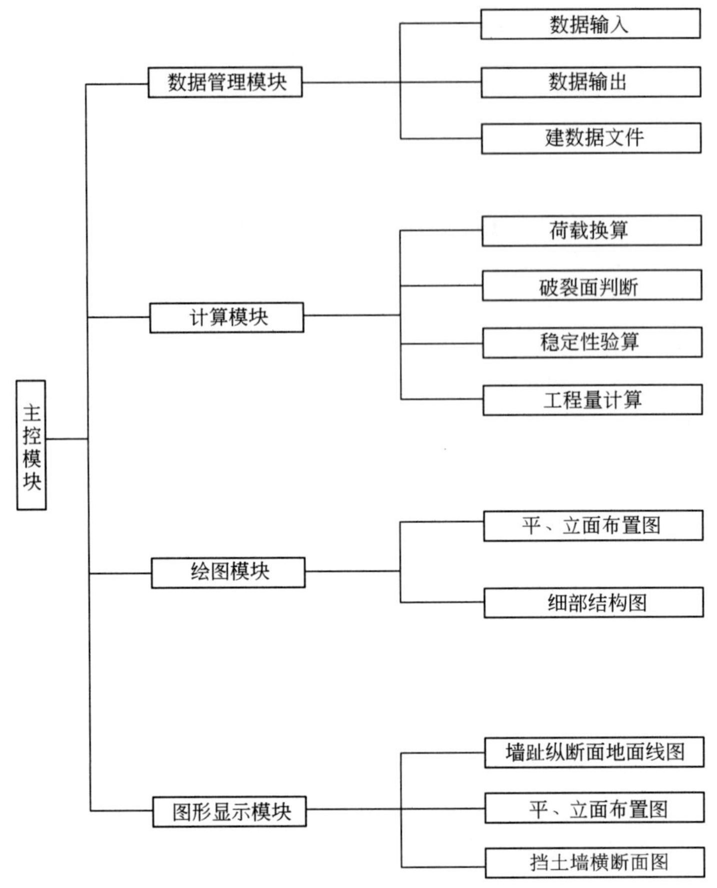

图10-5　重力式挡土墙模块结构

根据《公路桥涵设计通用规范》（JTG D60—2015）中的方法将任意荷载换算为相对密度与墙后填料相同的均布土层。

②破裂面判断模块。

根据原始的设计资料，自动判断挡土墙墙型及破裂面位置，为土压力计算设定公式指针，并自动从土压力计算模块中调用相应的公式，计算出土压力。

③稳定性验算模块。

在稳定性验算模块中，包括抗滑稳定性、抗倾覆稳定性、基底应力及墙身截面应力验算。此模块应能自动判断验算结果是否能满足要求，若不能满足，则交互式要求用户修改墙身断面尺寸或采取其他有效措施，直至满足要求。

④工程量计算模块。

本模块应能根据各挡土墙的横断面尺寸及挡土墙在纵断面上的布置情况，自动计算出总的工程数量。

（3）图形显示模块

图形显示模块应能显示挡土墙墙趾处纵断面地面线、挡土墙横断面、路线平纵断面等图形。

(4)绘图模块

通过绘图模块应能绘制出符合工程要求的施工图纸,包括挡土墙的立面、平面布置图,挡土墙横断面详图,以及工程数量表和附注说明等。

3. 程序设计方法

(1)墙型判断及数据输入

由于挡土墙设计中涉及较多数据,归纳起来主要有如下三类:

①描述挡土墙的起止桩号以及起止桩号间路线与地面的平、纵、横资料,这是挡土墙布置的依据,这些数据的输入工作量大,可以直接从路线 CAD 成果文件中读入,或者用数据文件以一定的格式输入。

②土力学参数、设计荷载、墙身材料参数、稳定系数等,在同一工点,这类数据一般为常数,可将其写入数据文件,或将其固化于程序中。

③挡土墙断面和被支挡土体断面,这类数据变化较大,因此只能分次输入。为了编程及使用的方便,建议采用图 10-6 图式。

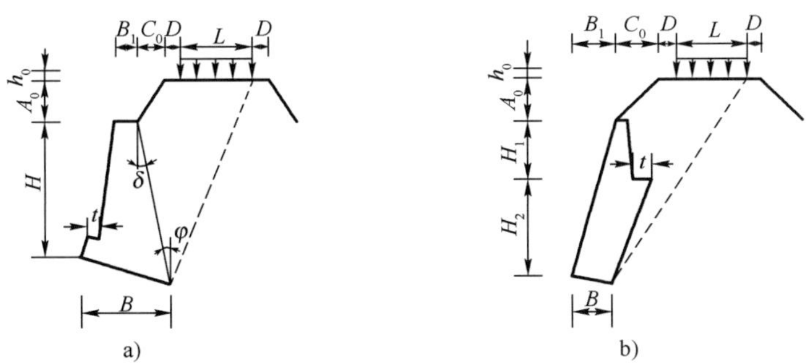

图 10-6 重力式挡土墙基本图式

图 10-6a)中,当 $\delta<0$ 时,为倾斜式挡土墙;当 $\delta=0$ 时,为直立式挡土墙;当 $\delta>0$ 时,为俯斜式挡土墙。图 10-6b)中,当 $t=0$ 时,为折线形墙背挡土墙;当 $t>0$ 时,为衡重式挡土墙,在这两个图中根据 A_0、h_0 的正负号,可以判断挡土墙类型,具体流程见图 10-7 所示。

(2)破裂面判断与土压力计算

在确定了挡土墙的墙型后,为计算土压力,应进一步确定墙后土体破裂面的位置,而对于墙背为折线形式的衡重式挡土墙,还要检验上墙墙背后土体是否出现第二破裂面。

手工计算破裂面位置的步骤是,先假设破裂面交于路基的位置,参考图 10-6 按相应的公式算出 θ 角,再与原假定的破裂面位置相比较,如与原假设不符,则应根据计算的 θ 角重新假定破裂面,重复计算直至相符为止。最后,根据此破裂角计算最大主动土压力。具体流程图可参考图 10-8。另外,在综合考虑各种因素后,重力式挡土墙土压力计算的全部过程可表示为如图 10-9 所示框图。

(3)稳定性验算

在土压力计算后,应对初拟的挡土墙断面进行稳定性验算,如不满足规范要求的稳定系数,则应根据验算结果对墙身断面尺寸进行调整或采取其他措施,直至满足要求为止。在墙背坡度改变的情况下,应重新计算土压力,具体过程如图 10-10 所示。

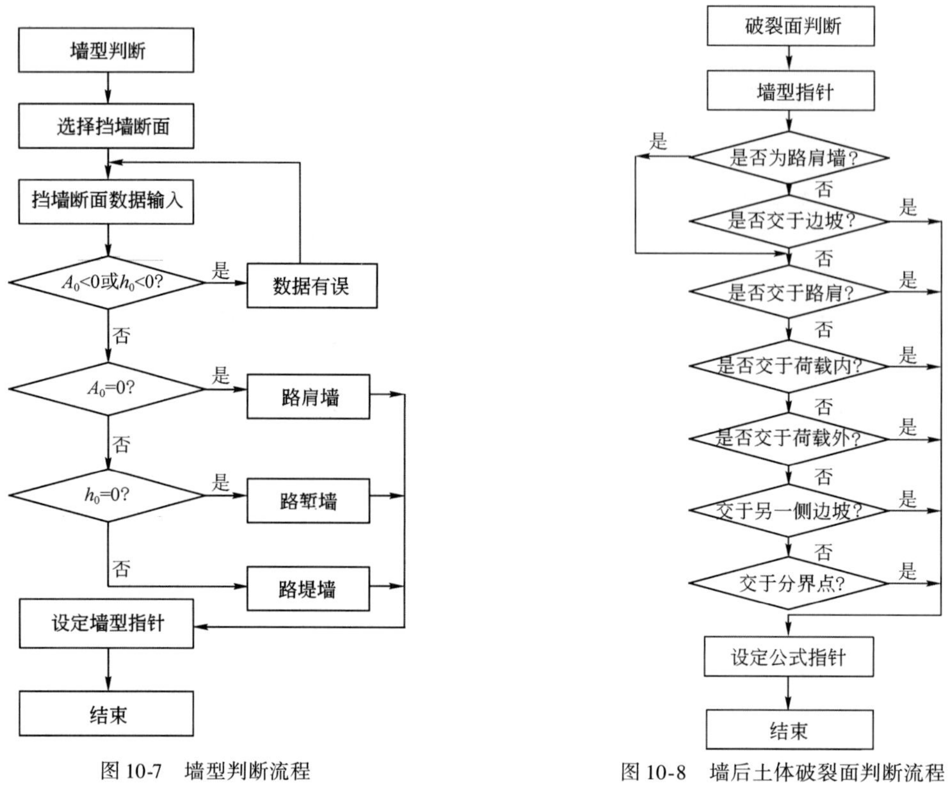

图 10-7　墙型判断流程

图 10-8　墙后土体破裂面判断流程

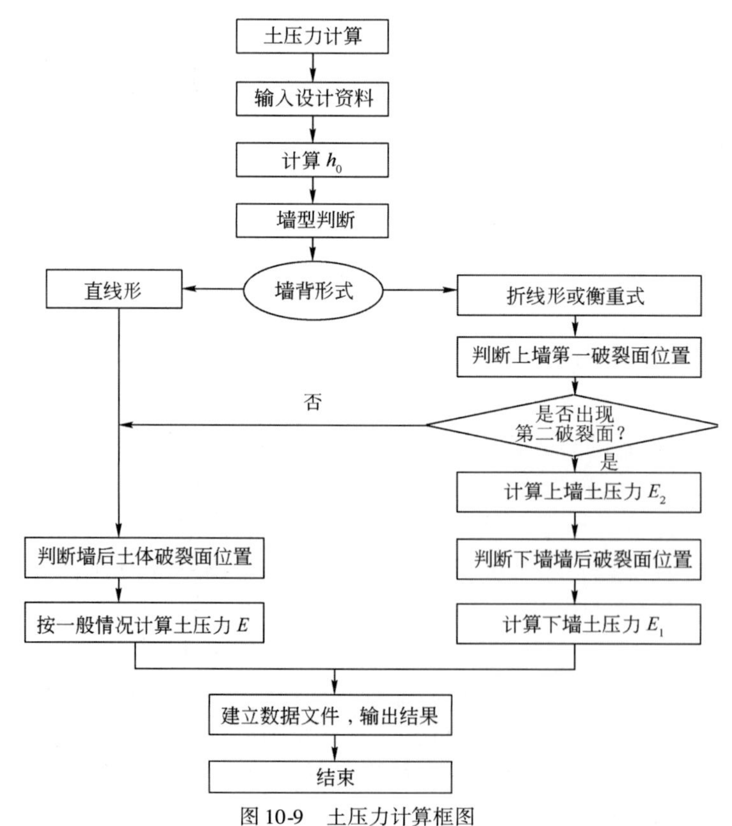

图 10-9　土压力计算框图

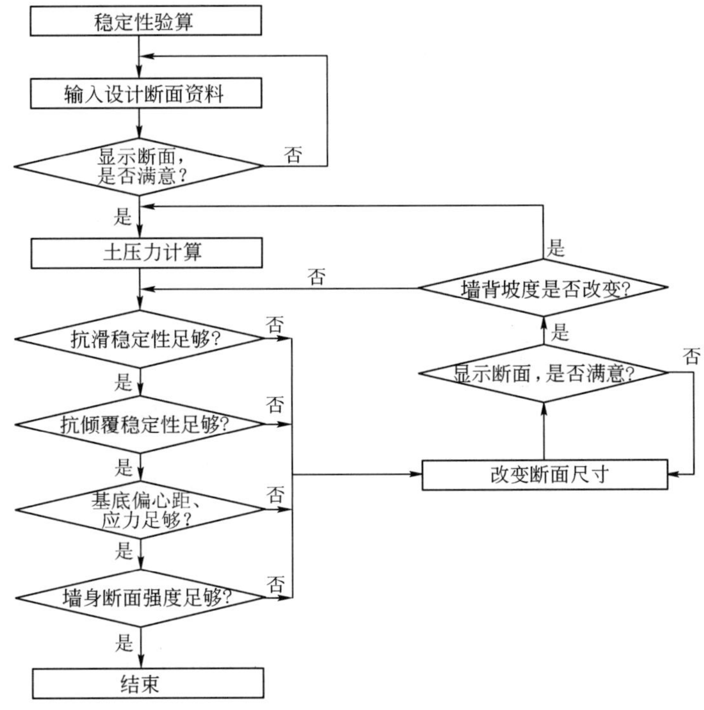

图 10-10　稳定性验算

第三节　路面计算机辅助设计与计算

一、柔性路面计算机辅助设计

根据柔性路面设计规范的规定，路面设计以双圆垂直均布荷载作用下的弹性层状体系理论为基础，以路表容许弯沉作为路面整体强度的控制指标来拟定路面结构方案、设计路面厚度及材料组成。在荷载作用下，弹性层状体系的弯沉值以及面层和整体性材料结构层内的弯沉应力和剪应力的计算应采用多层弹性体系理论编制的专用设计程序进行。计算完成后，对高速公路、一级公路的沥青混凝土面层和整体性材料基层，应进行弯拉应力验算，而对二级公路的路面，在必要时应进行整体性材料结构层的弯拉应力验算。如不满足要求，则应对路面结构层厚度或材料配合比进行调整，或对路面结构组合进行改变，根据调整后的方案，计算机重新进行计算，经技术经济比较后，确定采用的路面结构方案。柔性路面程序设计流程见图 10-11。通过计算机计算，不仅可以使设计者从繁重的手工计算中解放出来，而且可以提高计算精度，这样，设计者就可以把主要精力放在方案选定、结构组合上，从而提高设计质量，降低工程造价。

目前常用的弹性层状体系路面辅助计算软件有 APBI、BISAR、DEFP 等。APBI 和 BISAR 都是采用弹性层状体系，用来计算不同结构参数和力学参数等条件下的柔性路面结构内部应力。DEFP 是一个运用弹性层状体系理论计算路面荷载响应的程序。下面以 BISAR 为例，简单介绍有关的柔性路面辅助设计软件。

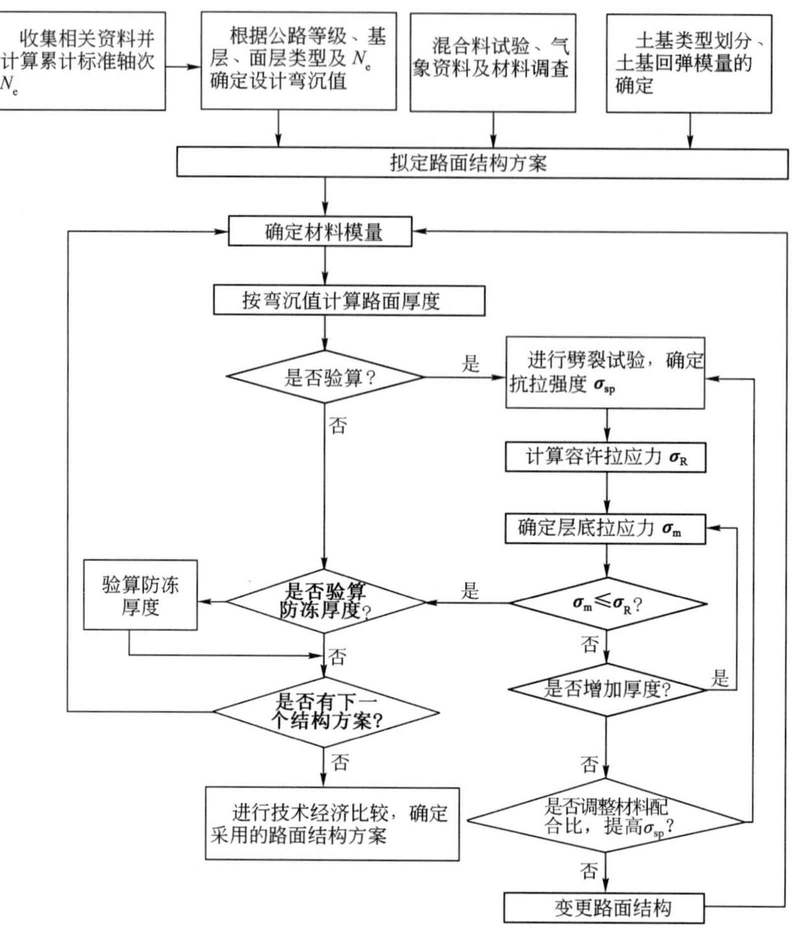

图 10-11　柔性路面程序设计流程图

BISAR 是由壳牌公司研发的柔性路面设计辅助计算软件，可以用来计算结构的应力、应变、挠度及层间的水平力和滑动，这样，就可以通过提供不同荷载状况下的结构模型来计算结构的综合应力与应变情况。BISAR 所有初始的程序功能都能在 Windows 系统的环境下得以实现。

（1）BISAR 程序的主要原理

应用 BISAR 软件，弹性层状体系中的应力、应变和位移都能够计算，是否为弹性层状体系取决于体系的结构形式和材料的性质：

①体系是由作用在半无限基础或者半空间上均匀厚度的水平层组成；

②在水平方向上各层可以无限延伸；

③各层均为均质材料和同方向性；

④材料都是弹性的，其应力应变关系是线性的。

此体系作用于单圆或多圆荷载影响的结构顶部，应力均匀分布在荷载影响范围内，BISAR 可以计算出竖直及水平作用力（即表面的剪切力），通过表面剪切弹性柔量的分析说明层间（部分）滑移的影响。

荷载的中心，应力、应变与位移的位置被当作笛卡尔直角坐标系中的坐标来使用，而依据某个具体结构的应力、应变和位移得出的反映该结构影响的实际结果是根据局部的圆柱坐标系得来的,这个坐标系以荷载的中心作为原点。多种荷载同时作用下的结果是各个荷载分别作用下的总和,当把所有的结果都转换到笛卡尔直角坐标系下,总的结果就会计算出来。

(2)BISAR 的使用

每一个 BISAR 程序可以处理 10 个独立的数据集合,单一的数据集合被定义为一个系统,每个系统都能处理 10 层和 10 组圆形荷载的作用。在一个 BISAR 项目中多个系统的应用促进了对于某个参数作用的研究,例如模量变化、位置变化导致厚度变化。

表示位置(即计算结果在层状结构中的坐标)的办法已不再需要提供层数,可以从坐标系中自动计算得出。对于两层之间的位置,程序可以提供选择一个特殊层的机会或者选择对两层的相同位置进行计算,可以计算每个体系 10 个位置的应力、应变和位移,同时计算的数量还可以增加。

BISAR 中包括了数据输入、运算和报告结果等模块,这个程序并没有包括结果分析和特殊材料性质比较(例如疲劳影响)或者特殊设计标准的模块。计算界面如图 10-12 所示。

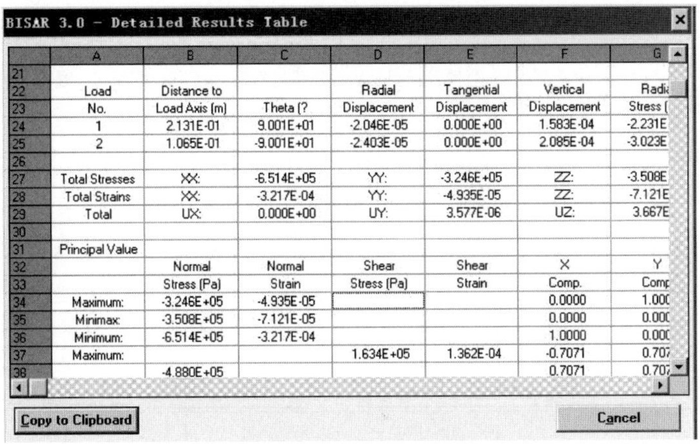

BISAR 3.0 - Detailed Results Table

	A	B	C	D	E	F	G
21							
22	Load	Distance to		Radial	Tangential	Vertical	Radi
23	No.	Load Axis (m)	Theta (?	Displacement	Displacement	Displacement	Stress (
24	1	2.131E-01	9.001E+01	-2.046E-05	0.000E+00	1.583E-04	-2.231E
25	2	1.065E-01	-9.001E+01	-2.403E-05	0.000E+00	2.085E-04	-3.023E
26							
27	Total Stresses	XX:	-6.514E+05	YY:	-3.246E+05	ZZ:	-3.508E
28	Total Strains	XX:	-3.217E-04	YY:	-4.935E-05	ZZ:	-7.121E
29	Total	UX:	0.000E+00	UY:	3.577E-06	UZ:	3.667E
30							
31	Principal Value						
32		Normal	Normal	Shear	Shear	X	Y
33		Stress (Pa)	Strain	Stress (Pa)	Strain	Comp.	Comp
34	Maximum:	-3.246E+05	-4.935E-05			0.0000	1.000
35	Minimax:	-3.508E+05	-7.121E-05			0.0000	0.000
36	Minimum:	-6.514E+05	-3.217E-04			1.0000	0.000
37	Maximum:			1.634E+05	1.362E-04	-0.7071	0.707
38		-4.880E+05				0.7071	0.707

Copy to Clipboard　Cancel

图 10-12　BISAR 计算界面

(3)输出类型

BISAR 提供了两种输出类型。详细的报告包括了原始程序输出结果的所有内容,块报告包括结构中任一被选择位置的正应力应变和轴向位移。BISAR 具有先进的报表格式,无论详细报告还是块报告均可以复制到剪切板中,把计算的结果做成图表或者其他的形式,改善了文件和数据库管理,推动了层数的自动计算功能和层内重要位置的选择功能。

二、刚性路面计算机辅助设计

与柔性路面相比,刚性路面在荷载作用下变形很小,基本处于弹性状态,因此,可将其视为弹性板体。刚性路面在结构力学的计算理论方面与柔性路面相比有很大的差异,其主要影响设计程序编制的最关键问题有如下几点:

(1)刚性路面是矩形板,荷载作用在板角、板中、板横向边缝、板纵向边缝及板内任意部位均会引起不同的位移和应力场。理论上讲,在多荷载作用下荷位与轮载的组合是无穷多的。而柔性路面采用半空间假设,无所谓荷载作用位置。

(2)刚性路面为有限元解,无论是位移法还是杂交法所得到的,在反弯点附近的径向应力精度均不高,在多荷载作用下容易引起较大偏差。而柔性路面为理论解析解,解的准确性和精度都可保证。

（3）刚性路面存在温度应力与荷载应力的叠加问题、板下地基当量回弹模量的计算问题及接缝与传力杆问题。

交通运输部《公路水泥混凝土路面设计规范》（JTG D40—2011）及住房和城乡建设部《城市道路设计规范》（CJJ 37—2012）为了简化设计计算的工作量，均采用统一的临界荷位设计方法。认为板缝边缘是最容易产生综合疲劳损坏的部位。由此提出了应力、板厚的计算图和温度应力系数的计算图等。

在混凝土板厚设计中，应根据交通量首先确定路面的设计抗弯强度，并初拟路面结构分别计算荷载疲劳应力和温度疲劳应力，判断两者之和是否不大于混凝土设计弯拉强度的103%和不低于f_{cm}的95%。如符合条件，则初拟板厚可作为设计板厚h，否则，应根据情况改变板的平面尺寸，进行重新计算，直到满足条件为止。具体流程如图10-13所示。

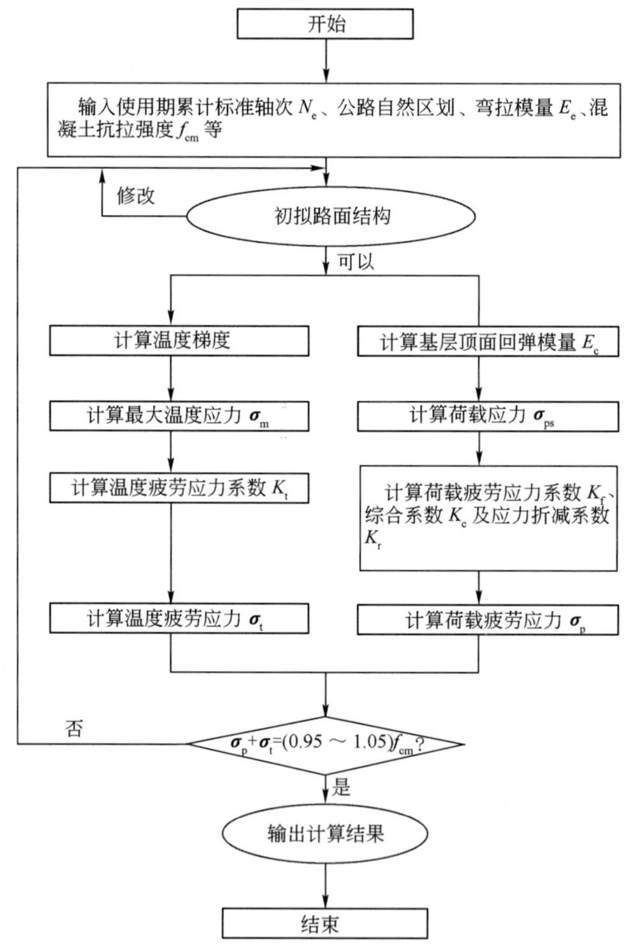

图10-13　刚性路面程序设计流程图

根据现行的《公路水泥混凝土路面设计规范》（JTG D40—2011）及理论计算方法，相关学者和单位自行开发了多种水泥混凝土路面设计计算软件，一般具有较为完备的参数选择、路面结构计算、材料管理等功能。

第十一章

道路交叉计算机辅助设计

道路交叉是道路交通转换的枢纽,是道路系统的重要组成部分,其设计与使用对于道路交通的安全和通畅非常重要。根据各相交道路在交叉点的高程情况,交叉可分为平面交叉和互通式立交两大类,本章将分别讨论它们的计算机辅助设计问题。

第一节　平面交叉口计算机辅助设计

平面交叉口的设计质量直接影响道路的使用效率、安全程度、行车速度、运营费用及通行能力。由于道路平面交叉口类型众多,设计者需要反复试定、试算,工作量较大,开发一套适用于多种情况的平面交叉口 CAD 系统,对于减轻设计人员工作强度,提高设计速度和质量有重要的意义。

一、平面交叉口 CAD 系统

1. 系统的功能需求和人机分工

平交设计时需要综合考虑地形条件、相交道路的等级和线形组合、横断面形式、交通组成、视距要求、占地限制、排水要求、行车舒适性、工程经济性、平面交叉口技术标准等因素,因此宜采用系统自动设计与人机交互相结合的办法来处理道路平面交叉口设计。故平面交叉口设计系统应具有以下功能：

(1)按照我国现有标准和规范要求，对常见的多种类型、相交道路多种线形组合路段的平面交叉口进行平面和立面的交互设计。

(2)进行平面交叉口主体结构和附属结构的定位坐标、里程以及高程计算。

(3)为了保证平面交叉口的行车安全和舒适、排水畅通，系统应能进行视距检查和路脊线的调整。

(4)具有实时信息反馈功能。在交互设计过程中，如果出错或违反常规、规定时，系统能自动查询内藏规范，及时提出警告。

(5)完成常见的平面交叉口形式的平面图和立面图的绘制和修改。

(6)基于数字地面模型的土石方工程数量计算及其他工程量计算，自动生成工程数量表，并汇总统计全线的工程数量。

系统在人机交互过程中，对平面交叉口设计过程中遇到的需要经过综合考虑各因素后才能确定的主要问题，如平面交叉口形式的选择、交通组织方式、主要设计参数等，计算机难以胜任，应由设计人员来决定，以充分发挥人的创造性思维和综合决策能力。由计算机完成繁重的计算绘图工作。具体人机分工情况见表11-1。

平面交叉口 CAD 系统人机分工 表11-1

序号	人	计　算　机
1	选择平面交叉口类型和交通组织方式	交叉口边线、转角曲线计算
2	交叉口设计范围的指定	交叉口视距计算、检查
3	交叉口转角半径的确定	交叉口拓宽计算
4	交叉口拓宽设计参数的确定	确定平面图的绘图比例，绘制平面图和转角曲线表
5	渠化设计中交通岛位置的确定	路脊线的自动调整
6	立面设计模式的确定	双线性曲面片的自动划分
7	控制高程的确定	交叉口各特征点里程、坐标及高程计算
8	平面设计和立面设计结果检查、调整	基于 DTM 的工程量计算
9	修改图形、调整不合理的图形布局	绘制立面图和工程量表等
10		统计全线平面交叉口工程量
11		规范数据查询

2. 系统结构设计

平面交叉口 CAD 系统包括交叉口的平面设计、立面设计和工程量计算。平面设计的基础是主线和被交线的平面线元资料和路幅资料，通过输入转角曲线半径和附属设施的设计参数，进行交叉口平面的主体结构和附属结构设计，经过交互式检查修改(包括视距检查)，得到交叉口平面图和转角曲线表。立面设计是在输入立面基本资料和确定立面设计模式、路脊线的前提下，利用平面设计成果，进行立面设计计算，并绘制交叉口立面图。工程量计算基于数字地面模型(DTM)进行，计算结果自动生成工程数量表绘制在立面图中，并自动统计全线的工程数量。系统的结构设计图如图11-1所示。

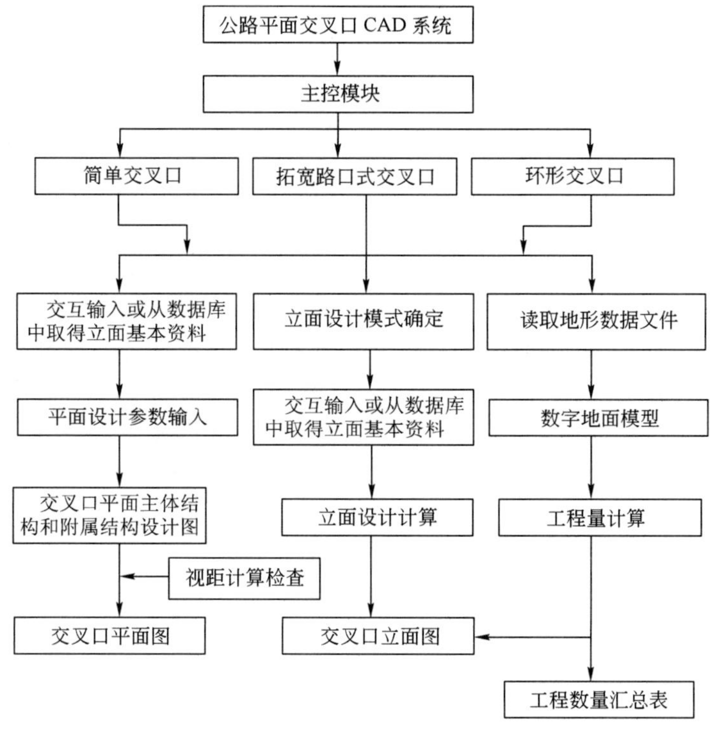

图 11-1 平面交叉口 CAD 系统结构及流程图

二、平面交叉口的平面和立面设计

1. 平面设计

平面交叉口的形式很多,常见的有简单交叉口、扩宽路口式交叉口及环形交叉口。交叉口的形式不同,设计过程中所考虑的问题就不同,例如,扩宽路口式交叉口的设计,主要解决拓宽的车道数、拓宽的位置和拓宽车道长度的计算,而对于环形交叉口的设计,则主要解决中心岛的形状和尺寸、环道宽度、环道进出口的曲线半径等。因此,程序开发时,不同的交叉口形式应组织不同的模块来设计。各模块在控制模块的调度下,协调设计。

各种类型交叉口的平面设计原理和过程,有关教材和设计手册中都有详细介绍,只要公式选用得当,编写计算机程序并不复杂。图 11-2 为拓宽路口式交叉口程序流程图。

2. 立面设计

平面交叉口的立面设计常用的方法有方格网法、设计等高线法和方格网设计等高线法三种,也可采用线性 Coons 曲面模型进行设计。本章主要介绍基于线性 Coons 曲面模型的立面设计方法,有关线性 Coons 曲面模型的基本原理请参考有关书籍。

(1) Coons 曲面模型的特点

①交叉口的立面是比较平缓的曲面,而 Coons 曲面模型是三维曲面模型,用此模型进行立面设计,能比较精确地表达交叉口的立面。

②Coons 曲面片插值于四条边界曲线,使得交叉口范围内构造出来的曲面片彼此很容易

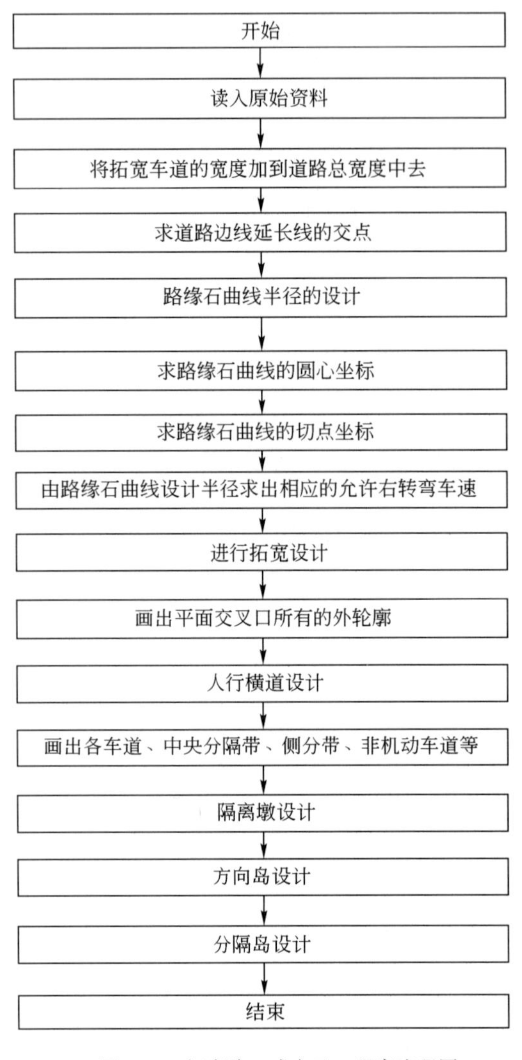

图 11-2　拓宽路口式交叉口程序流程图

拼合,保证片与片之间有平缓的过渡,为行车提供一个平顺的面。

③公路平面交叉口没有路缘石,交叉口范围内的排水由合成坡度决定,只要相交路线的纵坡和路拱横坡以及特征断面的横坡均满足排水要求,则用 Coons 曲面模型表达的立面完全能满足排水要求。

④交叉口范围内 Coons 曲面片个数不多,查找、计算速度较快,精度较高,适合计算机处理。

(2)Coons 曲面片的划分和特征断面的确定

在平面交叉口立面设计中,要使设计曲面保持连续光滑和平顺,必须保证各 Coons 曲面片间光滑拼接,这取决于 Coons 曲面片的正确划分。同时,Coons 曲面片的划分恰好以路脊线为界,特征控制点正好位于 Coons 曲面边上或是 Coons 曲面片的角点,因而,Coons 曲面片划分过程,实际上也是确定交叉口特征断面和计算特征点高程的过程。

Coons 曲面片的划分与相交公路(或道路)的等级、交叉口的类型、横断面形式等密切相关。以相同等级的道路相交时十字形、T 形交叉口为例。

相同等级的道路相交,立面设计时一般维持各自的纵坡不变,而改变它们的横坡度。同时,要维持各自的纵坡不变,相交的道路一般要处于直线路段或大半径曲线路段。在整个交叉口设计范围内,所有部分均参与 Coons 曲面片的划分。

①十字形、T 形交叉口曲面片的划分。

如图 11-3、图 11-4 所示分别是十(X)字形交叉口和 T 形交叉口的 Coons 曲面划分形式。在交叉口设计范围内,两类交叉口分别划分了 16 个和 10 个 Coons 曲面片,其中十字形交叉口的 Coons 曲面片中③ ~ ⑩共 8 片含圆弧,T 形交叉口中② ~ ⑤共 4 片含圆弧。

②十字形、T 形交叉口特征断面的确定。

十字形交叉口和 T 形交叉口在交叉口范围内分别被相交公路(或道路)的中心线分割成四部分和三部分。在进行交叉口设计时,每个部分的设计方法相同,以如图 11-3、图 11-4 中的 $A_1OA_2B_2EB_1$ 部分为例,其中的特征控制点 O、A_1、B_1、C_1、D_1、C_2、D_2、A_2、B_2 点以及 F、G、H、I 等点的高程均可根据相交公路(或道路)的纵面线形和横坡值求得。

公路平面交叉口中,由于没有路缘石,圆弧 D_1D_2 间的纵坡大小,一般不影响交叉口排水,因而,E 点的设计高程计算主要是考虑对角线上满足行车平顺和排水的要求。交叉口对角线 OE 的横坡不宜大于 1% ~2% 。

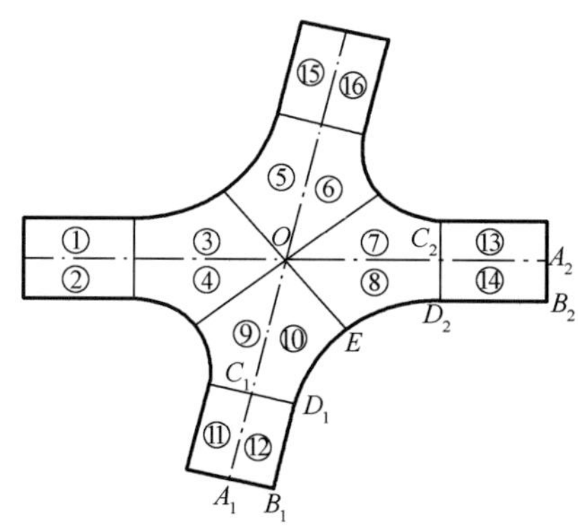

图 11-3 十字形交叉口 Coons 曲面片划分图

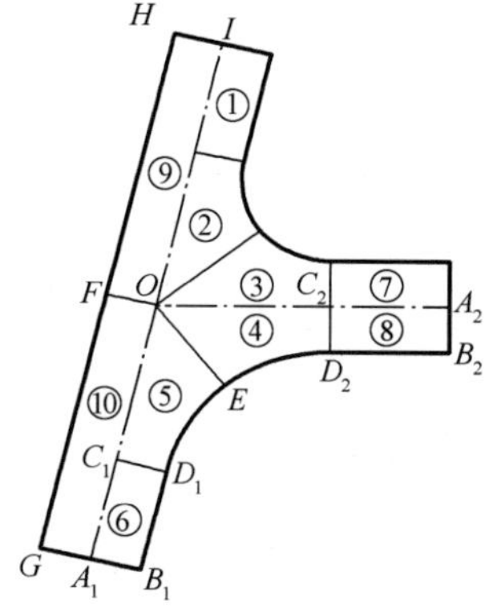

图 11-4 T 字形交叉口 Coons 曲面片划分图

记 $D_1D_2=l,OE=l_1,D_1E=l_2$,O 点设计高程记为 z_0,D_1、D_2 设计高程分别记为 D_{1z}、D_{2z}。

a. 当 E 点设计高程 $E_z=D_{1z}+\frac{D_{2z}-D_{1z}}{l}\cdot l_2$,同时 OE 的横坡 $0.3\%\leqslant i_{OE}\leqslant 2\%$ 时,E_z 就为 $E_z=D_{1z}+\frac{D_{2z}-D_{1z}}{l}\cdot l_2$。

b. 当 $E_z=D_{1z}+\frac{D_{2z}-D_{1z}}{l}\cdot l_2,i_{OE}>2\%$ 时,则 E 的设计高程按式(11-1)计算:

$$E_z=z_0\pm l_1\times 2\% \tag{11-1}$$

此时,D_1E 与 ED_2 的纵坡值不相等。

c. 当 $E_z=D_{1z}+\frac{D_{2z}-D_{1z}}{l}\cdot l_2,i_{OE}<0.3\%$ 时,则 E 的设计高程按式(11-2)计算:

$$E_z=z_0\pm l_1\times 0.3\% \tag{11-2}$$

(3)利用 Coons 曲面的立面设计流程

由于交叉口立面为一个完整光滑的曲面,因此在完成 Coons 曲面的曲面片划分和特征断面确定之后,需要用链表将各 Coons 曲面片连接起来,建立曲面模型,然后依次计算各格网点高程和特征点高程,最后画出设计等高线图,可供图形状态下检查、修改。如不满意可调整特征点高程,则相对于修改 Coons 曲面片特征角点高程,此时模型数据更新,重新计算、内插、绘制等高线,再检查。其工作流程如图 11-5 所示。

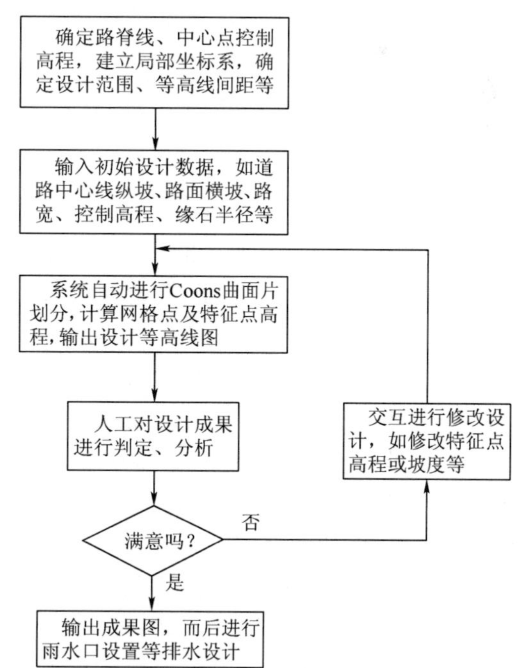

图 11-5 人机交互交叉口立面设计流程图

三、工程量的计算

平面交叉口的设计图纸作为设计文件的一部分,应该提供主要工程数量表。主要工程数量表应该包括以下几项内容:填方及挖方数量、占地面积、路面面积、路肩面积、绿化面积(如果设置显式方向岛)、路肩石总长度、路缘石总长度。除填方及挖方数量以外的其他各项计算方法简单,本章不予以介绍。下面将介绍基于数字地面模型(DTM)的土石方数量的计算方法。

1. 平面交叉口土石方工程数量计算方法

(1)在平面交叉口设计范围内,按照相交公路(或道路)的中心线,共划分成四个部分(四路交叉)或三个部分(三路交叉),计算出每个部分的填方及挖方数量,进行累加即可得到整个交叉口范围内的填方及挖方数量。

(2)划分后的每个部分,以特征断面为界,又划分成若干三角形,如图 11-6 所示。交叉口进口处 A_1B_1 断面与转角曲线切点处 C_1D_1 断面间的部分,以纵向三角边的边长不大于 10m 来划分三角形,即 A_1C_1 边划分成 $N_1=\mathrm{INT}\left(\frac{A_1C_1}{10}\right)+1$ 等份,共有 $2N_1$ 个三角形。A_2B_2 D_2C_2 部分相同。特征断面 C_1D_1 与对角线处特征断面 OE 间的部分,通过对圆弧 D_1E 进行等分来划分三角形,每等分圆弧长不超过 5m,即 $N_2=\mathrm{INT}\left(\frac{D_1E}{5}\right)+1$,共有 $2N_2$ 个三角形(曲线近似看成直线)。OED_2C_2 部分三角形划分方法也如此。

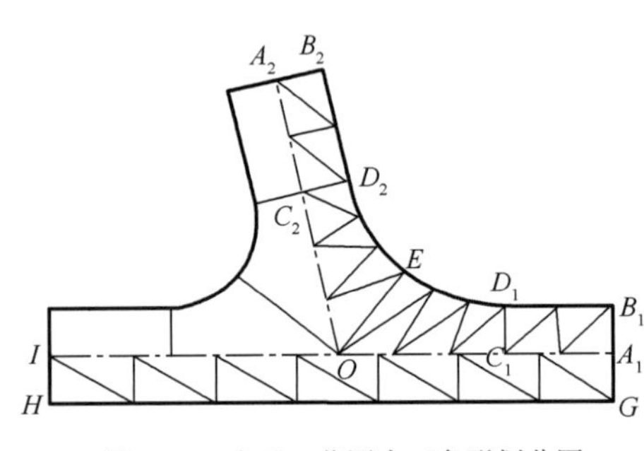

图 11-6 交叉口范围内三角形划分图

(3)根据平面交叉口的平面设计成果和特征点的高程计算各三角形的每个顶点的坐标和设计高程,同时利用 DTM 和每个顶点的平面坐标查询该点的地面高程。这样,计算交叉口每一部分的填方和挖方数量的问题就归结为计算每个三角形范围内的填方和挖方数量问题。

2. 三角形范围内的填方及挖方数量计算

(1)当三角形的三个顶点均是填方(或挖方)时,如图 11-7 所示。

记 A 点填方(挖方)高度为 H_{A},B 点填方(挖方)高度为 H_{B},C 点填方(挖方)高度为 H_{C},填方(挖方)体积为 $V_{填}$(挖)。

填(挖)方高度 = 地面高程 − 设计高程

$$V_{填}(挖)=S_{\triangle\mathrm{ABC}}\times\frac{1}{3}(H_{\mathrm{A}}+H_{\mathrm{B}}+H_{\mathrm{C}})\quad(\mathrm{m}^3)\tag{11-3}$$

(2)当三角形的三个顶点中有填有挖时,如图 11-8 所示,记挖方为“+”,填方为“−”。假定 A 点为挖方,B 点为填方,C 点为填方(其他情况同理)。

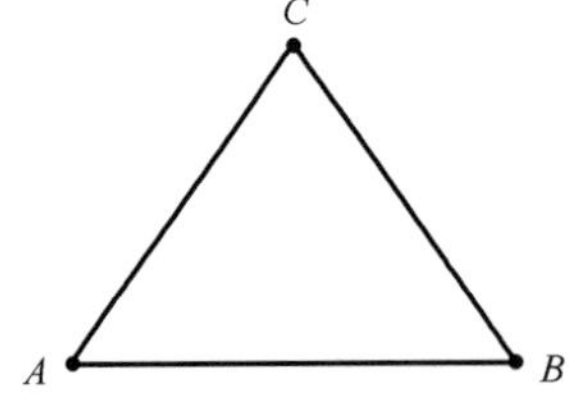

图 11-7 三个顶点均是填方(或挖方)

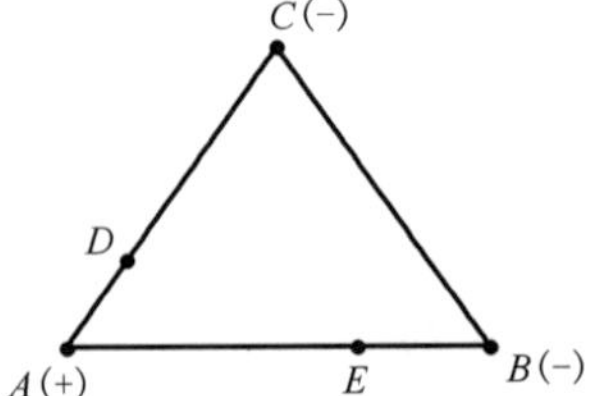

图 11-8 三个顶点有填有挖

这种情况下,把 AB 边和 AC 边的填方及挖方近似看成是线性变化,求出 AB 边和 AC 边的零点位置(即不填不挖位置),假定 AB 边的零点位置为 E 点,AC 边的零点为 D 点,则:

$$AD = \frac{H_A}{H_C + H_A} \cdot AC$$

$$AE = \frac{H_A}{H_B + H_A} \cdot AB$$

由三角形三个顶点坐标和 AD、AE 的长度可计算 D、E 的坐标,这时就可以计算出三角形范围内的填方及挖方数量。

$$V_{填} = S_{\triangle AED} \times \frac{1}{3} H_A \tag{11-4}$$

$$V_{挖} = S_{\square EBCD} \times \frac{1}{4}(H_B + H_C) \tag{11-5}$$

式(11-3)~式(11-5)中的 $S_{\triangle ABC}$、$S_{\triangle AED}$、$S_{\square EBCD}$ 可按下式计算:

$$S = \frac{1}{2}\left[\sum_{i=1}^{n-1}(x_i y_{i+1} - x_{i+1} y_i) + (x_n y_1 - y_n x_1)\right] \tag{11-6}$$

式中:(x_1, y_1),…,(x_n, y_n)——多边形顶点坐标。

由于平面交叉口一般都建在比较平坦的地形上,地形起伏较小,用该种方法计算出的填方及挖方数量不会造成太大的误差,也方便计算机处理。

第二节 互通式立交计算机辅助设计

一、互通式立交 CAD 系统结构

1. 立体交叉计算机辅助设计的任务

立体交叉包括互通式立交和分离式立交,分离式立交设计主要是考虑桥梁通道的设计,较为简单。因此,本章所讲的立体交叉只针对互通式立交。互通式立交设计需综合考虑地形条件、交汇道路的纵坡、横断面形式、交通组成、占地限制和造价等因素。由于实际情况复杂多变,互通式立交设计过程中,设计者需要反复试定、试算,不断调整才能确定互通式立交线形设计方案,其设计计算烦琐,重复工作量大。开发一套适用于多种情况的互通式立交设计程序系统,把大量的计算与绘图工作交给计算机去完成,对于减轻设计人员的工作强度,提高设计速度和质量有重要的意义。

但是,计算机毕竟是一种机器,它不具备人的智慧和判断力,因此,计算机不可能自动完成整体设计。对互通式立交设计中遇到的一些需要经过综合考虑各方面因素后才能确定的主要问题,如互通式立交形式的选择、交通组织方式、匝道平面要素及纵断面设计等,应由设计人员来决定。这样,才能充分发挥人的主观能动性,做出与实际条件相适应的优秀设计来。

综上所述,互通式立交 CAD 系统的任务就是:

(1)在设计人员确定互通式立交形式和交通组织形式的前提下,合理设计互通式立交各部分几何尺寸。

(2)设计人员根据计算机的设计成果,判断设计的优劣,若不满意,可以进行人机交互修改设计。

前者是互通式立交计算机辅助设计的目的,后者是计算机辅助设计成果的进一步延伸。

2. 互通式立交计算机辅助设计的结构

系统结构可以采用模块化结构,以利于程序的开发和维护,互通式立交 CAD 系统的结构如图 11-9 所示。

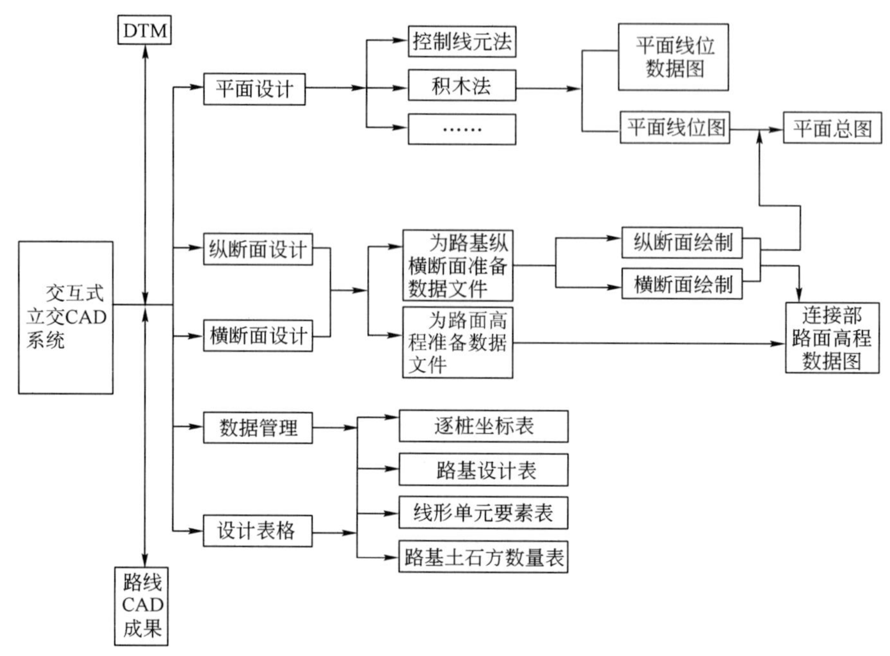

图 11-9　互通式立交 CAD 系统结构图

二、互通式立交平面线形设计基本原理

1. 平面线形的曲线设计方法

根据设计习惯不同,道路平面线形设计方法有导线形和曲线形两种,设计系统流程图见图 11-10。由于互通式立交形式的多样性和线形的复杂性,在互通式立交匝道布设时,传统的导线型设计方法,已暴露出越来越多的局限性,因此,许多科技工作者开始从事互通式立交线形设计方法的研究。近年来,在曲线型设计方法的基础上演变出了多种设计方法,较有代表性的有积木法、模式法、线元法和控制线元法等。

积木法把每条匝道都看成由一段独立的直线段、圆曲线段和回旋线段拼接而成。只要已知匝道的起点信息或已设计好的匝道的终点信息,就可以从匝道的起点开始,利用上述三种曲线单元之一,逐段向前拼接,其过程就像搭积木一样。

模式法根据直线与圆曲线、圆曲线与直线、圆曲线与圆曲线等连接关系,建立了直圆形、卵形、C 形、凸形、S 形等多种基本线形模式,且各种线形模型也规定了各自特定的数据组织格式。从根本上来说,模式法是对积木法的集成处理。

线元法建立了以"圆弧(或直线段)+缓和曲线段"作为基本单元的设计模型,并认为任何复杂的道路曲线都是由 N 段这种基本单元顺序组合而成。这里的"圆弧(或直线段)+缓和曲线"被称之为"线元"。在具体构造线形时,可以指定线元中的圆弧长度为零;两两线元中的圆弧可以有不同的走向;线元中的缓和曲线可以是回旋线中的任一段,且其参数 A 值可以为零。基于线元的概念,将拟设的曲线构造成 N 段线元,根据已知线元的圆或直线位置和前后线元的顺序关系,来构造和确定未知线元中圆或直线的位置。在整个线形的构造和定位过程中,除了圆的半径和走向必须指定外,圆或直线的位置和缓和曲线参数 A 值均作为未知量求解。

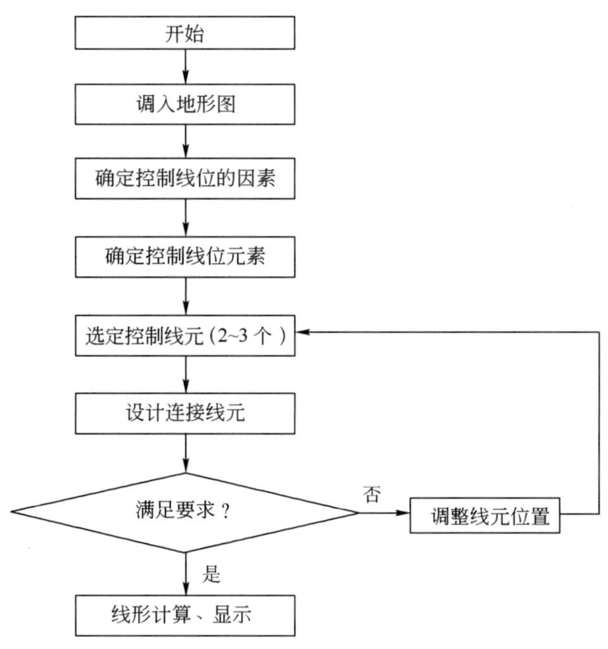

图 11-10 平面设计系统流程图

控制线元法是在线元法的基础上提出的。针对线元法当匝道的起(终)点处于正线或其他匝道的回旋曲线段时处理欠灵活的缺点,提出以"圆曲线 + 部分回旋线"为基本线形单元,用参数 A 值与正线相近或相同的回旋线作为匝道的首(末)控制单元,通过对线元进行不同的组合构造平面线形。

上述几种设计方法,尽管布线手法不同,但是它们都属于曲线形设计方法。传统的直线形设计方法,回旋线参数 A 值(或长度 L_s)和圆曲线半径 R 是给定的,而在曲线形设计方法中,这些参数可以给定,但多数情况下是未知的或是间接给定的(如圆曲线只给出圆曲线上的三点),需要通过计算才能确定下来。这也是曲线形设计方法与直线形设计方法的主要区别之一。构造平面线形的所有要素完全确定后,各特征点的坐标、里程的计算与传统的导线形设计方法并无本质区别。

由于积木法原理直观,计算相对简单,是目前互通式立交 CAD 系统采用的主要方法。因此,本章将对积木法的基本原理进行详细介绍,其他曲线形设计方法可参考相关文献。

2. 积木法的基本原理

所谓积木法,就是将公路路线或立交匝道看成由一个个相对独立的首尾顺接的直线段、圆弧段及回旋曲线段组合而成的线。这样,就可以根据上一单元的终点数据(终点坐标、终点切向方位角、终点曲率半径等)来进行下一单元的设计,如同搭积木一样。如此不同单元依次拼接,便可设计出想要的公路或互通式立交匝道线形。在互通式立交 CAD 交互设计过程中,可交互选取前一设计单元,自动确定将要搭接单元的起点信息,并通过动态拖动来调整、检查将要搭接单元的各控制参数,使设计更加直观灵活。

积木法的技术要点:①通过交互选取自动确定起点信息;②可动态拖动一单元终点来控制其他参数大小及线形位置;③可随时切换拖动单元各控制参数来控制其终点位置。因此,积木法除具有平面布线的功能外,还具有一些重要的辅助功能:平曲线单元填空、平面线位恢复、多单元平曲线设计。

(1)直线单元

如图 11-11 所示,已知参数:起点坐标 $O(x_0,y_0)$、切向方位角 α_0,可变参数:终点坐标 $Z(x_z,y_z)$、直线长度 L。

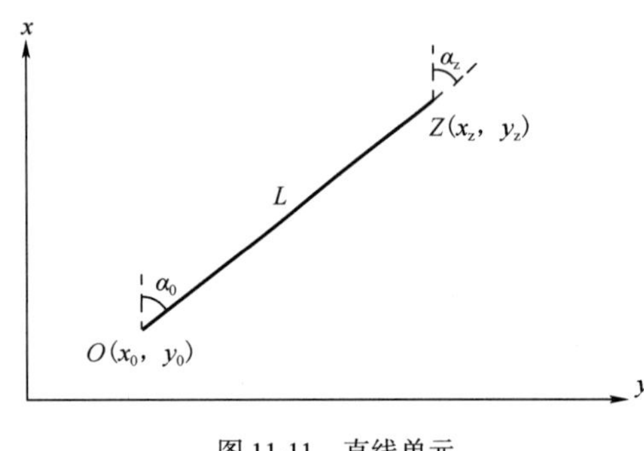

图 11-11　直线单元

终点切线方向角:$\alpha_z=\alpha_0$。

终点坐标 $Z(x_z,y_z)$ 可根据不同的定参求解。

①定直线长度 L:

$$x_z = x_0 + L\cos\alpha_0 \tag{11-7}$$

$$y_z = y_0 + L\sin\alpha_0 \tag{11-8}$$

②定终点 x 坐标,且 $\alpha_0 \neq 90$ °或 270°时:

$$L = \frac{x_z - x_0}{\cos\alpha_0} \tag{11-9}$$

再由式(11-7)的算法确定终点坐标。

③定终点 y 坐标,且 $\alpha_0 \neq 0$°或 180°时:

$$L = \frac{y_z - y_0}{\sin\alpha_0} \tag{11-10}$$

再由式(11-8)的算法确定终点坐标。

AutoCAD 编程平台(ObjectARX、VBA、. net 等)提供了求终点、方向及长度的函数:

```
acutPolar(const ads_point pt,double angle,double dist, ads_paint ptres);
ads_polar _((const ads_point pt,double angle,double dist,ads_point ptres));
```

只要将线形单元的起点坐标 O、切向方位角 α_0、长度 L 换算成以上函数中的 pt、angle 、dist,即可求出终点坐标 ptres,再将其转化大地坐标 Z 即可。

方向函数:

```
double acutAngle _((const ads _point pt1,const ads _ point pt2));
double ads_angle _((const ads_point pt1,const ads_point pt2));
```

长度函数:

```
double acutDistance_((const ads_point pt1,const ads_point pt2));
double ads_distance_((const ads_point pt1,const ads_point pt2));
```

正确使用以上函数,或将其改写为适应大地坐标与方位角的功能函数,可以提高编程效率和软件质量。具体编程时,对于终点坐标函数可改写为:

```
Sta _ Point Rcad_Polar(Sta _ Point Pb,double L);
```

它还能满足圆曲线单元的终点计算。

(2)圆曲线单元

如图11-12所示,已知参数:起点坐标 $O(x_0,y_0)$、切向方位角 α_0,可变参数:终点坐标 $Z(x_z,y_z)$、曲线半径 R、圆曲线长度 L、偏转方向参数 k(右偏:+1/左偏:-1)、转角 α_j。

根据定参的不同,圆曲线单元以下几种方式控制。

①定圆曲线长度 L 和半径 R。

$$\alpha_j = \frac{L}{R}$$

$$\alpha_z = \alpha_0 + \alpha_j = \alpha_0 + \frac{L}{R}$$

圆心坐标:

$$x_c = x_0 + R \cdot \cos\left(\alpha_0 + k \cdot \frac{\pi}{2}\right)$$

$$y_c = y_0 + R \cdot \sin\left(\alpha_0 + k \cdot \frac{\pi}{2}\right)$$

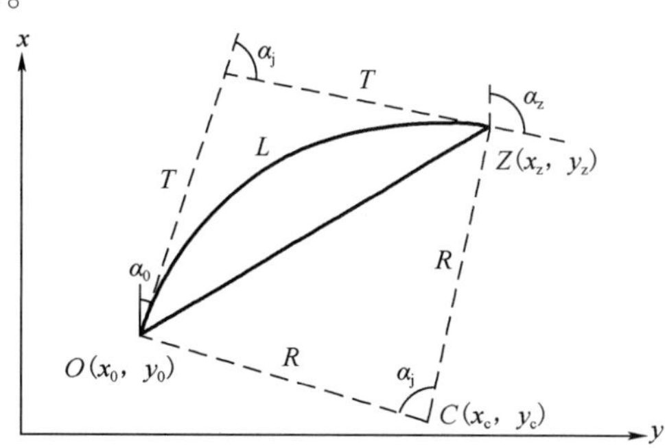

图11-12 圆曲线单元

终点坐标:

$$x_z = x_c + R \cdot \cos\left[\alpha_0 - k \cdot \left(\frac{\pi}{2} + \alpha_j\right)\right] \tag{11-11}$$

$$y_z = y_c + R \cdot \sin\left[\alpha_0 - k \cdot \left(\frac{\pi}{2} + \alpha_j\right)\right] \tag{11-12}$$

②定转角 α_j 和半径 R。

圆曲线长度:

$$L = \alpha_j R$$

其他计算过程与公式推导与①相同。

③定终点坐标 $Z(x_z,y_z)$。

OZ 的方位角:

$$\beta = \arctan\frac{x_z - x_0}{y_z - y_0} \tag{11-13}$$

则圆曲线转角:

$$\alpha_j = |2 \cdot (\beta - \alpha_0)| \tag{11-14}$$

圆曲线半径:

$$R = \frac{\frac{1}{2} \cdot \sqrt{(x_z - x_0)^2 + (y_z - y_0)^2}}{\sin\frac{\alpha_j}{2}} \tag{11-15}$$

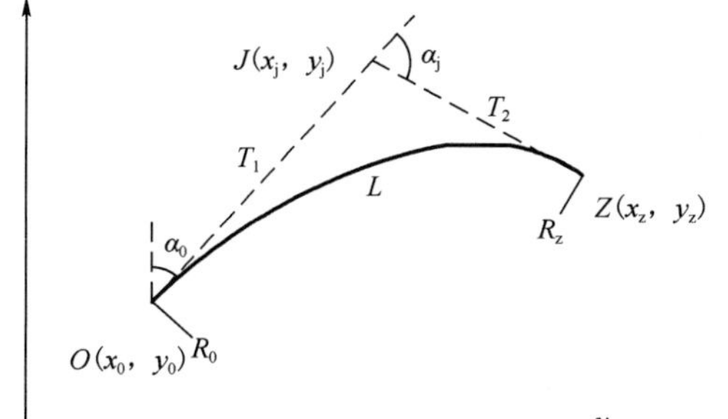

图11-13 回旋线单元

终点方位角:

$$\alpha_z = \alpha_0 + \alpha_j \tag{11-16}$$

(3)回旋线单元

为了能处理回旋线的所有情况,采用卵形线的坐标公式来进行回旋线单元的计算。

如图11-13所示,已知参数:起点坐标 $O(x_0,y_0)$、切向方位角 α_0、半径 R_0,可变参数:终点坐标 $Z(x_z,y_z)$、曲线半径 R_z、切向 α_z、回旋线长度 L、回旋参数 A 值、回转角度 α_j、偏转方向参数 k(右偏:+

1/左偏：-1)。

在回旋线单元的可变参数中,有一些参数是相关的,其常用的可变控制参数为:终点坐标 $Z(x_z,y_z)$、半径 R_z、回旋长度 L、回旋参数 A 值。

根据定、变参数的不同组合,回旋线单元有以下几种控制方式。

①定回旋线长度 L 和 A 值,求半径 R_z、终点坐标 $Z(x_z,y_z)$、切向 α_z:

对于终点半径 R_z 有增大、减小两种情况。

由

$$L = |L_1 - L_2| = \left|\frac{A^2}{R_0} - \frac{A^2}{R_z}\right|$$

当 $R_z > R_0$ 时

$$R_z = \frac{R_0 A^2}{A^2 - R_0 L} \tag{11-17}$$

当 $R_z < R_0$ 时

$$R_z = \frac{R_0 A^2}{A^2 + R_0 L} \tag{11-18}$$

再由卵形线的坐标计算公式 $\begin{cases} x' = \sqrt{\mathrm{d}x^2 + \mathrm{d}y^2} \cdot \cos\alpha \\ y' = \sqrt{\mathrm{d}x^2 + \mathrm{d}y^2} \cdot \sin\alpha \end{cases}$,可求得终点坐标 $Z(x_z,y_z)$。

其中,$\mathrm{d}x = x_2 - x_1$,$\mathrm{d}y = y_2 - y_1$。

当 $R_z < R_0$ 时

$$\beta = \arccos\frac{\mathrm{d}x}{\sqrt{\mathrm{d}x^2 + \mathrm{d}y^2}} - \tau \tag{11-19}$$

当 $R_z > R_0$ 时

$$\beta = \tau_1 - \arccos\frac{\mathrm{d}x}{\sqrt{\mathrm{d}x^2 + \mathrm{d}y^2}} \tag{11-20}$$

由回转角:$\alpha_j = |\tau_1 - \tau_2| = \left|\frac{A^2}{2R_1^2} - \frac{A^2}{2R_2^2}\right|$,可求得终点切向方位角 α_z。

②定回旋线 A 值和半径 R_z,求回旋线长度 L、终点坐标 $Z(x_z,y_z)$、切向 α_z:

$$L = |L_1 - L_2| = \left|\frac{A^2}{R_0} - \frac{A^2}{R_z}\right| \tag{11-21}$$

终点坐标 $Z(x_z,y_z)$和切向方位角 α_z 的计算方法同①。

③定回旋线长度 L 和半径 R_z,求回旋线 A 值、终点坐标 $Z(x_z,y_z)$、切向 α_z:

由

$$L = |L_1 - L_2| = \left|\frac{A^2}{R_0} - \frac{A^2}{R_z}\right|$$

得

$$A = \sqrt{\left|\frac{L}{R_0} - \frac{L}{R_z}\right|} \tag{11-22}$$

终点坐标 $Z(x_z,y_z)$和切向方位角 α_z 的计算方法同①。

④定终点坐标 $Z(x_z,y_z)$,求回旋线 A 值、长度 L、半径 R_z、切向 α_z:

由于在此情况下可变参数太多,用传统的计算方法根本无法推导出相应的计算公式。因此,此时只能充分利用计算机的高速计算通过试算的方法来进行求解。

为了便于计算和提高搜索速度,通过对所有可变参数及控制条件的分析,最后确定 A 值和终点半径 R_z 为搜索对象,而控制条件为 OZ 之间的距离 D 和 OZ 的方位角 α,如图 11-14 所示。

当搜索参数 A 值和终点半径 R_z,满足精度要求时,即可确定此时的 A 值和半径 R_z 即为所求。

回旋线长度 L 和切向方位角 α_z 的计算方法同①。

三、互通式立交平面设计

互通式立交设计一般涉及多条相交道路,设计时,首先应根据项目区域地形、交通特性及主线和被交线的线形等资料,确定合理的互通式立交位置与形式,然后再进行互通式立交平面设计。本章基于纬地道路辅助设计系统(HintCAD),以简单的喇叭形互通式立交(图 11-15)为例,介绍互通式立交平面设计要点。

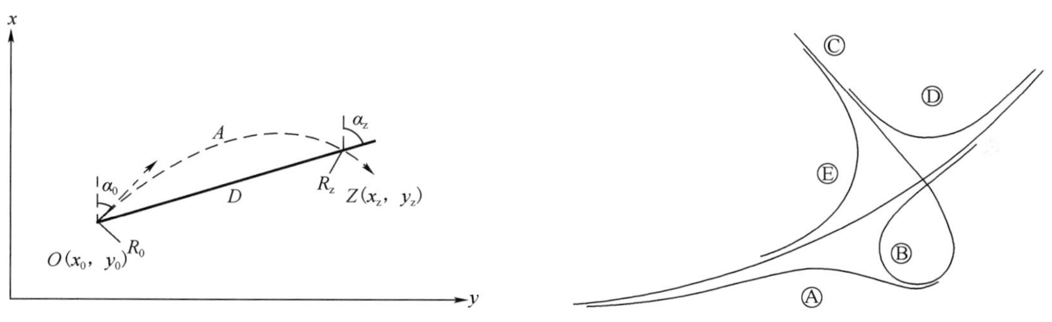

图 11-14 定终点的回旋线单元

图 11-15 喇叭形互通式立交平面线位

1. 起点接线

HintCAD 软件提供了四种常用的起点接线方式,分别是“两点直线”“点加方位角”“文件控制_1”和“文件控制_2”,如图 11-16 所示。

图 11-16 平面线形设计起点接线方式

"两点直线"和"点加方位角"的接线方式较为简单,只需在点选接线方式后,在右侧输入两点或一点加方位角来确定匝道的起点位置。需要注意的是,对于"两点直线"接线方式,程序以从第一点到第二点的方位角为起点方位角,以第二点为起点位置。

"文件控制_1"接线方式主要应用于主线(或匝道)位于直线段上时,直接式加、减速车道的设计,其原理如图11-17所示。通过选定主线的平面线位数据文件,软件自行搜索已知主线(或匝道)平面线位数据文件,并计算距离主线(或匝道)横向距离分别为"Y0""Y1"的两个点(对应桩号为"STA0"和"STA1")的平面坐标和其切线方位角。其中第二点为匝道的起点位置(桩号为"STA1"),并以这两个点连线的方位角为本匝道的起始边方位角。

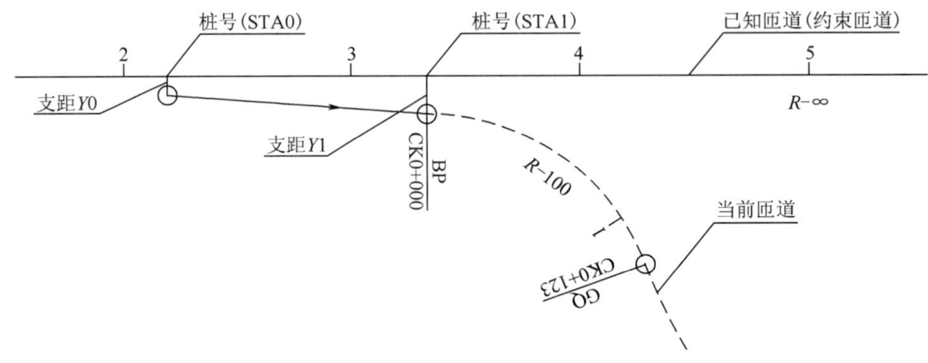

图11-17 文件控制_1接线方式原理

"文件控制_2"接线方式通过选定的约束匝道平面线位数据文件名。程序将以约束匝道上给定桩号的位置作为本匝道的起点位置,以其切线方位角和角度偏移值作为本匝道的起点方位角,其原理如图11-18所示。"STA1""ALPHA"分别表示约束匝道上的一桩号值和相对其切线方位角的角度偏移值(正值表示向右偏移,负值反之,弧度单位)。该方式是实际设计过程中采用较多的一种方式,一般应用于拟设计项目的匝道平面线形起点受另一个项目(主线或匝道)的控制,即拟建项目的匝道起点位置是从已知项目线形的某一桩号上开始的,或横向错开和偏置(移)某一角度后开始的。

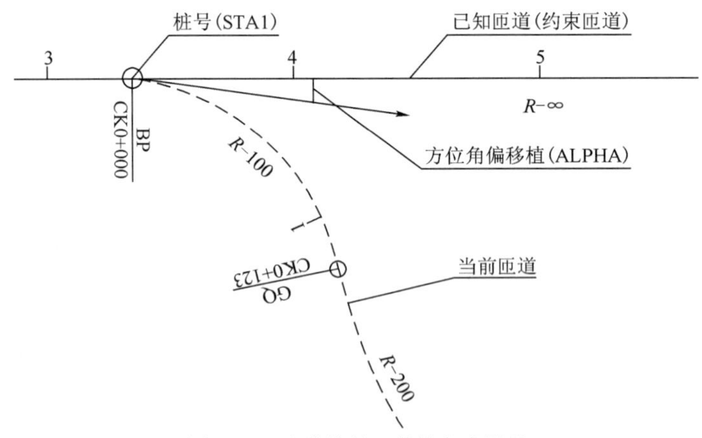

图11-18 文件控制_2接线方式原理

2. 中间曲线的搭接

HintCAD软件程序在互通式立交匝道平面线形设计时采用曲线段积木式搭接的计算方式,任意曲线段(直线、圆曲线、回旋曲线)均可用下列参数加以控制:P(左右横向错移值)、S

(曲线段长度)、A(缓和曲线参数值)、RO(起始点曲率半径)、RD(终点曲率半径)。

在互通式立交平面线形设计对话框中,中间三行是中间曲线段数据输入显示栏,如图 11-19 所示,分别控制每一曲线段的转向、横向错移值、曲线长度、曲线参数、曲线的起始曲率半径和终止曲率半径(每一行前还设有一拖动标志)。用户分别在中间曲线段数据输入显示栏中输入曲线段的各项控制参数(必须输入程序所规定的正确数据),HintCAD 即可根据各曲线段的参数值完成任意中间曲线段的搭接。

图 11-19 平面线形设计起点接线方式

3. 终点接线

不同于一般道路,互通式立交匝道一般需要能够根据规范要求平顺地接入主线或者其他匝道,HintCAD 软件为匝道的终点接线提供了七种方式,分别是"不接线""圆 + 缓 + 圆(卵形)""圆 + 缓 + 缓 + 圆(S 形)""圆 + 缓 + 直""直 + 缓 + 圆""圆 + 直"以及"圆 + 圆",如图 11-20 所示。

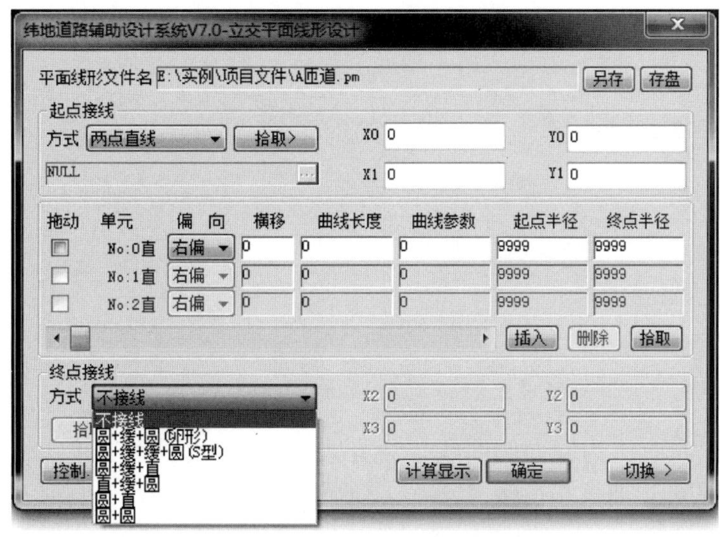

图 11-20 平面线形设计终点接线方式

“不接线”是终点不进行接线计算,即终点不与任何其他公路相接,可以自由设计。

“圆 + 缓 + 直”是两点直线接线方式,也是互通式立交终点接线中最常用到的一种,适用于匝道终点要衔接的主线(或被交路)处于直线段上的情况,其接线原理如图 11-21 所示。在图形屏幕上按匝道线形的前进方向顺序点取终点接线目标(直线)上的两点,程序自动确定匝道接线计算的终点位置和方位角,实时拖动匝道线形可生成一段圆曲线和一段回旋线,使终点的位置定于给定的直线上,方位角等于直线的方位角,终点曲率半径为无穷大。

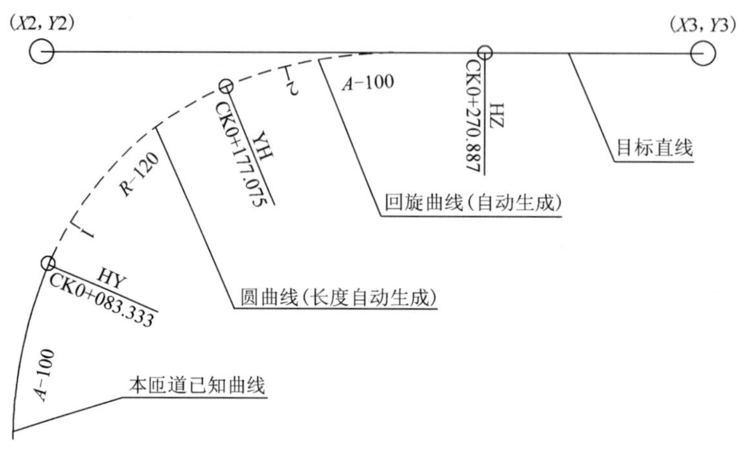

图 11-21 “圆 + 缓 + 直”终点接线方式原理

“直 + 缓 + 圆”为圆曲线接线方式,适用于匝道终点要衔接的主线(或被交路)处于圆曲线上的情况,其接线原理如图 11-22 所示。在图形屏幕上直接拾取终点接线目标(圆曲线),软件自动确定目标圆曲线的半径和圆心坐标,实时拖动匝道线形可生成一段直线和一段回旋线,使终点的位置定于目标圆曲线上,方位角等于该点的圆曲线切线方位角。以此方式进行终点接线计算时,所输入的目标圆曲线转向决定接线曲线的转向。

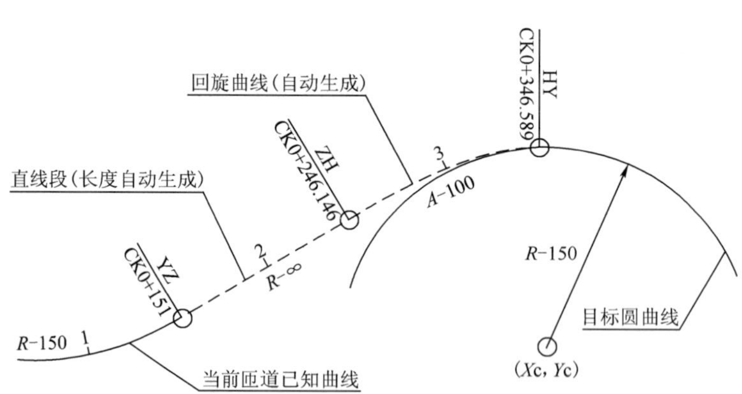

图 11-22 “直 + 缓 + 圆”终点接线方式原理

“圆 + 缓 + 圆(卵形)”为同向圆曲线接线方式,这种方式适用于接线的终点位于圆曲线上,以圆→缓→圆的卵形曲线相衔接,其接线原理如图 11-23 所示。在图形屏幕上直接点取终点接线目标(圆曲线),软件自动确定目标圆曲线的半径和圆心坐标,实时拖动匝道线形可生成一段圆曲线和一段回旋线，即生成卵型曲线，使终点的位置定于目标圆曲线上，方位角等于该点的圆曲线切线方位角。

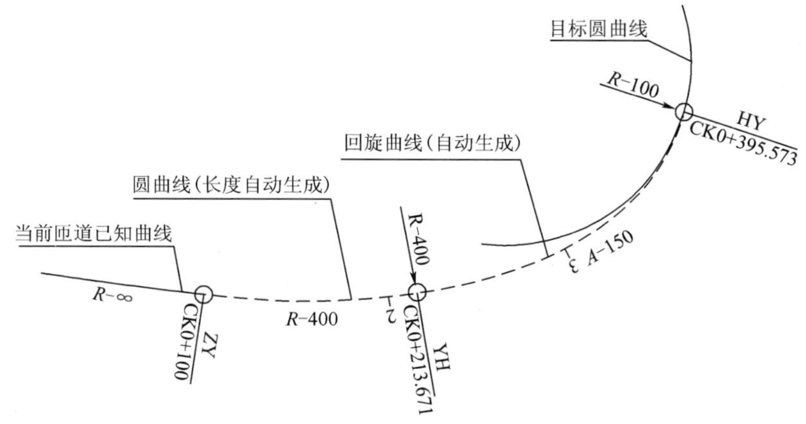

图 11-23 “圆 + 缓 + 圆(卵形)”终点接线方式原理

“圆 + 缓 + 缓 + 圆(S 形)”为反向圆曲线接线方式，这种方式适用于匝道接线的终点落在反向圆曲线上，以圆→缓→缓→圆的 S 形反向曲线相接的情况，其接线原理如图 11-24 所示。在图形屏幕上直接点取终点接线目标圆曲线，系统自动确定目标圆曲线的半径和圆心坐标，用户在“A: A = 1: ”框输入接线将生成的 S 形曲线前后两段曲线的回旋线参数之比值。实时拖动匝道线形软件将计算生成一段圆曲线和两段反向回旋线，且两段回旋线的参数值之比为控制值，终点的位置定于目标圆曲线上，方位角等于该点的圆曲线切线方位角。

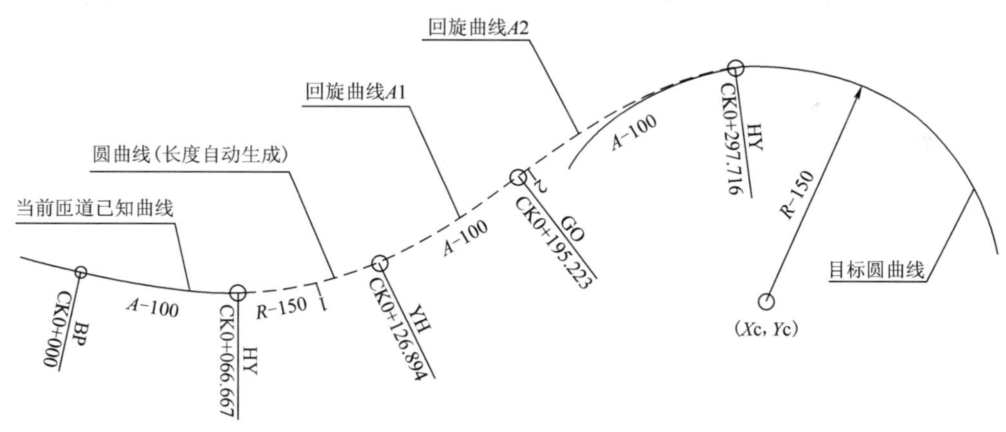

图 11-24 “圆 + 缓 + 缓 + 圆(S 形)”终点接线方式原理

“圆 + 直”为圆曲线与直线接线方式，这种方式用在匝道终点落在直线段上，而圆与该直线以直接相切的方式衔接，中间不插入缓和曲线的情况，其接线原理如图 11-25 所示。在图形屏幕上顺序点取终点接线目标(直线)上的两点，系统自动确定目标直线上点取的两点坐标，并以此来确定匝道接线计算的终点位置和方位角。软件计算生成一段圆曲线直接与目标直线相切，同时将在 AutoCAD 软件的“Command:”命令行显示圆曲线终点到目标直线的垂直距离。通过拖动匝道起点或已知曲线的参数使显示的垂直距离趋近于零，即可完成接线。

“圆 + 圆”为圆曲线与圆曲线接线方式，这种方式是匝道的终点与反向的圆曲线相接，适用于反向圆曲线之间不插入缓和曲线、两反向圆曲线直接相切的情况,其接线原理如图 11-26 所示。在图形屏幕上直接点取终点接线目标圆曲线,系统自动确定目标圆曲线的半径和圆心坐标,实时拖动匝道线形软件计算生成一段圆曲线直接与目标圆曲线相切,同时将在"Command:"命令行显示圆曲线终点到目标圆曲线的垂直距离,通过拖动匝道起点或已知曲线的参数使显示的垂直距离趋近于零来完成接线。

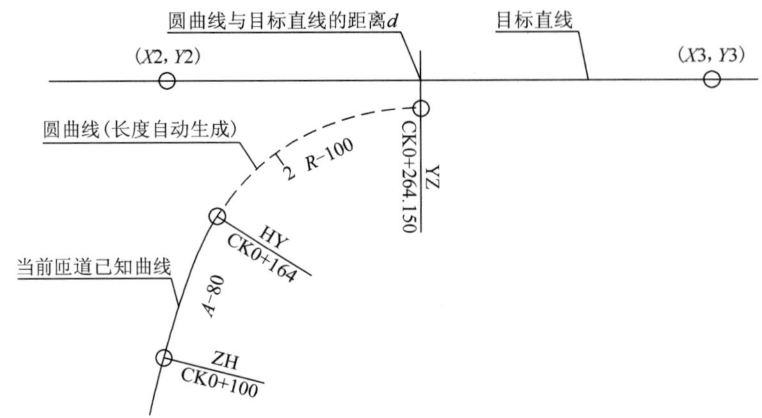

图 11-25 "圆 + 直"终点接线方式原理

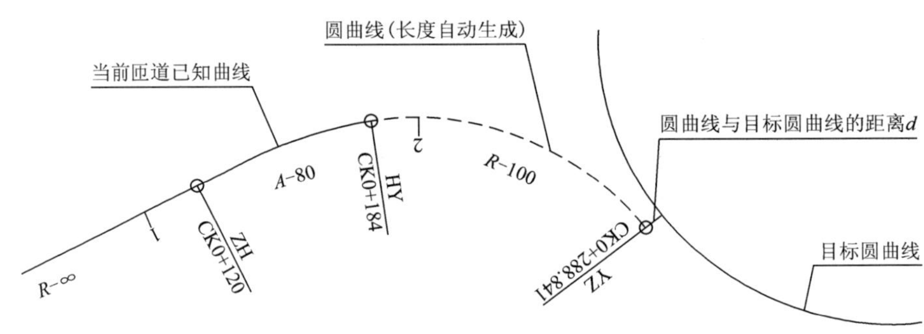

图 11-26 "圆 + 圆"终点接线方式原理

四、互通式立交纵断面设计

1. 纵断面设计原理

互通式立交纵断面设计的原理与一般路线的纵断面设计相同。但是,互通式立交的纵断面设计范围小(一般不会超过 1km),匝道间的纵断面互相影响。它要求在有限的范围内,在满足设计指标,两端约束条件和尽量照顾平纵配合的情况下设计出合理的纵断面线形来。因此,设计好一座互通式立交的纵断面并非一件简单的工作。由于纵断面设计范围小,为屏幕交互进行纵断面设计创造了条件,编程者应在程序的交互性能方面多做点工作。

2. HintCAD 匝道接坡要点

HintCAD 中程序利用合成坡度的概念进行瞬时坡度推算。在当前项目的设计纵坡及路拱横坡已确定的情况下,使用"搜索端部"命令,由系统根据相邻项目与当前项目的相对位置,自动计算出匝道起点的纵坡,从而快速地确定相邻项目在楔形端位置的接坡设计高程,其原理如

图 11-27 所示。在搜索端部时勾选“记录数据”选项,系统自动将当前主线及相邻匝道在楔形端位置的对应桩号、设计高程、临界纵坡及推荐横坡等数据录入文件,便于匝道的接坡设计。推算的匝道起点的临界横坡度可以直接采用,也可以直接按照规范的相关要求确定横坡度。

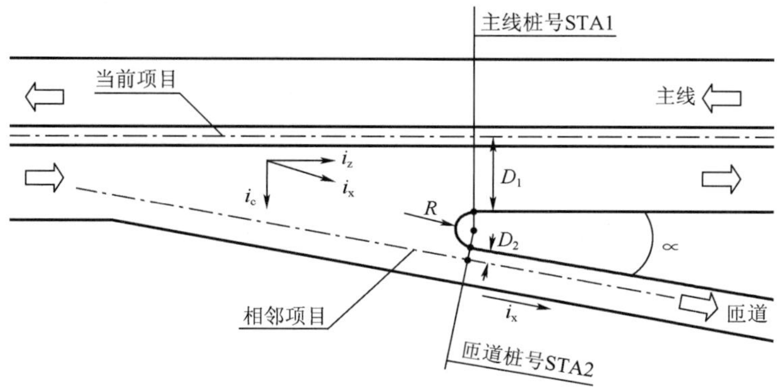

图 11-27 HintCAD 匝道端部接坡原理

在进行匝道主体的纵断面设计之前,需要先确定一条最受限的匝道,即与主线或其他匝道相关性最强的匝道。然后利用跨线桥高程或关联匝道的小鼻点高程来控制最受限匝道的拉坡。这样可以从一定程度上保证在最受限匝道的拉坡结束后,其余相关匝道的拉坡也可以顺利完成,从而提高匝道总体拉坡的成功率。在 HintCAD 软件中,借助“控制参数输入”中的“桥梁”标记功能来实现高程控制,如图 11-28 所示。标注完成后,软件会用箭头标注出控制点的“控制标高”和“控制类型”,其标注结果如图 11-29 所示。

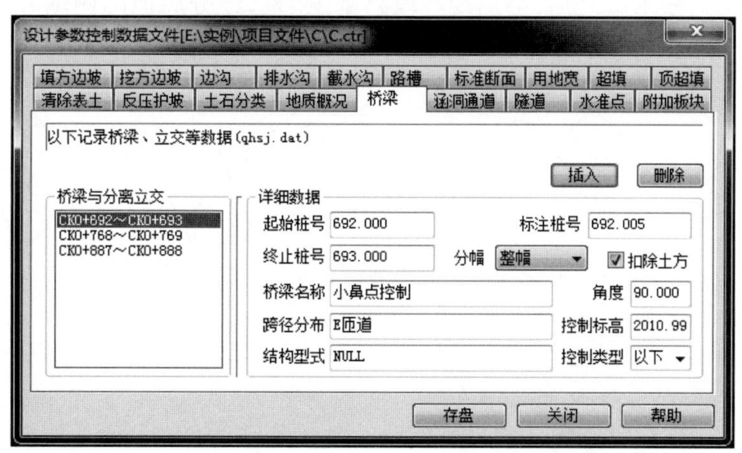

图 11-28 主线或相关匝道高程控制标记数据

五、互通式立交横断面设计

1. 横断面设计

互通式立交横断面设计一直是互通式立交设计的难点。互通式立交横断面不同于一般路线的横断面。互通式立交各匝道与匝道间、匝道与主线间、匝道与被交路间相互连接,带来了横断面设计中断面形式的千变万化,其中包括路面宽度的变化和端部形式的变化。因此,互通式立交端部难以用一般路线的横断面设计方法进行互通式立交横断面的设计,可参考第七章提出的组边模板对互通式立交横断面进行处理。

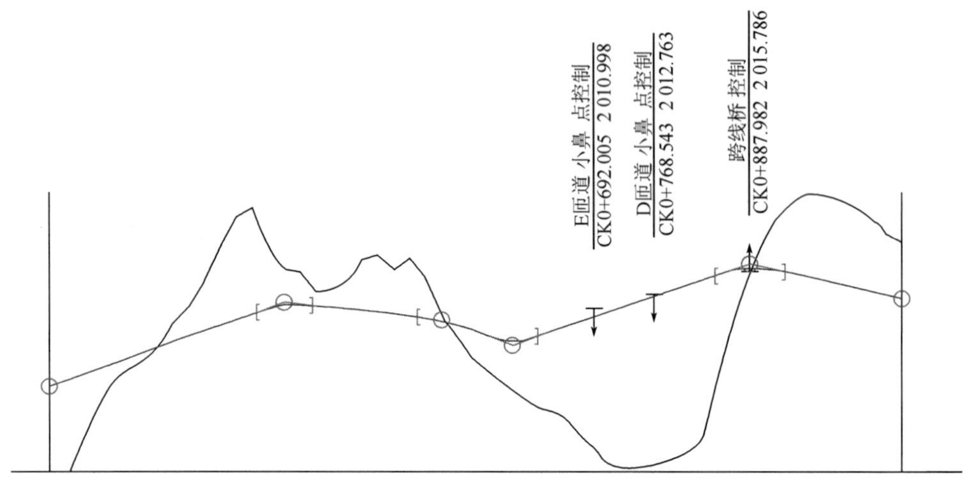

图 11-29 主线或相关匝道高程控制标记结果

HintCAD 在进行互通式立交的横断面设计时,解决端部的横断面设计,主要是通过明确路基路面的工程量归属以后,修改主线或者匝道的路幅宽度文件(*. wid)和超高设置文件(*. sup),在此基础上进行横断面的设计计算。一般情况下,把小鼻端之前的部分划归主线。

2. 分离式路基处理

在互通式立交的楔形端之后,会出现一段路基虽然已经分离但两侧填方边坡会相交的情况,如图 11-30 所示,手工很难准确计算并判断边坡相交的具体位置和两侧的对应断面。

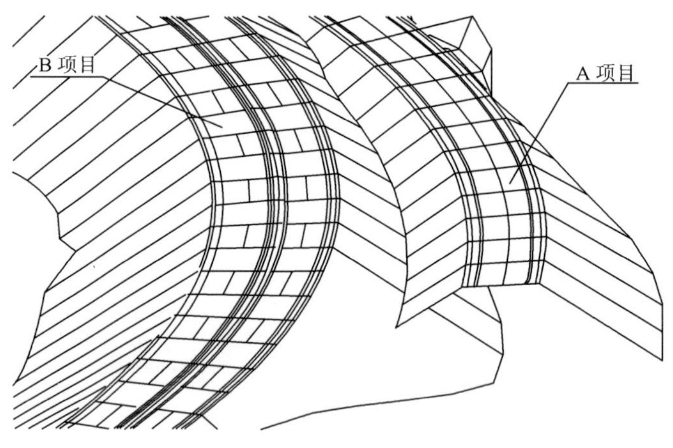

图 11-30 路基重合段三维示意图

HintCAD 软件程序的处理方法是利用"分离式路基处理"功能处理互通式立交的楔形端后的重叠断面,如图 11-31 所示。软件从当前 A 项目某一断面的边坡线出发,先搜索计算其与 B 项目中相邻两个断面的边坡线所形成的三维实体面相交,通过空间实体相交计算,确定出相交位置,再由该位置沿边坡上行到 B 项目路基边缘,从路基边缘推算到对应的路基中心线,从而得到相对于 B 项目的桩号以及该位置两边坡相交处至路基中线的距离。

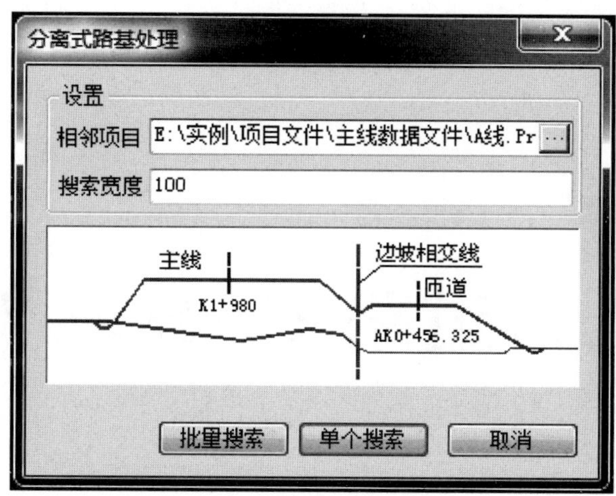

图 11-31 分离式路基处理界面

“分离式路基处理”的原理是在横断面设计绘图后自动生成的每一断面的三维数据，利用相邻断面的边坡实体面相交（空间三维面相交确定其交线），准确计算并确定任意断面与相邻路基断面的边坡相交位置、桩号与距离，并自动裁剪修正边坡设计线从而得到准确的断面面积，其处理成果图如图 11-32 所示。

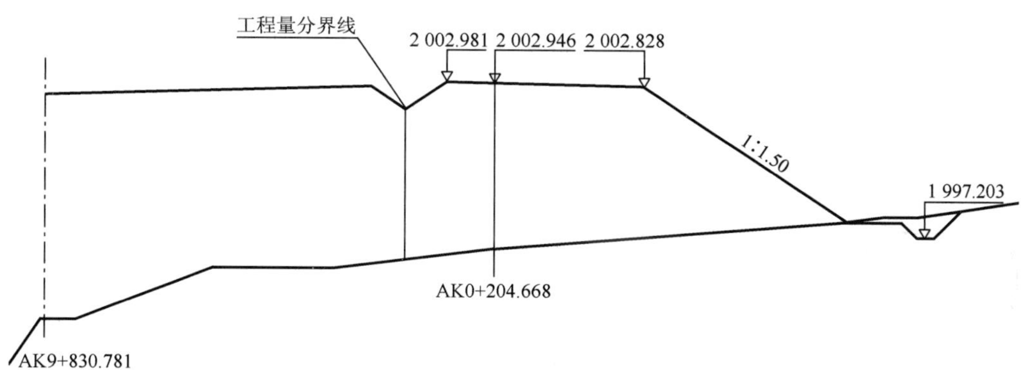

图 11-32 分离式路基处理成果图

第十二章

国内外优秀道路 CAD 软件介绍

计算机在公路工程领域的应用始于 20 世纪 60 年代。我国则于 20 世纪 70 年代后期着手公路 CAD 的研究工作，虽然起步较晚，但发展迅速。目前市场上常见的道路 CAD 软件有十几种，本书以纬地道路辅助设计系统(HintCAD)为例，介绍了路线平面、纵断面、横断面及立体交叉设计模块的使用方法。本章则着重于国内外比较著名的三种道路 CAD 软件，即我国的 EICAD 系统、美国的 AutoCAD Civil 3D、德国的 CARD/1，对其软件特点、数字地面模型模块、路线平纵横设计模块等进行介绍。

第一节 EICAD 软件介绍

“集成交互式道路与立交设计系统”(简称“EICAD”)，是由南京狄诺尼科技有限责任公司研发，于 2002 年 10 月推向市场的第四代道路计算机辅助设计产品，目前版本为 EICAD 3.0。EICAD 以“标准图库管理”“工程数据管理”两个模块为核心，由“道路平纵横设计”“数字地面模型”“平交口设计”等模块完成道路各专业设计功能，通过图表管理模块完成工程图表绘制与输出。

一、软件主要特点

EICAD 能够帮助设计者创建一系列包含智能动态数据的实体对象，便于设计者在各个设计阶段更加快速地进行方案设计修改，缩短了设计、分析和实施变更所需的时间。EICAD 由不同功能的多个模块组成，各主要模块的特点如下。

1. 数模模块

EICAD 数模模块是一个用于采集地形散点和等高线数据，构成三角网格，实现纵横断面剖切、地面高程坡度查询等数模应用的子系统。EICAD 数模模块功能涵盖地形数据及约束信息的提取和导入、纠错检查、自动排序、参数化边界优化、高速构网、三维动态浏览、实时剖切、地形图自动三维化等。

2. 路线辅助设计模块

(1) 平面设计

EICAD 的路线平面设计包括了导线法、积木法和扩展模式法，强化了全过程动态拖动设计功能，实现了快捷、实时的实体联动。设计过程所见即所得，设计更加灵活和便捷。

(2) 纵断面设计

EICAD 的纵断面设计基于"拉坡图"和"竖曲线"两个自定义实体完成。"拉坡图"实体可与数模关联，实时进行纵断面地面线的切割和更新。"竖曲线"实体可由设计者直接拖拽竖曲线夹点调整，也可调整参数精确修改。

(3) 横断面设计

EICAD 允许设计者利用各种模板部件自行定制横断面，以适应复杂的路幅变化情况。模板的创建和修改及戴帽过程均在 CAD 环境下完成，简化了反复调试修改的过程。所有的横断面戴帽信息保存在"道路模型"实体中，不依赖任何外部数据文件，将戴帽设计过程演变为一个创建道路三维模型的过程。

3. 互通式立体交叉辅助设计模块

EICAD 立交版包含了用于互通式立交设计的各种命令。丰富的动态拖动和功能集成的特点，使得设计者能极为方便、准确和高效地设计出复杂的互通式立交平纵线形。

4. 道路平交口设计模块

EICAD 在平交口设计方面具有良好的用户界面，灵活的控制高程设置功能及丰富的标注功能等特色。基于计算机图形学造型曲面研究开发了多边界约束曲面数学模型，使得平交口设计方案更趋于合理。曲面排水坡度云图检查等功能，实现了动态三维可视化设计过程。丰富的平交口自动标注和板块划分功能，使得软件在成图方面具有较好的适应性。

5. 挡土墙辅助设计模块

挡土墙辅助设计模块(简称 EIDQ)基于 AutoCAD 平台二次开发。能够完成道路工程中各类结构形式挡土墙的设计、绘图、工程量计算与表格生成等工作。用户可自行定义挡土墙断面的几何和工程属性。各种参数信息保存在图形文件中，无须额外的数据文件。

二、数字地面模型

1. 数模建立

(1)新建数模

执行“新建数模”命令(Ed_NewMesh),弹出如图12-1所示的对话框。用户填写数模名称及存盘路径后,单击【确定】即可。

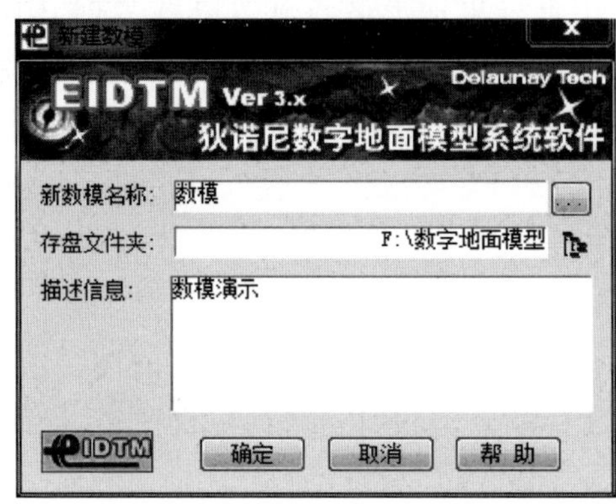

图12-1 “新建数模”对话框

(2)导入DWG文件

在新建数模后,执行“导入DWG文件”命令(Ed_ImportDWG),系统弹出“导入外部DWG中的地形数据”对话框,如图12-2所示。用户需在“DWG文件列表”一栏中,选择用于建模的地形图文件,并在表中设置等高线图层与高程点图层。设置完成后点击【确定】即可。

图12-2 “导入外部DWG中的地形数据”对话框

(3)数模构网

执行“数模构网”命令(Ed_CreateTIN)后,建模完成。

2. 输出纵、横断面地面线

此步骤应在平面设计结束后执行。执行"输出纵横地面线"命令(Ed_ZHdmxOut),并指定相应道路中线实体,弹出"输出道路纵横地面线"对话框,如图12-3所示。用户填写数模插值的起终点桩号及存盘路径后,点击【确定】即可输出纵、横断面地面线文件。对于需调整数模插值方式的特殊情况,用户可点击高级设置并手动调整插值方式。

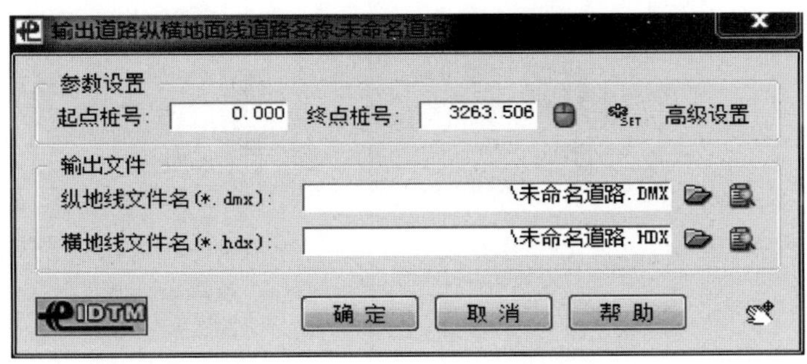

图12-3 "输出道路纵横地面线"对话框

三、平面设计

1. 路线平面定线

(1)平面布线与编辑

执行"平面布线"命令(Ei_Alignment),命令行中提示:"选取前方直线或道路中线实体[可选项:"P"直接布线]:"。用户可选"P"直接绘制,也可先用直线命令(LINE)绘出各交点连线后,再执行平面布线命令并点选前后相邻的直线实体,程序会按照长度相等的原则,构成三单元平曲线,如图12-4所示。用户可选取已经绘制好的三单元平曲线任意单元实体,修改平曲线各项参数,也可用拖动夹点的方式直接修改。

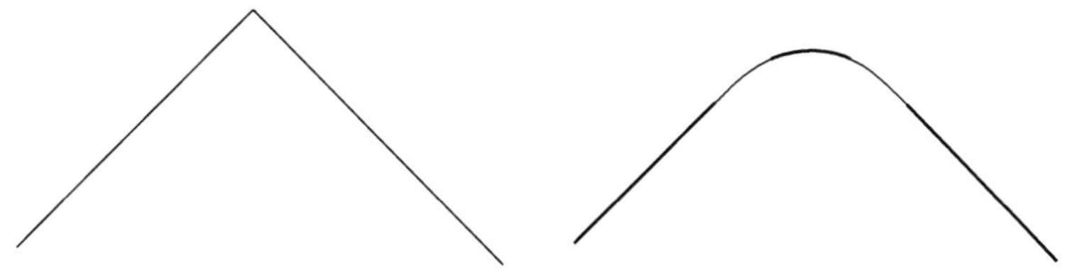

图12-4 平面布线示意

(2)路线编辑

执行"编辑路线"命令(Ei_EditAlignment)后,点击道路中线实体(双击道路中线实体也可达到同样效果),系统弹出"编辑道路中线"对话框,如图12-5所示。用户可输入道路基本信息,包括:道路名称、等级、起点桩号、设计车速,也可修改各类参数的标注精度、标注信息等参数。

双击平曲线或运行"编辑平曲线"命令(Ei_EditPCurve)后,弹出如图12-6所示的对话框。用户可通过输入平曲线参数进行平曲线编辑,程序会根据规范进行试算并反馈,也可通过拖动交点、切线、缓和曲线、圆曲线等平曲线要素实时修改。

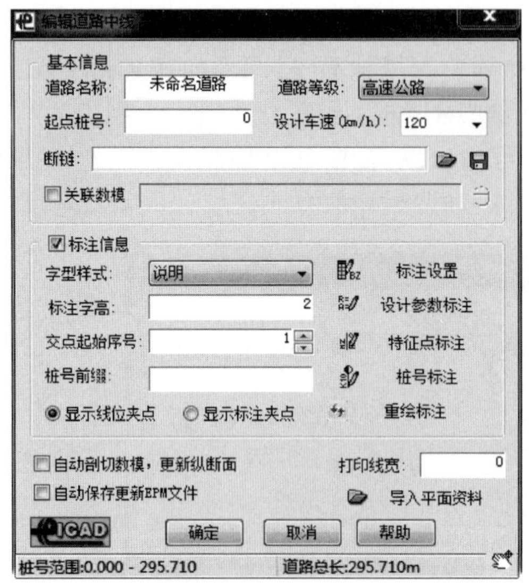

图 12-5 “编辑道路中线”对话框

图 12-6 “编辑三单元平曲线”对话框

执行“插入交点”命令(Ei_ InsertJD)后,用户只需根据提示点选道路中线实体上需要插入交点的位置即可实现交点插入,然后执行平曲线编辑命令修改平曲线参数即可。如图 12-7 所示。

执行“删除平曲线”命令(Ei_DelPCurve)并选择要删除的平曲线后,用户根据提示操作即可删除所选平曲线。删除后,程序提示:“是否拆分为两个路线实体?”,如果用户选择不拆分路线,程序将自动连接相邻平曲线,如图 12-8 所示,如果不能连接则弹出相关提示信息,删除失败。如果选择拆分路线,原来的路线实体将变为前后两个道路中线实体。

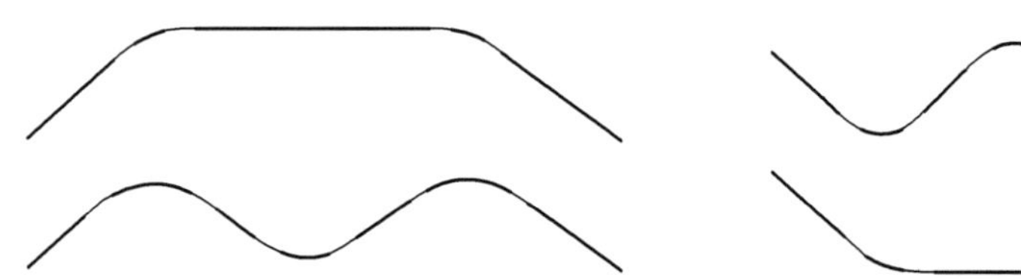

图 12-7 “插入交点”命令示例　　　图 12-8 “删除平曲线”命令示例

“删除或修改夹直线”命令(Ei_ModifyJLine)可将路线中一个平曲线单元的两端直线删除或修改为任意值。运行命令后,用户选取道路中线的平曲线,弹出对话框,如图 12-9 所示。在对话框中可以选择修改前方或后方夹直线长度,修改完成后单击【确认】即可。该命令多用于两平曲线间直线段最小长度的控制,以及删除两平曲线径向连接处的短直线并取整圆曲线半径。

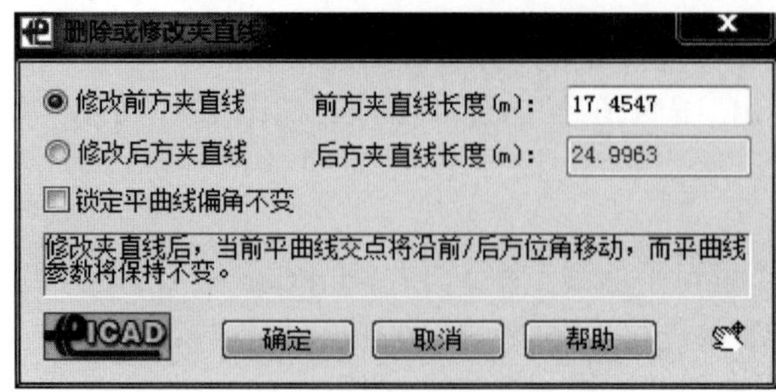

图 12-9 “删除或修改夹直线”对话框

2. 平面线形组合设计

EICAD 提供了灵活的平面线形组合设计方法，本节以卵形曲线和回头曲线为例，介绍五单元平曲线、七单元平曲线及五单元回头曲线的设计方法。

(1)五单元平曲线(单卵形曲线)

执行“五单元平曲线设计”命令(Ei_Unit5)，命令行中提示：“选取前方直线或道路中线实体[可选项：P 直接布线]：”，用户可选“P”直接绘制，也可点取前后相邻的直线实体，程序会自动生成五单元平曲线并弹出编辑窗口以供用户修改参数，如图 12-10 所示。用户也可拖动夹点直接修改。

图 12-10 “编辑五单元平曲线”对话框

(2)七单元平曲线

执行“七单元平曲线设计”命令(Ei_Unit7)，命令行提示：“选取前方直线或道路中线实体[可选项：P 直接布线]：”，用户可选“P”直接绘制，也可选取前后两个直线实体，程序自动生成默认的七单元平曲线并弹出编辑窗口。

(3)三单元回头曲线

执行“创建三单元回头曲线”命令(Ei_Back3)，命令行提示：“选取前方直线或道路中线实体：”。用户选取前后两个直线后，生成三单元回头曲线并弹出“编辑三单元回头曲线”窗口，如图 12-11 所示。图 12-12 为三单元回头曲线的绘制示意图。

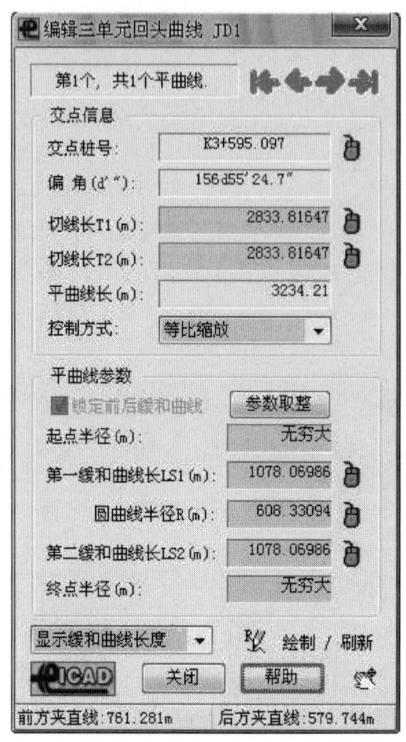

图 12-11 “编辑三单元回头曲线”对话框

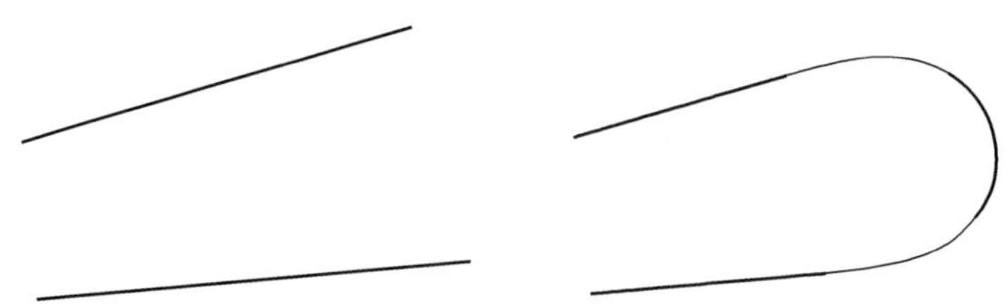

图 12-12 三单元回头曲线绘制

(4)五单元回头曲线

执行“创建五单元回头曲线”命令(Ei_Back5),命令行提示:“选取前方直线或道路中线实体:”。用户选取前后两个直线后,生成五单元回头曲线并弹出“编辑五单元回头曲线”窗口。

四、纵断面设计

1. 地面线插值

数模建立及平面设计完成后,执行“输出纵横地面线”命令(Ed_ZHdmxOut),用户只需设置剖切路段的起终点桩号及文件的保存路径,即可输出纵断面地面线文件(＊.DMX)和横断面地面线文件(＊.HDX)。

2. 创建拉坡工作图

执行“创建拉坡工作图”命令(Ei_Profile)后,用户需选择相关道路实体,弹出“创建纵断面拉坡图"对话框,如图 12-13 所示。用户可通过数模剖切或直接导入纵断面地面线文件进行地形设置。当平面线位发生变化,用户可点击【重新选择路中线】,重新生成拉坡图。

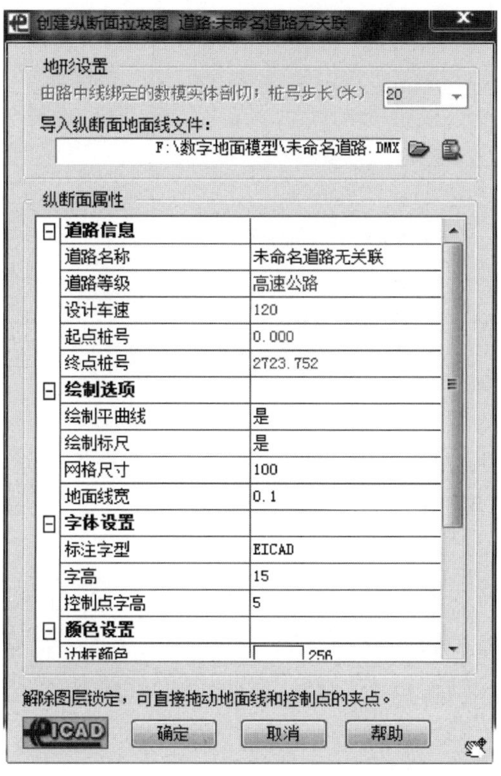

图 12-13 "创建纵断面拉坡图"对话框

3. 创建纵断面设计线

执行"创建竖曲线"命令(Ei_ProfileCurve)后,用户需选择已建成的拉坡工作图,弹出"创建纵断面设计线"窗口,如图 12-14 所示。用户可选择"不导入竖曲线文件"选项,直接从地面线起点至终点绘制一条无变坡点竖曲线;若用户选择"导入竖曲线文件"选项,则需选择已保存的竖曲线文件(*.SQX)以绘制竖曲线。同一拉坡图上允许绘制多条设计线,以便进行方案比选。

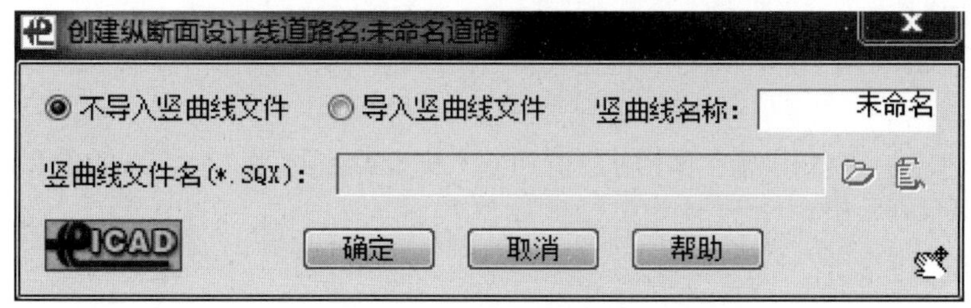

图 12-14 "创建纵断面设计线"对话框

执行"插入变坡点"命令(Ei_InsertBPD)后,用户需选中设计线上欲插入的坡段,然后点选新变坡点的位置并设置新竖曲线半径数值,如图 12-15 所示。在点取拖动变坡点和竖曲线的过程中,CAD 界面右侧会滑出特性提示框,实时显示变坡点及竖曲线信息。

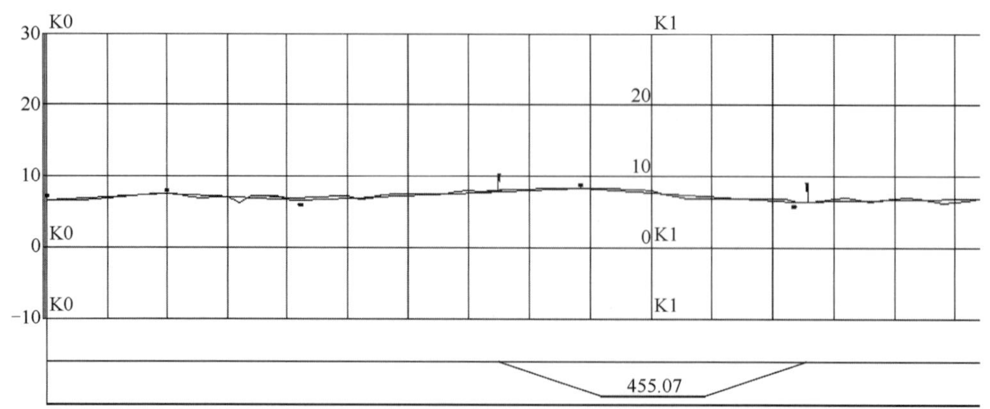

图 12-15 纵断面拉坡图

五、横断面设计

1. 横断面模板设计

(1)路基模板设计

执行"创建路基模板"命令(Ei_HWAssembly)后,用户需点选道路中线实体并选择模板基点坐标,弹出"创建公路路基模板向导"对话框,如图 12-16 所示。用户在选择了公路等级、设计车速、车道类型及加宽标准后,点击【确定】,弹出"创建路基模板"对话框,如图 12-17 所示。该对话框可供用户对模板做进一步修改。

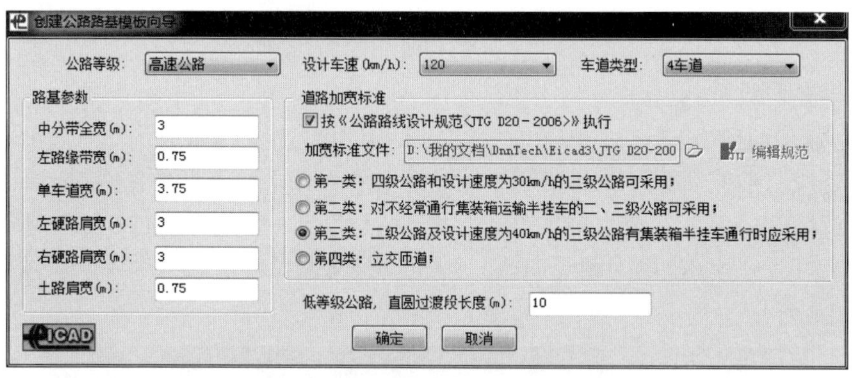

图 12-16 "创建公路路基模板向导"对话框

要编辑已创建的路基模板实体,用户可执行"编辑路基模板"命令(Ei_EditBase)并点取该模板,或直接双击对应模板实体,弹出"编辑路基模板"对话框,与图 12-17 类似。用户根据需要修改模板即可。

(2)边坡模板设计

执行"创建边坡模板"命令(Ei_SlopeAssembly),在用户选择模板基点坐标后,弹出"边坡模板向导"对话框,如图 12-18 所示。用户需填选表中各项参数。点击【确定】后弹出"新建边坡模板"对话框,可供用户做进一步修改,修改完成并点击【确定】后即可创建边坡模板。

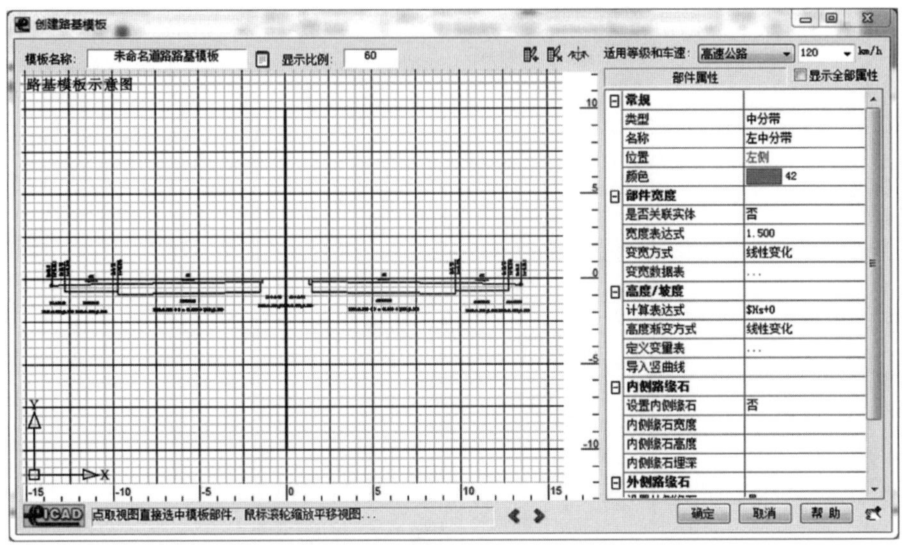

图 12-17 “创建路基模板”对话框

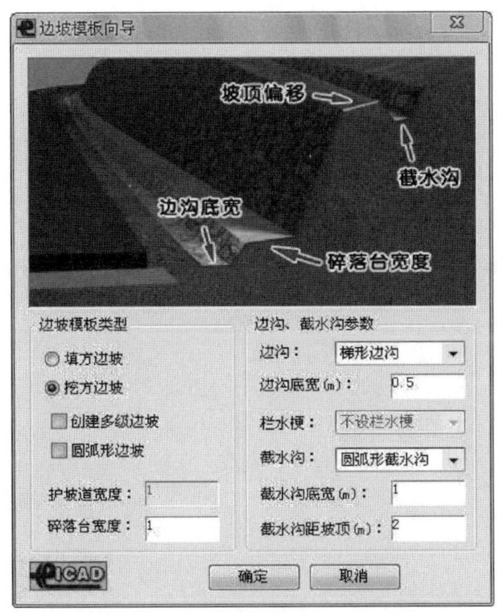

图 12-18 “边坡模板向导”对话框

执行“编辑边坡模板”命令(Ei_EditSlope)，并选择边坡模板实体后，用户可在弹出的“编辑边坡模板”对话框中编辑已有边坡模板实体。

2. 横断面戴帽设计

(1)创建道路模型

执行“创建路面模型”命令(Ei_RoadModel)并选择道路中线实体后，系统会弹出“创建道路模型”对话框，如图 12-19 所示。用户在设置了相关参数并单击【确定】按钮后，程序可自动绘制道路模型。

图 12-19 “创建道路模型”对话框

(2)横断面戴帽命令

执行“横断面戴帽”命令(Ei_ModelDesign)并选取道路模型实体后,系统弹出“横断面戴帽设计”对话框,如图 12-20 所示。用户需选择已创建好的路基模板实体及左右侧边坡模板实体,并设置起终点桩号,点击【确定】后系统自动完成横断面戴帽设计,如图 12-21 所示。

图 12-20 “横断面戴帽设计”对话框

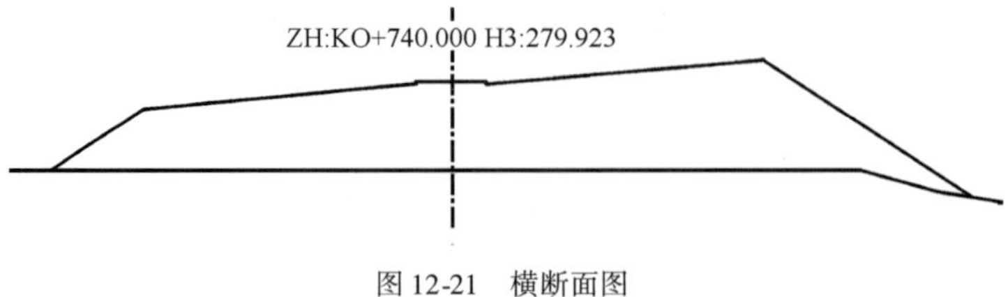

图 12-21 横断面图

六、立交设计

1. 匝道平面设计

(1)基本线形单元绘制

基本线形单元包括直线单元(Ei_Line)、圆曲线单元(EI_ARC)和缓和曲线单元(Ei_Clothoid)。用户在运行上述某项命令时,系统会提示用户选取前一单元实体(已绘制的直线、圆曲线或缓和曲线单元),点选后用户可在弹出的对话框中设置相关参数,系统通过计算自动绘制,以此实现积木法搭接,如图12-22所示。

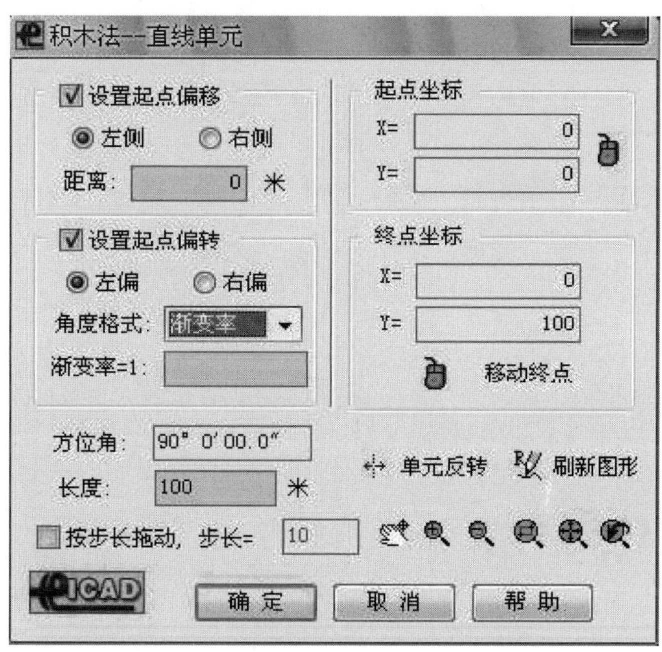

图12-22 “直线单元”对话框

(2)模式法绘图

模式法是由用户选择模式,系统借助缓和曲线自动连接已有图元(直线和圆)形成路线的方法。模式法分为基本模式法和扩展模式法。基本模式法用于在两个图元间设置缓和曲线,扩展模式法用于在三个图元间设置缓和曲线。模式法包括直圆模式(Ei_LC)、圆圆模式(Ei_CC)、直圆圆模式(Ei_LCC)(图12-23)、圆直圆模式(Ei_CLC)、直圆直模式(Ei_LCL)和圆圆圆模式(Ei_CCC)。用户需手动绘制出匝道中的直线或圆实体,然后执行与所绘实体对应的模式命令并点选这些实体,输入相关参数后点击【确定】即可完成连接。图12-24所示为“直圆圆”模式绘制立交环形匝道的方法。

2. 匝道纵断面设计

执行“创建匝道拉坡图”命令(Ei_RampProfile)后,用户需选择相应的匝道,弹出“创建拉坡图”对话框,如图12-25所示。用户对相关参数进行设置后,点击【确定】,即可生成相应的匝道拉坡图。

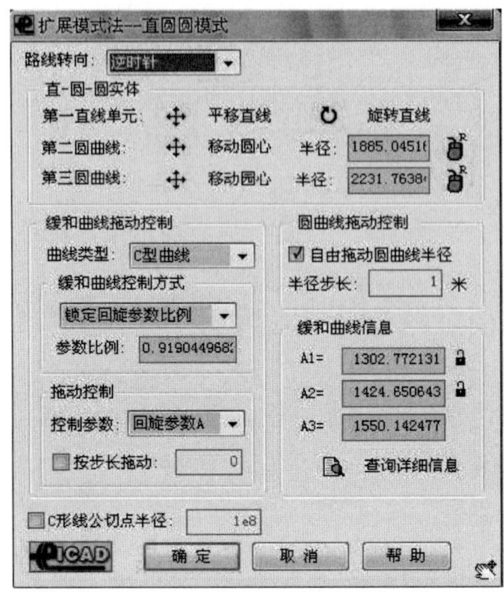

图 12-23 “直圆圆模式”对话框

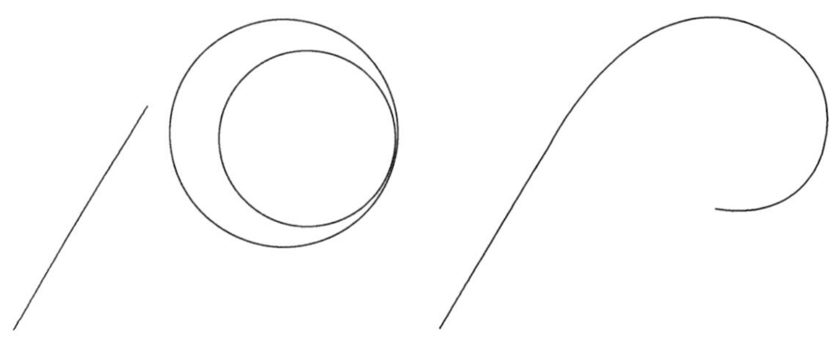

图 12-24 环形匝道绘制

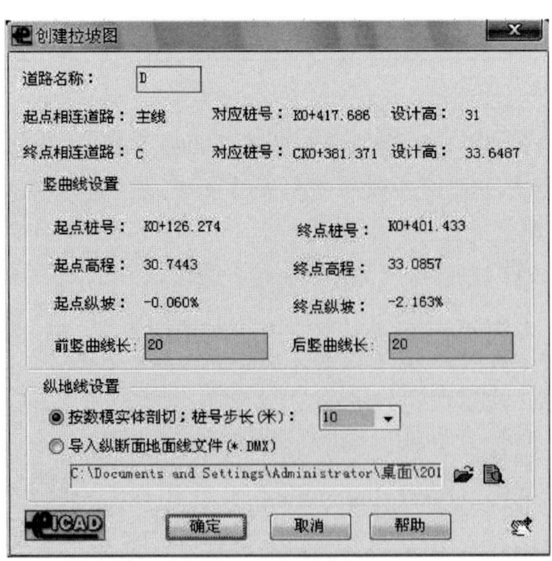

图 12-25 匝道“创建拉坡图”对话框

匝道拉坡具体操作可参考本节纵断面设计部分。

3. 匝道横断面设计

匝道横断面设计可参考本节横断面设计部分。

第二节　AutoCAD Civil 3D 软件介绍

AutoCAD Civil 3D 是由 Autodesk 公司面向基础设施行业研发的一款 BIM(建筑信息模型)设计软件。AutoCAD Civil 3D 作为 Autodesk 基础设施套件系列中的核心产品之一,其用户遍布全球,来自公路、规划、水利、市政等众多不同的基础设施子行业。该软件在不断的更新换代过程中,功能也趋于完善,目前其最新版本为 AutoCAD Civil 3D 2017。本节将着重介绍 AutoCAD Civil 3D 的使用方法。

一、软件主要特点

1. 良好的兼容性

AutoCAD Civil 3D 架构在 AutoCAD 之上,包含 AutoCAD 的所有功能。通过工作空间的切换,用户可以将 Civil 3D 切换为熟悉的 AutoCAD 界面,并可使用熟悉的命令行、快捷键、菜单和工具栏等进行工作。同时,所有可在 AutoCAD 中运行的二次开发程序同样可以在相同版本的 AutoCAD Civil 3D 中运行。

AutoCAD Civil 3D 与 Autodesk 公司其他的三维软件,如 Revit,NavisWorks,Autodesk Infrastructure Modeler,3ds Max Design 等都有良好的数据交互,不仅可以扩展用户的土木工程三维设计成果,还能够保证与项目相关专业之间的协同工作。

2. 三维动态设计

AutoCAD Civil 3D 最重要的特点在于三维动态设计。AutoCAD Civil 3D 的工作方式是基于三维模型的设计。在此基础上,通过智能对象之间的交互作用实现设计过程的自动化。

道路设计必须确保修改任意一项数据导致的变动能够在整个项目中正确传递,由此常产生大量重复的工作,而 AutoCAD Civil 3D 中的对象之间保持动态关联关系,使设计变更能够智能地传递,减少了用户的工作量。

3. 协同工作机制

AutoCAD Civil 3D 提供一系列协同工作选项。根据项目的大小和复杂程度,用户可以选择共享图形,在图形之间共享 Civil 对象或者使用基于数据库的项目协同管理工具。这三种在项目内共享数据的方式可分别通过外部参照、数据快捷方式和 Autodesk Vault 中的对象引用来实现。

4. 样式

AutoCAD Civil 3D 中的样式控制着图形对象的显示特性。其核心在于对象的数据与显示分离的思想。同一个对象,在数据不变的前提下可以通过不同的显示方式进行查看和分析。对于标签和表格,样式机制不仅可以控制其外观,还可以控制显示与对象相关的数据内容。

二、数字地面模型

数字地面模型是土木工程三维设计的基础,为众多设计工作提供了原始数据来源。在Auto Civil 3D中,数字地面模型所建立的三维地形被称之为曲面。

1. 创建曲面

(1)利用点文件创建曲面

点文件是指记录了点数据的外部文本文件。用户通过点文件创建曲面时,不需要向当前图形引入数据点,相对节省系统资源消耗。操作步骤如下:

在"工具空间"中的"浏览"选项卡上,展开曲面的"定义"集合,在"点文件"上单击鼠标右键,然后单击"添加",弹出"添加点文件"对话框中,如图12-26所示。用户可在此对话框中选定要导入的点文件,并单击"打开"将点文件添加到曲面,即可完成曲面创建。

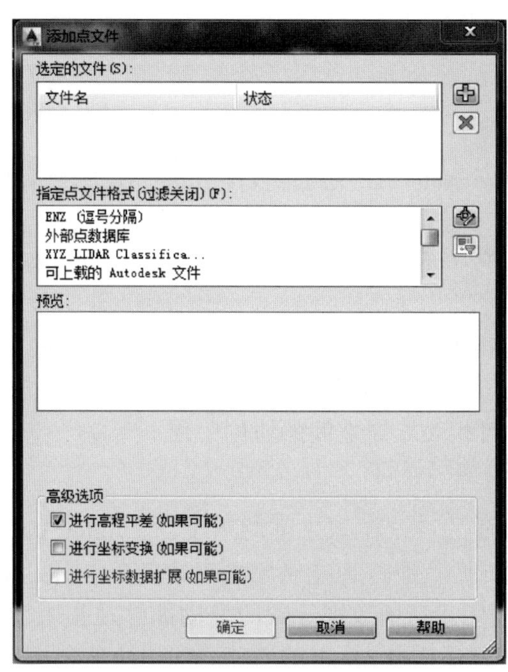

图12-26 "添加点文件"对话框

(2)添加等高线

多数情况下,原始的测量数据都是通过DWG文件提供给土木工程设计师的。使用前需进行预处理,以保证通过这些AutoCAD数据创建的曲面能够满足项目要求。

用户可先将需要用到的数据复制到空白图形中,然后使用"图形清理"命令清除掉图形中的重复项、短对象、零长度对象,执行融合伪节点和简化对象等操作,再使用PEDIT命令将图形中表示等高线的样条曲线转换为多段线,最后将处理后的DWG文件保存为新图形。

预处理结束后,用户可选中所有的首曲线,然后展开要添加等高线的曲面的"定义"集合,在"等高线"集合上单击右键,选择"添加",此时弹出对话框,如图12-27所示,单击【确定】即可完成首曲线添加。同样的方法亦可完成计曲线添加。

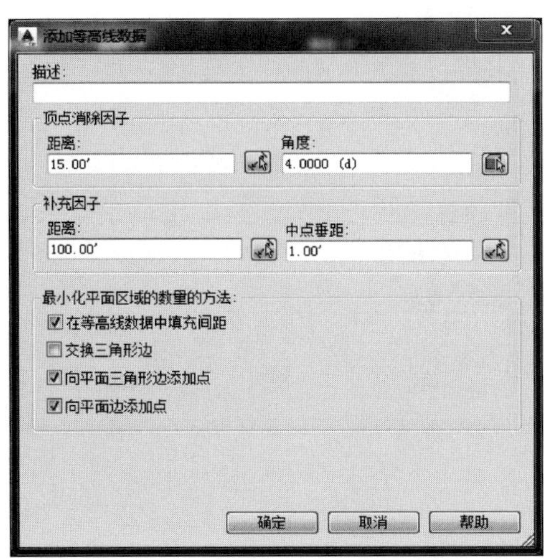

图 12-27 “添加等高线数据”对话框

(3)添加特征线

特征线是创建精确三角网曲面模型的关键,将强制沿特征线进行曲面三角剖分。使用特征线可以定义要素,例如护墙、路缘、山顶和河流。向曲面添加特征线的步骤如下:

首先在“工具空间”中的“浏览”选项卡上,展开曲面的“定义”集合,在“特征线”上单击鼠标右键,然后单击【添加】,弹出“添加特征线”对话框,如图 12-28 所示。

图 12-28 “添加特征线”对话框

用户可在“描述”字段中输入对特征线的描述内容,并从“类型”下拉框中选择一种特征线类型,然后点击【确定】并点选要添加的特征线即可。

(4)曲面边界

曲面的边界能够影响其中曲面三角形的可见性。添加曲面边界的操作与添加等高线和特征线的操作类似。在“工具空间”中的“浏览”选项卡上,展开曲面的“定义”集合,在“边界”上单击鼠标右键,然后单击【添加】,弹出“添加边界”对话框,如图 12-29所示。用户在设置相应的参数并点击【确定】后,点选要作为边界的图元即可为曲面添加边界。

图 12-29 “添加边界”对话框

2. 曲面修正

由于源数据中可能存在高程有误的地形点,因此用户在完成曲面创建后,需检查并修正曲面中的错误。用户可选择手动修改或删除错误高程点,也可指定过滤条件交由系统删除。具体操作步骤如下:

在工具空间的“浏览”选项卡上选定曲面,单击右键并选择“曲面特性”。在弹出的“曲面特性”对话框中,选择“定义”选项卡,如图 12-30 所示。用户可展开“生成”集合并输入排除条件。单击【确定】后,再单击【重新生成曲面】即可自动排除错误数据。

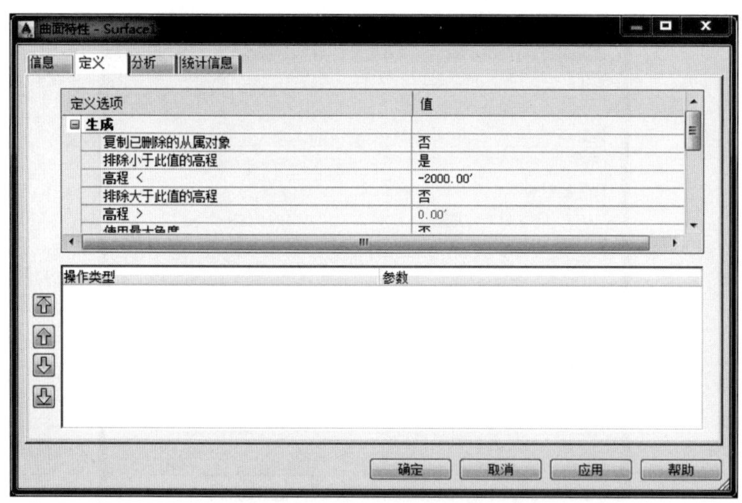

图 12-30 “曲面特性”对话框

3. 曲面编辑

Auto Civil 3D 的曲面对象是通过点进行三角剖分或组成栅格而生成的,所以只能编辑曲面点和三角形的边,而不能直接编辑曲面的等高线。常用的编辑命令包括:“添加点”、“删除点”和“交换三角形边”。“删除点”主要用于手动排除错误的高程数据,“添加点”和“交换三角形边”主要用于控制三角构网。

要执行曲面编辑,用户可在工具空间的“浏览”选项卡上展开相应的曲面集合,在“定义”下的“编辑”选项上单击鼠标右键,从上下文菜单中选择相应的命令即可。所有的编辑操作都有历史记录保存。用户可通过删除记录取消与之对应的编辑操作。

三、平面设计

1. 创建路线

(1) 导线法

在"常用"选项卡下,展开"路线"下拉菜单,点击【创建路线工具】,弹出"路线创建布局"对话框,如图 12-31所示,用户需设定路线的名称等参数。点击【确定】后打开"路线布局工具"工具条,如图 12-32 所示。选取"切线-切线"选项,在地形图中依次点选交点,如图 12-33 所示。然后用户可根据需要添加曲线元素并设定相关参数,如图 12-34 所示。

图 12-31 "创建路线"对话框

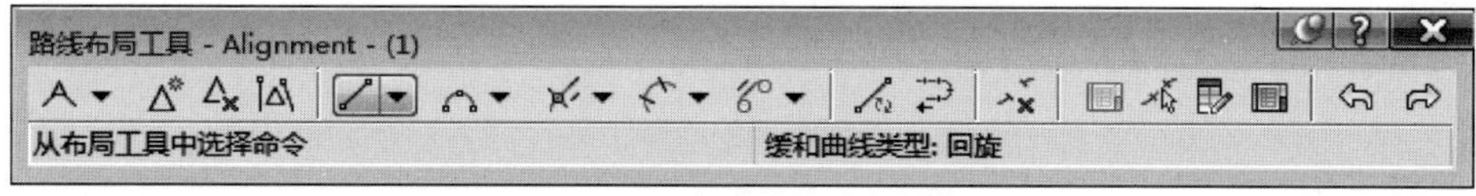

图 12-32 "路线布局工具"工具条

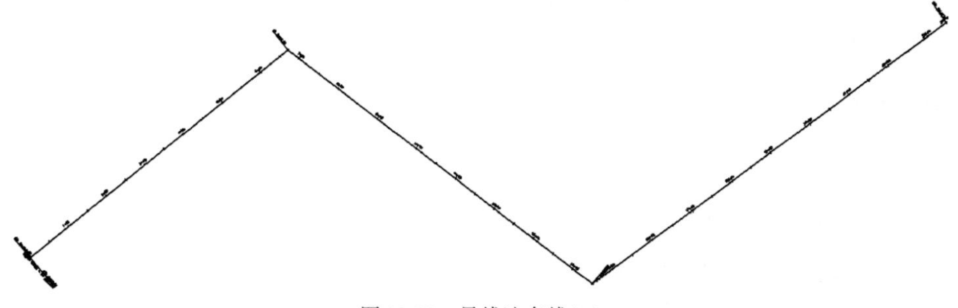

图 12-33 导线法布线(1)

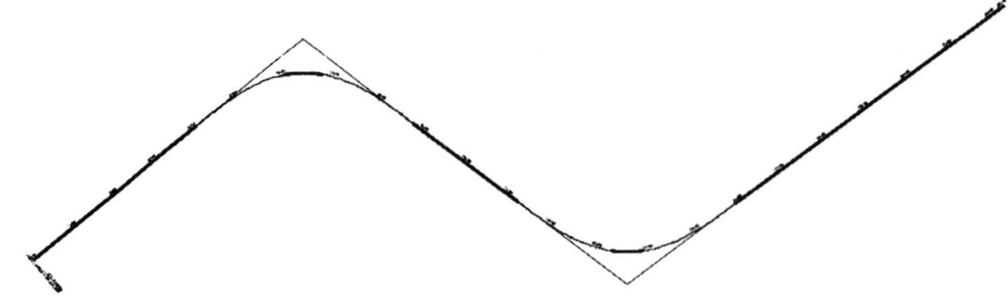

图 12-34　导线法布线(2)

(2)线元法

道路地形复杂时,线元法是工程中常见的进行路线设计的方法。在“路线布局工具”工具条中,提供了各式路线线元及其组合,用户根据需要点选拼装即可。

2. 编辑路线

(1)夹点编辑

Auto Civil 3D 的夹点编辑功能可在平面上对路线元素进行编辑。夹点编辑是一种动态的,可视化的编辑方式,帮助用户高效地调整路线元素。由于夹点编辑是所有道路设计软件较为通用的方法,这里不再赘述。

(2)路线属性编辑

路线属性编辑是另外一种常用的编辑路线的方法,在“路线布局工具”工具条上单击【栅格视图】来打开路线属性表,如图 12-35 所示。表中提供了路线元素的类型、相切约束、长度、半径及通过点等一些重要的特性,用户可在此进行精确编辑。

编号	类型	相切约束	参数约束锁定	参数约束	长度	方向	起点桩号	终点
1	直线	不受约束(...		两点	8002.20′	S75° 07′...	0+00.00′	80+
2	曲线	约束于前...		半径	108.47′		80+02.20′	81+
3	直线	不受约束(...		两点	12965.58′	N73° 48′...	81+10.68′	210+
4	曲线	约束于前...		半径	155.29′		210+76.25′	212+
5	直线	不受约束(...		两点	7742.37′	S61° 42′...	212+31.55′	289+
6	曲线	约束于前...		半径	290.84′		289+73.91′	292+
7	直线	不受约束(...		两点	5286.56′	N34° 58′...	292+64.75′	345+

图 12-35　路线属性表

(3)删除路线元素

“路线布局工具”工具条提供的“删除”功能,可帮助用户删除任意路线元素。和被删除元素有依赖关系的路线元素被自动地进行约束类型转变。

四、纵断面设计

1. 创建纵断面图

在“常用”选项卡下的“纵断面图和横断面图”面板中,展开“纵断面图”下拉式菜单,点击【创建纵断面图】,弹出“创建纵断面图”对话框,如图 12-36 所示。用户在向导中设置相关参数,完成后点击【创建纵断面图】即可。

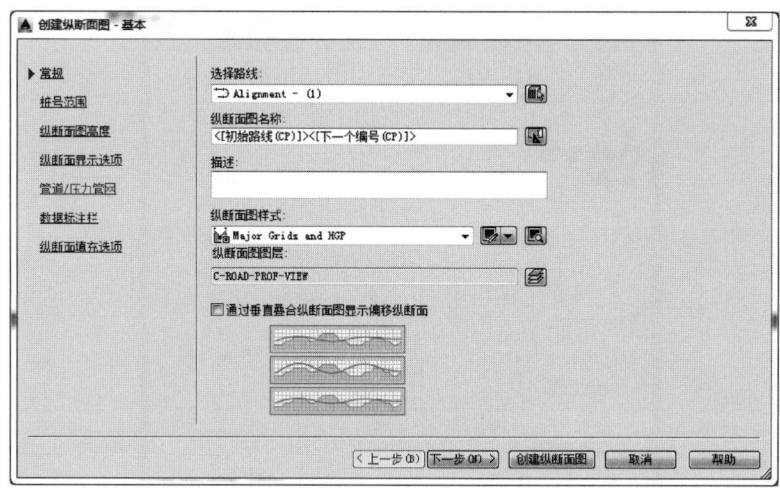

图 12-36 “创建纵断面图”对话框

2. 纵断面的创建与编辑

(1)纵断面的创建

Auto Civil 3D 常用的纵断面有曲面纵断面和设计纵断面。

曲面纵断面即纵断面地面线。在“常用”面板“纵断面”菜单下,选取“创建曲面纵断面”,弹出“从曲面创建纵断面”对话框,如图 12-37 所示。用户在对话框中选定要创建纵断面的路线及路线所在的曲面后,点击【确定】即可。

图 12-37 “从曲面创建纵断面”对话框

设计纵断面通过“纵断面布局工具”来创建。点击【常用】选项卡下“纵断面”菜单中的“纵断面创建工具”来启动创建纵断面命令。选择一个纵断面图,在弹出的“创建纵断面-新绘制”对话框中,如图 12-38 所示,设置相关参数及特性。

点击【确定】将弹出“纵断面布局工具”工具条,如图 12-39 所示。该工具条中提供了纵断面拉坡所需的全部功能,如直线单元、竖曲线单元等及各种编辑功能。用户可根据需要选用。

图 12-38 “创建纵断面-新绘制”对话框

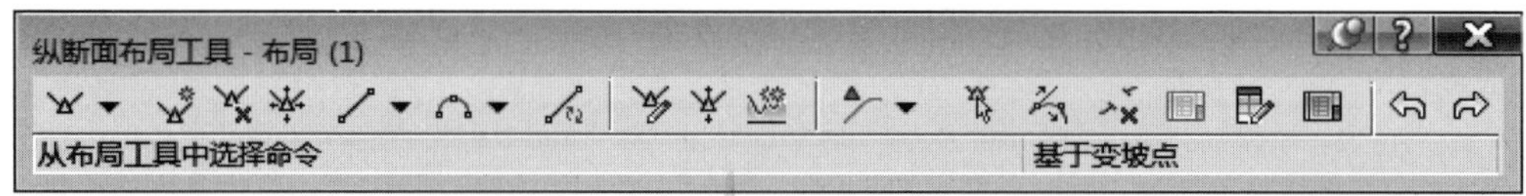

图 12-39 “纵断面布局工具”工具条

(2)纵断面的编辑

纵断面的编辑有三种方式:通过“纵断面图元全景”对话框、“纵断面布局参数”对话框和夹点编辑功能进行纵断面编辑。

“纵断面图元全景”对话框提供纵断面图元的类型、长度、切线的坡度、圆曲线的 K 值、控制点的高程和桩号信息。

“纵断面布局参数”对话框提供了和布景相似的修改方法,但“纵断面布局参数”对话框是关于单个纵断面图元的,所以更加易用。

另外的一种常用的编辑纵断面的方法是夹点编辑功能。

纵断面编辑的操作本身并不复杂,通过“纵断面布局工具”工具条即可实现,这里不再赘述。

五、横断面(装配)设计

1. 部件和装配

(1)部件的概念

Auto Civil 3D 道路建模的核心步骤在于使用部件建立道路标准横断面,即装配。部件指的是用于组成标准横断面的基本设计元素,例如车道、路肩和边坡等。

Auto Civil 3D 为用户提供了大量预置部件,例如行车道、路缘石、边坡和沟渠。同时允许用户借助部件编辑器,通过简单的图形化操作,设计任意的自定义部件对象。部件储存在“工具选项板”上,如图 12-40 所示,并按类别放置在不同的选项卡中。可根据横断面的组成选择适合的部件。

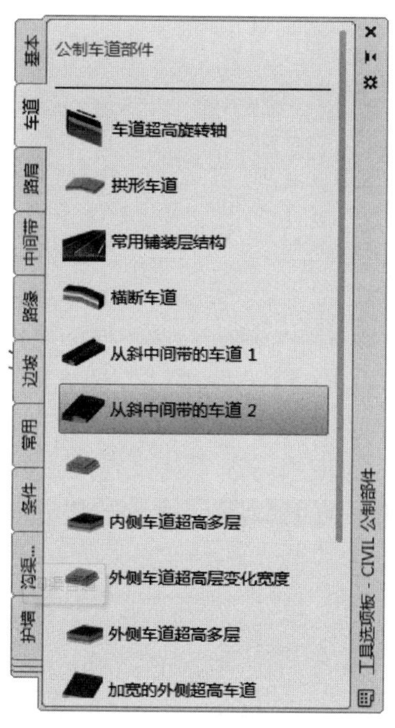

图 12-40 工具选项板

(2)装配的概念

装配可简单地理解为道路的标准横断面。它包含并管理一组用于形成三维道路模型的基本结构的部件。

一个装配对象包括插入点、基准线点、基准线、偏移点和偏移线等。插入点位于路线和设计纵断面上,也称为地面参照点。基准线点表示装配第一个部件的起点,默认与插入点重合,用户可根据需要偏移该点。基准线表示装配基准线点处的垂直轴。偏移点表示道路对象偏移路线上的地面参考点。偏移线表示偏移点处的垂直轴。

完成装配对象需向其添加多个部件对象。每个部件均可连接到装配基准线点、任意装配偏移点或另一个已与该装配关联的部件上。

2. 创建装配

(1)创建道路装配

在“创建设计”面板中的“装配”菜单里选择“创建装配”,打开“创建装配”对话框,如图 12-41所示。用户在设定完各项参数后点击【确定】,并在绘图窗口中点选部件基准线位置。创建基准线后,用户可在工具选项板中选择需要的部件并设置其各项参数,按照由基准线向两侧的顺序逐个拼装即可构成装配。图 12-42 所示为一个简单的装配示例。

图 12-41 “创建装配”对话框

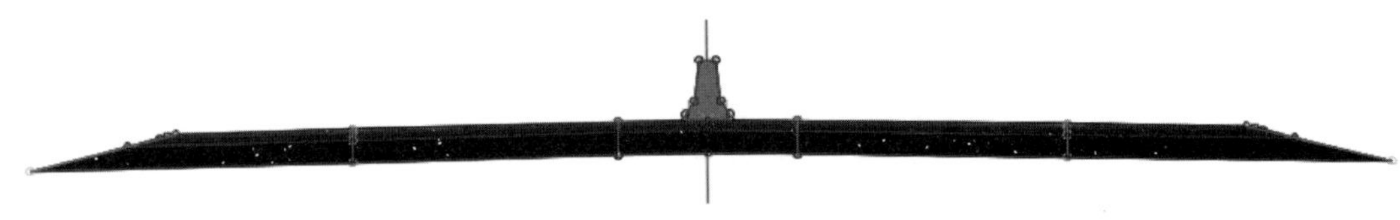

图 12-42 装配示例

(2)编辑道路装配

装配建立后,可对单个部件进行编辑。选择装配中某个需要编辑修改的部件,点击右键选中部件特性,出现“部件特性”对话框,如图 12-43 所示。用户根据需要修改各项参数即可。

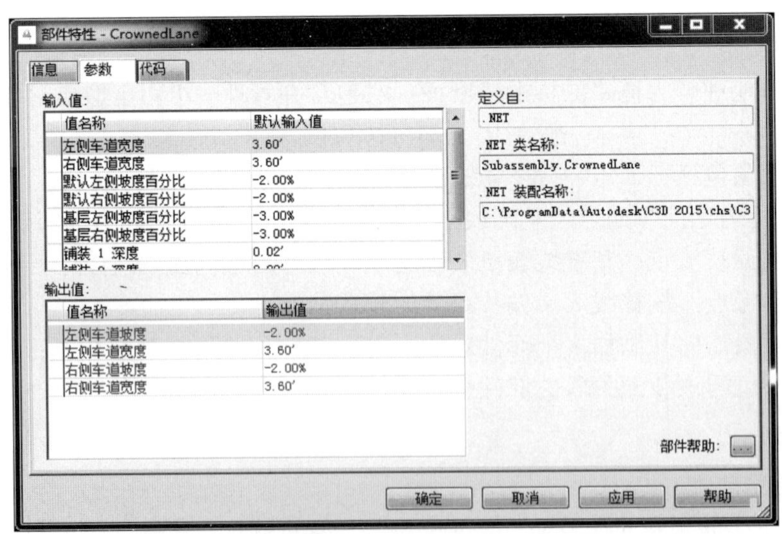

图 12-43 “部件特性”对话框

用户也可一次编辑整个装配。选择装配中的某一部件,右键选择装配特性,在“装配特性”对话框中设置相关内容即可,如图 12-44 所示。

图 12-44 “装配特性”对话框

六、道路模型

1. 道路建模

完成道路平、纵、横设计后，选择“常用”选项卡下“创建设计”面板中的“道路”命令。在“创建道路”对话框中指定道路名称、路线、纵断面和装配，点击【确定】完成道路创建。

2. 编辑道路模型

(1)道路区域

道路区域用来将装配与道路上的特定桩号范围相关联。因此，用户要将其他装配指定给道路的横断面，就需要创建区域。

选中道路后，单击【道路特性】，弹出“道路特性”对话框，如图 12-45 所示。单击【参数】选项卡，可通过添加、插入、拆分等命令修改区域划分情况，并根据需要设置区域名称及起终点桩号。

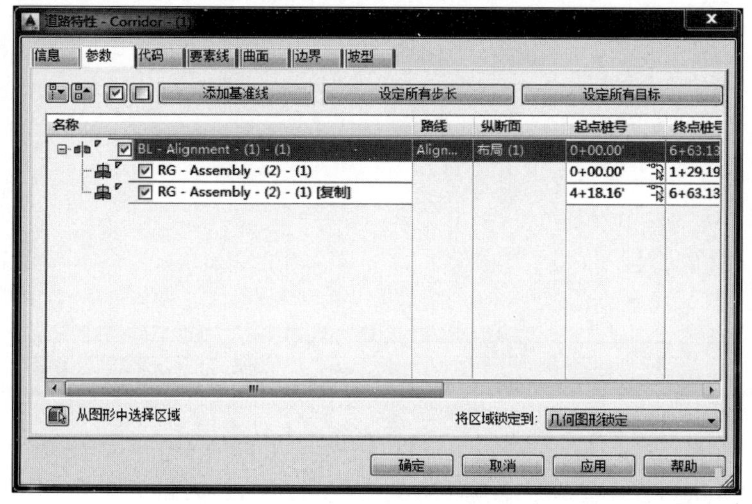

图 12-45 “道路特性”对话框“参数”选项卡

(2)更改道路装配

复杂道路模型需要多种装配相互组合,如立交端部。此时用户可根据需要先将道路划分为多个区域,然后在“道路特性”对话框“参数”选项卡中为每个道路区域设置不同的装配。装配的部分部件需要设置映射目标,如边坡需设置地形曲面为映射目标以确定其终点,用户可在“参数”选项卡下一并设定。如图 12-46 所示,两匝道相交时,匝道横断面发生变化,根据需要将每条道路划分为三个区域。

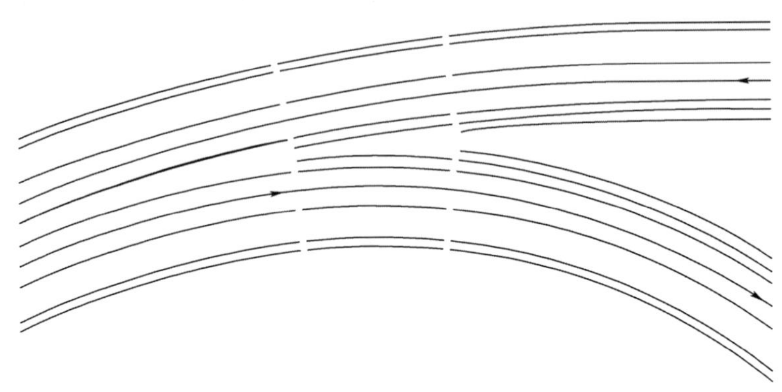

图 12-46　道路区域划分示意图

3. 道路曲面

Auto Civil 3D 在道路模型建成后并不自动生成道路模型曲面,用户可选中道路模型,单击鼠标右键选择“道路曲面”命令。弹出的“道路曲面”对话框,如图 12-47 所示。用户可在“曲面”选项卡上,点击左上角的“创建道路曲面”图标,再点击【确定】即可。曲面创建后,自动与道路模型关联,当道路模型信息有变化时,曲面随着道路模型的更新而自动更新。

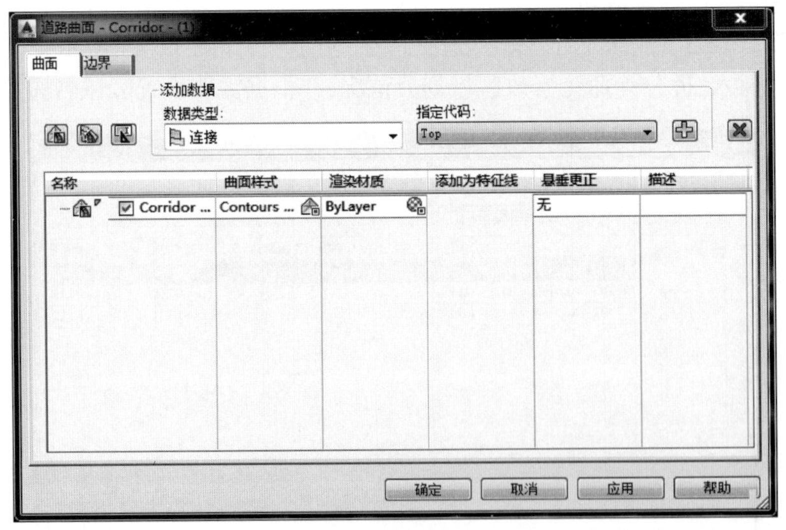

图 12-47　“道路曲面”对话框

“边界”选项卡中可设定道路曲面边界,其中较常用的是右键菜单中“作为外部边界的道路范围”一项,该项使得道路曲面以边坡坡脚线为曲面边界线。

七、平面交叉设计

交叉口建模时不需要手动创建装配，软件会根据我们选择的交叉口形式使用默认的装配集。在"常用"选项板的"创建设计"面板上，点击【交点】菜单中的"创建交点"。在命令栏提示下选择交点和主要路线后，弹出"创建相交道路"对话框，如图 12-48 所示。

图 12-48 "创建相交道路"对话框

在"常规"选项卡中，用户可以设置相交道路名称及道路交叉口类型。交叉口类型与默认装配集的选择直接相关，应根据具体的设计而定。

在"几何图形详情"选项卡中，用户可更改道路优先级，即变更主要道路与次要道路。"偏移参数"可控制主要道路和次要道路的道路宽度，用户可根据需要设定新的道路宽度或使用现有路线作为路边线进行偏移。"加铺转角参数"中，用户可设置交叉口的转角半径大小及进行相关的车道加宽设置。加宽设置包括加宽的过渡类型、过渡长度、加宽的偏移值和加宽局域段的长度等信息。"车道坡度参数"中，可进行道路横坡设置。

在"道路区域"选项卡中，用户可选择放坡曲面及装配集。

完成以上设置后，点击【创建相交道路】，交叉口建模完成。若交叉口模型与道路模型并未连接，用户只需拖动夹点使之连为一体即可。

第三节 CARD/1 软件介绍

CARD/1 软件由德国 IB&T 有限公司研发，是世界上最早的路线勘测设计一体化软件。自 1995 年诞生至今，CARD/1 已广泛应用于测绘、道路、铁路(磁悬浮列车)、管道的规划、设计和施工。目前，CARD/1 系统已发展到 8.4 版本，除德文版外，还被译成英文版、中文版、俄文版、法文版等八个语言版本。本节着重介绍 CARD/1 道路设计模块的主要功能。

一、软件主要特点

1. 高度集成

CARD/1 覆盖测绘、道路、铁路、管道设计及施工的全过程,不依赖于其他任何软件(除操作系统外)就可完成基础数据采集、设计、绘图的全过程,避免了不同软件之间数据转换的烦琐和出错的可能性,而且用户面对的服务供应商单一,技术服务容易得到保障。

2. 全面开放

CARD/1 可接受所有来源的数据:已有的平纵横设计资料、全站仪数据、航测数据、GPS 数据、既有图扫描数据、激光测量仪数据和其他软件数据,并提供有国内常用道路工程设计软件数据接口,使设计单位各专业间的协同工作更加方便快捷。

3. 设计与绘图分开

CARD/1 的工作过程是将设计与绘图分开,设计时只显示与设计相关的信息,设计完成后可通过控制文件产生所需的成果图,设计过程将永久保留。设计调整后,通过绘图控制文件可对绘图进行及时刷新,无须删除原来的图形。

4. 智能化与个性化

CARD/1 系统基于数字地面模型,融合了许多模拟、回归分析、自动设计等智能化功能,可使工程师的方案更优、更合理。

二、数字地面模型

1. 地形图数据的读入

首先用户需将地形图文件(DWG 格式)拷贝到当前项目文件夹中。点击【地形】菜单中的"数据接口",选择"DXF/DWG 数据导入"。出现如图 12-49 所示的对话框,点击边菜单中的"选取",在地形文件选择窗口中双击所需文件即可导入。

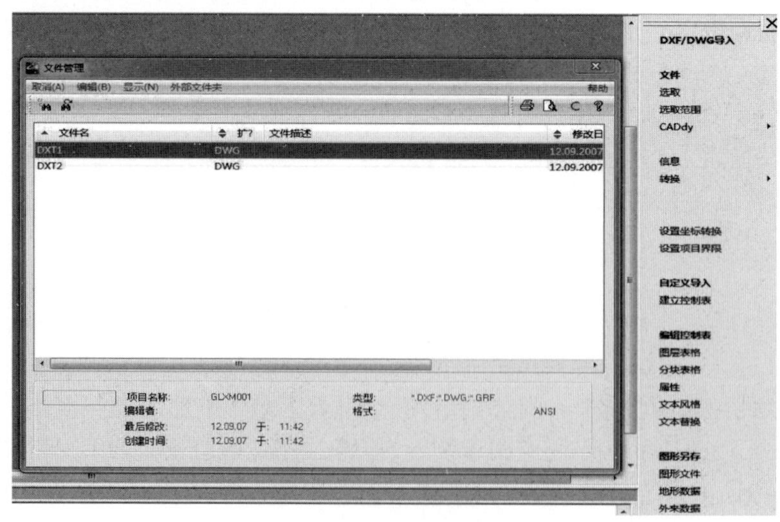

图 12-49 地形文件导入

为了地形数据导入后能与 DWG 文件图形具有相同的图层等信息，需要建立控制表，点击边菜单中的【建立控制表】选项，弹出如图 12-50 所示的对话框。用户根据需要勾选对应项后点击【确定】即可。通常只需勾选图层列表、块表格和文本表格。

图 12-50 “新建表格”对话框

接下来，用户需点击边菜单中的【图形另存・地形数据】来实现地形图的导入，弹出如图 12-51 所示的对话框。用户需手动设置所有参数。其中，“转换”选项卡下，“使用表格”一项应该选择“文件”，然后在“分类表格”中选择对应的表格文件，这些表格文件就是已建立的控制表，用以控制地形数据的转换过程。“文本”选项卡的设置与“转换”选项卡类似，不再赘述。参数设置完成后，点击【确定】。

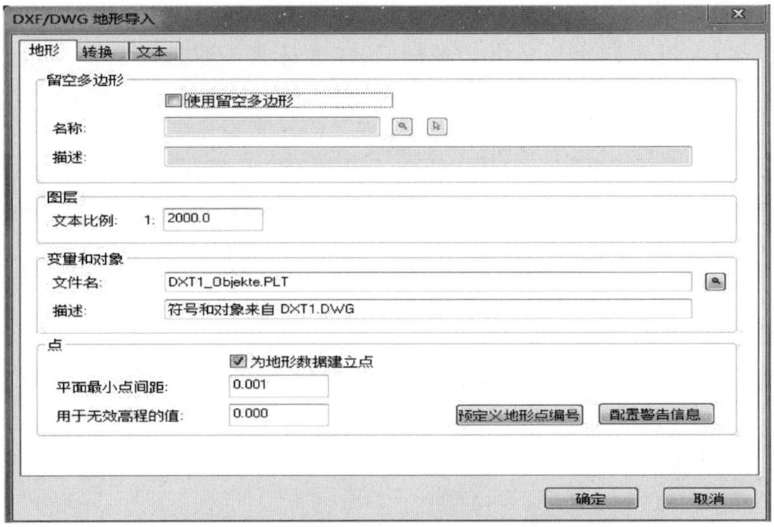

图 12-51 “DXF/DWG 地形导入”对话框

地形图导入后,会出现一个提示窗口,如图 12-52 所示。用户需依次点击【更新平面界限】、【更新高程界限】和【确定】按钮以完成全部的导入工作。

图 12-52 “扩展项目界限”对话框

2. 数模的建立

(1)新建数模

选择“地形”菜单中的“数模设计(更快速、更高精度)”,点击【创建数模】,弹出“新建数模”对话框,如图 12-53 所示。用户在设置相关参数后点击【确定】即可。

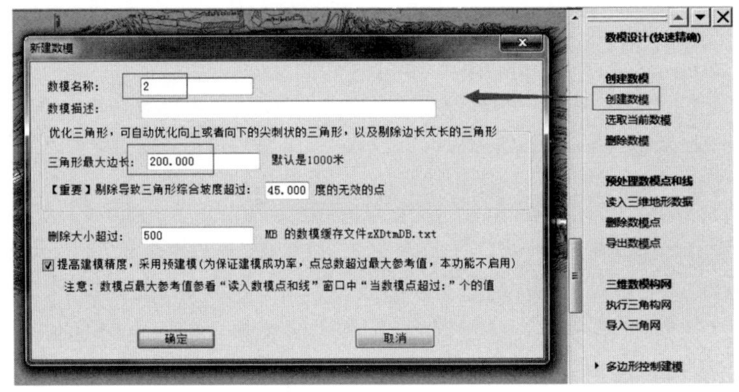

图 12-53 新建数模

(2)读入三维地形数据

建立好数模名称,设置好边长及排错参数后,需要读入三维地形数据。用户需点击边菜单中的【读入三维地形数据】,并将高程线图层设置为约束线,高程点图层设置为地形点。最后点击【确定】完成数据读取。如图 12-54 所示。

图 12-54 读入三维地形数据

(3)三角构网

完成上述操作后,用户需点击边菜单中的【执行三角构网】,系统会自动进行构网,建模完成。

三、平面设计

1.新建设计轴线

点击【道路】菜单,选择"平面设计"中的"轴线设计",点击【新建】,弹出"轴线属性"对话框,如图12-55所示。用户需设定轴线属性并点击【下一步】,在弹出对话框中点击【确定】即可。

图12-55 "轴线属性"对话框

2.编辑设计轴线

(1)2点法设计单元

单击边菜单【编辑单元】,进入"轴线单元"边菜单,单击【单元新建】,进入"新建单元"边菜单,单击【2点】。用户需通过鼠标在地形图上点选单元的起终点并输入半径值,敲击回车后进入"缓和曲线"边菜单,输入相关参数(图12-56)。完成后软件自动进入"单元连接"边菜单,用户根据需要选择连接形式即可。

图12-56 缓和曲线参数输入框

(2)设置S形曲线

单击边菜单【单元新建】,利用2点法新建一个单元,进入"单元连接"边菜单,单击【单元旋转与单元连接】,设计单元与前面的单元连接构成S形曲线即可,如图12-57所示。

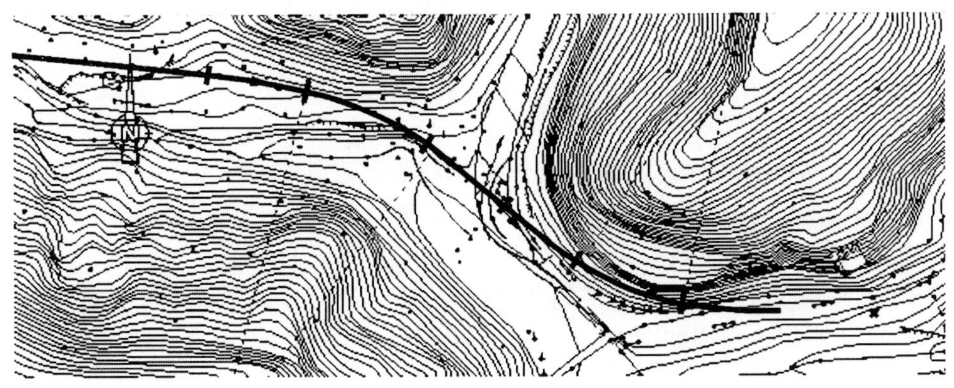

图12-57 S形曲线

（3）设置卵形曲线

用户可先利用2点法新建一个单元，在【单元连接】，边菜单中单击“不修改”，将单元固定。在“轴线单元”边菜单中单击【单元元定位】，选择小圆曲线单元（当前单元的前一个单元），选中以后单元变为青色，自动进入“单元连接”边菜单。单击边菜单中的【确定回旋线】，根据提示栏信息单击选中单元（变为青色的单元）的右侧单元点（圆曲线终点），软件自动连接两单元构成卵形曲线（12-58）。

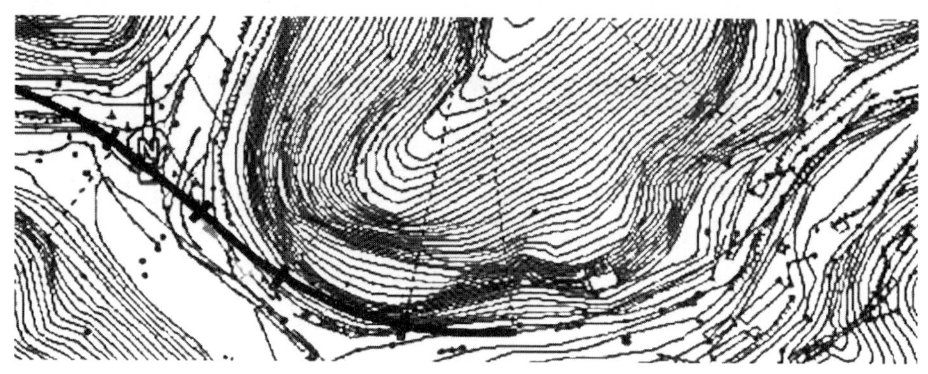

图12-58　卵形曲线

（4）3单元法连接多单元组

3单元连接是将三个及其以上单元连接组成设计轴线。利用2点法设计两个固定单元和一活动单元，选择“3单元”，根据提示选择第一边单元和第二边单元，各单元一次性接线完成。

（5）最小二乘拟合法设计单元

在“新建单元”边菜单中单击【最小二乘拟合】，弹出“拟合”边菜单，单击【拟合直线】，弹出“单元”边菜单，单击【线点】，在地形图中选择若干线点，软件按照最小二乘法原理拟合出线单元。

四、纵断面设计

1. 变坡点设计

（1）新建变坡点

单击主菜单“道路”选项卡“纵断面设计”菜单中的【纵断面设计】，进入“纵断面设计线”边菜单。在“纵断面设计线”边菜单中单击【编辑变坡点】，进入“变坡点”边菜单，单击【新建】，进入“桩号通过”边菜单。

当用户点击【纵断面地面点】并点选纵断面地面线起点处时，地面线起点将被捕捉并出现垂直于路线的黄实线。用户需输入相对桩号值，通常取0，并再次单击鼠标确定变坡点的高程，变坡点被确定。

确定第二个变坡点桩号后，光标被固定于垂直方向，屏幕上动态显示变化的坡度、变坡点高程，在软件的工具栏上出现如图12-59所示的工具条。其中“H”表示变坡点高程，“D”表示相对左邻变坡点高差，“N”为前坡坡度。用户可根据需要选择控制方式并输入参数，系统据此计算新的变坡点位置。

图 12-59 纵坡设置栏

(2)修改变坡点

利用“变坡点移动”下的选项对变坡点调整,尽量使变坡点设计在整桩号上,填挖基本保持平衡。移动方式包括水平移动、垂直移动、自由移动、沿切线水平移动和沿切线垂直移动。用户根据需要选用即可。

2. 竖曲线设计

进入“变坡点”边菜单,用户根据需要选择软件提供的方法进行竖曲线设计。完成竖曲线的设置后,退出纵断面设计的边菜单,设计线自动保存,并在项目文件夹中生成相应的纵断面设计线文件。如图 12-60 所示为纵断面设计成果图。

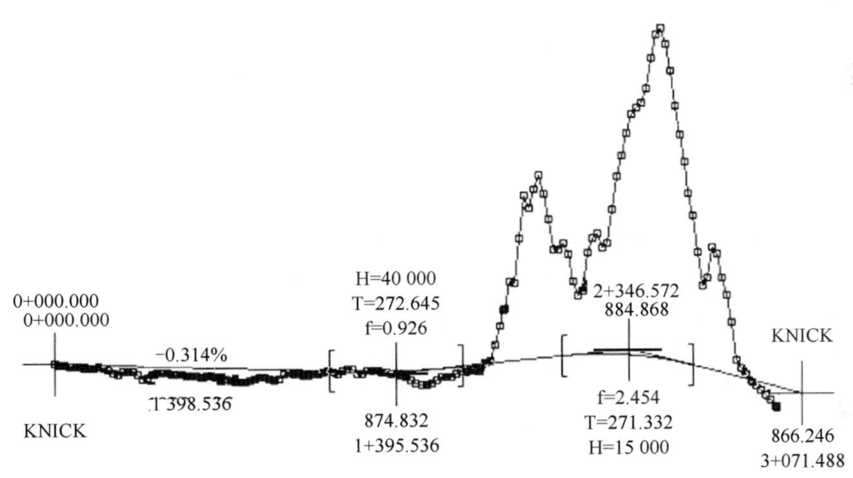

图 12-60 纵断面设计成果

五、横断面设计

1. 数模内插横断面地面线

选择“道路”→“横断设计”,点击【由数模采集横地面线】弹出相应对话框,如图 12-61 所示。填写相应参数(注意:横断面地面线号必须为 55 号,因为后面的横断面开发程序都默认横断面 55 号为地面线),点击【确定】即可。

2. 横断面设计

(1)项目参数配置

打开“项目”,点击【项目资料管理】弹出项目参数菜单,如图 12-62 所示。横断面设计的所有参数均可在此设计,包括道路等级、项目类型以及所有有关标准横断面的参数信息。用户根据系统提示设置即可。

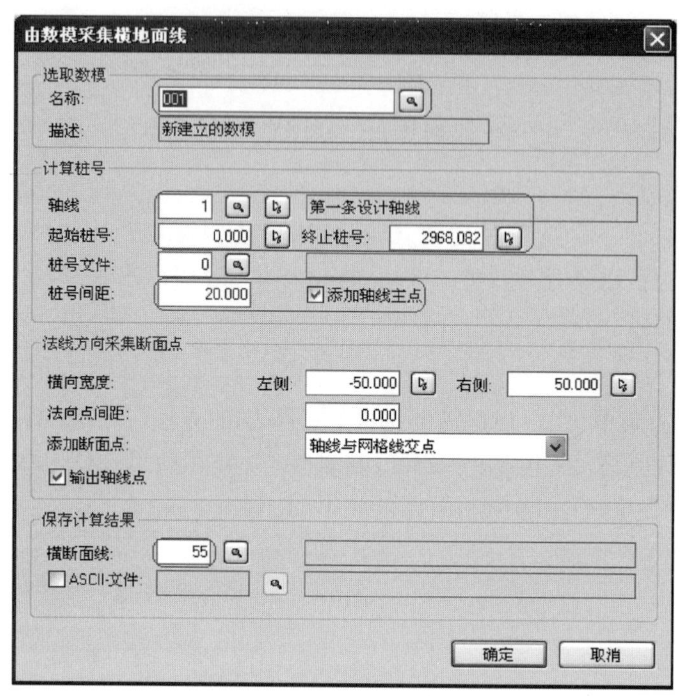

图 12-61　由数模采集横断面地面线

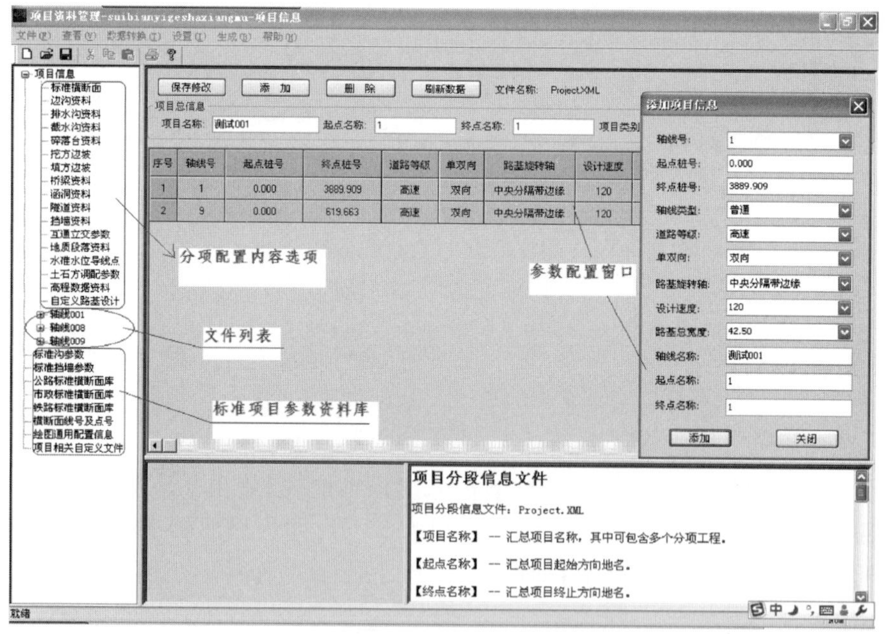

图 12-62　“项目资料管理”对话框

（2）执行戴帽文件

参数设置完成后，选择“项目”，点击“执行 CardScript”菜单中的“核心项目”，弹出一系列的可执行文件，如图 12-63 所示。

图 12-63 可执行的 Cardscript 文件

选择 CSX00001 号横断面戴帽主程序,选择轴线号,弹出“横断面戴帽主程序”对话框,如图 12-64 所示。设置相关参数。建议用户输入的终点桩号大于实际终点桩号,以保证全段戴帽,也可部分戴帽。用户也可根据需要设置水沟、挡土墙、隧道等参数以满足设计需求。然后点击【确定】完成戴帽设计。

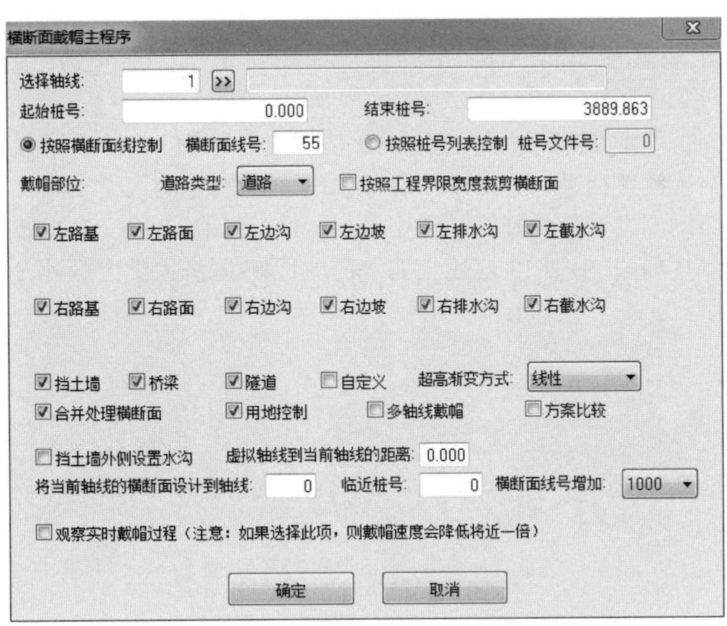

图 12-64 “横断面戴帽主程序”对话框

参 考 文 献

[1] 许金良,张雨化. 公路 CAD 技术[M]. 北京:人民交通出版社,1998.
[2] 杨宏志,于娇,许金良. 道路工程 CAD[M]. 北京:人民交通出版社,2009.
[3] 郑益民. 公路工程 CAD[M]. 北京: 清华大学出版社, 2010.
[4] 潘兵宏,张驰. 公路路线计算机辅助设计与实例[M]. 北京:人民交通出版社,2007.
[5] 沈艳东. 公路计算机辅助技术[M]. 北京: 北京理工大学出版社, 2010.
[6] 刘林, 张瑞秋. 计算机辅助设计[M]. 广州: 华南理工大学出版社, 2015.
[7] 曹雪梅, 汪谷香. 道路工程制图[M]. 北京: 人民交通出版社, 2013.
[8] 许金良. 道路勘测设计[M]. 4 版. 北京:人民交通出版社股份有限公司,2016.
[9] 许娅娅, 雒应,沈照庆. 测量学[M]. 4 版. 北京: 人民交通出版社股份有限公司, 2014.
[10] 易思蓉,朱颖,许右顶. 铁路线路 BIM 与数字化选线技术[M]. 北京: 中国铁道出版社, 2014.
[11] 经天交通工程技术研究所. 纬地道路辅助设计系统帮助(7.0)[Z]. 2016.
[12] 王中伟. 道路计算机辅助技术[M]. 长沙: 中南大学出版社, 2015.
[13] 张部生. 公路测设技术[M]. 北京: 中国水利水电出版社, 2011.
[14] 吕希奎,王明生. 铁路选线与计算机辅助设计实例教程[M]. 北京: 中国铁道出版社, 2014.
[15] 张立明,徐品,闫志刚. AutoCAD 2016 道桥制图[M]. 北京:人民交通出版社股份有限公司, 2016.
[16] 董满生, 金灿, 孙光灵,等. 道路工程 CAD 基础与实例[M]. 北京:国防工业出版社,2015.
[17] 刘洪波. 互通式立体交叉计算机辅助设计[M]. 南京:东南大学出版社, 2009.
[18] 朱照宏. 道路勘测设计软件开发与应用指南[M]. 北京:人民交通出版社, 2003.
[19] 任耀. AutoCAD Civil 3D 2013 应用宝典[M]. 上海:同济大学出版社,2013.

人民交通出版社股份有限公司 公路教育出版中心
土木工程/道路桥梁与渡河工程类本科及以上教材

一、专业基础课

1. 材料力学(郭应征) …… 25 元
2. 理论力学(周志红) …… 29 元
3. 工程力学(郭应征) …… 25 元
4. 结构力学(肖永刚) …… 32 元
5. 材料力学(上册)(李银山) …… 49 元
6. 材料力学(下册)(李银山) …… 45 元
7. 材料力学(石晶) …… 42 元
8. 材料力学(少学时)(张新占) …… 36 元
9. 弹性力学(孔德森) …… 20 元
10. 水力学(第二版)(王亚玲) …… 25 元
11. 结构动力学讲义(曾庆元) …… 35 元
12. 土质学与土力学(第五版)(袁聚云) …… 35 元
13. 土木工程制图(第三版)(林国华) …… 39 元
14. 土木工程制图习题集(第三版)(林国华) …… 25 元
15. 土木工程制图(第二版)(丁建梅) …… 39 元
16. 土木工程制图习题集(第二版)(丁建梅) …… 22 元
17. ◆土木工程计算机绘图基础(第二版)(袁　果) …… 45 元
18. ▲道路工程制图(第四版)(谢步瀛) …… 36 元
19. ▲道路工程制图习题集(第五版)(袁　果) …… 28 元
20. 交通土建工程制图(第二版)(和丕壮) …… 39 元
21. 交通土建工程制图习题集(第二版)(和丕壮) …… 22 元
22. 工程制图(龚　伟) …… 38 元
23. 工程制图习题集(龚　伟) …… 15 元
24. 现代土木工程(付宏渊) …… 36 元
25. 土木工程概论(项海帆) …… 32 元
26. 道路概论(第二版)(孙家驷) …… 20 元
27. 桥梁工程概论(第三版)(罗　娜) …… 32 元
28. 道路与桥梁工程概论(第二版)(黄晓明) …… 40 元
29. 道路与桥梁工程概论(第二版)(苏志忠) …… 49 元
30. 公路工程地质(第四版)(窦明健) …… 30 元
31. 工程测量(胡伍生) …… 25 元
32. 交通土木工程测量(第四版)(张坤宜) …… 48 元
33. ◆测量学(第四版)(许娅娅) …… 45 元
34. 测量学(姬玉华) …… 34 元
35. 测量学实验及应用(孙国芳) …… 19 元
36. ◆道路工程材料(第五版)(李立寒) …… 45 元
37. ◆道路工程材料(第二版)(申爱琴) …… 48 元
38. ◆基础工程(第四版)(王晓谋) …… 37 元
39. 基础工程(丁剑霆) …… 40 元
40. ◆基础工程设计原理(第二版)(袁聚云) …… 36 元
41. 桥梁墩台与基础工程(第二版)(盛洪飞) …… 49 元
42. ▲结构设计原理(第三版)(叶见曙) …… 59 元
43. ◆Principle of Structural Design(结构设计原理)(第二版)(张建仁) …… 60 元
44. 混凝土结构设计原理(薛兴伟) …… 45 元
45. ◆预应力混凝土结构设计原理(第二版)(李国平) …… 30 元
46. 专业英语(第三版)(李　嘉) …… 39 元
47. 土木工程材料(孙　凌) …… 48 元
48. 岩体力学(晏长根) …… 38 元
49. 道路与桥梁设计概念(程国柱) …… 42 元

二、专业核心课

1. ◆路基路面工程(第五版)(黄晓明) …… 65 元
2. 路基路面工程(何兆益) …… 45 元
3. ◆▲路基工程(第二版)(凌建明) …… 25 元
4. ◆道路勘测设计(第四版)(许金良) …… 49 元
5. ◆道路勘测设计(第三版)(孙家驷) …… 52 元
6. 道路勘测设计(裴玉龙) …… 38 元
7. ◆公路施工组织及概预算(第三版)(王首绪) …… 32 元
8. 公路施工组织与概预算(靳卫东) …… 45 元
9. 公路施工组织与管理(赖少武) …… 35 元
10. 公路工程施工组织学(第二版)(姚玉玲) …… 38 元
11. ◆桥梁工程(第二版)(姚玲森) …… 62 元
12. 桥梁工程(土木、交通工程)(第四版)(邵旭东) …… 65 元
13. ◆桥梁工程(上册)(第三版)(范立础) …… 54 元
14. ◆桥梁工程(下册)(第三版)(顾安邦) …… 49 元
15. 桥梁工程(第三版)(陈宝春) …… 49 元
16. ◆桥涵水文(第五版)(高冬光) …… 35 元
17. 水力学与桥涵水文(第二版)(叶镇国) …… 46 元
18. ◆公路小桥涵勘测设计(第五版)(孙家驷) …… 35 元
19. ◆现代钢桥(上)(吴　冲) …… 34 元
20. ◆钢桥(第二版)(徐君兰) …… 45 元
21. 钢桥(吉伯海) …… 53 元
22. ▲桥梁施工及组织管理(上)(第三版)(魏红一) …… 45 元
23. ▲桥梁施工及组织管理(下)(第二版)(邬晓光) …… 39 元
24. ◆隧道工程(第二版)(上)(王毅才) …… 65 元
25. 公路工程施工技术(第二版)(盛可鉴) …… 38 元
26. 桥梁施工(第二版)(徐　伟) …… 49 元
27. ▲隧道工程(杨林德) …… 55 元
28. 道路与桥梁设计概论(程国柱) …… 42 元
29. ◆桥梁工程控制(向中富) …… 38 元
30. 桥梁结构电算(周水兴) …… 35 元
31. 桥梁结构电算(第二版)(石志源) …… 35 元
32. 土木工程施工(王丽荣) …… 58 元
33. 桥梁墩台与基础工程(盛洪飞) …… 49 元

三、专业选修课

1. 土木规划学(石　京) …… 38 元
2. 道路规划与设计(符锌砂) …… 46 元
3. ◆道路工程(第二版)(严作人) …… 46 元
4. 道路工程(第三版)(凌天清) …… 42 元
5. ◆高速公路(第三版)(方守恩) …… 34 元

注:◆教育部普通高等教育“十一五”、“十二五”国家级规划教材
　▲建设部土建学科专业”十一五“规划教材

6. 高速公路设计(赵一飞) …………………… 38 元
7. 城市道路设计(第二版)(吴瑞麟) ………… 26 元
8. 公路施工技术与管理(第二版)(廖正环) …… 40 元
9. ◆公路养护与管理(第二版)(侯相琛) ……… 45 元
10. 路基支挡工程(陈忠达) …………………… 42 元
11. 路面养护管理与维修技术(刘朝晖) ……… 42 元
12. 路面养护管理系统(武建民) ……………… 30 元
13. 道路与桥梁工程计算机绘图(许金良) ……… 31 元
14. 公路计算机辅助设计(符锌砂) …………… 30 元
15. 交通计算机辅助工程(任 刚) …………… 25 元
16. 测绘工程基础(李芹芳) …………………… 36 元
17. GPS 测量原理及其应用(胡伍生) ………… 28 元
18. 现代道路交通检测原理及应用(孙朝云) …… 38 元
19. 公路测设新技术(维 应) ………………… 36 元
20. 道路与桥梁检测技术(第二版)(胡昌斌) …… 40 元
21. 特殊地区基础工程(冯忠居) ……………… 29 元
22. 软土环境工程地质学(唐益群) …………… 35 元
23. 地质灾害及其防治(简文彬) ……………… 28 元
24. ◆环境经济学(第二版)(董小林) ………… 40 元
25. 桥位勘测设计(高冬光) …………………… 20 元
26. 桥梁钢—混凝土组合结构设计原理
(黄 侨) …………………………………… 26 元
27. ◆桥梁建筑美学(第二版)(盛洪飞) ……… 30 元
28. 桥梁检测与加固(王国鼎) ………………… 27 元
29. 桥梁抗震(第三版)(叶爱君) …………… 26 元
30. 钢管混凝土(胡曙光) …………………… 38 元
31. 大跨度桥梁结构计算理论(李传习) ……… 18 元
32. ◆浮桥工程(王建平) …………………… 36 元
33. 隧道结构力学计算(第二版)(夏永旭) …… 34 元
34. 公路隧道运营管理(吕康成) ……………… 22 元
35. 隧道与地下工程灾害防护(张庆贺) ……… 45 元
36. 公路隧道机电工程(赵忠杰) ……………… 40 元
37. 地下空间利用概论(叶 飞) ……………… 30 元
38. 建设工程监理概论(张 爽) ……………… 35 元
39. 建筑设备工程(刘丽娜) …………………… 39 元
40. 机场规划与设计(谈至明) ………………… 35 元
41. 公路工程定额原理与估价(第二版)
(石勇民) ……………………………… 39.5 元
42. Theory and Method for Finite Element Analysis of Bridge Structures(刘 扬) ……………… 28 元
43. 公路机械化养护技术(丛卓红) …………… 30 元
44. 舟艇原理与强度(程建生) ………………… 34 元

四、实践环节教材及教参教辅

1. 土木工程试验(张建仁) …………………… 38 元
2. 土工试验指导书(袁聚云) ………………… 16 元
3. 桥梁结构试验(第二版)(章关永) ………… 30 元
4. 桥梁计算示例丛书—桥梁地基与基础(第二版)
(赵明华) ………………………………… 18 元
5. 桥梁计算示例丛书—混凝土简支梁(板)桥
(第三版)(易建国) ……………………… 26 元
6. 桥梁计算示例丛书—连续梁桥(邹毅松) …… 58 元
7. 桥梁计算示例丛书—钢管混凝土拱桥
(孙 潮) ………………………………… 32 元
8. 结构设计原理计算示例(叶见曙) ………… 40 元
9. 土力学复习与习题(钱建国) ……………… 35 元
10. 土力学与基础工程习题集(张 宏) ……… 20 元
11. 道路工程毕业设计指南(应荣华) ………… 34 元
12. 桥梁工程毕业设计指南(向中富) ………… 35 元
13. 道路勘测设计实习指导手册(谢晓莉) ……… 15 元

五、研究生教材

1. 路面设计原理与方法(第三版)(黄晓明) …… 68 元
2. 沥青与沥青混合料(郝培文) ……………… 35 元
3. 水泥与水泥混凝土(申爱琴) ……………… 30 元
4. 现代无机道路工程材料(梁乃兴) ………… 42 元
5. 现代加筋土理论与技术(雷胜友) ………… 24 元
6. 道路规划与几何设计(朱照宏) …………… 32 元
7. 高等桥梁结构理论(第二版)(项海帆) ……… 70 元
8. 桥梁概念设计(项海帆) …………………… 68 元
9. 桥梁结构体系(肖汝诚) …………………… 78 元
10. 高等钢筋混凝土结构(周志祥) ………… 27 元
11. 工程结构数值分析方法(夏永旭) ………… 27 元

六、应用型本科教材

1. 结构力学(第二版)(万德臣) …………… 30 元
2. 结构力学学习指导(于克萍) ……………… 22 元
3. 结构设计原理(黄平明) ………………… 47 元
4. 结构设计原理学习指导(安静波) ………… 35 元
5. 结构设计原理计算示例(赵志蒙) ………… 40 元
6. 工程力学(喻小明) ……………………… 55 元
7. 土质学与土力学(赵明阶) ……………… 30 元
8. 水力学与桥涵水文(王丽荣) ……………… 27 元
9. 道路工程制图(谭海洋) ………………… 28 元
10. 道路工程制图习题集(谭海洋) ………… 24 元
11. 土木工程材料(张爱勤) ………………… 39 元
12. 道路建筑材料(伍必庆) ………………… 37 元
13. 路桥工程专业英语(赵永平) …………… 44 元
14. 工程测量(朱爱民) ……………………… 30 元
15. 道路工程(资建民) ……………………… 30 元
16. 路基路面工程(陈忠达) ………………… 46 元
17. 道路勘测设计(张维全) ………………… 32 元
18. 基础工程(刘 辉) ……………………… 26 元
19. 桥梁工程(第二版)(刘龄嘉) …………… 49 元
20. 工程招投标与合同管理(第二版)
(刘 燕) ………………………………… 39 元
21. 道路工程 CAD(第二版)(杨宏志) ………… 35 元
22. 工程项目管理(李佳升) ………………… 32 元
23. 公路施工技术(杨渡军) ………………… 64 元
24. 公路工程试验检测(第二版)(乔志琴) ……… 55 元
25. 工程结构检测技术(刘培文) …………… 52 元
26. 公路工程经济(周福田) ………………… 22 元
27. 公路工程监理(朱爱民) ………………… 33 元
28. 公路工程机械化施工技术(徐永杰) ……… 22 元
29. 城市道路工程(徐 亮) ………………… 29 元
30. 公路养护技术与管理(武 鹤) ………… 58 元
31. 公路工程预算与工程量清单计价(第二版)
(雷书华) ………………………………… 40 元
32. 基础工程(第二版)(赵 晖) …………… 32 元
33. 测量学(张 龙) ………………………… 39 元